21世纪法学系列教材

刑事法系列

少年司法制度

李　伟　主编

U0361660

北京大学出版社

PEKING UNIVERSITY PRESS

图书在版编目(CIP)数据

少年司法制度/李伟主编. —北京:北京大学出版社,2017.4
(21世纪法学系列教材·刑事法系列)
ISBN 978-7-301-27995-3

Ⅰ.①少…　Ⅱ.①李…　Ⅲ.①青少年犯罪—司法制度—中国—高等学校—教材
Ⅳ.①D926

中国版本图书馆 CIP 数据核字(2017)第 013067 号

书　　　名	少年司法制度
	SHAONIAN SIFA ZHIDU
著作责任者	李　伟　主编
责 任 编 辑	郭薇薇
标 准 书 号	ISBN 978-7-301-27995-3
出 版 发 行	北京大学出版社
地　　　址	北京市海淀区成府路 205 号　　100871
网　　　址	http://www.pup.cn
电 子 信 箱	law@pup.pku.edu.cn
新 浪 微 博	@北京大学出版社　@北大出版社法律图书
电　　　话	邮购部 62752015　发行部 62750672　编辑部 62752027
印 刷 者	北京大学印刷厂
经 销 者	新华书店
	730 毫米×980 毫米　16 开本　25.75 印张　490 千字
	2017 年 4 月第 1 版　2017 年 4 月第 1 次印刷
定　　　价	52.00 元

前　　言

基于少年及其犯罪的特殊性,社会对少年犯罪的反应应以保护少年、促使其回归社会为宗旨,为此,需要建立有别于成人司法制度的少年司法制度。

自 1899 年美国伊利诺伊州颁布《少年法院法》和建立少年法院以来,迄今,世界各国建立有别于成人司法制度的少年司法制度已成为共识,形成各具特色的福利模式、教育刑模式、惩罚·福利模式、协作模式等类型,无论何种模式都以少年成长与少年犯罪的关系、国家亲权、教育刑、刑罚个别化和标签化等理论为基础,不同程度地实现着"保护少年、回归社会"的宗旨。世界各国的少年刑事政策和联合国以及我国的少年司法准则无不体现了上述理论和宗旨,并为本国少年司法制度的具体内容提供指导。

我国历来重视对犯罪未成年人的保护和教育,早在新中国建立初期就已经制定和采取了处理犯罪未成年人的特殊规定和措施;20 世纪 80 年代开始了建立独立的少年司法制度的探索,经过近三十年的发展已取得长足进步,尤其是近十年来通过了一系列的法律规定,2012 年修订的《刑事诉讼法》更是将"未成年人刑事案件诉讼程序"独立成章,确立了专门化、专业化、权利保护等原则,以及社会调查、合适成年人参与、附条件不起诉、犯罪记录封存等特殊保护制度;实践部门不仅开始执行上述制度,而且还在尝试一些新的制度,如少年帮教责任制度、亲职教育等。然而,目前我国还没有建立独立的少年司法制度,已有制度也有很多尚待完善之处。新组织、新制度的建立与深入,少年司法制度的独立化都需要专业人才的加入,在此背景下,少年司法制度的基础和专业教育就显得尤为重要。

本教材以少年司法制度的基础内容和我国少年司法制度为核心内容。前者论述了少年司法制度的概念、基本构成、模式、特殊性之原因所在,少年司法制度的基础理论、少年犯罪的刑事政策、少年司法准则等内容;后者紧密结合我国立法和司法实践,着重论述了我国少年司法的法律体系,社会调查、合适成年人参与、附条件不起诉等特别保护制度,少年司法组织制度,犯罪少年矫正制度等内容,并在其中介绍了联合国的相关规定和域外立法与实践。

总之,本教材具有以下特色:第一,既充分阐述了少年司法制度的基础理论,又充分反映了当前我国少年司法制度的实践;第二,既保证了学科体系的完整,又突出了重点;第三,撰写者既有理论研究和教学人员,也有直接从事少年司法实践的人员,是理论研究和实践总结、思考的结晶。

本教材由李伟主编,撰写具体分工如下:

第一章:李伟(中国人民公安大学犯罪学学院,副教授);

第二章:郝英兵(中国人民公安大学犯罪学学院,副教授);

第三章第一、三节:李伟,第二节:王宏玉(中国人民公安大学犯罪学学院,副教授);

第四章:李伟;

第五章第一节:王宏玉,第二、三节:李明琪(中国人民公安大学犯罪学学院,副教授);

第六章第一节:李明琪,第二节:张莹(北京市海淀区人民法院未成年人案件审判庭副庭长)、尚秀云(北京市海淀区人民法院原刑二庭副庭长,电影《法官妈妈》原型),第三节:张学超(中国人民公安大学犯罪学学院,副教授);

第七章第一节:李伟,第二、三节:曹虹(中国人民公安大学犯罪学学院,讲师),第四节:罗莹(山东省高级人民法院刑一庭副庭长);

第八章:李伟;

第九章:郝英兵;

第十章:王宏玉。

由于水平及材料所限,教材中难免有不尽完善之处,敬请读者批评指正。

李　伟

2016 年 12 月

目　　录

第一章 少年司法制度概述

☞ **本章的任务**

- 理解和掌握刑事犯罪少年、触法少年、违法少年、虞犯的含义
- 理解和掌握责任能力和责任年龄
- 理解和掌握少年司法制度的含义
- 了解少年司法制度的基本构成
- 理解和掌握少年司法制度福利模式、教育刑模式、惩罚·福利二元模式、协作模式的含义和特征
- 了解我国有关少年司法制度模式的主要观点
- 理解和掌握少年司法制度特殊性的原因

第一节 少年司法制度及其相关概念的含义

导入案例

湖南三名劫杀教师学生均未满 14 周岁

一份题为"湖南邵东县公安局刑侦大队的情况通报"称,2015 年 10 月 18 日上午,三名少年到邵东县一网吧上网,后来到某小学。三人发现学校只有一名女老师,便将老师引出房间并用棍棒击打其头部,女老师爬出来退到住房厕所后,三人对该老师继续殴打,并用毛巾捂住其口鼻,最终致其死亡。发现女老师没有呼吸之后,三人将尸体藏匿在卧室的床底,再将现场血迹进行清理后逃离现场。三个少年年龄分别为 13 岁、12 岁、11 岁。

在我国这三名少年是否是犯罪少年?是否达到刑事责任年龄的最低限?

一、犯罪少年的年龄及其犯罪少年的含义

（一）犯罪少年年龄的总体分类

因责任能力、少年犯罪的预防和对少年的保护,犯罪少年的年龄是各国少年司法制度首先要解决的核心问题。根据各国的规定,犯罪少年的年龄总体上先分为确定型和不确定型两类。绝大多数国家采取的是确定的规定,只有少数国

家未作出确定性规定,而是依据当事人的身心发展状况,由法院决定应作为少年案件还是成人案件处理,如"也门、沙特不规定具体年龄,而是由法院依《古兰经》依据每个当事人具体身心发展程度确定"。[①] 对犯罪少年的年龄有确定规定的又分为两类,一是上下限均有明确规定。如加拿大少年的刑事责任年龄为 12—18 岁之间,西班牙的是已满 14 岁未满 18 岁,我国台湾地区为 12—18 岁之间。德国《少年法院法》把少年分为"少年"和"未成年青年"两个阶段。少年是指 14 岁以上未满 18 岁的人,未成年青年是指 18 岁以上未满 21 岁的人。另一类是有上限无下限。如美国《少年司法和犯罪预防法案》规定:少年这一术语是指不满 22 岁的人。[②] 日本《少年法》中少年是指未满 20 岁的人。

(二) 犯罪少年的分类

如果要讲清犯罪少年年龄的规定,我们还要了解一下犯罪少年的分类。以犯罪行为的性质为标准,犯罪少年分为刑事犯罪少年、触法少年、违法少年、虞犯。刑事犯罪少年是指违反各国刑法,能够承担刑事责任,应受刑罚处罚的少年。该类少年必须符合法定的刑事责任年龄。触法少年是指未达最低刑事责任年龄,但触犯了刑罚法令的少年。此处的违法少年是指违反我国《治安管理处罚法》的少年。虞犯,在欧美国家又被称为"身份犯",我国则称为不良少年,是指为预防少年成为刑事犯罪人,保护其顺利成长,各国规定了一类当成人实施不构成犯罪,但当少年实施则可构成犯罪的行为,实施该类行为的少年被称为虞犯,他们具有将来实施刑事犯罪的危险,故应予以保护性干预。各国少年司法制度对这几类少年的年龄规定不太一致。有的国家是将触法少年、违法少年、身份犯一并纳入刑事犯罪少年中,只是在处理上有所不同,如英美国家。有的国家或地区则分门别类,如日本和我国台湾地区犯罪少年分为刑事犯罪少年、触法少年和虞犯。我国大陆则分为刑事犯罪少年、触法少年、违法少年和不良少年。

(三) 触法少年、虞犯的年龄

日本、我国台湾地区对触法少年的年龄进行了明确规定,根据日本《少年法》规定,触法少年是未满 14 周岁,但触犯了刑罚法令的少年。2007 年日本将刑事犯罪少年的最低刑事责任年龄降低到 12 周岁,也就是说日本的触法少年是指未满 12 周岁其行为触犯了刑罚法令的少年。我国台湾地区"少年事件处理法"第 85-1 条规定:"7 岁以上未满 12 岁之人,有触犯刑罚法律之行为者,由少年法院适用少年保护事件之规定处理之。"可见,台湾地区触法少年的年龄为 7—12 岁。我国《刑法》第 17 条第 4 款规定:"因不满 16 周岁不予刑事处罚的,责令他的家

---

① 张鸿巍:《少年司法通论》(第 2 版),人民出版社 2011 年版,第 167 页。
② 孙云晓、张美英主编:《当代未成年人法律译丛——美国卷》,中国检察出版社 2006 年版,第 242 页。

长或者监护人加以管教;在必要的时候,也可以由政府收容教养。"本规定在1979 年《刑法》中是规定在第 14 条第 2 款的。1993 年公安部《关于对不满 14 岁的少年犯罪人员收容教养问题的通知》明确规定:"对未满 14 岁的人犯有杀人、重伤、抢劫、放火、惯窃罪或者其他严重破坏社会秩序罪的,应当依照《刑法》第14 条的规定办理,即在必要的时候,可以收容教养。"由此可见,我国大陆触法少年的年龄是不满 16 周岁的人,从法律规定来看,没有下限。对于虞犯的年龄,我国台湾地区的"少年不良行为及虞犯预防办法"第 2 条规定:"7 岁以上未满 12岁之人,有不良行为或触犯刑罚法律之虞者,准用本办法之规定。"台湾的虞犯年龄为 7—12 岁。日本对虞犯年龄下限未作规定,凡是 20 周岁以下,具有将来可能犯罪以及触犯刑罚法令行为的少年均为虞犯。我国的不良少年规定在《预防未成年人犯罪法》中,其中未成年人是指未满 18 周岁的人,这也就意味着我国不良少年的年龄为 0—18 周岁。

(四)责任能力和责任年龄

1. 责任能力和责任年龄概述

责任能力是行为人对自己的行为所具有的法律意义上的认识和控制能力,行为人的心理健康状态和年龄是确定行为人责任能力的标准,不具有责任能力的个体不应对其行为承担法律责任。在少年司法制度中,责任能力与年龄有关,分为刑事责任能力和行政责任能力,与之相对应的分别称为刑事责任年龄和行政责任年龄。绝大多数国家的刑事责任年龄和行政责任年龄是确定的,有上下限规定。

2. 刑事责任年龄

对于刑事责任年龄上限,多数国家都规定为 18 岁,英国、澳大利亚的昆士兰州为 17 岁,我国香港地区为 16 岁,16 岁是世界范围内最低的上限年龄;韩国、日本及新西兰等国为 20 岁[1],俄罗斯《联邦刑法典》"未成年人刑事责任与刑罚的特点"专章中的第 96 条规定:在特别情况下,考虑到所实施行为的性质及个人身份,法院可以对在年满 18 岁不满 20 岁时实施犯罪的人适用本章的规定。美国、德国达到 21 岁,21 岁是迄今法律规定的最高的上限年龄。不过,《联合国少年司法最低限度标准规则》(以下简称《北京规则》)第 3 条第 3 款规定:"应致力将本规则中体现的原则扩大应用于青年犯罪。"2004 年在北京召开的第 17 届国际刑法学大会上,通过了《国内法与国际法下的未成年人刑事责任决议》(以下简称《刑事责任决议》)在该《刑事责任决议》中提出了 18—25 周岁的年轻的成年人这一概念,并指出"18 周岁以上的人所实施的犯罪,对未成年人适用的特殊条款可以扩大适用于 25 周岁以下的人"。由此可以看出,国际社会有提高少年司法

---

[1]　张鸿巍:《少年司法通论》(第 2 版),人民出版社 2011 年版,第 167 页。

制度上限年龄的意愿。绝大多数国家的刑事犯罪少年下限为 14 岁;比利时为 16 岁;北欧国家如芬兰、丹麦为 15 岁,16 岁是目前最高的刑事责任年龄下限;有些国家或地区为 12 岁,如加拿大、日本和我国台湾地区。"爱尔兰、印度、巴基斯坦、尼日利亚、南非、泰国、塞浦路斯等国刑事责任年龄下限为 7 岁。"[①]"美国目前仅有 15 个州明文规定最低刑事责任年龄,通常跨越 6—12 岁;至于其余尚无制定法规定最低刑事责任的各州,则主要依赖于普通法传统中对刑事责任年龄的划分,即 7 岁。对于联邦罪行,最低刑事责任年龄为 10 岁。"[②]由此可见,世界范围内最低的刑事责任年龄下限为 6 岁。联合国对刑事责任年龄下限非常重视,在《北京规则》指出:"承认少年负刑事责任的年龄这一概念的法律制度中,该年龄的起点不应规定得太低,应考虑到情绪和心智成熟的实际情况。""如果将刑事的年龄规定得太低或者根本没有年龄限度的下限,那么责任的概念就会失去意义。"同时 2004 年的《刑事责任决议》建议:适用刑事责任的最低年龄不得低于 14 周岁,对 14 周岁以下的少年只能采取教育措施。

有学者指出,对刑事责任的认定不能统一地划分年龄标准,而应以行为人的心智成熟度为依据。"英国法学家威廉·布雷克司顿(William Blackstone,1723—1780),在其所著的《英国法释义》中指出,完全按照年龄划分刑事责任归属仍过于机械,毕竟,现实生活中总有部分未成年人较其同龄人早熟,对这些人的处分照搬刑事责任年龄显然就不合时宜了。他提出'恶意供给年龄'这一概念,意在说明若有充足证据表明未成年人主观恶意已足够使其区分对错而又执意触法,虽年龄尚不足 14 岁,仍可追究其刑事责任。"[③]1996 年俄罗斯《联邦刑法典》第 20 条规定,一般已满 16 周岁的人才承担刑事责任,已满 14 周岁未满 16 周岁的人,只有在实施本条规定的 20 种罪名时才承担刑事责任。但该条第 3 款又规定:"如果未成年人达到本条第 1 款或者第 2 款规定的年龄,但是由于与精神病无关的心理发育滞后,而在实施危害行为时不能完全意识到自己行为(不作为)的实际性质及社会危害性,或者不能完全控制自己的行为时,则不应承担刑事责任。"

在我国大陆,犯罪少年被称为犯罪未成年人(下文为论述的方便和统一,一般称为犯罪少年,在阐述具体法律规定时,可能会使用"未成年人"一词),根据我国《未成年人保护法》《预防未成年人犯罪法》《社会治安管理处罚法》《刑法》,未成年人是指未满 18 周岁的人。不过,根据司法部 1999 年颁布的《未成年犯管教所管理规定》第 64 条规定:对于年满 18 周岁,余刑不满 2 年继续留在未成年犯

---

① 张鸿巍:《少年司法通论》(第 2 版),人民出版社 2011 年版,第 178 页。
② 同上。
③ 同上书,第 173 页。

管教所服刑的罪犯,仍适用本规定。这也意味着,未成年犯管教所中关押着少量年龄已超过 18 周岁的"少年犯"。根据最高人民法院《关于适用〈中华人民共和国刑事诉讼法〉的解释》(以下简称《最高法关于刑诉法的解释》)第 463 条规定少年法庭审理的犯罪少年是实施被指控的犯罪时不满 18 周岁、人民法院立案时不满 20 周岁的被告。2012 年最高人民法院、最高人民检察院、公安部、司法部联合颁布了《社区矫正实施办法》,第 33 条第 2 款规定:犯罪的时候不满 18 周岁被判处 5 年有期徒刑以下刑罚的社区矫正人员,适用前款规定,即适用于对未成年人实施社区矫正的规定。这也意味着,我国社区矫正中的未成年犯的年龄也有超出 18 周岁的。所以,我国犯罪少年的年龄上限一般为未满 18 周岁,个别情况也会超出。在我国有关犯罪少年的年龄的法律规定中,因刑事犯罪少年、违法少年、不良少年而不同。刑事责任年龄可分为完全无刑事责任年龄、限制刑事责任年龄(或减轻刑事责任年龄)和完全负刑事责任年龄。根据我国《刑法》的规定,未满 14 周岁的人,完全不负刑事责任,为完全无刑事责任年龄;14—16 周岁的人,为限制刑事责任年龄人,仅对故意杀人、故意伤害致人重伤或者死亡、强奸、抢劫、贩卖毒品、放火、爆炸、投毒罪负刑事责任;16 周岁以上的人为完全刑事责任年龄人。但在处罚上,对不满 18 周岁的未成年人犯罪,一律从轻或者减轻处罚。

对于我国少年刑事责任年龄的上下限,降低和提高的争议均有过。有学者建议鉴于我国少年身心发育提前、少年犯罪复杂化等原因,应将刑事责任年龄下限降为 13 周岁。也有学者提出"年幼青年"这一概念,认为应该将我国刑事犯罪少年的年龄上限规定为 22 周岁。[①]

在我国少年司法制度中,非常重视少年刑事责任年龄的查证与审核。由于刑事责任年龄事关犯罪人对其行为是否应承担刑事责任,是否应纳入少年司法制度之中予以处理及其对不同年龄的少年处理程序和结果有所不同,少年刑事责任年龄的查证与审核就显得尤为重要。"两高"有关刑事诉讼法的司法解释、中央综治委预防青少年违法犯罪工作领导小组、最高人民法院、最高人民检察院、公安部、司法部、共青团中央《关于进一步建立和完善办理未成年人刑事案件配套工作体系的若干意见》(以下简称《六部委配套工作体系若干意见》)以及《公安机关办理刑事案件程序规定》都对其进行了规定,其内容包括:第一,对少年年龄的查证与审核在侦查、审查逮捕、起诉和审判程序中都进行了规定。第二,在侦查阶段,公安机关应当查清少年犯罪嫌疑人作案时的实际年龄,注意农历年龄、户籍登记年龄与实际年龄等情况。公安机关移送人民检察院审查批捕和审查起诉的少年刑事案件,应当附有少年犯罪嫌疑人已达到刑事责任年龄的证据。

---

① 　姚建龙:《少年刑法与刑法变革》,中国人民公安大学出版社 2005 年,第 149 页。

对于没有充分证据证明少年犯罪嫌疑人作案时已经达到法定刑事责任年龄且确实无法查清的,应当依法作出有利于少年的认定和处理。第三,在审查逮捕和审查起诉阶段。人民检察院如发现少年年龄证据缺失或者不充分,或者少年犯罪嫌疑人及其法定代理人基于相关证据对年龄证据提出异议等情况,可能影响案件认定的,在审查批捕时,应当要求公安机关补充证据,公安机关不能提供充分证据的,应当作出不予批准逮捕的决定,并通知公安机关补充侦查;在审查起诉过程中,应当退回公安机关补充侦查或自行侦查。补充侦查仍不能证明少年作案时已达到法定刑事责任年龄的,人民检察院应当依法作出有利于少年犯罪嫌疑人的认定和处理。第四,在审判阶段。人民法院应当着重审查少年被告人的年龄证据。对于少年被告人年龄证据缺失或者不充分,应当通知人民检察院补充提供或调查核实,人民检察院认为需要进一步补充侦查向人民法院提出建议的,人民法院依法可以延期审理。没有充分证据证明被告人实施被指控的犯罪时已经达到法定刑事责任年龄且确实无法查明的,人民法院应当依法作出有利于少年被告人的认定和处理。第五,由于14、16、18周岁的临界年龄事关案件的处理核心,为此,在在办理少年刑事案件时,特别是应当将少年犯罪嫌疑人是否已满14、16、18周岁的临界年龄,作为重要案件事实予以查清。

3. 行政责任年龄

违反《社会治安管理处罚法》的违法少年,其行政责任年龄为14周岁。《社会治安管理处罚法》第12条规定:"不满14周岁的人违反治安管理的,不予处罚,但是应当责令其监护人严加管教。"该条同时规定:"已满14周岁不满18周岁的人违反治安管理的,从轻或者减轻处罚。"第21条规定:"违反治安管理行为人有下列情形之一,依照本法应当给予行政拘留处罚的,不执行行政拘留处罚:(一)已满14周岁不满16周岁的;(二)已满16周岁不满18周岁,初次违反治安管理的。"可见,对不满18周岁的人违反治安管理的,从轻或者减轻处罚;一般不予以行政拘留。

(五) 少年司法制度中的"少年"的含义

通过上述论述,我们发现世界各国关于少年犯罪年龄的规定有相似之处,也有很不一致的地方,这是因各国历史、政治、经济、文化、法律等的不同而形成的。为此,《北京规则》指出:"少年系指按照各国法律制度,对其违法行为可以不同于成年人的方式进行处理的儿童或少年人。在'少年'的定义下,年龄幅度很大,从7岁到18岁或18岁以上不等。鉴于各国法律制度的不同,这种差别似乎是难免的,而且不会削弱本最低限度标准规则的作用。"

我们认为,《北京规则》综合了世界各国对少年司法制度中的少年的规定,对其予以了准确界定,为此,本书所认为的少年司法制度中的"少年"是指:按照各国法律制度,对其犯罪行为可以以不同于成年人的方式进行处理的人。

二、少年犯罪的含义

从目前中外立法和司法实践来看,少年犯罪的类型有别于成年犯罪,其主要区别在于,某些行为当成人实施时不构成犯罪,当少年实施时则构成犯罪。这些行为有着多种名称,如偏差行为、越轨行为、问题行为、不良行为、身份过错等;实施该类行为的少年,则被称为越轨少年、问题少年、不良少年、虞犯、身份犯等。"在德国,未成年人犯罪既包括违反刑法应受刑罚处罚的不法行为,也包括逃学、离家出走等越轨行为。"①在我国,少年犯罪还包括违反《社会治安管理处罚法》、吸毒、卖淫嫖娼等违法行为。由此可见,少年犯罪包括刑事犯罪、违法行为以及不良行为。

在日本,虞犯的行为包括:(1) 具有不服从保护人正当监护之恶习的;(2) 无正当理由逃离家庭的;(3) 与有犯罪习性的人或不道德的人交往,或者出入可疑场所的;(4) 具有损害自己或他人的恶习的。

我国台湾地区"少年不良行为及虞犯预防办法"第 3 条规定的少年不良行为有:与有犯罪习性之人交往;出入妨害身心健康场所或其他少年不当进入之场所;逃学或逃家;无正当理由携带具有杀伤力之器械、化学制剂或其他危险物品;深夜游荡;对父母、尊长或教师态度傲慢,举止粗暴;于非公共场所或非公众得出入之职业赌博场所,赌博财物;以猥亵之言语、举动或其他方法,调戏他人;持有猥亵图片、文字、录影带、光碟、出版品或其他物品;加暴行于人或互相斗殴未至伤害;无正当理由跟追他人,经劝阻不听;藉端滋扰住户、工厂、公司行号、公共场所或公众得出入之场所;吸烟、嚼槟榔、饮酒或在公共场所高声喧哗;无照驾驶汽车、机车;其他有妨害善良风俗或公共秩序之行为。

在我国,不良行为规定在《预防未成年人犯罪法》中,该法将不良行为分为不良行为和严重不良行为两类。不良行为包括:(1) 旷课、夜不归宿;(2) 携带管制刀具;(3) 打架斗殴、辱骂他人;(4) 强行向他人索要财物;(5) 偷窃、故意毁坏财物;(6) 参与赌博或者变相赌博;(7) 参观、收听色情、淫秽的音像制品、读物等;(8) 进入法律、法规规定未成年人不适宜进入的营业性歌舞厅等场所;(9) 其他严重违背社会公德的不良行为。严重不良行为包括:(1) 纠集他人结伙滋事,扰乱治安;(2) 携带管制刀具,屡教不改;(3) 多次拦截斗殴他人或者强行索要他人财物;(4) 传播淫秽的读物或者音像制品等;(5) 进行淫乱或者色情、卖淫活动;(6) 多次偷窃;(7) 参与赌博,屡教不改;(8) 吸食、注射毒品;(9) 其他严重危害社会的行为。从中可见,我国的不良行为与国外、我国台湾地区的不良行为相似,但许多严重不良行为已经构成了犯罪或违法行为,已非不良

---

① 张鸿巍:《少年司法通论》(第 2 版),人民出版社 2011 年版,第 191 页。

行为。

有学者介绍了美国对身份过错类型的划分,他指出:"美国犯罪学家巴利·弗拉瓦斯(Barri Flowers)将身份过错划分为三个基本类型:一是家事违犯,包括离家出走、难以管束、不服管教等情形;二是法令违犯,包括逃学、深夜晃荡、饮酒及吸烟等情形;三是猥亵违犯或称背德违犯,包括恣意妄为、桀骜不驯及乱性等情形。"美国联邦司法部"少年司法和少年偏差预防署"将身份过错分为四个种类:离家出走、逃学、不服管教及低龄饮酒。而密歇根州规定少年法院可以管辖下列身份少年:无故离家出走、长期不听从父母和其他监护人合法管教的未成年人;长期与坏人往来、生活浪荡的未成年人;长期旷课或违反校规的未成年人;一贯好逸恶劳的未成年人及经常光顾酒吧的未成年人。①

三、少年司法制度的含义

(一) 司法制度的含义

在我国,司法制度有四种由狭至广的含义,第一种认为司法制度就是审判制度;第二种认为司法制度是审判制度和检察制度的合称;第三种认为司法制度是公安机关、检察机关、审判机关、司法行政机关处理案件的各种制度的总称;第四种认为,司法制度是指国家司法机关和法律授权的专门组织应用法律处理诉讼案件和非诉讼事件的制度,它是这些机关和组织的性质、任务、组织体系、活动原则和工作制度的总称。② 它包括审判制度、检察制度、侦查制度、执行制度、律师制度、调解制度(含法庭调解、人民调解、行政调解)、仲裁制度和公证制度等八项司法制度。③ 我们认同第四种最广义的司法制度,它符合我国当前的立法和司法实践,也反映了我国少年司法制度的基本特征。

(二) 少年司法制度的含义

《中国少年司法研究综述》一书中总结了我国学者对少年司法制度定义的代表性观点,共计 13 种④:

第一种观点:所谓少年司法制度就是根据少年人的生理和心理特点,以保护未成年人健康为出发点,以预防少年人(本人)再违法、犯罪为目的,把犯罪行为放到违法行为中一起作为违法行为对待,采取刑事和行政相结合的方式,以完全不同于成年人犯罪的独立的实体法和程序法进行审理和处理少年违法、犯罪行为的特殊司法制度。这个概念将少年司法制度定义为一种独立的、不同于成人刑事司法制度的"特殊司法制度",将调整少年违法犯罪的相关实体法、程序法从

---

① 张鸿巍:《少年司法通论》(第 2 版),人民出版社 2011 年版,第 201 页。
② 姚建龙主编:《中国少年司法研究综述》,中国检察出版社 2009 年版,第 18 页。
③ 熊先觉、于慈珂:《论我国司法制度的若干基本问题》,载《法学研究》1986 年第 2 期。
④ 姚建龙主编:《中国少年司法研究综述》,中国检察出版社 2009 年版,第 25—28 页。

成年人刑事实体法、程序法中分离出来。

第二种观点:所谓少年司法制度就是一个国家为了治理和预防少年违法犯罪而制定的有关法律规范并以此为依据建立起来的一种专门的司法制度。

第三种观点:少年司法制度就是以少年生理心理特征为依据,规定的以少年犯罪为主的少年案件的审理、处置和矫治的法律制度的总称。

第四种观点:少年司法制度是指少年司法部门依照有关法律、法规的规定处理少年罪错案件的活动及有关的组织形式的统称。

第五种观点:少年司法制度是指公安机关、检察机关、人民法院、司法行政机关,通过依法履行职权,对违法犯罪的未成年人实施法律保护的一种专门制度。

第六种观点:一般而论,所谓少年司法制度,就是规定少年不良行为和保护处分以及对少年的违法犯罪行为所进行的刑事诉讼及其教育改造方法的总称。

第七种观点:可以对少年司法制度作如下的定义:国家司法机关和司法性组织应用法律法规处理涉及未成年人的诉讼案件和非诉讼案件,对少年犯罪人进行保护、教育和改造,以实现保护少年和社会双重目标的一种专门性司法制度。

第八种观点:少年司法制度,从狭义上讲,是指办理少年刑事案件的侦查、起诉、审判、惩教与康复的法律制度,它与成人刑事司法制度既有联系又有区别。尤其在司法理念与司法程序上,始终贯穿教育、保护少年,而不单纯用法律惩罚少年,因此,它主要体现社会法学思想而不仅仅是传统的刑法学和刑诉法学的思想。广义的少年司法制度还包括涉及少年福利案件、少年保护案件及少年权益的刑事案件的司法或准司法制度。

第九种观点:少年司法制度是指少年司法机关和其他司法机关应用法律处理少年诉讼案件和非诉讼事件的制度,是这些机关的性质、任务、组织体系、活动原则和工作制度的总称。

第十种观点:西方国家的少年司法制度是针对青少年犯罪日益严重而建立和发展起来的。从形式方面来说,所谓少年司法制度,就是规定少年不良行为的保护处分以及对少年的违法犯罪行为所进行的形式审理、审判制度、教育改造方法的总称。从实质方面来说,正是由于少年犯罪比成年人犯罪有其特殊性,因而决定了少年司法制度的基本特点,主要是对犯罪少年的审理,无论是审理机关,还是审理方式、触发方式、审理对象等,都与普通司法制度有原则区别。建立和健全少年司法制度的目的,在于预防和减少青少年犯罪。

第十一种观点:所谓少年司法制度,是指专门的少年司法机构或者其他司法机构(包括国家机关和非国家机关的司法组织),应用法律处理少年犯罪和不良行为的案件,以达到保护和教育健康成长、防止少年犯罪和少年不良行为这两个目标的专门司法制度。它是这些专门少年司法机构或者其他司法机构的性质、任务、组织体系、活动规则和工作制度的总称。

第十二种观点：完整的、科学的未成年人司法制度应该包括未成年人为犯罪主体的刑事司法制度、未成年人为被害人的刑事司法制度、未成年人民事司法制度、未成年人行政司法制度和未成年人法律援助制度。未成年人司法制度不是专指审判制度，也不是专指以未成年人为犯罪主体的刑事司法制度，它是指研究与未成年人有关的刑事、民事、行政案件的法律程序的一门新兴法律科学，是一项内容广泛的司法制度。

第十三种观点：所谓少年司法制度是指国家司法机关和司法性组织应用法律处理涉及未成年人的诉讼案件和非诉讼事件，以保护和教育青少年健康成长的专门司法制度，它是这些机关和组织的性质、任务、组织体系、活动原则和工作制度的总称。少年司法制度可以从广义、中义、狭义三个方面理解。狭义的少年司法制度仅仅指少年刑事审判制度；中义的少年司法制度指以少年刑事审判制度为中心的以及与少年刑事审判相配套的少年检察制度、少年矫正制度、少年警察制度、少年律师制度等；广义的少年司法制度还包括涉及少年福利、少年保护、少年权益的审判制度、检察制度、警察制度、律师制度等。

通过对上述观点的总结分析，我们发现这些观点有其共同之处：第一，少年司法制度的当事人之一是少年；第二，少年司法制度因少年的身心特殊性，应有其独立性，不同于成人司法制度；第三，少年司法制度的宗旨是保护少年健康成长；第四，少年审判制度是少年司法制度的必要组成部分。除此之外，他们也有不同之处：(1) 少年司法制度所处理的案件类型或者少年司法制度的类别不同。有学者认为少年司法制度所处理的案件类型仅为少年犯罪案件，这类学者又分为两种：第一种认为少年犯罪有不良行为、违法行为和犯罪行为；第二种认为少年犯罪只有违法行为和犯罪行为，不包括不良行为。还有学者认为，少年司法制度所处理的案件类型不仅是少年刑事案件，还包括少年行政案件、少年案件、少年权益保护案件；或者如第 12 种观点所认为的未成年人司法制度包括未成年人为犯罪主体的刑事司法制度、未成年人为被害人的刑事司法制度、未成年人民事司法制度、未成年人行政司法制度和未成年人法律援助制度。对此，有学者将少年司法制度分为狭义和广义或者广义、中义、狭义之说。(2) 少年司法制度的主体类型不同。有学者认为少年司法制度的主体仅指审判机关；有学者认为包括公检法司四大机关或者司法机关，在司法机关中又分为少年司法机关和其他司法机关。有学者则认为少年司法制度的主体不仅指司法机关，还包括司法性组织或法律授权的专门组织；有学者则是先把主体分为专门少年司法机构和其他司法机构，又进一步说明其他司法机构包括国家司法机关和非国家机关的司法组织。

我们认为，从少年司法制度的字面含义以及目前少年司法制度的立法、司法实践来看，我们也同意在理论上少年司法制度应分为广义、中义和狭义，在狭义和广义少年司法制度的含义与范围上也认同第 13 种观点,但对于中义之少年司法制度的内涵与外延与之观点并不相同。我们认为少年司法制度的目的之一是为了预防不良少年成为违法犯罪少年,防止违法少年成为犯罪少年,防止违法犯罪少年再次犯罪,其宗旨是保护少年健康成长,成为适应社会的守法公民。为此,少年司法制度就不能只关注对触犯刑事法律的少年的处理,还应将不良少年、违法少年纳入处理的范畴。只不过相较于犯罪少年,对于不良、违法少年,尤其是不良少年的处理则更偏重于采取非诉讼的保护处分,目前,在我国主要是送往工读学校,少量地区正在尝试采取社会帮教等早期干预措施,帮教主体主要是社区基层组织、共青团、妇联、非政府组织等或者司法机关与上述组织的合作。为此,少年司法制度不能仅处理少年刑事犯罪案件,不能仅是"以少年刑事审判制度为中心的以及与少年刑事审判相配套的少年检察制度、少年矫正制度、少年警察制度、少年律师制度等",而应扩展至少年不良行为事件、少年违法案件,可以总称为少年犯罪案件。由此,少年司法制度的主体类型也不能仅为公检法司,更不能仅仅是审判机关,而是公检法司等国家司法机关和其他组织。在我国,其他组织包括共青团、妇联、社工组织、社区基层组织、犯罪人所在单位、就读学校、其他社会团体、工读学校等,这些组织在参与少年犯罪案件的处理中,必须要有法律的授权,如工读学校接收、管理和教育学生的依据是 1987 年国务院转发国家教委、公安部、共青团中央《关于办好工读学校的几点意见的通知》(以下简称《办好工读学校的通知》),根据司法部、中央综治办、教育部等单位 2014 年颁发的《关于组织社会力量参与社区矫正工作的意见》(以下简称《社会力量参与社区矫正的意见》),犯罪少年的社区矫正小组可以组织有关部门、村(居)民委员会、社会工作者、志愿者、社区服刑人员所在单位、就读学校、家庭成员或者监护人、保证人以及其他有关人员共同参与。在社会调查制度中,《六部委配套工作体系若干意见》也指出,社会调查可委托共青团组织以及其他社会组织协助调查。本书取少年司法制度之中义解释。我们认为除少年犯罪案件外的少年司法制度,虽然其宗旨也是为了保护少年的健康成长,在司法制度中的某些司法准则和少年权利保护上也有共同之处,在立法和司法实践中,也存在少年法庭为民事案件、行政案件、刑事案件综合庭的现象,但是我们仍然认为少年犯罪案件的处理是少年司法制度中的特殊内容,有其不同于民事案件、行政案件、被害人为少年的刑事案件的特点,在其基础理论、司法准则、少年权利的保护、实体规则和程序规则的规定与运用上都有其独立和更为复杂的一面,理应将其单列。

　　综上所述,本书的少年司法制度是指,国家司法机关及其被法律授权的专门组织处理犯罪少年的独立的司法制度。对此定义,我们尚需进一步重复和解释:第一,少年司法制度的主体包括国家司法机关及其被法律授权的专门组织,从目前我国的少年司法制度的立法与司法实践来看,国家司法机关包括公安机关、检察机关、审判机关及其司法行政机关,被法律授权的专门组织包括共青团、妇联、社工组织、社区基层组织、其他社会团体、工读学校等。第二,少年司法制度中的犯罪少年,既包括刑事犯罪少年,也包括违法少年和不良少年。第三,它隶属于司法制度,但又是一种独立的司法制度。其独立性表现在该司法制度是多种性质的司法制度的综合,它既具有刑事司法制度的性质,也具有行政司法制度的性质;它既包括审判制度、检察制度、侦查制度、执行制度,又包括律师制度、调解制度、教育制度。很难将其归类为已有的哪类司法制度之中,有其不同于其他司法制度的自身的独立性。

第二节 少年司法制度的基本构成和模式

一、少年司法制度的基本构成

我国有学者根据社会学的观点,将司法制度分为概念系统、组织系统、规则系统和设备系统。所谓概念系统就是司法制度的理论基础与基本原则。组织系统即主体系统,他们由各种性质的组织及其相应人员组成。规则系统包括两个部分:组织规则与活动规则。组织规则首先指组织的设置规则。设置规则主要指司法组织设置的原则和标准规格及其组成人员的种类、资格和条件等。其次指组织的关系规则。活动规则即司法程序,表现在诉讼法及其他有关法律中。我国司法制度的设备系统,即司法组织赖以正常活动的物质基础。①

借鉴上述观点,我们把少年司法制度分成理念系统、组织系统、规则系统和设备系统,这四种系统是少年司法制度的基本构成。少年司法制度的理念系统包括少年司法制度的基础理论、少年犯罪的刑事政策和少年司法准则。少年司法制度的基础理论就是少年司法制度建构和运作的原理;它是少年司法准则、组织系统、规则系统和设备系统的基础,这些内容都是在它的指导下而确立的。少年犯罪的刑事政策,是国家遏制少年犯罪的方针和策略;是少年司法制度基础理论的具体体现,又是一国少年司法制度的高度概括,对该国少年司法制度的具体内容起指导作用。少年司法准则是指少年司法制度的指导思想、指导方针、总原则或基本原则,是对组织系统、规则系统和设备系统的高度提炼和概括。少年司法制度的组织系统,是少年司法制度的主体系统,它包括各类参与少年案件处理的组织及其人员,如审判组织、执行组织、社区矫正小组、律师、学校老师等。少年司法制度的规则系统包括少年司法组织规则与活动规则。少年司法组织规则包括少年司法组织的设置规则以及组织间的关系规则。少年司法的活动规则是

---

① 熊先觉、于慈珂:《论我国司法制度的若干基本问题》,载《法学研究》1986 年第 1 期。

指少年司法组织处理少年犯罪案件所要遵守的实体、程序方面的法律规定,如刑法、刑事诉讼法等有关处理少年犯罪案件的内容。少年司法制度的设备系统,即少年司法组织处理少年犯罪案件所需的物质条件,如少年案件审讯室、少年法庭、少年监狱等。

二、世界各国的少年司法制度模式

目前为止,有学者认为我国学界将世界各国的少年司法制度模式总结为"三模式说"和"二模式说"两种观点;多数学者主张"三模式说"。所谓"三模式说"就是认为世界各国的少年司法制度分为"正当程序模式""福利治疗模式"和"社区参与模式",并将这三种模式分别以"蓝色""红色""绿色"代称之。"二模式说"具体又有两种观点。一种观点认为各国少年司法制度的基本模型分为"福利原型"和"刑事原型",具体的司法制度都是在这两种基本模型的基础上演变发展而成的。一种观点认为世界上的少年司法制度存在"保护模式"(也称"福利模式")和"惩罚模式"(也称"司法模式")。[①]

在此基础上,又有学者提出了"四模式说"[②],该学者将世界各国的少年司法制度分为"福利模式""教育刑模式""惩罚·福利二元模式"以及"协作模式"四种模式。我们认为,"四模式说"较为准确地总结了当前世界各国少年司法制度的模式现状,现就这四类少年司法制度的模式的含义、特征予以阐述。

(一)福利模式

在北欧,保护少年利益为第一要义,对犯罪少年的处理,充分体现了儿童利益最大化原则,社会福利机构在其中发挥着重要作用,所采取的措施主要是对少年的照管、帮助和非刑罚方法,使其具备适应社会和在社会中发展的能力。这类少年司法制度模式被称为福利模式,即在对犯罪少年处理中,其理念、组织和具体措施充分体现保护少年、非刑事化色彩的福利性的少年司法模式。现以芬兰为例对之予以论述。

第一,少年司法理念的福利化。芬兰素有"少年具有先天的可塑性,对触法行为和刑罚后果都缺乏认识,认为触法少年是需要帮助、控制、教育和重新社会化的群体,认为少年犯罪和成人犯罪在本质上是不同的"[③]以及保护少年的社会政策的悠久传统,如1936年的《儿童福利法》即确立了对儿童犯罪不能依靠刑事司法管辖,而应采取特别保护措施的基本理念。在对犯罪少年的处理中,严格遵循"儿童利益最大化"的精神。

---

① 总结于姚建龙主编:《中国少年司法研究综述》,中国检察出版社 2009 年版,第33—37页。

② 侯东亮:《少年司法模式研究》,法律出版社 2014 年版,第56页。

③ 同上。

　　第二,少年司法组织的福利化。在芬兰,处理少年犯罪案件的组织既有少年刑事司法组织,也有社会福利部门,芬兰社会福利部门是社会福利委员会,具体工作人员是社会工作者。社会福利委员会既有自己独立管辖的犯罪少年,也会参与到由刑事司法组织处理的少年犯罪案件中。芬兰的犯罪少年根据年龄分为15周岁以下,15—17周岁(含15周岁),18—20周岁。对于未满15周岁的犯罪少年,由社会福利委员会管辖;15—17周岁的犯罪少年,既可由刑事司法组织管辖,也可由社会福利委员会管辖;18—20周岁的犯罪少年,刑事司法组织享有完全的管辖权,其诉讼程序有别于成年犯罪人,如被判处监禁刑,则在少年监狱执行。对于由社会福利委员会管辖的犯罪少年,社会工作者享有决定对少年采取何种措施以及措施持续时间的权利;除此之外,他们还享有广泛照顾权,即"对为社会和家庭不能为少年儿童提供健康的成长环境提供保护以及对少年不良行为可能危及社会的情况进行干预"①的权利。当社会工作者发现不良少年时,可在不征得父母同意的情况下对其采取保护措施。当被照管的少年返回家庭或自己的居所时,社会工作者会继续对其提供帮助,同时还会对其家庭提供照管,直至少年21岁为止。对于由刑事司法组织管辖的犯罪少年,社会福利委员会也会始终参与其中。当警察讯问犯罪少年时,社会工作者享有在场权和知情权。② 在此阶段,社会工作者还可以对符合条件的犯罪少年采取广泛照管或替代照管措施,使之脱离刑事诉讼程序。在起诉阶段,社会福利委员会要负责18周岁以下犯罪少年的社会调查报告。对于受到审判的少年,社会工作者仍然享有管护和监督的权利。社会福利机构在调解程序中也起到核心作用,一旦当事人愿意选择调解程序,调解方案就将由社会福利机构主导和制定。

　　第三,干预措施的福利化。在芬兰,处理少年犯罪的措施也充分体现了福利化色彩。(1)社会福利机构对犯罪少年采取的是以儿童最大利益为理念的广泛的保护性措施即广泛照管,这些措施包括经济资助、职业培训、家庭教育培训支持、提供就业和暂时安置,注重少年的社会生存与发展。(2)对社会福利机构管辖的犯罪少年尽可能先在正常家庭环境下予以矫正,由社会工作者、父母、少年三方共同商议,制订照管计划;除非出现父母侵害少年权益、无力监管等现象时,才采取不征询父母意见即对少年进行保护或脱离家庭的安置措施,如社区之家、受虐儿童庇护所、寄养照管、少年之家等。(3)对于进入刑事司法系统的犯罪少年案件,社会工作者也会参与其中,保护少年权益,并尽可能对符合条件的少年采取广泛照管或替代照管措施。(4)调解程序在芬兰少年犯罪案件中得到广泛应用,调解一般在晚间进行,氛围轻松。

---

① 侯东亮:《少年司法模式研究》,法律出版社2014年版,第51页。
② 同上书,第58页。

（二）教育刑模式

教育刑模式是指以教育刑论为少年司法制度建构和运行的理论基础，少年司法制度始终体现着教育刑思想的少年司法模式。教育刑论的核心观点在于，犯罪人是可以再塑造的，刑罚的目的是通过教育改造犯罪人，使其重返社会。由此可见，教育刑论的核心在于教育改造和回归社会。少年司法实践表明，教育刑论对少年犯罪更具适用性，应用更广泛。教育刑论的提出者李斯特的家乡德国是教育刑模式的代表，"李斯特的观念深深地影响了他的学生弗洛登塔尔（Freudenthal），弗洛登塔尔将其恩师的思想付诸社会实践，在他的倡导和支持下，德国法兰克福地方法院于 1908 年建立起德国历史上第一个专门的少年法庭"。① 随后，教育刑理念贯穿于德国少年司法的百年历史，有关少年犯罪的立法与司法实践始终遵循着教育改造犯罪少年，促使其回归社会的思想。德国少年犯罪处理的法律依据是《少年法院法》，该法充分体现了教育刑思想。

第一，德国少年司法在教育刑理念的指导下，确立了对少年犯罪遵循所有措施都必须有利于少年的教育、尽量减少司法干预和刑罚为最后手段的原则。

第二，德国少年司法人员的职业能力和组织构成体现着教育刑理念。德国《少年法院法》规定少年法官和少年检察官应当是在少年教育方面有经验，有管教能力的人。德国少年监狱的矫正官员也具有教育背景和教育能力。"柏林少年监狱的监狱长是一位心理学家、教育学家和社会关系学家，其他工作人员除看守警外也全都是教育工作者，精通教育学和心理学，他们与在押少年建立一对一的关系，对其进行咨询矫正、心理辅导治疗，帮助在押少年建立正确的人生观、价值观，学习在与人发生冲突时如何克制自己，如何与人、与社会打交道。"②

在德国少年司法组织中，除少年警察、少年检察、少年审判和少年监禁组织外，还有一个重要的机构——少年法院援助机构，其职责为帮助、教育、保护少年。少年法院援助机构的工作由少年福利局和少年教养救助协会共同承担，具体工作由少年法院援助机构的代表实施，代表均为训练有素的社会工作者。根据《少年法院法》的规定，少年法院援助机构的代表具有以下职责和权利。（1）配合司法机关开展社会调查，提交社会调查报告，可对少年人格予以评估，并提出处遇建议。在开展社会调查时，一般应听取监护人、法定代理人、学校或职业培训老师的意见，并尽快将调查结果告诉他们。但是，如果上述调查会给少年造成不利后果，尤其是可能导致其失去培训或工作岗位时，可以不听取其意见或不告知其结果。（2）对判处缓刑和缓科的犯罪少年如尚未指定缓刑监督人，

① 黄河：《少年刑事案件社会调查报告初论——以德国少年司法实践为视角》，载《研究生法学》2011 年第 1 期。

② 陈冰、李雅华：《德国少年司法保护简述》，载《域外借鉴》2005 年第 3 期。

或者法院没有找到其他的合适人员来对被控告少年进行照顾和监督,代表应监督少年履行相关指令和义务。(3)在缓刑期间,代表应当与缓刑监督人紧密配合。(4)在刑罚执行期间,少年法院援助站的代表应与行刑少年保持密切联系,帮助其日后重新回归社会。① (5)少年法院援助机构的代表将参与到少年诉讼的整个过程中来,并对教育处分、监护人的具体人选等决定享有发表意见权,少年法官应当听取。

第三,德国广泛的少年司法程序终止情形体现了教育刑理念。德国少年检察官和法官在许多情形下对犯罪少年可以免予起诉或终止审判,使其降低司法干预,避免刑罚处罚,回归社会。免予起诉的情形可以分为不经法官同意的和经法官同意的两种。根据德国《少年法院法》的规定,不经法官同意免予起诉的情形有:(1)少年犯罪轻微,符合《刑事诉讼法》第153条的规定;(2)对少年已经采取过教育处分措施,认为不必再采取科处刑罚的。需经法官同意免予起诉的情形是当被告人对其违法行为供认不讳,且检察官认为没有起诉必要时,可以建议法官给予训诫或者指示,或者通过法官给其规定义务;少年法官接受建议的。在给予指示或规定义务的情况下,只有当少年接受时,才可以免予追诉。如果案件已经进入审判程序,当少年法官发现少年具有前述三种免予起诉的情形,但少年检察官并未作出免予起诉的决定时,可以终止程序。对于不经法官同意免予起诉但少年检察官并未作出的,需征得少年检察官的同意,并且为暂时终止。所谓暂时终止,即给该犯罪少年6个月以下的期限,在该期限内少年应执行指示、规定之义务或教育措施;当少年执行完上述措施后,程序即终止。

第四,德国对少年犯罪的处理措施充分体现了教育刑思想。德国对少年犯罪的处理包括教育处分、科处惩戒和少年刑罚,其中,教育处分和科处惩戒是其主要措施,刑罚为最后手段,"只有在其他措施因犯罪行为的严重性或少年行为人的犯罪倾向,尚不足以使其改邪归正的情况下,少年法官才能科处少年刑罚"。② 教育处分措施有:命令少年参加培训或劳动,命令少年在某一家庭或教养院居住,命令将少年至于照料帮助人的照料帮助之下或者命令少年不与特定之人交往或不得光顾酒吧、娱乐场所等。少年法官,在取得监护人同意后,可以要求犯罪少年接受专家的教育治疗或戒除毒瘾治疗,对于已满16岁的少年,是否接受治疗应当取得少年本人的同意。③ 惩戒措施包括警告、道歉、完成一定的工作或提供一定数量的金钱以及少年禁闭。完成一定的工作或提供一定数量的金钱通常是在少年法官、少年福利局和少年的父母的帮助下实现。少年禁闭分

---

① 黄河:《少年刑事案件社会调查报告初论——以德国少年司法实践为视角》,载《研究生法学》2011年第1期。

② 陈冰、李雅华:《德国少年司法保护简述》,载《域外借鉴》2005年第3期。

③ 侯东亮:《少年司法模式研究》,法律出版社2014年版,第67页。

为短期禁闭、长期禁闭和业余禁闭,在州司法机关的少年禁闭所或者业余禁闭室执行。作为一种剥夺少年自由的处罚措施,在执行中也很重视教育刑思想,如规定在业余禁闭期间,不得妨碍少年的教育或工作,增大社会回归的可能。少年刑罚就是剥夺少年自由的刑罚,它是在教育处分、惩戒措施无法实现犯罪少年改邪归正的前提下才能采取的措施。在德国少年刑罚中由于缓刑制度和缓科制度的存在,又进一步排除了少年被监禁的可能,与此同时,这两项制度中的相配套的教育处分、少年帮助人制度等还有很多教育改造的内容,再次实现了教育刑之理念。德国的少年缓刑制度是指少年法官对可能判处 2 年以下刑罚的少年,在对少年的个性、家庭状况、犯罪前后的表现等因素综合考虑后,规定一定阶段的考验期,暂缓刑罚执行的制度。对于适用缓刑的少年,法官可对其予以教育处分,也为其配置少年监督人,以专门跟踪、帮助和照管缓刑少年。德国的少年缓科制度,是指经过社会调查,少年法官仍不能确定少年犯罪行为的危险程度以及适用刑罚是否必要,而采取的认定其行为有罪,但暂时不判处刑罚,规定一定的考验期,以决定是否科处刑罚的制度;在考验期内,少年同样会得到监督人的帮助和指导。考验期间表现良好,期满则有罪判决即告消火;否则,将被科处刑罚。

第五,德国少年监禁制度中的教育刑理念的体现。德国少年监禁制度中的教育刑理念一是表现在为保护犯罪少年的权利和避免交叉感染,德国设有独立的少年监狱,以和成年罪犯分管分押;二是体现在监禁目的、矫正内容的教育色彩和矫正官员的教育能力上。德国《少年法院法》第 91 条规定:"通过对被判刑人执行少年刑罚,使其能够实现正派的和具有责任感的品行。秩序、劳动、上课、锻炼身体和业余时间及其他有意义的活动,是教育的基础。被判刑人职业上的成绩应予以鼓励。应设立实习车间。宗教帮助应予以保障。为实现所追求的教育目的,少年刑罚可予以从宽执行,在适当的情况下,可进一步以自由的方式执行。执行官员必须具备完成执行教育任务的能力,且必须经过培训。"由此可见,在少年监狱中,注重对少年犯的教育矫正,其监禁目的就是通过教育,使少年犯能够成为正派的和具有责任感的人。教育内容和方式包括秩序、劳动、职业培训、宗教、上课、锻炼身体和业余时间及其他有意义的活动。矫正官员必须具备完成执行教育任务的能力,为具有和提高该能力,矫正官员还必须接受一定的培训。三是体现在尽可能减少监禁,增大少年与社会接触的可能。

第六,前科消灭制度、起诉书限制性规定等也同样体现了教育刑理念。前科消灭制度因具有避免污点记录对少年就学、就业的不良影响,增添少年回归社会的信心,帮助其顺利再社会化的功能,而被许多国家纳入少年司法制度的组成部分。德国《少年法院法》设专章对其予以了规定,详细地规定了前科消灭的条件及其相关程序,充分显示德国对此制度的重视。另外,德国为充分实现教育刑理念,甚至对少年检察官的起诉书也作出限制性规定,"限制其不得在起诉书中作不利于被告人教育的描述"。①

　　（三）惩罚·福利二元模式

　　惩罚·福利二元模式是以美国为代表的少年司法制度模式。1899 年美国伊利诺伊州库克郡建立了世界上第一个少年法院，开创了少年司法制度独立的先河。自建立以来，美国少年司法制度一直在福利和惩罚之间摆荡，目前进入了"惩罚·福利二元模式"，即在少年司法中强调和增加福利色彩，并将刑事司法与少年司法相糅合，以及在少年死刑中出现削弱罪责和促进康复的现象。该模式表现出如下特征：

　　第一，在少年司法中强调和增加福利色彩。在当今美国的少年法院审判司法中，强调和增加了许多福利色彩，这具体表现为以下方面：（1）少年法官不仅要具备法学知识，还要具备心理学、教育学、社会学等专业知识，接受多元的知识培训。（2）在少年矫正中，加强与社会福利机构的合作，强化社会福利机构在非行少年矫正中的力度。（3）提高少年法院的地位，发挥少年法院在少年司法中的作用。（4）在少年案件的处理中强调程序的非正式性，多采取恢复性司法模式。"新泽西少年法院模式体现了少年法庭处理少年非行的特色：审判组织，包括广泛的社会机构参与，非正式的交流方式和被告人及其父母参与。""社会机构包括无家可归或被忽视少年保护组织、少年监狱组织、家庭服务组织和管护机构；各组织的代表经常全程参与少年法院的审理过程，和审判组织的成员一起讨论案件，已经成为法庭审判组织的全职成员，管护官通过审前社会报告，缓刑官、医学专家或者心理学专家通过被告人审前转处成功可能性的报告为少年司法作出贡献。""少年法院的参与者用一种轻松的、非正式的程序进行交流，而不是刑事法院采用的规范的诉讼程序，在这种非正式的程序中，法官、检察官、和辩护律师，关注和讨论的重点是被告人，犯罪行为和起诉后可能的后果，而不是对法定程序的关注。"②（5）强调父母在犯罪少年处遇中的责任。

　　第二，将刑事司法与少年司法相糅合。将犯罪少年更多送至少年法院还是成人刑事法院审理一直是美国少年司法制度福利模式或惩罚模式在司法中的具体体现。当今美国的少年司法制度，"表现为整体上惩罚·福利二元模式，大部分的法院都会糅合刑事司法与少年司法中的因素，仅就在刑事司法程序中处理少年犯罪人而言，处理程序初期的样态主要表现为刑事司法模式，后期审判阶段主要体现为少年司法模式"。③ 在裁判前，刑事司法人员、律师的角色，关注重点在于行为的严重程度和惩罚以及抗辩式诉讼模式无不体现刑事司法模式；而一

① 侯东亮：《少年司法模式研究》，法律出版社 2014 年版，第 67 页。
② 同上书，第 84 页。
③ 同上书，第 88 页。

且进入裁判阶段,少年司法模式开始成为主流,除非少年实施的是严重的刑事犯罪或者"法庭干预失败,法官拥有自由裁量权,对犯罪少年充满关爱和矫治态度"。①

第三,在少年死刑中出现削弱罪责和促进康复的现象。美国是保持少年死刑的少数国家之一,但在 2005 年的"罗佩尔案件"之后,少年死刑出现了改观,出现削弱罪责和促进康复的现象。所谓削弱罪责就是因犯罪少年身心发育的不成熟,对犯罪行为和后果缺乏成熟判断,更容易受到消极影响和外部压力,可削弱其因严重犯罪行为的可责难性和刑事责任,不应被判处死刑。促进康复体现在将少年严重犯罪案件更多交由少年法院处理,具体表现在提高成年法定年龄底限,延长少年停留在少年司法系统中的时间;将检察官的自由裁量权转移至少年法官,使犯罪少年更多接受在少年法院管辖范围内的监督、教育、控制和监护,实现康复回归之目的。

（四）协作模式

20 世纪 80 年代,英国②开始对少年司法制度中滥用的福利救济措施和正式的司法系统带来的"标签化"效应反思,主张少年司法制度应以预防少年犯罪、帮助少年回归社会为宗旨,"采取非正式主义和规范化处理少年犯罪问题。也就是说,转处犯罪少年,使其远离正式的刑事司法系统,避免犯罪标签的伤害"。③ 在具体运作上,充分发挥社会机构的作用,加强司法机构与专业化社会机构以及各类社会机构间的合作,运用社会资源处理少年犯罪,为犯罪少年提供社会发展的权利与机会。为此,所谓协作模式就是,充分发挥社会机构在处理少年犯罪案件中的作用,加强司法机构与社会机构以及各类社会机构间的合作,将犯罪少年从正式的司法系统转处至社会机构,由其采取非正式但专业化、规范性的社会干预措施,这种少年司法制度模式就是协作模式。该模式在英国具体表现为下述方面:

第一,成立专门的干预犯罪少年的社会机构——YTB 与 YOT。

1998 年英国通过了《少年犯罪和失序法》,确立预防儿童和青少年的犯罪行为是少年司法系统的宗旨,并强调通过多机构合作,在少年犯罪处理中引入更多的干预措施。根据此法案,英国成立了 YTB 与 YOT,确立了社会机构参与少年司法的组织制度。

YTB 即英国青少年司法委员会,是一个向内政部和内政大臣负责的非部门的公共行政机构,负责少年司法的政策建议、运行监督、具体问题的研究及其经

---

① 侯东亮:《少年司法模式研究》,法律出版社 2014 年版,第 88 页。
② 英国分为英格兰、威尔士、苏格兰和北爱尔兰三个地区,每个地区的少年司法制度不尽相同,本书的英国是指英格兰、威尔士地区。
③ 侯东亮:《英格兰少年司法协作模式》,载《社会科学家》2014 年第 7 期。

验推广工作。"YTB 的整体目标是预防青少年犯罪,具体体现为预防犯罪、消除犯罪恐惧、识别和处理青少年违法者和减少再犯。YTB 的工作职责主要体现为:向内政大臣提出有关青少年犯罪预防和青少年司法方面的建议;跟踪观察青少年司法体系的运作和实施,包括少年法庭、青少年犯罪工作组的工作及安全看护条件的提供等方面的工作;向内政大臣提出有关 YOT 工作标准和青少年安全等级等问题和研究;资助推广青少年司法的经验。"①

YOT 即英国少年犯罪工作组,是英国各地多机构合作成立具体处理少年犯罪的组织。在少年犯罪工作组中,有警务部门、社会福利部门、教育部门、卫生部门、志愿机构等组织的成员,每个小组至少由一名社会工作者、缓刑官、警察、教育官员和一名卫生官员组成。从其组织构成来看,体现出英国少年司法机构与社会机构以及社会机构间的合作。"少年犯罪工作组的工作主要分为三个领域:预防犯罪和反社会的行为、违法者的社区监督和监护后的再安置。YOT 的主要工作内容有:早期干预,教育、警告少年违法者,预防其进一步犯罪;创办培训中心,对轻微犯罪少年实施教育辅导,提高其能力,促使其融入社会;提供法律帮助,帮助违法少年认识到自己行为的社会危害性;监督、指导执行法庭裁判的情况;指导、评估被监禁的违法少年,制定合适的转处计划。"②

通过对 YTB 和 YOT 工作目标、工作职责和工作内容的总结,我们可以看出 YTB 和 YOT 这两类社会机构成立的目标就是预防少年犯罪,通过与司法机构、社会机构间的合作,整合社会资源,在不将犯罪少年与社会隔离的情况下,帮助少年改邪归正,重新融入社会,充分体现了协作模式的特点。

第二,缓刑与社区刑中的协作特色。

英国的少年刑罚分为监禁刑和非监禁刑两大类。监禁刑是在少年实施了严重的暴力犯罪行为,对社会仍具有危害的情况下,不得不采取的刑罚手段。非监禁刑是少年刑罚处罚的主要类型,非监禁刑包括刑事罚款、缓刑与社区刑。其中,缓刑与社区刑再次体现出英国少年司法的协作色彩。少年缓刑由英国缓刑局执行,缓刑局在对缓刑少年的监管、矫正中,会积极与社区联系,与社区共同完成对非行少年的安置及其社会回归。在少年缓刑执行中下,"无论是'照管人看管''缓刑接待站'或'缓刑教养院'都体现了社会资源经过整合之后,以多机构协作的方式完成矫正需要、促使非行少年回归社会的目的"。③ 社区刑中的社区服务、儿童安全令、儿童宵禁令和父母令和培训令等,社会机构均在其中发挥着重要作用,并且使犯罪少年未脱离社会,在社会中完成矫正过程,实现再社会化。

---

① 侯东亮:《少年司法模式研究》,法律出版社 2014 年版,第 100—101 页。
② 同上书,第 99 页。
③ 侯东亮:《英格兰少年司法协作模式》,载《社会科学家》2014 年第 7 期。

三、我国的少年司法制度模式

对于我国的少年司法制度是何种模式，学界存在四种主要观点：

第一，"社会·司法模式"。该学者认为此模式的基本特点是缩小司法干预，扩大社会教育，把少年司法制度纳入"综合治理"的总体战略，作为治理青少年违法犯罪、培养青少年健康成长的整体的一部分而发挥作用，具体是：方法上"区别对待"，方针上"综合治理"，目的上"教育预防"。①

第二，典型刑事模式加福利模式。该学者认为："世界各国未成年人司法模式一般分为福利模式和刑事模式两类。福利模式以英美衡平法的国家亲权哲学为基础，奉行教育治疗和特殊保护思想，以非正式的程序为未成年人提供个别化处理，但不必然遵守平等对抗、沉默权和证据规则等正当程序；刑事模式又称为惩罚模式，发源于大陆法系，基于古典犯罪学派的司法原则，辅之以初步的教育观念，呈独立的刑事司法模式存在，优点在于能更好地平衡程序正义和实体公正，缺点是过于强调正当程序而忽视对保护未成年人身心特点的个别化处理，容易强化犯罪的负面标签效应。我国未成年人司法属于典型的刑事模式，也具有福利模式的某些特征。"②

第三，尚未形成独立的少年司法模式。该学者将少年司法制度模式分为福利原型和刑事原型两种。所谓福利原型是指认为我国目前的少年司法制度尚处于发展的初期阶段，近似于刑事原型的早期阶段，还很不完善，似乎还很难称得上是一种独立的模式。③

第四，有的学者主张应在我国建立新的少年司法制度模式。有学者的观点是在我国"建立恢复性模式和刑事模式'双轨制'的少年司法模式，即对于那些涉罪行为较轻、当事人自愿实行道歉、赔偿、社会服务等恢复性措施的就应当优先在各个环节适用那些'较软'的恢复性少年司法程序，反之，又或者恢复性少年司法程序在中途适用不下去时，则应转而适用相对而言'较硬'的普通刑事司法程序"。④ 也有学者主张建立"恢复性少年司法模式"。持此观点的学者认为"我国依附于成年人刑事司法体系下的未成年人犯罪处理方式难以实现惩罚与教育的双重目标。基于现实国情，我国应当建立兼顾国家、社会、个人利益的恢复性司法模式"。⑤

---

① 储槐植：《刑事一体化与关系刑法论》，北京大学出版社 1997 年版，第 52—53 页。
② 姚莉：《未成年人司法模式转型下的制度变革与措施优化》，载《法学评论》2016 年第 1 期。
③ 姚建龙：《长大成人：少年司法制度的建构》，中国人民公安大学出版社 2003 年版，第 312 页。
④ 吴啟铮：《少年司法模式的第三条道路—恢复性少年司法在中国的兴起》，载《刑事法评论》2015 年第 2 期。
⑤ 姚莉：《未成年人司法模式转型下的制度变革与措施优化》，载《法学评论》2016 年第 1 期。

　　总之,我国的少年司法制度尚处于变革之中,传统的刑事模式在逐渐增添福利色彩,同时恢复性司法理念和方法也在应用之中,许多制度尚在尝试、争议之中,形成稳定的独立模式尚待时日。

第三节　少年司法制度特殊性的原因

引例

　　我国《刑事诉讼法》第 269 条规定:对被拘留、逮捕和执行刑罚的未成年人与成年人应当分别关押、分别管理、分别教育。

　　最高人民检察院《人民检察院办理未成年人刑事案件的规定》(以下简称《最高检办理未成年人案件的规定》)第 51 条规定:人民检察院审查未成年人与成年人共同犯罪案件,一般应当将未成年人与成年人分案起诉。

　　最高人民法院《关于进一步加强少年法庭工作的意见》(以下简称《加强少年法庭工作的意见》)第 14 条规定:人民法院对未成年人与成年人共同犯罪案件,一般应当分案审理。

　　从上述法律规定可以看出,即便是未成年人与成年人共同犯罪的案件,一般也要分案起诉、分案审理,对被拘留、逮捕和执行刑罚的未成年人与成年人更是要分别关押、分别管理、分别教育,这说明对未成年人犯罪的处理不同于成年人犯罪,有其自身的特殊性。

　　虽然学界对于少年司法制度的诞生是始于审判还是始于执行有所争议,但对于少年犯罪人的处理应当有别于对成年犯罪人的处理,有其自身的特殊性是少年司法制度建立之初的宗旨所在并无争议,迄今显然已成为世界各国的共识。这种特殊性总体上表现为三个方面,即少年司法制度之目的在于促进犯罪少年的再社会化,实现的途径与手段为特殊保护,在司法制度的构成和内容上有别于成年犯罪人。也就是说,少年司法制度的特殊性,是指少年司法制度应当具有给予犯罪少年特殊保护,有别于成年犯罪人的司法制度,以促进犯罪少年再社会化的特性。这些特殊性在少年司法制度的概念系统、组织系统、规则系统和设备系统中均有具体体现,也是本书展开论述的核心内容。那么,为什么要建立特殊的、有别于成人的少年司法制度呢? 虽然,我们可以从刑法理论、人道主义、少年司法制度史等多个角度予以阐述,但其核心在于少年犯罪原因的特殊性,其特殊性表现在少年成长中的规律本身就与犯罪有着密切的关系,这些成长规律既使少年具备和增长了犯罪能力,又使其控制违法犯罪行为的能力下降,与此同时也潜藏着改邪归正的可能。这正是少年犯罪发生和防控不同于成人的特殊性所在。

少年的成长体现为生理、心理和社会性三个方面。违法犯罪的少年多集中在 13—18 岁之间,这表明他们恰好处于人生的重大变革时期——青春期。青春期是个体由少年向成人过渡的时期,是人一生发育突飞猛进的阶段,这一时期少年的身心、人际关系都在发生巨大变化,由不成熟走向成熟。少年成长与少年犯罪的关系理论是一组青春期少年在生理、心理和社会性三方面所具有的特征与犯罪的关系的理论与观点的总结。

一、少年的生理成长与犯罪

青春期的少年身体生长发育迅速,生殖器官、性功能,其他身体各器官及其功能逐渐成熟。具体表现为:

(1) 体重与身高迅速增加,特别是体重增长更显著,平均每年增重 5 公斤,是继乳儿期后出现的第二个高峰。身高突增,体型出现从量变到质变的飞跃。男孩增长幅度大于女孩,身高平均年增长速率可达 9cm。

(2) 第二性征出现,生殖系统发育成熟。

(3) 各系统器官发育增快,生理功能增强,效率高。各脏器如心、肺、肝脏功能趋向成熟,各项指标达到或接近成人标准。

(4) 大脑的发育。

其一,脑神经结构逐步发育接近成年。思维活跃、复杂,求知欲旺盛,动作准确、协调,推理分析与记忆力也加强。这些变化带来少年更强的独立性,越来越倾向于坚持自己的想法。

其二,前额叶与少年犯罪。青春期显著发展的一个区域是前额叶。前额叶是人们进行思考、评价和做出复杂决策的区域,它也是负责冲动控制的区域;它要到 21、22 岁左右才能完全发育成熟。前额叶发育完全的个体可以很好地控制自己的情绪,而不是简单地表现出愤怒或狂暴等情绪。由于前额叶在青春期发育还不完全,冲动控制能力还不是很好,会导致一些危险行为和冲动行为的出现。[1] 我们经常会观察到少年很难控制自身的某些行为,正是不成熟的前额叶作怪的结果,前额叶发育的不成熟也必然成为少年的违法犯罪的生理基础。

另外,如果前额叶受损也会降低受损者对行为的约束力,从而可能导致犯罪的发生。生活中有时会出现这样的现象,一个小时候非常乖的儿童,进入青春期后却出现逃课、打架、偷窃等诸多不良行为。学者研究发现,这种现象是由于该个体在童年时前额叶曾受过损伤,但结果在当时没有显现出来;进入青春期

---

① 〔美〕罗伯特·费尔德曼:《发展心理学:人的毕生发展》(第 6 版),苏彦捷译,世界图书出版公司北京公司 2013 年版,第 432 页。

后,随着大脑进一步的成熟、活跃,机体活动量的增加,受损的额叶前部皮下层便开始显得不够用了,不能正常执行其约束职能,于是,导致个体出现上述不良行为。

其三,多巴胺:多巴胺是一种神经递质,神经细胞与神经细胞之间通过突触联结,当神经细胞之间有信息传递时,突触就会分泌神经递质,使信息在神经细胞间传递。多巴胺就是传输快乐、愉悦的神经递质。多巴胺浓度越高,个体感觉快乐的强度越大。青春期大脑发育也使得涉及多巴胺敏感性和多巴胺生成的相关脑区产生了变化。青春期时多巴胺的分泌往往不足以满足少年的需要。作为这些变化的结果,青少年对酒精、毒品效果的感受性降低,导致酒精、毒品的摄入量提高才能得到快感。同时多巴胺感受性提高也使得青少年对压力/应激更敏感,导致进一步的酒精使用。①

其四,丘脑下部、脑下垂体、甲状腺、肾上腺均发育且分泌激素,进而促使全身组织迅速发育。同时,脑垂体和性腺的迅速分泌,有机体内部的激素由原来的平衡状态转为动荡阶段。激素的大量产生促发了成长,同时也可能导致情绪的快速变化。如男孩经常会感到是生气和烦恼,女孩经常伴随着怒气和抑郁。不良情绪拉近了少男、少女与犯罪的距离。

其五,人的神经活动有兴奋和抑制两个过程。兴奋是指神经活动由静息状态或较弱的活动状态转为活动状态或较强的活动状态;反之,抑制是指神经活动由活动状态或较强的活动状态转为静息状态或较弱的活动状态。在不同年龄,神经活动呈现不同状态。青春期时,人的神经系统中出现"兴奋与抑制过程"的不均衡现象,兴奋明显优于抑制。

其六,维生素、矿物质的缺乏与少年犯罪。青少年正处于成长、发育的旺盛时期,需要摄取必要的维生素、矿物质保证其健康成长。近几年来,犯罪生物学家研究发现,维生素、矿物质的缺乏不仅直接影响青少年的身体健康,而且还可能导致其违法犯罪。在青少年中,存在着维生素、矿物质缺乏症和维生素、矿物质依赖症两种情形,前者是指对维生素、矿物质有正常需要的人,不能从日常的饮食中获得足够的数量。后者是指某些人由于生理上的特殊性,对维生素或矿物质有过度的需要。患有维生素、矿物质缺乏症和维生素、矿物质依赖症的个体往往会在生理、心理上出现一些不正常的反应,从而可能引发违法犯罪行为。

研究发现,进入青春期的少女常有情绪不稳定、容易疲乏、注意力不集中、记忆力减退及学习成绩下降等现象,这与少女体内缺铁有密切关系。在一些探讨犯罪与维生素缺乏症或依赖症关系的研究中,已经发现,反社会行为与维生素 B

---

① 〔美〕罗伯特·费尔德曼:《发展心理学:人的毕生发展》(第6版),苏彦捷译,世界图书出版公司北京公司 2013 年版,第 432 页。

(B3 和 B6)和维生素 C 的缺乏有极大的关系。犯罪生物学家 Leonard Hippchen 宣称医学上的研究已经证实维生素 B3 是造成青年人高度活跃的主要原因。Hippchen 甚至认为,维生素 B3 依赖症造成青年人拥有旺盛的精力,并成为从事吸烟、喝酒、药物滥用、逃学、破坏活动以及其他犯罪行为的主要因素。除此之外,体内矿物质如铜、镁等的过度缺乏也会导致不正常的行为。[①] 当然,该领域的研究成果还有待进一步证实。

链接

> ### 进入青春期后,我的攻击性为什么越来越强?[②]
>
> 　　男孩子进入青春期后攻击性增强,是体内的睾酮在起作用。青春期睾酮水平的急剧上升(青春期时男孩体内的睾酮水平比幼童时期高 8 倍)会产生一些副作用。睾酮可以使男孩变得更加强健,甚至有助于其情绪健康,但同时,也可能使他更加易怒,更加富有攻击性。睾酮还导致体毛和肌肉的发育,并促使男孩变声。

　　由此可以看出,一方面,体重的增加,身高的增长,系统器官的日渐成熟,生理功能的增强,效率的提高等生理变化使少年具备和增加了犯罪的能力,也就是说,此时少年犯罪的生理条件逐步具备,并随着年龄的增长,日益成熟。另一方面,前额叶发育的不成熟和受损,多巴胺分泌、维生素、矿物质满足不了少年成长的需要、内分泌的不平衡状态以及神经系统的兴奋又使得少年精力充沛,兴奋活跃,对微小的刺激反应强烈,好激动,情绪不稳定,自控能力差,攻击性强。处于这样一种生理状态的个体从事违法犯罪行为的可能性显然较大。尤其是早熟的男孩更可能出现不当行为和物质滥用。[③] 原因在于他们比同龄人更大的体格使他们更可能去接触年龄比他们大的人,而这些人可能会诱导他们作出不合适的事情。

　　二、少年的心理成长与犯罪

　　(1)自我中心主义与犯罪。少年的认知水平得以提高,具体表现为发展出

---

　　① 张平五编:《警察百科全书(四):犯罪学与刑事政策学》,台湾正中书局出版发行 2000 年版,第 63 页。

　　② 〔美〕罗伯特·费尔德曼:《发展心理学:人的毕生发展》(第 6 版),苏彦捷译,世界图书出版公司北京公司 2013 年版,第 431 页。

　　③ 同上书,第 427 页。

抽象思维能力和信息加工能力增强。抽象思维能力导致他们日常行为的改变。早先,他们可能会毫不怀疑地接受所告知的规则及其解释,而如今不断增加的抽象思维能力,可能会导致他们更努力地对父母和其他权威提出质疑。此时的少年变得更好争辩,他们喜欢利用抽象推理来找出别人解释的漏洞,他们的怀疑思维使他们对家长和老师的缺点更加敏感。① 信息加工能力的增强使他们对世界了解得越来越多,记忆能力增强,知识不断增长。

抽象思维能力和信息加工能力的提高会产生自我中心主义。自我中心主义的少年对权威,如父母、教师充满了批判精神,不愿接受批评,并且很容易指出别人行为中的错误。增加了与他人冲突的可能,也可能会降低家长、老师等权威对他们的控制。自我中心主义可进一步导致另一种思维的扭曲,即发展出个人神化:他们会觉得自己的经历是独一无二的,别人都不会经历,没人能理解他的感受。个人神化还可能使少年对危险充满好奇,对威胁自己和他人的风险毫无畏惧,参与吸毒、混乱的性生活、饮酒、酒后驾车、违法犯罪等活动中。

(2) 同一性对同一性混乱阶段。美国著名的心理学家埃里克森(E. H. Erikson,1902)提出了著名的人格发展八阶段理论。青春期是同一性对同一性混乱阶段,即少年寻找和确定自己区别于他人的独特方面的阶段。② 在这一阶段中,少年一方面面临本能冲动的高涨带来的问题,另一方面面临新的社会要求和社会冲突而感到困扰和混乱,而这一方面对少年的影响更为重要。所以,青春期少年的主要任务是建立一个新的同一感或自己在别人眼中的形象,以及他在社会集体中所占的位置,而这一位置源于其自我评价。这一阶段的危机是角色混乱。

埃里克森把同一性危机用于解释少年对社会不满和犯罪等社会问题上,他说:如果一个少年感到他所处于的环境剥夺了他在未来发展中获得自我同一性的种种可能性,他就将以令人吃惊的力量抵抗社会环境。在人类社会的丛林中,没有同一性的感觉,就没有自身的存在,所以,他宁做一个坏人,也不愿做不伦不类的人,他可能通过扮演社会所不接受的角色作为表达他们不想成为的那种人的方式,而这一切都是他自由选择的结果。

(3) 青春期压力。青春期的少年更容易感受到压力,男孩更多会把压力外化,变得冲动或更具攻击性,或者使用毒品和酒精来释放压力。

(4) 青春期的少男少女们更可能患有"焦虑障碍、抑郁障碍、双相障碍、注意缺陷多动障碍,破坏性行为障碍,性心理障碍,网络成瘾及精神分裂症等症

---

① 〔美〕罗伯特·费尔德曼:《发展心理学:人的毕生发展》(第 6 版),苏彦捷译,世界图书出版公司北京公司 2013 年版,第 435—436 页。

② 同上书,第 462 页。

状"。① 而这些心理疾病也可能导致违法犯罪的发生。

三、少年的社会特征与犯罪

此处的社会特征主要指少年的独立性、社会经验、与家庭和朋友的关系等社会性方面所呈现的特点。此阶段的少年在社会性方面呈现出如下特点：(1)越来越多地寻求独立性、自主性以及对生活的控制感。(2)对成人的依赖减少，与父母的冲突增大。(3)重视同伴关系，依赖同伴。(4)倾向于归属小派别。(5)行为更具攻击性的少年反而变得更具吸引力。(6)与此同时，他们的社会经验尚且不足，与成年人相比，对危险行为潜在负面后果的评估认识不清，并且追求短期而非长期效益。② 这些特征增大了少年接触不良群体、违法犯罪的风险。

总之，少年成长与少年犯罪的关系理论告诉我们，少年的成长规律本身就与犯罪密切相关，这些成长特征既增大了少年犯罪的风险，也意味着少年犯罪是少年不成熟的极端表现。这告诉我们对于这一阶段的少年我们既要给予充分的关注，做好违法犯罪的预防工作；又不能严格遵守罪刑相适应原则，当少年实施了在后果上与成人犯罪同样严重程度的行为，按照成人处罚的标准处理，应当降低刑罚的严厉程度，否则有失公正；同时，也说明少年具有强烈的可塑性，在其犯罪后，处理的原则是保护，其目标在于提供其改邪归正、重新适应社会并具有发展前途的条件，尽可能减少司法干预所带来的弊端。

【本章小结】

对于犯罪少年年龄，绝大多数国家采取的是确定的规定，只有少数国家未作出确定性规定。以犯罪行为的性质为标准，犯罪少年分为刑事犯罪少年、触法少年、违法少年、虞犯，各类犯罪少年的年龄规定有所不同。犯罪少年的责任年龄分为刑事责任年龄和行政责任年龄，各国对刑事责任年龄上下限的规定有所不同。我国的刑事责任年龄可分为完全无刑事责任年龄、限制刑事责任年龄(或减轻刑事责任年龄)和完全负刑事责任年龄。根据我国刑法的规定，未满14周岁的人，完全不负刑事责任，为完全无刑事责任年龄；14—16周岁的人，为限制刑事责任年龄人；16周岁为完全刑事责任年龄人。但在处罚上，对不满18周岁的未成年人犯罪，一律从轻或者减轻处罚。在我国少年司法制度中，非常重视少年刑事责任年龄的查证与审核。少年犯罪包括刑事犯罪、违法行为以及不良行为。我国学界对少年司法制度的含义有不同的理解。本章认为，少年司法制度是指国家司法机关及其被法律授权的专门组织处理犯罪少年的独立的司法制度。少

① 苏林雁、王长虹：《青春期的心理行为问题》，载《中国实用儿科杂志》2006年第7期。
② 张鸿巍：《少年司法通论》(第2版)，人民出版社2011年版，第164页。

年司法制度分为理念系统、组织系统、规则系统和设备系统,这四种系统是少年司法制度的基本构成。本章总结、介绍和分析了少年司法制度四模式,即"福利模式""教育刑模式""惩罚·福利二元模式"以及"协作模式"。少年司法制度的特殊性,是指少年司法制度应当具有给予犯罪少年特殊保护,有别于成年犯罪人的司法制度,以促进犯罪少年再社会化的特性。之所以要建立特殊的、有别于成人的少年司法制度,其核心在于少年犯罪原因的特殊性,其特殊性表现在少年成长中的规律本身就与犯罪有着密切的关系,这些成长规律既使少年具备和增长了犯罪能力,又使其控制违法犯罪行为的能力下降,与此同时也潜藏着改邪归正的可能。

【关键术语】

刑事犯罪少年　虞犯　刑事责任年龄　少年司法制度　福利模式　教育刑模式　惩罚·福利二元模式　协作模式　同一性对同一性混乱阶段

【推荐阅读与学习资源】

1. 张平五编:《警察百科全书(四):犯罪学与刑事政策学》,台湾正中书局出版发行 2000 年版。

2. 孙云晓、张美英主编:《当代未成年人法律译丛——美国卷》,中国检察出版社 2006 年版。

3. 姚建龙主编:《中国少年司法研究综述》,中国检察出版社 2009 年版。

4. 张鸿巍:《少年司法通论》(第 2 版),人民出版社 2011 年 5 月版。

5. 〔美〕罗伯特·费尔德曼:《发展心理学:人的毕生发展》(第 6 版),苏彦捷译,世界图书出版公司北京公司 2013 年版。

6. 侯东亮:《少年司法模式研究》,法律出版社 2014 年版。

7. 姚莉:《未成年人司法模式转型下的制度变革与措施优化》,载《法学评论》2016 年第 1 期。

【思考题】

1. 简述犯罪少年的种类。

2. 简述少年司法制度的含义。

3. 论少年司法制度的福利模式。

4. 论少年司法制度特殊性之原因。

第二章　新中国成立以来我国少年司法制度的历史发展进程

☞ **本章的任务**
- 了解新中国成立初期我国少年司法制度萌芽时期的状况与特点
- 了解我国少年司法制度初创时期的状况与特点
- 了解我国少年司法制度调整深化时期
- 全面把握新中国成立以来我国少年司法制度的历史发展进程

　　新中国成立以来,我国少年司法制度经历了从无到有、从有到全的发展进程。目前,我国少年犯罪预防、少年审判法庭、少年犯帮教、矫治制度等都已切实展开,基本形成了富有中国特色的少年司法制度体系,取得了重大的历史进步与成就。但是,在肯定成绩的同时,也要重视存在的问题与不足,只有不断地探索与实践,才能进一步地发展和完善具有中国特色的少年司法制度。

第一节　新中国成立初我国少年司法制度萌芽时期

引例

　　受西方欧美国家少年司法制度蓬勃兴起的影响,新中国成立前中国已经开始借鉴和引入少年司法理念与制度。北洋政府及南京国民政府时期在少年案件审判、少年感化教育制度及少年监狱设置等方面,都进行了初步尝试和建设,在一定程度上推动了近代中国少年司法制度的进步。[1] 1939 年,长沙商务印书馆出版了赵琛所著《少年犯罪之刑事政策》,这是中国第一本少年犯罪问题研究专著。书中专门介绍了当时国际少年法制建设的情况,及时总结和论证了当时少年法制建设中的新探索,提出中国应当制定独立的少年法、建立专门的少年法院、少年监狱、感化院、建立专门的少年警察,这对于推动中国少年司法制度的诞生起到了非常重要的作用。[2] 新中国成立后,受到各种主客观因素的影响,少年

---

[1]　李相森:《论民国时期的少年司法制度建设》,载《青少年犯罪问题》2015 年第 4 期。
[2]　姚建龙:《赵琛与〈少年犯罪之刑事政策〉》,载《青少年犯罪问题》2004 年第 4 期。

司法制度未得到应有的重视,民国时期取得的成就也未被充分地吸收和利用。虽然如此,在新中国成立初期的法律法规文件中还是能够看到少年司法制度的痕迹,可以看作是我国少年司法制度的萌芽。

一、新中国成立初期少年司法制度的概况

新中国成立初期,百废待兴,各项基本制度亟待建立,少年司法制度不受重视情有可原。从当时的情况来看,我国并没有独立的少年司法制度,只是在一些相关的法律法规文件中涉及了少年司法制度问题,相关的研究也付之阙如。尽管如此,聊胜于无,这毕竟是新中国成立后对少年司法制度的最初认肯,是我国少年司法制度的萌芽,孕育着我国少年司法制度的希望与诞生。这一时期涉及少年司法制度的主要法律法规文件内容如下:

1954 年 8 月 26 日中央人民政府政务院颁布的《中华人民共和国劳动改造条例》第 3 条第 3 款规定:对少年犯应当设置少年犯管教所进行教育改造。第二章第四节关于少年犯管教所的规定:第 21 条,少年犯管教所,管教 13 周岁以上未满 18 周岁的少年犯。第 22 条,少年犯管教所,应当对少年犯着重进行政治教育、新道德教育和基本的文化与生产技术教育,并且在照顾他们生理发育的情况下,使他们从事轻微劳动。第 23 条,少年犯管教所,以省、市为单位根据需要设置,由省、市人民公安机关管辖。第 24 条,少年犯管教所,设所长一人,副所长一至二人,可以根据工作需要配备管教人员若干人。

1955 年 5 月 10 日最高人民法院发布的《关于少年犯罪应如何处理的批复》第 2 条规定:屡犯放火烧山及盗窃的 14 周岁以上而未满 18 周岁的少年犯是应负刑事责任的,但可按其犯罪情节及年龄从轻或减轻处罚。其中亦有很轻微的偷窃案件可不予处罚而交其家长或教育机构管教。

1956 年 2 月 7 日《最高人民检察院、最高人民法院、内务部、司法部、公安部发布的对少年犯收押界限、捕押手续和清理等问题的联合通知》,明确了少年犯管教所收押界限,捕押少年犯的法定手续。第 3 条规定:目前各地少年犯管教所收押范围仍很混乱,必须加以清理。清理的办法可按照以下原则进行:

(1)凡没有判决书的,如果根据上述前中央法制委员会批复中南军政委员会的精神,其犯罪程度应负刑事责任的,则应当提请法院作出判决,以便执行。如其犯罪程度尚不够负刑事责任的,则应对有家庭监护的应即释放,交其家庭管理教育,对无家可归的,则应由民政部门负责收容教养。有的过去虽有判决,但判为长期改造或教育改造,没有固定刑期,这样亦不妥当,应当根据原来犯的罪

行和在少年犯管教所的表现,改判为有期徒刑。

（2）目前民政部门的儿童教养院,凡是已经收容了年在 13 周岁以上 18 周岁以下,应负刑事责任的,亦应经法院作出判决,然后送往少年犯管教所进行管教。

（3）刑期未满但年岁已超过 18 周岁的少年犯,应当送交劳动改造管教队执行。

（4）刑期已满的少年犯,应当按时履行释放手续,对其中无家无业且已超过 18 周岁的,应当动员他们转至刑满就业单位予以收容安置就业。无家无业又未满 18 周岁的应介绍到社会救济机关予以收容教养。

1957 年 1 月 29 日公安部发布的《关于对犯人使用戒具的规定》,对少年犯原则上不使用戒具;禁止对少年犯打骂体罚、虐待;对少年犯严格管理与文明科学管理、教育挽救相结合。

1957 年 10 月 22 日颁布的《治安管理处罚条例》第 26 条规定:不满 13 岁的人的违反治安管理行为,不予处罚;已满 13 岁不满 18 岁的人的违反治安管理行为,从轻处罚。但是应当责令他们的家长或者监护人严加管教。如果这种行为出于家长、监护人的纵容,处罚家长、监护人,但是以警告或者罚款为限。

1960 年 4 月 21 日最高人民法院、最高人民检察院、公安部发布的《关于对少年儿童一般犯罪不予逮捕判刑的联合通知》要求:今后少年儿童除犯罪情节严重的反革命犯、凶杀、放火犯和重大的惯窃犯以及有些年龄较大,犯有强奸幼女罪,情节严重,民愤很大的应予判刑外,对一般少年儿童违法犯罪的人,不予逮捕判刑,采取收容教养的办法进行改造。教养改造的期限,一般不作规定,但应当根据他们在改造过程中的好坏表现,确定解除教养或继续进行教养。理由有二:一是,少年儿童年龄小,判刑多了不恰当,判刑少了时间短,不易改造过来。二是,少年儿童犯罪的人,还没有刑法观念,判刑与否对他们作用不大。因此,对少年儿童犯罪不判刑,而采取收容教养改造的办法,比较主动,有利改造。

1965 年 5 月 15 日公安部、教育部发布的《关于加强少年管教所工作的意见》规定了少年管教所的性质、收容管教的对象、管教的期限、教育与管理的原则与方法等;明确要求对犯罪少年进行政治、思想、文化等方面的教育;对犯罪少年的管理,应当根据他们的特点,既要有严格的纪律和制度,又要适当地开展文娱体育活动,在他们当中树立起一种诚实、勤俭、严肃、活泼的风气。

发布时间	法律文件名称	少年司法相关内容摘要
1954 年 8 月 26 日	《中华人民共和国劳动改造条例》	1. 设置少年犯管教所； 2. 管教对象年龄界限； 3. 管教方法与要求。
1955 年 5 月 10 日	最高人民法院《关于少年犯罪应如何处理的批复》	1. 屡犯放火烧山及盗窃的 14 周岁以上而未满 18 周岁的少年犯是应负刑事责任的,但可按其犯罪情节及年龄从轻或减轻处罚； 2. 很轻微的偷窃案件可不予处罚而交其家长或教育机构管教。
1956 年 2 月 7 日	最高人民检察院、最高人民法院、内务部、司法部、公安部《对少年犯收押界限、捕押手续和清理等问题的联合通知》	1. 少年犯管教所收押界限； 2. 捕押少年犯的法定手续； 3. 少年犯收押范围混乱的清理办法。
1957 年 1 月 29 日	公安部《关于对犯人使用戒具的规定》	1. 对少年犯原则上不使用戒具； 2. 禁止对少年犯打骂体罚、虐待； 3. 对少年犯严格管理与文明科学管理、教育挽救相结合。
1957 年 10 月 22 日	《治安管理处罚条例》	1. 不满 13 岁的人的违反治安管理行为,不予处罚； 2. 已满 13 岁不满 18 岁的人的违反治安管理行为,从轻处罚； 3. 责令家长或者监护人严加管教。
1960 年 4 月 21 日	最高人民法院、最高人民检察院、公安部《关于对少年儿童一般犯罪不予逮捕判刑的联合通知》	1. 除犯罪情节严重的反革命犯、凶杀、放火犯和重大的惯窃犯以及有些年龄较大,犯有强奸幼女罪,情节严重,民愤很大的应予判刑外,对一般少年儿童违法犯罪的人,不予逮捕判刑,采取收容教养的办法进行改造； 2. 教养改造的期限,一般不作规定,但应当根据他们在改造过程中的好坏表现,确定解除教养或继续进行教养。
1965 年 5 月 15 日	公安部、教育部《关于加强少年管教所工作的意见》	1. 少年管教所的性质； 2. 收容管教的对象； 3. 管教的期限； 4. 教育与管理的原则与方法。

　　从上述法律法规文件规定的相关内容来看,新中国成立初期我国少年司法制度的萌芽主要体现在以下几个方面:

　　一是限定追究少年犯罪人刑事责任年龄以及治安处罚的年龄。

二是减免少年犯罪人的刑罚。

三是建立少年犯的专门管教机构。

四是采取不同于成年人的管理、教育原则及方法:教育为主,惩罚为辅。

五是要求对少年犯严格管理与教育挽救相结合。

六是对少年犯不得打骂体罚,体现了对少年犯罪人的保护原则。

新中国成立初期我国在少年司法制度方面所取得的这些成果为我国少年司法制度的诞生与发展奠定了基础。①

二、新中国成立初期少年司法制度的特点

新中国成立初期少年司法制度处于萌芽阶段,还非常不成熟,呈现出如下特点:

(一)依附而不独立

新中国成立初期,我国尚未建立独立的少年司法制度,没有专门的关于少年违法犯罪处置的法律,没有独立的少年司法机构,甚至连少年司法制度的理念也未真正地形成;只是少部分的法律法规文件中包含了些许少年司法制度的内容,而且内容少、所占比例小,与成人司法制度相比明显处于附属地位。例如,1954年8月26日中央人民政府政务院颁布的《劳动改造条例》算上附则内容共77条,提及少年司法内容的仅有5条,主要是关于少年犯管教所的机构设置,而在最重要的第四章劳动改造生产、第五章管理犯人制度中都未对少年犯罪人有特殊的规定。在司法实践中,少年犯罪案件与成年人犯罪案件也未加以区分,由相同的刑事司法机构统一查办。虽然刑事责任年龄限定了少年犯的范围,但是少年犯在刑事诉讼中并没有受到特殊的对待,与成年犯的待遇基本相同。一般的刑事司法制度都是以成人违法犯罪为主要对象的,在未区分成人与少年违法犯罪的情况下,成人司法制度必然占据主导地位,而少年司法制度只能依附于成人司法制度求得生存。

(二)分散而不系统

新中国成立初期,我国关于少年司法制度的规定散落在不同的法律法规文件中,根本不成体系,犹如大草原上点缀的几点小花。之所以出现这种现象,直接的原因是当时我国没有对少年犯罪给以足够的重视,没有对少年司法制度进行专门的研究,对少年司法制度的认识还非常粗浅,不系统、不全面。背后深层次的原因则与当时我国政治、经济、社会的发展程度与状况相关。至于那些散见于法律法规文件中的少年司法制度相关内容应当是我国同违法犯罪作斗争的经验结晶。经过与违法犯罪的长期斗争,司法机关必然会逐渐认识到少年犯罪人

---

① 康树华:《新中国少年司法制度的发展与完善》,载《江西警察学院学报》2012年第2期。

与成年犯罪人具有本质上的不同,以对待成年犯罪人的方式对待少年犯罪人效果不好,为取得对少年犯罪人更好的教育改造效果,就必须采取符合少年犯罪人特点的、不同于对待成年犯罪人的特殊方式方法。将这些成功经验上升到法律层面,就产生了少年司法制度的萌芽。

（三）粗疏而不细致

从新中国成立初期少年司法制度相关规定来看,原则性的规定较多,具体的操作较少,内容粗疏而不细致。以 1965 年 5 月 15 日公安部、教育部发布的《关于加强少年管教所工作的意见》为例,这部法规文件可能是我国最早的专门关于少年司法制度的文件。需要注意的是,它不是法律法规,而是一个实施意见。一般来说,法律法规言简意赅,但是实施意见类文件阐述得较细致。但是,这部文件对少年犯的教育和管理方面的要求原则性强,操作性弱,内容不够全面、丰富。这可能是因为当时我国少年司法经验不足,处于摸索阶段,对一些问题的认识还不够,所以提出的对策还停留在原则层面,缺乏操作性,规定的内容就显得粗疏而不细致。

（四）重实体而轻程序

新中国成立初期少年司法制度相关规定主要是实体方面的,而缺少程序方面的规定。1955 年 5 月 10 日最高人民法院发布的《关于少年犯罪应如何处理的批复》、1957 年 10 月 22 日颁布的《中华人民共和国治安管理处罚条例》第 26 条的规定,这些法律文件都是关于少年司法制度实体方面的规定,而关于少年司法制度程序方面的规定则付之阙如。少年司法制度之所以能够成为一种司法制度,不仅需要有特殊的实体法的规定,更为关键的是要有程序法的规定。[①] 没有程序法方面的规定,如何谈得上"司法制度"。其实,在新中国成立初期我国对程序法的重要性认识不足,连基本的刑事诉讼法、民事诉讼法都没有,哪里还会考虑到少年司法的程序问题。

第二节　我国少年司法制度初创时期

引例

受"文化大革命"的影响,少年司法制度的萌芽不仅没有开花结果,而且出现倒退现象,一些涉及少年司法的法律法规及政策被废止。"文化大革命"之后,青少年犯罪不降反升,出现持续上升的趋势。1978 年、1979 年和 1980 年,青少年

[①]　王牧:《我国应当尽快建立少年司法制度》,载《犯罪学论丛(第二卷)》,《中国检察出版社》2004 年版,第 517 页。

犯罪达到新中国成立以来的最高峰,在刑事犯罪案件中青少年犯罪的比例非常大,大中城市达到 70%—80%,农村约为 60%—70%。① 青少年犯罪成为危害社会安全与稳定的严重问题。1979 年 6 月,中央宣传部等八个单位在调查研究的基础上,联合向党中央形成了《关于提请全党重视解决青少年违法犯罪问题的报告》。1979 年 8 月,党中央转发了《关于提请全党重视解决青少年违法犯罪问题的报告》(中央 58 号文件),"要求提请全党高度重视解决青少年违法犯罪问题,高度重视青少年教育问题,要求全党把对青少年的教育培养当做关系到我们党和国家的前途,关系到民族兴衰的大事来抓,要求各级党委都要把加强对青少年的教育培养包括解决其中极少数人的违法犯罪问题,放到重要议事日程上来,要求在党委领导下,把宣传、教育、劳动、公安、文化等部门及工会、共青团、妇联等各方面的力量统一组织起来,通力合作,着眼于预防、教育、挽救和改造,积极解决青少年违法犯罪的问题"。在这样的大背景下,青少年犯罪研究迅速兴起,少年司法制度也迎来了第二个春天。

一、青少年犯罪研究的兴起

党中央转发《关于提请全党重视解决青少年违法犯罪问题的报告》(中央 58 号文件)不久后,经有关部门批准,把青少年犯罪研究作为哲学社会科学的一项重点项目,列入了我国社会与经济发展的"六五"计划之中,很明确向法律学研究者、法学教学工作者和政法实际工作者提出了深入研究青少年犯罪的迫切政治任务。② 1980 年,中央批准建立中国社会科学院青少年研究所,由中国科学院和共青团中央双重领导。中国社会科学院青少年犯罪研究所成立伊始,即将青少年犯罪问题、大学生德育、青年就业问题,列为青少年问题研究的三大科研任务。1981 年 9 月,中国社会科学院青少年犯罪研究所、团中央、公安部、司法部、教育部、最高人民法院、最高人民检察院等联合在青岛召开"全国青少年犯罪问题科学规划会议",会议提出要组织力量,有组织、有目的地开展青少年犯罪问题研究方案,并讨论通过了"青少年犯罪研究规划"以指导和推动全国青少年犯罪研究。③ 另外,全国青少年犯罪研究规划会议所形成的一个重要提议是"在北京政法学院、华东政法学院、西南政法学院、西北政法学院设立青少年犯罪研究机构,并逐步形成所在大区的犯罪研究中心"。根据这一提议,国内四大政法院校先后

① 康树华:《当代中国犯罪主体》,群众出版社 2005 年版,第 16 页。
② 王仲方:《加强青少年犯罪研究 促进社会长治久安》,载中国青少年犯罪研究学会编:《中国青少年犯罪研究年鉴》(1987 年首卷),春秋出版社 1988 年版,第 1 页。
③ 张远煌主编:《未成年人犯罪专题整理》,中国人民公安大学出版社 2010 年版,第 7 页。

建立了专门的青少年犯罪研究机构,其中华东政法学院青少年犯罪研究所还为实体性研究机构,青少年犯罪与青少年法学亦在 20 世纪 80 年代成为政法院校和法学专业的主要课程之一。1982 年,中国青少年犯罪研究学会(1991 年 11 月在民政部社会登记中更名为"中国青少年犯罪研究会")在广西南宁成立,张黎群出任会长,华东政法学院的曹漫之担任副会长。自该学会成立以来,召开了一系列全国性和地区性的学术研讨会议,并组织力量对青少年犯罪问题开展了大规模的调查,承担了一系列重大项目的研究工作,组织出版了一批学术专著。①

在党中央的高度重视下,各类青少年犯罪研究机构广泛建立,大批有志于青少年犯罪问题研究的学者、教师、政法工作者等积极参与,青少年犯罪研究迅速成为政法学界乃至社会科学领域的热点问题。20 世纪 80 年代成为中国青少年犯罪研究最为热烈的时期,主要体现在以下几个方面:一是研究成果激增;二是研究者广泛介入;三是建立了全国性青少年犯罪研究组织——中国青少年犯罪研究会,并成立了一批专门的青少年犯罪研究机构,如华东政法学院青少年犯罪研究所以及西北政法学院、西南政法学院、北京政法学院所分别建立的青少年犯罪研究室;四是青少年犯罪研究学科化基本形成,青少年犯罪学作为一门独立的学科获得承认;五是 1982 年创办了两份专业性青少年犯罪学术期刊——中国青少年犯罪研究会会刊《青少年犯罪研究》和华东政法学院青少年犯罪研究所编辑的《青少年犯罪问题》;六是青少年犯罪研究对国家犯罪控制政策、立法、司法均产生了重要的影响。例如综合治理这一基本刑事政策最初主要是针对青少年犯罪而提出,青少年保护专门立法的启动和创建独立少年司法制度的试点亦均深受青少年犯罪研究的影响。②这最后一点指出了青少年犯罪研究对少年司法制度得以建立的重要作用与影响。

1998 年,时任中国青少年犯罪研究会会长的张黎群曾经将青少年犯罪研究的主要成绩归纳为五个方面,其中就提到了"推动青少年立法和少年司法制度建设"。青少年犯罪研究的迅速兴起是少年司法制度得以创立的重要条件。在这一时期青少年犯罪研究工作者开始研究国外的少年司法制度,并翻译了 30 多部各国的青少年法规和联合国三部关于少年司法的法律文件,这些研究成果弥补了少年司法制度研究的空白,为少年司法制度提供了思想基础、理论基础及概念系统,有力地推动青少年立法与少年司法制度建设。

二、少年司法原则、方针的确立及相关立法

新中国成立初期,我国的一些法律法规文件中提及了少年司法原则、方针的

---

① 施琦、康树华:《新中国青少年立法与少年司法制度之发展》,载《中国人民公安大学学报(社会科学版)》2013 年第 1 期。

② 姚建龙:《远离辉煌的繁荣:青少年犯罪研究 30 年》,载《青年研究》2009 年第 1 期。

问题。如 1954 年 8 月 26 日中央人民政府政务院颁布的《中华人民共和国劳动改造条例》第 22 条规定：少年犯管教所，应当对少年犯着重进行政治教育、新道德教育和基本的文化与生产技术教育，并且在照顾他们生理发育的情况下，使他们从事轻微劳动。1957 年 1 月 29 日发布的《公安部关于对犯人使用戒具的规定》，对少年犯原则上不使用戒具；禁止对少年犯打骂体罚、虐待；对少年犯严格管理与文明科学管理、教育挽救相结合。1965 年 5 月 15 日公安部、教育部发布的《关于加强少年管教所工作的意见》明确要求对犯罪少年进行政治、思想、文化等方面的教育；对犯罪少年的管理，应当根据他们的特点，既要有严格的纪律和制度，又要适当地开展文娱体育活动。但是，这些法律法规文件对少年司法原则、方针的阐述还比较模糊，十分不成熟。

　　"文化大革命"后，少年司法的一些主要方针、原则得以恢复与完善。1979年，中共中央转批中宣部、共青团中央、全国妇联等八个单位《关于提请全党重视和解决青少年违法犯罪问题的报告》的通知指出："对违法犯罪的青少年，我们的方针应是教育挽救和改造。"1982 年中共中央《关于加强政法工作的指示》提出："必须坚决实行教育、感化和挽救的方针，着眼于挽救。"[①]而正式、明确地提出少年司法方针与原则的法律是 1991 年出台的《未成年人保护法》。《未成年人保护法》第 38 条规定："对违法犯罪的未成年人，实行教育、感化、挽救的方针，坚持教育为主，惩罚为辅的原则。"除上述方针、原则外，少年司法还应当遵循综合治理方针与原则。综合治理方针与原则是我国应对少年问题，保护少年的一项传统的原则。1979 年《关于提请全党重视解决青少年违法犯罪问题的报告》中就明确提出了"必须实行党委领导、全党动员，书记动手，依靠学校、工厂、机关、部队、街道、农村社队等城乡基层组织以及全社会的力量，来加强对青少年的教育。"1987 年《上海市青少年保护条例》中第 2 条第 1 款明确规定："青少年是国家的希望和未来。保护青少年是国家机关、社会团体、企事业单位、学校、家庭以及公民的共同责任。"1991 年的《未成年人保护法》在第 5 条也规定了综合治理的原则："保护未成年人，是国家机关、武装力量、政党、社会团体、企事业组织、城乡基层群众性自治组织、未成年人的监护人和其他成年公民的共同责任。对侵犯未成年人合法权益的行为，任何组织和个人都有权予以劝阻、制止或者向有关部门提出检举或者控告。国家、社会、学校和家庭应当教育和帮助未成年人运用法律手段，维护自己的合法权益。"少年司法方针原则在从政策上升为国家的法律的过程中，扩大了辐射面，向其他法律、法规和条例中渗透，使国家所制定的所有法律法规和条例等，都能够充分体现、落实少年司法的方针与原则。[②]

---

① 康树华主编：《预防未成年人犯罪与法治教育全书（中卷）》，西苑出版社 1999 年版，第 720 页。
② 肖建国：《我国刑事政策与青少年司法制度的改革》，载《青少年犯罪问题》2003 年第 1 期。

　　新中国成立初期,一些法律法规文件中涉及少年司法制度的条款与内容被新的立法所吸收,并得到一定程度上的改进。1979年《刑法》就吸收了1955年的最高人民法院《关于少年犯罪应如何处理的批复》的部分内容,并加以改进。1979年《刑法》第14条规定:"已满16岁的人犯罪,应当负刑事责任。已满14岁不满16岁的人,犯杀人、重伤、抢劫、放火、惯窃罪或者其他严重破坏社会秩序罪,应当负刑事责任。已满14岁不满18岁的人犯罪,应当从轻或者减轻处罚。因不满16岁不处罚的,责令他的家长或者监护人加以管教;在必要的时候,也可以由政府收容教养。"第44条规定:"犯罪的时候不满18岁的人和审判的时候怀孕的妇女,不适用死刑。已满16岁不满18岁的,如果所犯罪行特别严重,可以判处死刑缓期二年执行。"1979年《刑事诉讼法》吸收了1957年公安部《关于对犯人使用戒具的规定》的部分内容,并加以改进和补充,其第10条规定:"人民法院、人民检察院和公安机关应当保障诉讼参与人依法享有的诉讼权利。对于不满18岁的未成年人犯罪的案件,在讯问和审判时,可以通知被告人的法定代理人到场。诉讼参与人对于审判人员、检察人员和侦查人员侵犯公民诉讼权利和人身侮辱的行为,有权提出控告。"第27条第2款规定:"被告人是聋、哑或者未成年人而没有委托辩护人的,人民法院应当为他指定辩护人。"

　　在这一时期内,1991年9月4日通过并公布的《未成年人保护法》是我国第一部专门针对未成年人的立法,对少年司法制度意义重大。之前的1987年《上海市青少年保护条例》虽然也是针对未成年人的立法,但是它毕竟只是地方性法规,不具有全国性的普遍效力。《未成年人保护法》共7章56条,从全面保护未成年人的角度出发,就其合法权益的保护作了一系列规定,包括对未成年人的家庭保护、学校保护、社会保护及司法保护。司法保护一章共有8条,就处理原则、收容教养、专人办案、羁押、不公开审理、帮教、复学升学就业、继承等作了规定。其中第40条明确规定:"公安机关、人民检察院、人民法院办理未成年人犯罪的案件,应当照顾未成年人的身心特点,并可以根据需要设立专门机构或者指定专人办理。公安机关、人民检察院、人民法院和少年犯管教所,应当尊重违法犯罪的未成年人的人格尊严,保障他们的合法权益。"此外,为了巩固我国少年司法的经验,由司法各部门共同努力,从建立、完善制度着手,先后制定了《关于办理少年刑事案件的若干规定》(以下简称《若干规定》)、《关于审理少年刑事案件聘请特邀陪审员的联合通知》(以下简称《聘请特邀陪审员的联合通知》)、《关于办理少年刑事案件建立配套工作体系的通知》(以下简称《建立配套工作体系的通知》)等规范性文件。《若干规定》包括总则、开庭前准备工作、审判、执行、附则等共5章50条,详细规定了少年审判工作从收案到执行的一整套程序。《聘请特邀陪审员的联合通知》和《建立配套工作体系的通知》则分别就办理少年刑事案件应从工会、妇联、共青团等机构中聘请热心从事教育、感化、挽救失足少年的同志作为特邀陪审员以及建立少年刑事案件预审、起诉、审判、执行"司法一条龙"工作体系作了具体规定。① 这些法律法规文件不仅改变了我国少年司法工作无法可依的局面，而且初步构筑起了我国少年司法制度的框架。

三、少年司法组织机构的设立与少年司法制度体系的建立

少年司法制度是一种特殊的司法制度，必须具备专门的司法组织机构。少年司法组织机构是少年司法制度的核心内容，没有独立的少年司法组织机构就没有独立的少年司法制度。因此，1899 年美国伊利诺伊州《少年法庭法》和同年 7 月在美国伊利诺伊州的芝加哥市所建立的少年法庭，被有关学术著作一致公认为世界上少年司法制度的诞生的标志。② 对我国少年司法制度具有里程碑意义的事件是 1984 年上海市长宁区法院第一个少年法庭的建立，被认为是中国少年司法制度的开端。③

与 1899 年美国伊利诺伊州芝加哥市建立了世界上第一个少年法庭的历史背景类似，出于治理日益严重的青少年违法犯罪的需要，1984 年上海市长宁区法院在全国率先试点建立了我国第一个少年法庭。因为特定的历史背景、法律依据等因素的考虑，当时的少年法庭实质只是附设于刑庭的少年刑事案件合议庭，1988 年才开始出现独立建制的少年庭。少年法庭一出现就以其独特的视角、针对性强的做法和良好的实践效果引起司法界的重视、社会公众的认可和欢迎。④ 1987 年 6 月，全国法院工作会议肯定了长宁区法院的做法，指出：这是一个改革，在有条件的法院可以推广。在最高人民法院的支持下，长宁区人民法院少年法庭的成功经验得以推广，天津、北京、福建、四川等地的人民法院相继建立了少年法庭。上海、天津等省市不仅在基层法院普遍设立了少年法庭，为了与一审衔接，中级法院也相应设置了少年法庭。中国的少年司法制度开始由地方性制度向全国性制度发展。1988 年 5 月，最高人民法院在上海召开"全国法院审理未成年人刑事案件经验交流会"（以下简称"上海会议"），会议的中心议题是交流和总结建立少年合议庭、专门审理未满 18 周岁的未成年人刑事案件的经验，探讨建立具有中国特色的少年司法制度的改革，在全国城市逐步建立少年刑事案件审判体制，以适应新形势下司法制度改革和社会治安综合治理的需要。据初步统计，当时全国大约已经建立了 100 多个少年法庭。⑤ 同年 7 月，长宁区人

---

① 陈晖：《近年来我国少年司法制度的发展变化及若干问题的探讨》，载《河北法学》1994 年第 5 期。
② 康树华：《少年司法制度发展概括》，载《法学杂志》1995 年第 2 期。
③ 单民、周洪波：《我国少年司法制度的立法完善》，载《犯罪学论丛（第四卷）》，中国政法大学出版社 2006 年版，第 207 页。
④ 姚建龙：《少年司法制度发展中的问题与少年法院的创设》，载《青年研究》2001 年第 12 期。
⑤ 雷迅、于松波：《全国法院审理未成年人刑事案件经验交流会在上海召开》，载《人民司法》1988 年第 6 期。

民法院"少年犯合议庭"改建为审判业务庭一级建制的"少年刑事审判庭",标志着中国少年司法制度的发展进入了一个新的阶段。[1] 1990 年"全国法院少年刑事审判工作会议"在南京召开,会上通报,到 1990 年 6 月,全国各级人民法院已经建立少年法庭 862 个,有 14 个高级人民法院建立了少年法庭指导小组,少年刑事审判工作已初步展开并取得较好的社会效果。少年法庭工作逐步规范化,已初步建立了一套适合少年生理、心理特点,以"寓教于审""审教结合"为核心的少年刑事审判程度。[2] 1995 年 5 月"全国法院少年法庭工作会议"在福建省福州市召开。会议回顾了 10 年来少年法庭工作的发展历程,对全国的少年法庭工作进行了认真总结。截至 1994 年年底,全国法院已有少年法庭 3369 个,其中独立建制的少年刑事案件审判庭 540 个,审理涉及未成年人保护的刑事、民事、经济案板的综合性审判庭 249 个。全国已有少年案件审判人员一万余名。[3]

受上海市长宁区法院少年法庭建立的影响与推动,1986 年上海市长宁区检察院组建了全国首个未成年人刑事案件审查起诉办案组,1992 年 8 月,上海首个集未成年人刑事案件审查批捕、审查起诉、犯罪预防等工作于一体的"未成年人刑事检察科"在虹口区人民检察院成立。至 1996 年 6 月,上海全市所有区县检察院均成立了独立建制的未检科(处),并配置了 100 余名未检干部,承担未成年人刑事案件的审查批捕、审查起诉、出庭公诉和参与预防未成年人犯罪的社会治安综合治理工作。[4] 不仅是上海市,全国各地检察机关积极探索未成年人犯罪检察制度的改革和完善工作,取得了很好的成绩。同样还是 1986 年,长宁区公安分局建立了上海第一个少年嫌疑犯专门预审组,吸取少年法庭的审判经验,将那些适合于少年犯生理心理特点的办案原则和审理方式,运用到预审程序中来,1994 年 3 月又成立了少年案件审理科。[5] 在这一时期内,除法、检、公安机关组建专门少年司法机构外,少教所、工读学校等少年司法专门机构也得到了恢复或健全,在少年犯的教育矫正工作中发挥了巨大的作用。

随着少年司法专门组织机构的建立健全,少年司法制度体系初步建立起来,并得以快速发展。据 1990 年"全国法院少年刑事审判工作会议"纪要通报,一些地方法公、检、法、司法机关互相配合,已建立了少年犯罪人羁押、预审、起诉、审判、辩护、管教"一条龙"的工作体系。[6] 1991 年 1 月最高人民法院制定下发的《关于办理少年刑事案件的若干规定(试行)》、1991 年 6 月最高人民法院分别与

① 康树华:《新中国少年司法制度的发展与完善》,载《江西警察学院学报》2012 年第 2 期。
② 木卯:《全国法院少年刑事审判工作会议地在南京召开》,载《人民司法》1991 年第 1 期。
③ 《中华人民共和国最高人民法院公报》1995 年 03 期,第 87 页。
④ 姚建龙、尤丽娜:《少年司法职业共同体的形成与养成——以上海市办理未成年人案件检察官群体为例》,载《预防青少年犯罪研》2012 年第 1 期。
⑤ 刘东根:《试论我国少年警察制度的建立》,载《北京科技大学学报(社会科学版)》2008 年第 4 期。
⑥ 木卯:《全国法院少年刑事审判工作会议地在南京召开》,载《人民司法》1991 年第 1 期。

最高人民检察院、公安部、司法部、国家教委等部门以及工、青、妇等组织联合下发的《关于办理少年刑事案件建立互相配套的工作体系的通知》《关于审理少年刑事案件聘请特邀陪审员的联合通知》等文件,规范了审理少年刑事案件的办案程序,确立了少年刑事案件审判活动的基本原则,促进了未成年人保护工作的开展,推动了社会治安综合治理措施的落实。截至1994年年底全国法院从工、青、妇、教等部门和团体聘请特邀陪审员1.3万余名,他们在参与审判案件、落实帮教措施等方面,发挥了积极的作用。到1995年"全国法院少年法庭工作会议"召开时,少年司法制度基本形成了"两条龙"工作体系。"一条龙"是指集公、检、法、司于一体的"少年司法一条龙";另"一条龙"是指工会、共青团、妇联、教育系统、街道、乡镇管理部门等在内的,对失足少年实行帮教的"社会帮教一条龙"。

第三节　我国少年司法制度调整深化时期

引例

　　我国少年司法制度从无到有,从萌芽到初步建立,时间较短,但效率很高,少年司法制度的框架已基本形成。虽然成绩是显著的,但是不足也是存在的。我国少年司法制度建立初期主要走的是"粗放型"发展道路,投入大,发展速度快,但质量不高,效益较差。20世纪90年代后期,我国少年司法制度遇到了发展的瓶颈,不仅发展的速度受到阻碍,而且面临倒退的危险,出现了部分少年司法机构被撤并的现象。不过这种局面很快被打破,在党和政府的领导下,在社会各界的参与下,我国少年司法制度进入调整深化期,从"粗放型"转向"集约型"发展模式,使得我国少年司法制度继续向前发展。

一、少年司法组织机构的调整与改革

　　少年法庭的设置是我国少年司法制度建立的标志,是反映我国少年司法制度发展的晴雨表。自1984年上海设置第一个少年法庭以来,在最高人民法院的推动下,全国各地纷纷设置少年法庭,如雨后春笋般不断涌现。不过,在这一片繁荣景象的背后已经埋藏下隐患的种子。这不仅是因为有些地方不顾实际情况盲目设置少年法庭,照抄照搬其他地方少年法庭设置模式,而且还是因为最初的少年法庭模式本身就存在一定的问题,即刑事单一化、审判单一化。[①] 这些问题

---

① 姚建龙:《中国少年司法制度发展中的问题与少年法院的创设》,载《青年研究》2001年第12期。

的存在最终导致一些地方的少年法庭难以为继,不得不被撤销或并入刑事审判庭。1998 年 8 月,全国法院"第四次少年法庭工作会议"在成都召开。据会议上统计,全国各地少年法庭因被撤销、合并,仅仅剩余 2504 个,比福州会议时统计减少了 865 个。其原因主要是各地少年法庭普遍遇到案源严重不足,从事少年法庭工作的人员不稳定等困难。面对更加繁重的新任务、更加复杂的新形势,时任最高人民法院副院长祝铭山在向大会所作的工作报告中指出:今后少年法庭工作总的任务是,以党的十五大精神为指针,高举邓小平理论的伟大旗帜,坚持党的基本路线,严格执行刑法、刑事诉讼法,坚持"寓教于审"等各项少年法庭基本工作制度,深化未成年人刑事审判方式改革,充分发挥少年法庭的审判职能作用,为建设有中国特色的少年司法制度作出努力。①

　　成都会议召开前,为解决少年法庭案源不足、量刑不一等问题,一些地方法院已经开始积极探索创新。1998 年 5 月第一个未成年人刑事案件指定管辖审判庭在江苏连云港市新浦区和海州区人民法院分别建立,以指定管辖审判的方式解决案源不足、量刑不一的问题。1999 年 3 月上海市高院以沪高法第 122 号文件发布了《关于本市未成年人刑事案件指定管辖的通知》。据此上海市法院系统率先调整本市少年法庭结构,撤销大部分基层法院少年法庭,仅在长宁区法院、闵行区法院、普陀区法院、闸北区法院设少年法庭,并改变未成年人刑事案件的管辖,通过指定管辖分别审理全市大部分的未成年人刑事案件。指定管辖虽然在一定程度上缓解了少年法庭案源过少的矛盾,但却带来了诸多新的弊端:一是这种指定管辖打破了原有司法管辖体系,而少年案件审判需要公、检、法、司等相关部门的互相配合与制约,难免造成诸多协调上的矛盾与困难;二是给人民群众造成诉讼不便,增加其诉讼成本;三是不利于对少年犯的跟踪帮教。② 由于这些新问题的制约,指定管辖不可能从根本上解决少年司法制度发展中所面临的困境。

　　除指定管辖模式外,为解决刑事单一化、审判单一化问题,早在 1991 年 8 月 22 日,江苏省常州市天宁区法院率先创建了综合审理各类少年案件的审判组织——少年案件审判庭,它一改过去受理案件根据主体行为的性质归属为不同的执法庭(刑、民、经、执)的分类方式,而将未成年人看作是特殊的诉讼主体进行管辖,全面受理少年犯罪案件、少年违法案件和少年保护案件。③ 综合审判模式代表着我国少年司法制度的发展方向,是少年法院设想的初级阶段。少年法院的设置被认为是解决我国少年司法制度问题的关键所在,是我国少年司法制度

---

① 辛志宏:《功在当代利在千秋——全国法院第四次少年法庭工作会议在蓉召开》,载《人民司法》1998 年第 9 期。

② 姚建龙:《中国少年司法制度发展中的问题与少年法院的创设》,载《青年研究》2001 年第 12 期。

③ 陈晖:《近年来我国少年司法制度的发展变化及若干问题的探讨》,载《河北法学》1994 年第 5 期。

发展的必然。① 2003 年全国人大内司委第一次明确提出："在有条件的大中城市中,可以开展设立少年法院试点工作。"少年法院问题,由此成为探讨热点。2004年,最高人民法院"二五"改革纲要中明确要求："完善未成年人的刑事案件和涉及未成年人权益保护的民事、行政案件的组织机构;在具备条件的大城市开展设立少年法院的试点工作,以适应未成年人司法工作的特殊需要,推动建立和完善中国特色少年司法制度。"2006 年 7 月,设立独立建制的少年审判庭试点改革工作在全国部分中级人民法院中正式铺开,进一步推动了地方三级法院少年法庭组织机构的巩固发展,推动了涉及未成年人民事权益司法保护审判制度的建立和完善。在中级法院试点工作的示范和带动下,全国少年法庭机构建设呈现出新的发展态势。截至 2008 年年底,全国法院共设有各种类型的少年法庭 2219个,有专兼职少年法庭法官 7000 余人。少年司法审判机构受理案件的范围从单纯刑事案件发展到同时受理涉及未成年人权益保护的民事案件。② 2014 年 11月 25 日,全国法院少年法庭三十年座谈会暨第三届少年审判论坛在上海召开。据最高人民法院院长周强介绍,少年法庭从最初的合议庭发展到独立建制的审判庭,从只审理未成年人刑事案件发展到综合审理未成年人刑事、民事、行政案件,从只在基层法院设置到在基层和中级、高级法院设置,组织机构不断健全。目前,全国四级法院均已建立少年审判专门机构或者指定专人审理,共设立少年法庭 2253 个,合议庭 1246 个,少年刑事审判庭 405 个,综合审判庭 598 个。全国法院共有 7200 多名法官专门从事少年法庭审判工作。③

近年来,少年检察机构也在不断地调整与改革,逐步形成四种组织模式:一是设立独立编制的未成年人刑事检察机构,实行捕、诉、监、防一体化工作模式;二是成立由侦查监督、公诉等部门参加的未成年人刑事检察工作办公室等机构,负责办理未成年人刑事案件或者统筹协调未成年人刑事检察工作;三是在侦查监督、公诉部门内部成立专门的办案组或指定专人办理未成年人刑事案件;四是在管辖范围不大、交通便捷的市,指定一个基层院办理全市的未成年人刑事案件。截至 2015 年年底已有 12 个省级检察院和 960 多个市级检察院、基层检察院成立了有独立编制的未成年人检察机构。④ 与法、检相比,公安机关少年机构专门化探索起步并不慢,但由于各种原因,尤其是公安机构改革,撤销预审部门

---

① 丁凤春:《设置少年法院是中国少年审判工作向前发展的必要》,载《青少年犯罪问题》2001 年第5 期。

② 王运声:《少年审判功德无量——全国法院少年法庭工作座谈会综述》,载《中国审判》2008 年第8 期。

③ 杨煜:《全国法院少年法庭三十年座谈会暨第三届少年审判论坛召开》,光明网,http://legal. gmw. cn/2014-11/25/content_13962395_2. htm. ,访问日期 2015 年 11 月 1 日。

④ 赵丽、王坤:《预防帮教持续发力,阳光照进"问题少年"心田》,最高人民检察院网站,http:// www. spp. gov. cn/zdgz/201601/t20160109_110692. shtml. ,访问日期 2017 年 3 月 20 日。

后,原有的专门人办理被取消,全国仅个别地区公安机关尝试未成年人案件办理组的形式,未形成规模。[①] 上海市在这方面做得较好。2004 年杨浦区公安机关在全市率先设立"未成年人案件办案组"。在 2010 年《上海市关于进一步建立、完善和规范办理未成年人刑事案件配套工作体系的若干意见》(以下简称《上海市配套工作体系的若干意见》)明确要求"市公安局、区县公安机关应当指定相应机构负责监督办理未成年人刑事案件。区县公安机关应当在派出所和刑侦部门设立办理未成年人刑事案件的专门小组"后,全市各区县公安机关未成年人办案组得到积极推广。[②] 2010 年 8 月 28 日颁布的《六部委配套工作体系若干意见》明确要求:"公安部、省级和地市级公安机关应当指定相应机构负责指导办理未成年人刑事案件。区县级公安机关一般应当在派出所和刑侦部门设立办理未成年人刑事案件的专门小组,未成年人刑事案件数量较少的,可以指定专人办理。"

《六部委配套工作体系若干意见》还要求,加强公安机关、人民检察院、人民法院、司法行政机关的协调与配合;加强司法机关与社区、劳动和社会保障、教育、民政、共青团等部门、组织的联系与协作,进一步完善"两条龙"工作体系。《六部委配套工作体系若干意见》的颁布必将进一步地促进与少年司法相关的组织机构的改革与完善,进而推动我国少年司法制度向前发展。

二、少年法律的修订与完善

在少年司法组织机构调整与改革的同时,我国的少年法律也在不断地修订与完善,少年法律体系进一步健全。少年司法的实践经验成果需要以法律的形式加以固定,少年司法的进一步发展需要法律提供条件与保障。1999 年 6 月 28 日第九届全国人民代表大会常务委员会第十次会议通过了《预防未成年人犯罪法》,2006 年 12 月 29 日第十届全国人民代表大会常务委员会第二十五次会议修订通过了《未成年人保护法》。这两部全国性的法律,用国家基本法律的形式对我国在实践中创建的少年司法制度基本原则、方针、政策以及组织机构等,都加以确认和明确规定,标志着少年司法制度在中国进一步完善。

《未成年人保护法》与《预防未成年人犯罪法》是姐妹篇,前一部法律的中心内容是:保护未成年人合法权益,保障未成年人健康成长;后一部法律中心内容是:保障未成年人身心健康,培养未成年人良好品行,有效地预防未成年人犯罪。两部法律殊途同归,都是为了净化社会环境,保障未成年人健康成长。《预防未成年人犯罪法》共 57 条,分为 8 章,分别为总则、预防未成年人犯罪的教育、对未

　　① 黄海悠:《少年司法跨部门合作机制的新进展——解读〈关于进一步建立和完善办理未成年人刑事案件配套工作体系的若干意见〉》,载《青少年犯罪问题》2011 年第 2 期。
　　② 钱晓峰:《少年司法跨部门合作"两条龙"工作体系的上海模式》,载《预防青少年犯罪研究》2015 年第 3 期。

成年人不良行为的预防、对未成年人严重不良行为的矫治、未成年人对犯罪的自我防范、对未成年人重新犯罪的预防、法律责任、附则。其中，"对未成年人重新犯罪的预防"一章对少年司法问题予以明确规定。该法第44条规定："对犯罪的未成年人追究刑事责任，实行教育、感化、挽救方针，坚持教育为主、惩罚为辅的原则。司法机关办理未成年人犯罪案件，应当保障未成年人行使其诉讼权利，保障未成年人得到法律帮助，并根据未成年人的生理、心理特点和犯罪的情况，有针对性地进行法制教育。对于被采取刑事强制措施的未成年学生，在人民法院的判决生效以前，不得取消其学籍。"第45条①规定："人民法院审判未成年人犯罪的刑事案件，应当由熟悉未成年人身心特点的审判员或者审判员和人民陪审员依法组成少年法庭进行。对于审判的时候被告人不满十八周岁的刑事案件，不公开审理。对未成年人犯罪案件，新闻报道、影视节目、公开出版物不得披露该未成年人的姓名、住所、照片及可能推断出该未成年人的资料。"第46条规定："对被拘留、逮捕和执行刑罚的未成年人与成年人应当分别关押、分别管理、分别教育。未成年犯在被执行刑罚期间，执行机关应当加强对未成年犯的法制教育，对未成年犯进行职业技术教育。对没有完成义务教育的未成年犯，执行机关应当保证其继续接受义务教育。"第47条还规定了未成年人父母、其他监护人、学校、居民委员会、村民委员会对不予刑事处罚、免予刑事处罚的未成年人，或者被判处非监禁刑罚、被判处刑罚宣告缓刑、被假释的未成年人，应当采取有效的帮教措施，协助司法机关做好对未成年人的教育、挽救工作。

2006年12月29日第十届全国人民代表大会常务委员会第二十五次会议修订通过的《未成年人保护法》与原法相比增加了16条，共72条。这次修订是在原有法律的基本框架内进行的修改，保留了主要内容，修改或者删除了一些已不符合新情况的规定。修订的《未成年人保护法》在第一章"总则"部分，对未成年人的权利作了专条的规定，体现了儿童利益最大化原则，明确规定各级政府为执法主体的地位和责任。在第五章"司法保护"部分，因未成年人涉世不深，尚在成长过程，为了对其进行司法保护，在总结经验的基础上，除新增加了规定外，还作了多方面的补充。② 该法在第51条第2款增加了"在司法活动中对需要法律援助或者司法救助的未成年人，法律援助机构或者人民法院应当给予帮助，依法为其提供法律援助或者司法救助"的规定。与此同时，《未成年人保护法》还作了多方面的补充规定。例如，该法第55条规定："公安机关、人民检察院、人民法院办理未成年人犯罪案件和涉及未成年人权益保护案件，应当照顾未成年人身心

---

① 中华人民共和国第十一届全国人民代表大会常务委员会第二十九次会议于2012年10月26日决定将第45条第2款修改为："对于审判的时候被告人不满18周岁的刑事案件，不公开审理。"

② 康树华：《略论修订的〈未成年人保护法〉》，载《法学杂志》2007年第3期。

发展特点,尊重他们的人格尊严,保障他们的合法权益,并根据需要设立专门机构或者指定专人办理。"将原法司法保护章主要规定对违法犯罪未成年人的特殊保护,扩充到涉及未成年人权益的司法保护,重点增加了侵权案件中应对未成年人进行特别保护的规定。2006 年修订的《未成年人保护法》更加突出了对未成年人的"尊重、保护和教育",尤其是在少年司法方面将狭义的司法保护扩充为广义的司法保护。①

这一时期,随着《预防未成年人犯罪法》与《未成年人保护法》的颁布和实施,一批相关的政策法规性文件陆续出台,少年法律体系不断完善。如,2000 年中共中央办公厅、国务院办公厅转发了中央社会治安综合治理委员会《关于进一步加强预防青少年犯罪工作的意见》;2006 年 10 月中共十六届六中全会通过的《关于构建社会主义和谐社会若干重大问题的决定》要求"实施宽严相济的刑事司法政策,改革未成年人司法制度,积极推行社区矫正";2010 年 8 月 28 日颁布的《六部委配套工作体系若干意见》。再如,2000 年 11 月 15 日由最高人民法院审判委员会第 1139 次会议通过了《关于审理未成年人刑事案件的若干规定》,自2001 年 4 月 12 日起施行②;2005 年 12 月 12 日最高人民法院发布了《关于审理未成年人刑事案件具体应用法律若干问题的解释》(以下简称《最高法审理未成年人案件的解释》),2006 年 1 月 23 日起施行,这是一项维护未成年人权益的重要举措和法制建设的重大突破。它是在总结法院审理未成年人刑事案件的成功经验和做法,吸收法学理论界研究未成年人犯罪丰硕成果的基础之上制定的。2002 年 4 月 22 日最高人民检察院也印发了《最高检办理未成年人案件的规定》,并于 2006 年 12 月 28 日最高人民检察院第十届检察委员会第六十八次会议第一次修订。2012 年 10 月,最高人民检察院发布了《关于进一步加强未成年人刑事检察工作的决定》(以下简称《加强未检工作的决定》),为我国第一个专门针对未成年人刑事检察工作的系统性、政策导向性文件,明确指出要确保对涉罪未成年人的"教育、感化、挽救"方针,"教育为主、惩罚为辅"原则和"两扩大、两减少"政策在刑事检察工作中有效落实。

2012 年 3 月 14 日第十一届全国人民代表大会第五次会议作出了《关于修改〈中华人民共和国刑事诉讼法〉的决定》,修订的《刑事诉讼法》的第五编第一章明确规定了"未成年人刑事案件诉讼程序",共 11 条,不仅重申了"对犯罪的未成年人实行教育、感化、挽救的方针,坚持教育为主、惩罚为辅的原则",而且对公、检、法机关在办理未成年人刑事案件过程中提出了明确的要求与具体的规定。

---

① 姚建龙:《〈未成年人保护法〉的修订及其重大进展》,载《当代青年研究》2007 年第 5 期。
② 最高人民法院《关于审理未成年人刑事案件的若干规定》已被《刑事诉讼法》及《最高法关于刑诉法的解释》修改,根据最高人民法院《关于废止部分司法解释和司法解释性质文件(第十一批)的决定》已经予以废止。

与之相应,2012 年 11 月 5 日最高人民法院出台了《最高法关于刑诉法的解释》,其中第 20 章对法院办理未成年人刑事案件的审判工作做了进一步的细化与规定。2013 年 12 月 19 日最高人民检察院第十二届检察委员会第十四次会议对《最高检办理未成年人案件的规定》作出了第二次修订,以适应新刑事诉讼法的要求与规定。2014 年 12 月 2 日最高人民检察院又发布了《关于进一步加强未成年人刑事检察工作的通知》,又一次向全国检察机关提出进一步加强未检工作的要求,旨在贯彻中共十八届四中全会精神、落实全国人大常委会有关完善未成年人司法保护措施的要求,最大限度保护未成年人合法权益、教育和挽救涉罪未成年人、预防未成年人犯罪。

三、少年司法制度的深化与探索

我国少年司法制度经过二十多年的发展历程,针对未成年人的特点,借鉴国外的先进经验,探索出了一些符合我国国情、具有中国特色的少年司法制度,推进了我国少年司法制度的进一步完善与发展。其中,具有代表性的制度有以下几种[①]:

一是审前社会调查制度。审前社会调查制度是指在办理未成年人刑事案件的过程中,依靠社会力量,在作出处理决定前对未成年犯罪嫌疑人(被告人)的背景情况进行调查。审前社会调查制度力图全面、客观、公正地反映未成年犯罪嫌疑人(被告人)的成长经历、生活环境,深入细致地分析未成年犯罪嫌疑人(被告人)作案的主、客观原因,为司法机关客观、公正处理和教育、感化、挽救未成年犯罪嫌疑人(被告人)提供重要依据。2004 年,青岛市南区法院在全国首推审前调查制度,也称社会调查员制度,对未成年被告人的家庭背景、成长经历、生活轨迹、性格特征等进行调查,在法庭中出示并作为量刑的参考情节。这项改革受到最高法院、全国各地法院和社会的普遍关注,推动了审前社会调查制度的建立和落实。2013 年生效实施的新修订的《刑事诉讼法》第 268 条对审前社会调查制度予以明确规定:"公安机关、人民检察院、人民法院办理未成年人刑事案件,根据情况可以对未成年犯罪嫌疑人、被告人的成长经历、犯罪原因、监护教育等情况进行调查。"

二是未成年人附条件不起诉制度。未成年人附条件不起诉是指检察机关在处理符合起诉要求的诉讼案件时,在对未成年犯罪嫌疑人的个人情况、公共利益以及刑事管理政策等多方面的综合分析考虑之后,建立一个考验周期,在考验周期内不对其进行诉讼处理,待期满后再具体问题具体分析,并作出是否起诉的决

---

① 赵国玲、常磊:《中国未成年人审判制度的发展》,载《南都学坛(人文社会科学学报)》2010 年第 1 期。

定的一项制度。① 未成年人刑事诉讼程序中设立附条件不起诉制度,是对犯罪的未成年人进行教育、感化和挽救方针的具体表现,是坚持教育为主、惩罚为辅的原则的具体要求。2013 年生效实施的修订的《刑事诉讼法》增设了未成年人附条件不起诉讼制度,该法的第 171、172 和 173 条对未成年人附条件不起诉的适用对象、考验期限、要求等方面作出了明确的规定。

三是暂缓判决制度。暂缓判决是指在刑事诉讼活动中,对已构成犯罪并符合一定条件的未成年被告人,经开庭审理后,根据其所犯罪行和悔罪表现,暂不判处刑罚,而是作出延期判决的"决定",让其在法院设置的考察期内,回到社会上继续就业或者求学,或者司法机关指定社会福利机构对其进行考察帮教,考察期满后,再根据原犯罪事实和情节,结合被告人在考察期间的表现予以判决。

四是心理评估干预制度。心理评估干预制度通过聘请具有心理学资质的专业人员对涉罪未成年人进行心理测评,加强对未成年当事人的心理矫正和疏导,安抚未成年被告人的情绪,减少未成年被告人对庭审的抵触情绪和对抗心理,为法院裁判提供科学参考,也为判后有针对性的矫治提供客观依据。目前,很多法院都建立了心理干预工作室,聘请心理学专家"坐堂问诊",实际效果明显。大多数接受心理评估干预的未成年被告人都能认罪伏法,真心接受教育改造。对少数心理严重扭曲、极端仇视社会的未成年被告人经过心理评估干预后,也能得到有针对性的教育矫治,恢复正常的社会生活。人民法院还不断强化对少年法庭法官心理学知识方面的培训,很多少年法庭的法官不仅具备法律知识,同时还具备心理学、教育学、伦理学等方面的知识,成为一专多能的复合型法官。②

五是多种形式的帮教制度。在我国,少年法庭除做好审判工作外,还建立了多种形式的帮教工作机制。例如,在山东省,基层法院普遍建立未成年人罪犯档案,及时了解对被判处监禁刑的未成年犯的改造情况,对适用非监禁刑的未成年犯定期开展集中教育。

六是前科消灭制度。未成年人犯罪前科消灭制度,又称未成年人刑事污点取消制度、未成年人犯罪记录销毁制度,是指曾经受过有罪宣告或者被判处刑罚的未成年人具备法定条件时,由法定机关注销其有罪宣告或者处刑记录的制度。在我国的少年审判中,前科消灭制度一直处在不断探索之中,但并没有大规模推广。2001 年,河北石家庄市长安区法院开始探索少年污点保密制度;2003 年,该院在全国率先提出"未成年人前科消灭办法"。2008 年 12 月,中央政法委在《司法体制和工作机制改革若干问题的意见》中要求人民法院按照教育为主、惩罚为辅的原则,有条件地建立未成年人轻罪犯罪记录消灭制度,明确其条件、期限、程

---

① 李京晓:《未成年人附条件不起诉制度之适用》,载《法制博览》2016 年第 3 期(下)。
② 蒋明:《积极推动少年司法广泛的社会参与》,载《预防青少年犯罪研究》2014 年第 1 期。

序和法律后果。这是未成年人前科消灭制度首次获得中央的正式肯定。[①] 2013年生效实施的修订的《刑事诉讼法》第268条明确规定了前科消灭制度:"犯罪的时候不满18周岁,被判处5年有期徒刑以下刑罚的,应当对相关犯罪记录予以封存。"

七是合适成年人参与制度。合适成年人参与制度起源于英国的肯费特案件,2003年正式引入我国。尽管合适成年人参与制度引入中国不过几年的时间,但是已经展示了在维护未成年人合法权益、促进我国少年司法制度与刑事诉讼法完善等方面的重大作用。[②] 2013年生效实施的修订的《刑事诉讼法》第270条规定:"对于未成年人刑事案件,在讯问和审判的时候,应当通知未成年犯罪嫌疑人、被告人的法定代理人到场。无法通知、法定代理人不能到场或者法定代理人是共犯的,也可以通知未成年犯罪嫌疑人、被告人的其他成年亲属,所在学校、单位、居住地基层组织或者未成年人保护组织的代表到场,并将有关情况记录在案。"这一规定将1996年修订的《刑事诉讼法》规定"可以通知"改为"应当通知",并扩大了到场人范围,进一步完善了合适成年人参与制度。合适成年人参与制度的确立帮助未成年人与讯问人员更顺畅沟通,对讯问过程是否合法进行有效监督,进一步完善了对未成年犯罪嫌疑人的讯问规定,在未成年人权益保护上实现了质的飞跃。但刑诉法只是从宏观层面进行了原则性规定,没有将制度具体细化。[③]

除上述提到的这些具体的少年司法制度外,还有个案帮教制度、心理援助制度、刑事和解制度等等。需要指出的是,尽管这些少年司法制度已经建立或正在建立,使得我国的少年司法制度体系更加健全,但是不得不承认这些制度还很不成熟,不够规范、具体和严密,需要进一步的完善与发展。

【本章小结】

我国的少年司法制度萌芽时期,从时间段上来看,为新中国成立至"文化大革命"前一段时期。新中国成立后,受到各种主客观因素的影响,少年司法制度未得到应有的重视,民国时期取得的成就也未被充分地吸收和利用。从当时的情况来看,我国并没有独立的少年司法制度,只是在一些相关的法律法规文件中涉及了少年司法制度问题,主要特点表现为:依附而不独立、分散而不系统、粗疏而不细致、重实体而轻程序。尽管如此,这毕竟是新中国成立后对少年司法制度的最初认肯,是我国少年司法制度的萌芽,孕育着我国少年司法制度的希望。

---

① 赵国玲、李强:《我国未成年人前科消灭制度实证研究》,载《青少年犯罪问题》2010年第1期。

② 田相夏、赖毅敏:《"合适成年人参与未成年人刑事诉讼的理论与实践研讨会"会议综述》,载《青少年犯罪问题》2009年第2期。

③ 鲍俊红:《合适成年人到场制度的具体适用》,载《检察日报》2013年5月22日第3版。

　　我国少年司法制度初创时期,从时间段上看,大致为改革开放后至20世纪90年代末期。"文化大革命"之后,青少年犯罪不降反升,出现持续上升的趋势。在这样的背景下,青少年犯罪问题研究迅速兴起,直接推动了少年司法制度的研究,为少年司法制度的创立提供了思想基础、理论基础及概念系统。在这一时期内,我国少年司法的原则与方针政策得以确立,新中国成立初期的一些法律法规文件中涉及少年司法制度的条款与内容被新的立法所吸收,并得到一定程度上的改进,具有里程碑意义的《未成年人保护法》于1991年9月4日通过并公布;同时,作为少年司法制度建立标志的少年法庭成立,并获得迅速发展,与之相应,各类少年司法组织纷纷成立,我国的少年司法体系基本成型。

　　我国的少年司法调整深化时期,从时间段上看,为20世纪90年代末至今。我国的少年司法制度创立后,获得迅速发展,但在20世纪90年代遇到了发展的瓶颈,要想进一步发展与完善,调整深化势在必行。这一时期我国的少年司法制度建设主要采取了以下措施:少年司法组织机构的调整与改革、少年法律的修订与完善、少年司法制度的深化与探索。这些措施大大推动了具有中国特色的少年司法制度进一步发展与完善。

【关键术语】

　　我国少年司法制度　　萌芽时期　　初创时期　　调整深化时期

【推荐阅读与学习资源】

　　1. 姚建龙:《中国少年司法制度发展中的问题与少年法院的创设》,载《青年研究》2001年第12期。

　　2. 单民、周洪波:《我国少年司法制度的立法完善》,载《犯罪学论丛(第四卷)》,中国政法大学出版社2006年版。

　　3. 康树华:《新中国少年司法制度的发展与完善》,载《江西警察学院学报》2012年第2期。

　　4. 施琦、康树华:《新中国青少年立法与少年司法制度之发展》,载《中国人民公安大学学报(社会科学版)》2013年第1期。

　　5. 李相森:《论民国时期的少年司法制度建设》,载《青少年犯罪问题》2015年第4期。

【思考题】

　　1. 简述我国少年司法制度萌芽时期的主要特点。

　　2. 简述我国少年司法制度初创时期的主要表现。

　　3. 简述我国少年司法调整深化时期的主要举措。

　　4. 论述我国少年司法制度的历史发展进程。

第三章　少年司法制度的理念

☞ **本章的任务**
- 理解和掌握国家亲权理论、教育刑论、刑罚个别化理论、标签理论
- 理解和掌握少年犯罪刑事政策的公正与效益统一的理念
- 了解国外少年犯罪刑事政策
- 熟悉我国少年犯罪刑事政策的具体体现
- 理解和掌握联合国少年司法总原则
- 熟悉联合国少年司法的基本原则
- 理解和掌握我国少年司法的指导方针与总原则
- 熟悉我国少年司法的基本原则

少年司法制度的构建与运行需要相应的基础理论、观念和法则的指导,由基础理论、观念和法则所构成的体系,我们将之称为少年司法制度的理念系统,简称为理念。理念奠定了少年司法制度的理论基础,为各国少年司法制度提供理论指导和运行准则。不同的理念形成不同的少年司法制度。少年司法制度的理念包括少年司法制度的基础理论、少年犯罪的刑事政策和少年司法准则。少年司法制度的基础理论就是少年司法制度建构和运作的原理,它是少年犯罪的刑事政策、少年司法准则、组织系统、规则系统和设备系统的基础,这些内容都是在遵循它的指导下而确立的。少年犯罪的刑事政策、少年司法准则、组织系统、规则系统和设备系统有着丰富的内容,但归根到底是基础理论的具体体现。少年犯罪的刑事政策,是国家遏制少年犯罪的方针和策略,是少年司法制度基础理论的具体体现,又是一国少年司法制度的高度概括,对该国少年司法制度的具体内容起指导作用。少年司法准则是指少年司法制度的指导思想、指导方针、总原则或基本原则,是对组织系统、规则系统和设备系统的高度提炼和概括。

第一节　少年司法制度的基础理论

孙某聚众斗殴案①

（一）基本案情

被告人孙某（某校高一学生）的朋友马某（职高一年级学生）与同班同学李某（职高一年级学生）因琐事发生矛盾。2010 年 10 月 20 日下午，被告人孙某与李某电话联系，要求李某向马某赔礼道歉，双方言语不和，进而在电话中约定于当日 17 时 30 分在北京市某区职业高中附近斗殴。当日 18 时许，孙某及其纠集的多名同学在该职业高中宿舍区附近，与李某及其纠集的多名同学持械斗殴。其间，孙某持皮带、一人持刀并有多人持棍将李某等人打伤，致李某轻伤；另致 6 人轻微伤。2010 年 10 月 22 日，孙某被公安机关抓获。

在诉讼过程中，经法院主持调解，被告人孙某及其法定代理人与本案各被害人自愿达成调解协议，孙某赔偿李某等被害人医疗费、护理费、后续治疗费等各项经济损失共计人民币 34800 元，各被害人对孙某均表示谅解。

（二）裁判结果

北京市石景山区人民法院经审理认为，被告人孙某在公共场所纠集多人持械斗殴且系首要分子，其行为已构成聚众斗殴罪，依法应予惩处。鉴于被告人孙某犯罪时未成年，系初犯，积极赔偿被害人的经济损失并得到被害人的谅解且如实供述犯罪事实，认罪态度较好，故对其依法减轻处罚并适用缓刑，判决被告人孙某犯聚众斗殴罪，判处有期徒刑二年六个月，缓刑三年。

（三）案例评析

通过社会调查，法官了解到因家庭发生重大变故，孙某存在明显的自我封闭、焦虑紧张等不良情绪。通过未成年人心理干预机制，法官进一步了解到，孙某的问题属自卑导致的"冲动型过度自我维护"。经法官释法明理，孙某赔偿了被害人经济损失并向被害人赔礼道歉，取得了被害人谅解，附带民事诉讼圆满解决。法庭综合考虑各方因素，对孙某宣告了缓刑，向其送达了《法官寄语》，并辗转为其联系了复学学校。

孙某的行为触犯刑法，构成犯罪，司法机关对其予以了处理。同时，我们看到对本案的处理除了依据犯罪事实、法律规定外，还具有以下特色：第一，对孙某

---

① 《最高人民法院 2014 年 11 月 24 日发布未成年人审判工作典型案例 98 例》，最高人民法院网，http://www.court.gov.cn/zixun-xiangqing-13447.html，访问日期 2016 年 2 月 10 日。

进行了社会调查,了解到孙某家庭发生重大变故、其个性特点以及悔罪态度,这些内容是孙某判决的重要依据;第二,重视对孙某的帮助教育,包括法官的释法明理、《法官寄语》、与被害人的和解;第三,注重孙某的社会回归,体现在判处的是缓刑、帮助其联系复学学校;第四,降低司法干预,包括依法减轻处罚并适用缓刑。在孙某案件的处理过程中,充分体现了国家对于犯罪少年的干预、帮助、教育和保护,根据孙某的家庭、个性特征以及对被害人态度和悔罪态度,采取刑事处理个别化的方式,将教育贯穿于案件处理始终,并尽可能减少正式程序对孙某的不良影响,降低司法干预,提高其接触、回归社会的可能。以上措施体现着少年成长与少年犯罪的关系理论、国家亲权理论、教育刑论、刑罚个别化理论、标签化理论的研究成果和精髓。由于少年成长与少年犯罪的关系理论已在第一章中有所阐述,在此仅论述后四种理论。

一、国家亲权理论

"国家亲权"是指国家代替父母享有监护人的权利和地位,履行对少年的监护权,并承担相应的义务。国家亲权的基本内涵有:国家是少年的监护人,承担着少年保护的责任和使命;国家亲权具有补救父母亲权的效力,父母在少年监护缺乏或不当时,国家代替父母,超越父母亲权强制介入、补救,保护少年;国家亲权的行使以少年利益的维护和保障为中心,强调以福利为本位。[1]

国家亲权理论强调国家对少年保护的责任和权力,即国家监护责任。因为实施犯罪行为的少年,他们本身也是受害者,他们犯罪可能并非出于自愿选择,而是受到家庭、学校或社会等外界环境不当的对待、监管和环境影响等,并且少年被视为国家未来的资源。因此,国家应当适时介入,采取必要的措施防止更为严重的犯罪行为的发生,承担起保护、帮教责任,给予少年犯罪人教育和保护。对于少年犯罪人,国家承担着不可推卸的监护责任和权力,对待他们要像父母亲情那般,给予他们呵护、关怀、帮助、教育、疏导、矫正等。因此,国家亲权理论是少年司法制度的理论依据,在少年犯罪的刑事立法以及案件的诉讼过程中如对少年犯罪人的法律援助、法庭教育、帮教制度、合适成年人参与制度等做法,都体现了国家亲权理论的要求。

二、教育刑论

虽然刑事古典学派主张废除欧洲中世纪的残酷刑罚,但他们仍认为对犯罪

---

[1]　姚建龙:《国家亲权理论与少年司法——以美国少年司法为中心的研究》,载《法学杂志》2008年第3期。

人的惩罚应当遵循罪刑相适应原则,通过刑罚的惩罚性使犯罪人承担因犯罪而带来的痛苦,实现刑罚的报应效果。实证犯罪学派尤其是该学派代表人物菲利认为,对绝大多数犯罪而言,社会因素是其发生和变化的主要原因,犯罪人是特定社会环境的产物;从社会防卫的思想出发,可以通过社会改革,教育犯罪人,使其回归社会;刑罚的目的在于教育改造犯罪人,而非社会报应;菲利还"呼吁推进具有改造性质的判决和废除对少年的监禁制度"。① 教育刑论由此产生和发展起来。德国刑事法学家弗兰兹·冯·李斯特(Franz Von List,1851—1919)则正式提出教育刑理论。该理论认为人是可塑的,对于犯罪人可以通过改造教育挽救使其重返社会。刑罚的目的在于教育,实现犯罪人的再社会化。尤其对于少年犯罪人,他们的身心尚处于不成熟的发育阶段,更容易受到外界不良因素的影响,也意味着其改邪归正的可能性较成人更大。为此,对犯罪少年的处理,要以教育为核心,社会回归为目的,在综合考虑少年成长的生活环境、受教育水平、身心状况等多方面因素的基础上,采取保护处分、教育改造、康复矫治等措施。教育刑论在少年司法制度之中有着充分的体现,这包括受教育权是国际社会和绝大多数国家所规定的犯罪少年的基本权利;教育贯穿于少年司法程序的始终;为使其不脱离社会,尽量减少司法干预,对少年采取刑罚替代措施,慎重适用监禁;对少年处罚应当减轻或从轻,不得对少年判处死刑和终身监禁等措施无不体现教育刑思想。

三、刑罚个别化理论

19 世纪后,实证犯罪学派对犯罪的研究,由犯罪行为过渡到犯罪人,从生理、心理、地理、社会等多角度研究犯罪发生的原因,并提出对犯罪人的处罚,不仅应以其所造成的危害后果为标准,而且应当以其社会危险性为标准,并以此为核心,根据其所具有的个人情况,综合考虑犯罪发生的原因,将犯罪人分为不同的种类,对不同的犯罪人判处不同的刑罚。随后,刑罚个别化被刑事科学界所重视,并开始逐步在刑事立法和司法中加以规定和应用。著名的刑法学家李斯特认为:只有针对不同的犯罪人适用不同的刑罚,才能最大限度地发挥刑罚的效果。当今世界很多国家已将刑罚个别化作为各国刑罚制度的重要原则之一。总之,刑罚个别化理论就是指在刑罚裁量和执行过程中,要考虑犯罪及其犯罪人,尤其是犯罪人的实际情况,根据不同情况适用不同的刑罚。

刑罚个别化理论提出后,学者们就开始积极将其应用于少年司法制度之中。正如前文所述,少年犯罪人因其年龄的特殊性,其犯罪发生的原因与成人不同,改造的潜力也较大,对其的刑罚处罚就应采取不同于成人的刑罚制度,对少年犯

---

① 侯东亮:《少年司法模式》,法律出版社 2014 年版,第 30 页。

罪人建立独立的刑罚制度本身就是刑罚个别化理论的应用表现。"国际刑法联盟的主要倡导者冯·李斯特曾致力于将新思想应用到法律实践中去。……为少年罪犯建立一种特殊的(不怎么带惩罚性的)制度。"①另外,从联合国有关少年司法的文件及其世界各国的少年司法实践来看,无不体现着刑罚个别化的理念。如联合国少年司法准则中的尊重年龄特性的原则、相称原则、处遇多元化原则、分类分级施教等都是该理论的体现。《联合国保护被剥夺自由少年规则》(以下简称《哈瓦那规则》)第 27 条规定:"少年入所后,应尽快找他们谈话,撰写一份有关心理及社会状况的报告,说明与该少年所需管教方案的特定类型和等级有关的任何因素。此报告应连同该少年入所时对其进行体格检查的医官报告一起送交所长,以便在所内为该少年确定最适宜的安置地点及其所需和拟采用的特定类型和等级的管教方案。如需要特别感化待遇,且留在该所的时间许可,则应由该所训练有素的人员拟定一项个别管教书面计划,说明管教目的和时间构想以及应用以达到目标的方式、阶段和延迟情况。"少年司法制度中的社会调查制度、附条件不起诉制度等也是该理论的具体化。

四、标签理论

犯罪学中的标签理论是 20 世纪 30 年代出现,并于 60—70 年代盛行的一种理论。该理论的基本观点是,少年犯罪人是社会制造出来的;少年成为犯罪人的过程是越轨少年被贴上越轨或犯罪标签后,产生烙印效应,产生犯罪者的自我形象,而与社会渐行渐远,并逐渐加深其犯罪性,直至最后成为真正的犯罪者的过程。标签理论认为有初步越轨行为的少年,一开始仅将越轨行为视为娱乐游戏的一部分,但成人世界将少年的行为界定为坏行为,转而变成了将少年本人界定为"坏"孩子,成年人包括这些"坏"孩子的父母、兄弟以及警察、法庭、矫正官员等,往往斥责少年,将他们与正常的少年隔离,不让自己的孩子与这些"坏"孩子交往,不断谈论这些"坏"孩子的邪恶行为,把他们描述成一个邪恶的人,甚至将他们送上法庭和监狱,进行惩罚。所有这些措施都让这些少年感到,他们与别的少年不同。于是少年就接受了对自己的这些否定性界定,并改变了自我形象。一旦自我形象发生改变,少年就会在行动中反映出自己的这种感受,例如会改变自己的衣着、言谈、行为举止,以便与人们所期待的少年犯罪人身份相称。这种自我形象的改变为他们全面地参加到犯罪行为之中打开了方便之门,也使得他们投身于常业性的犯罪行为之中。如果社会再将其投入监狱之中,他们可能会因交叉感染习得更严重的犯罪观念和犯罪行为,弱化其对主流社会的适应和发展能力,从而被主流社会边缘化,成为真正的犯罪人。

---

① 　姚建龙:《长大成人:少年司法制度的构建》,中国人民公安大学出版社 2003 年版,第 44 页。

　　为此,标签理论提出如下防控少年犯罪的建议:对社会危害较轻的行为非犯罪化,减少正式的司法干预,尽可能采取非监禁化措施。这些建议被广泛引入少年司法制度之中。少年司法中的促进未成年人重新融入社会,尊重年龄特性,减少司法干预,严格限制监禁,分管分押等原则和制度都是该研究成果的具体应用。

第二节　少年犯罪的刑事政策

导入案例

　　2015 年 5 月 28 日,海淀区人民法院召开《涉诉未成年人司法保护典型事例新闻发布会》。据了解,自 1987 年 9 月该院少年法庭成立以来,近 7000 名失足少年经过这个"特殊课堂"的洗礼,绝大多数成功转化为对社会有益的人,其中70 余人考上了包括北京理工大学、华中科技大学等在内的大专院校,49 名涉诉困境少年获得判后救助资金的救助。

　　"善意谎言"成就少年

　　19 岁的小孟来自东北农村,在某知名重点大学读法律专业。一天晚上,小孟和同学在楼道里打扑克,因为说话声音过大,班长前来干预。班长随手拿起一根扫帚,用扫帚棍一下下敲着小孟的脑袋说"声音小点儿,说你不听? 我要教育教育你"。小孟感到受辱,从宿舍拿了把水果刀就扎入班长胸口。由于抢救及时,班长没留下后遗症。小孟家属赔钱后,也获得了班长的谅解。

　　法官通过走访调查,了解到小孟成绩优异,一贯表现不错,经多次与学校沟通,学校同意继续接收其上学。鉴于小孟属于初犯、偶犯,积极赔偿被害人经济损失,获得了被害人的谅解,而被害人持棍挑衅也有一定责任。法官最终以故意伤害罪判处小孟有期徒刑 3 年,缓刑 3 年。

　　为使小孟能顺利毕业、就业,法院未向小孟学校及户籍所在地派出所邮寄判决书,而是将其保存在法院。在法院"善意谎言"的帮助下,没有"犯罪档案"的羁绊,小孟毕业、求职都十分顺利,目前已成为当地一家房地产企业的老总。

　　公正与效益,从来都是刑事法律孜孜以求的价值目标。在不同的价值理念下,会有不同的刑事政策。当前,世界很多国家适用"轻轻重重"刑事政策,但整体的刑事政策趋向宽缓,尤其是对少年犯罪。[1] 可以说,在世界范围内,"趋轻趋

---

[1]　通常,国际社会有"少年法""少年法院"之说,而在我国习惯用"未成年人"一说。

缓"改善教育是针对少年犯罪最基本的刑事政策。

一、少年犯罪的刑事政策理念选择——公正与效益的统一

无论哪一国家哪一时代的刑事法律,均是在一定价值选择下的活动。少年犯罪刑事政策理念,也是某种价值取向的结果,公正与效益从来都是刑事法律不可或缺的价值。

公正与效益是矛盾的统一体,过多强调公正,就会失去一部分效益;过多强调效益,也必然会失去部分公正。公正或正义是刑事法律的最本质要求。然而,公正或正义是一个历史的、相对的概念,正如博登海默所说:"正义有着一张普洛透斯似的脸(a Protean face),变幻无常,随时可成不同形状,并具有极不相同的面貌。当我们仔细查看这张脸并试图解开隐藏其表面后的秘密时,我们往往会深感迷惑。"①没有完全的公正,公正从来都是相对的;也没有完全的效益,完全追求效益的刑事法律制度是不可想象的。公正与效益既矛盾,又统一。一个国家的刑事政策,在一定时期或是强调公正多一些,或是强调效益多一些,但无论强调哪一方面多　些,却绝不会抛弃另一方面。刑事政策往往在公正与效益的价值平衡与选择中变化发展。② 对于少年犯罪的刑事政策,许多国家经历了一个由"严"到"宽"的发展变化过程,并逐步形成对未成年犯罪人特殊保护制度。在处理少年犯罪过程中,形成了福利模式、刑事模式、社区参与模式以及恢复性模式等不同于成年人报应刑模式的特殊形式。总的来说,目前世界上大多数国家在"特殊保护"理念下,确立了以 "儿童利益优先"为原则的少年刑事司法制度,对少年犯罪普遍采取宽松的刑事政策。确立和完善少年犯罪刑事政策,是我国的法治建设的重要组成部分。

(一)对刑罚正义的历史解读——从报复的正义到教育和矫治

公正是一个经久不衰的话题,也是刑事法的基本价值之一。从刑罚的角度看,最早的刑罚正义莫过于报复的正义了。

报复的正义源远流长。报应刑思想来源于原始社会的复仇观念,报应指以恶报恶和以善报善,但报应或报复不同于复仇。报应与复仇的区别就是报应有一定的限度,而复仇则常是放纵而漫无节制的。"今天的刑事司法根源于人类的报复本性,胎变于人类原始的复仇习惯,尽管没有节制的个人之间的原始复仇早已被有节制的由国家权力操控的报应所取代,并且在刑事司法漫长的历史演变

---

① 〔美〕E.博登海默:《法理学——法律哲学和法律方法》,邓正来译,中国政法大学出版社 1999 年版,第 252 页。
② 例如美国关于犯罪对策、刑事立法以及执法等政策思想,不同程度受到保守主义或自由主义刑事政策的影响。在保守主义理论占主导地位时,国家的立法、司法及行刑思想表现为重惩罚、轻矫正,注重法律的威慑力量。在自由主义理论占主导地位时,则强调对罪犯及有犯罪危险性的人的矫正与回归。

中,报应的成分还在逐渐减少,但不可否认的是报应仍是今天刑事司法的主要特征。"①

报应的正义在一定历史时期是人们最重要的价值追求。18 世纪以前的欧洲是罪刑擅断的,酷刑威吓极为普遍。著名的德国刑法史专家冯·巴尔的一段描写,大致概括了整个大陆法系国家刑法发展的这种状况:"当我们研究旧制度的刑法并把它同罗马帝国后期和中世纪前期的刑法加以对照时,我们将会发现,文明的发展未给刑法带来任何进步——它实际上处于停滞状态,完全带有在这些时期中所具有的缺陷。刑罚是不平等的,它们不是根据犯罪的性质而是根据犯罪人的地位或等级而发生变化;刑罚的执行方式也是残酷和野蛮的,刑罚体系的基础是死刑和滥用的肢体刑;犯罪没有确定的定义;个人没有丝毫的安全保障足以避免国家在镇压犯罪时的过火行动。最后,愚昧、偏见和感情上的狂暴制造着臆想中的犯罪;刑法的适用范围扩展到了调整社会关系之外,甚至超越了对意识的统治。"②

18 世纪在法国出现的思想启蒙运动把几千年来形成的封建的和宗教的价值观念彻底翻转过来。什么是犯罪?衡量犯罪的标准是什么?刑罚的本质和目的是什么?刑罚怎样才能不成为暴政的工具?刑事立法和司法应遵循什么原则才能造福于社会等问题被严肃地提了出来。随着启蒙思想家的观念不断深入人心,人们越来越对当时的刑罚制度产生了怀疑、厌恶、不满和反抗。在这样的背景之下,当时刑事古典学派的中心任务是将国王置于法律之下,将国家的惩罚活动纳入法治轨道之中。罪刑法定、罪刑相当等刑法基本原则的确立,标志着现代刑事政策进入理性主义阶段。其中罪刑相当原则成为 18 世纪末 19 世纪初几乎所有新刑法典规定罪刑关系的准则。③ 它反映了刑事法律最基本的公平与正义的要求,是准确、合理打击犯罪的有利保证。虽然古典学派主张一般预防与特殊预防,但更强调一般预防的威慑力量,在刑罚上仍是主张报复的正义的实现。当时的刑罚主要是针对所有犯罪人尤其是成年犯罪人所确立的,法治与正义是当时反对封建罪刑擅断的最主要的武器。可以说,18 世纪后,刑事法律追求法治,致力于实现刑罚报复的正义,报应性刑事司法成为应对犯罪的主要方式,其最重要的任务是反封建罪刑擅断,将刑事法律纳入法制轨道,还未能建立对少年犯罪特殊的刑事政策和价值理念。

可是到了 19 世纪,社会背景发生深刻的变化,刑事政策理念也随之发生了

---

① 邱兴隆:《关于惩罚的哲学—刑罚根据论》,法律出版社 2000 年版,第 14—25 页。
② 黄风:《贝卡利亚及其刑法思想》,中国政法大学出版社 1987 年版,第 2 页。
③ 虽然该原则在 19 世纪末受到刑事实证学派的批判,例如实证学派提出的缓刑、减刑、假释、累犯加重、不定期刑、保安处分等刑法改革制度与罪刑相适应原则有矛盾之处,但是实践证明罪刑相适应原则是有强大生命力的。

变化。实证学派提出了应受处罚的不是"犯罪行为"而是"犯罪人"的观点,提出应当对犯罪人进行科学矫治的思想,并提出了许多科学的处遇犯罪人的"刑罚替代措施"。刑罚从报复的正义理念转向了矫治理念。李斯特就强调刑罚的另一个目的在于改造和教育犯罪人,消除其危险性,使之重返一般市民生活之中。目的刑论,包括改造刑论、教育刑论、重返社会的理论甚至特殊预防论逐渐为现代刑事政策所接受。反对报应刑论并不是否定报应刑论,报应是刑罚的价值之一,但不是唯一的价值,教育矫治也成了刑罚的重要价值之一。刑罚价值观的转变,不仅是针对成年犯罪人,更应针对未成年犯罪人。矫治不是不要对犯罪人进行惩罚,不是完全抛却"惩罚的正义",而是在合理惩罚的基础上,更有效地使犯罪人能有机会回归社会,这是另一种更广义的正义的实现。虽然这种理念在后来日益严重的犯罪形势下受到质疑,但却一直得到运用与发展。在这种理念下,少年刑事司法也得到发展。

　　从上面的分析中可以看到,正义的价值理念是多元的。现代社会更加复杂,不同时期,针对不同的犯罪人群,也不可能运用一元的价值理念。报复的正义与矫治的正义更像程序正义与实体正义,哪一个更重要呢? 答案毋庸置疑,都重要。在法治还不完善的情况下,似乎程序正义更为重要,但实体正义却永远是人们的终极追求。惩罚与矫治是不同刑事政策理念下的选择。惩罚是报复的正义的直接体现,矫治可以在更广泛的意义上实现社会正义。从少年犯罪的角度看,少年犯罪的刑事政策与成年人犯罪的刑事政策不应该是完全相同的,对少年犯罪更需体现更广泛意义上的公正。不同于对成年人犯罪报应的正义的实现,对少年犯罪人更应注重"特殊保护"。对少年犯罪的"特殊保护"政策,并不与报应的正义存在深刻的矛盾,只是对以往严格的罪刑相适应原则有所突破,没有体现报应刑的均衡感而已,但这并不是失却正义,而是在特殊理念下的区别于对成年人的报复性的"正义",是对正义更广义的理解。对少年犯罪的刑事政策,除了惩罚的正义,更有矫治和恢复性正义的含义。

　　(二) 实现效益——少年犯罪刑事政策的目标

　　关于刑罚效益问题,存在着不同的看法和观点。有学者指出:所谓刑罚效益,是指刑罚动态适用产生的结果与刑罚目的之间的契合程度。一般而言,如果刑罚动态适用所产生的结果与刑罚目的之间具有重合的一致性关系或者契合程度较大,那么,我们就有理由说刑罚的效益好或者比较好,反之亦然。定义中所说的刑罚动态适用所产生的结果,实际上是刑罚的实效。它包括刑罚的实际结果和运行状态,而刑罚目的则是指立法者主观上预先确定的,通过适用刑罚所希望达到的结果。这是以观念形式预先存在立法者头脑中的所预期达到的结果而不是结果本身,也不是实现的目的。前者构成了刑罚效益的实证基础。后者构成了刑罚效益的价值基础。[①]

　　一般来讲,我国学者将刑罚效益的重点放在了刑罚所达到的效果上,其效果实际上是刑罚的实效。如果从经济学成本与效益的角度,就是要以最小的成本获取最大的利益。在此,我们认为:刑罚效益是指国家通过动用刑罚自身最小的成本,在立法、司法、执法中获得对罪犯的应有的惩罚和教育矫正、使其不再犯罪的最佳的效果。刑罚效益既包含国家刑罚成本的静态投入所获得的收益,又包括国家刑罚成本的动态适用所获得的效果。刑罚效益既包括刑罚经济效益,也包括刑罚社会效益。

　　如果说报应主义关注的是正义,那么预防关注的就是功利和效益。该刑罚价值观认为,刑罚的价值在于其满足国家追求一定功利效果的积极意义,这种功利效果就是犯罪预防。而对未成年犯罪人教育、矫治,使之重返社会的刑事政策正是预防犯罪的功利主义的最好体现,追求的是效益。

　　实证学派强调刑罚特殊预防、刑罚个别化以及社会防卫等理论。这些理论将保卫社会秩序、强调刑罚效益放在了第一位。李斯特是特殊预防思想的集大成者,由于他主张刑罚个别化,提倡行为人主义,所以在刑事政策上有"少年刑法"思想的萌芽,世界各国少年刑法的诞生,无不深受李斯特的影响。[②]

　　收获刑罚效益的目的使实证学派将刑罚的适用范围极大限度地扩大到了社会领域。为了达到使刑罚有效地服务于社会、收到最好的刑罚效益(主要指刑罚效果),使用精神疗法、感化、家庭服务、社区服务等手段对犯罪人进行矫正,试图教育改造他们,降低或消除他们的人身危险性,达到使之重返社会的目的,以更好地防卫社会。这种刑罚价值观的发展,为少年犯罪教育、矫治、重返社会的理念奠定了坚实的理论基础,恢复性少年刑事司法和对少年犯罪人的特殊保护政策,正是刑罚效益价值的体现。

　　(三)更广义的社会公正与效益的统一——少年犯罪刑事政策的必然选择

　　功利主义刑罚观强调的是刑罚的功利性和刑罚的社会效益。如果说报应论最可贵的就是强调刑罚的公正,那么功利论的受批判的理由也恰恰在于对于作为刑罚重要价值之一——公正的忽视,转而强调刑罚的功利与效果。实际上,无论报应主义还是功利主义,自有其优点与缺陷,都属于刑罚的单一价值。但功利主义刑罚价值观的提出,打破了单一的刑罚公正价值观一统天下的局面,从而考虑刑罚的功利效益价值,使刑罚价值观呈现出公正与效益的多元倾向,这是功利主义刑罚价值观最积极的意义所在。

　　公正与效益这两个价值目标看似是一对悖论。追求公正,可能会丧失一部

---

①　薛瑞麟:《论刑罚效益的概念》,载《中央政法管理干部学院学报》1995年第4期。
②　林山田:《犯罪学》,台湾三民书局1995年版,第40—42页。

分效益;追求效益,也可能会有损于公正。在公正与效益之间如何选择与协调,反映着一个国家刑罚的价值取向。在某种意义上,刑罚公正的实现是刑罚效益的应有内容,刑罚效益的实现即意味着刑罚公正的有效性。失却公正的效益同样不是真正的、完全的效益,失却效益的公正不是真正的、完全的公正。一旦刑罚公正得以实现,则必然表明刑罚成本资源配置在某种程度上是合理的、适当的。如果刑罚不具有效益性也就意味着刑罚失却公正性。在刑罚不具有效益的情形下,就意味着刑罚成本资源投入不合理,就是说国家刑罚权动用不当,不可能实现公正。所以说,公正与效益在不断平衡过程中,在不同情势下有所偏重。

实证学派强调的是刑罚对犯罪人的教育矫正和适用刑罚的实际效果,强调的是刑罚的效益理念。实证学派并没有放弃公正,但从实证学派的观点中看,其不是从刑罚本身而是从更为一般意义的社会公正的标准中寻求刑罚的公正性。它关注的不再是刑罚与犯罪相适应模式的刑罚的平等性、均衡性,而是从社会意义上关注社会现象与犯罪之间的关系,以及为消除犯罪而消除社会不正义现象的正义性。这种广义的社会正义的理论观点与传统的刑罚的公正观即惩罚的正义是不同的。从这个角度看,它是有积极意义的。站在这种广义的社会正义的理论出发点上,实证学派主张采用广泛的除刑罚之外的各种社会手段达到矫正、教育罪犯,防卫社会的刑罚目的,并以此实现刑罚的效益。这也意味着刑罚效益价值观的确立,标志着人类社会对刑罚多元价值的追求,在公正与效益中进行平衡与选择。从这个意义上讲,追求效益和更广义的社会公正,也正是少年犯罪刑事政策的必然价值选择,是教育、矫正、重返社会等政策的价值基础。

少年刑事司法以教育矫治为目标,对未成年犯罪总体适用比较宽缓的刑事政策。当然,对重罪少年不能姑息,但相比成年人应有所宽缓。对轻罪、轻微罪的少年尽量适用像罚金、缓刑、社区服务等非监禁刑。非监禁刑本质仍然是刑罚与刑罚执行方式,是具有一定的惩罚性的,并不完全失却刑罚公正的应有之意。虽然这与严格意义上的刑罚的公正观——惩罚的正义以及严格意义的罪刑相适应原则存在矛盾,但这也正是实证学派对古典学派的理论突破,使缓刑、假释等非监禁刑发展、完善起来。对少年犯罪适用宽缓的刑事政策,能有效地降低刑罚成本,避免监禁刑带来的种种不良的刑罚后果,减少再犯率,促使未成年犯罪人能回归社会,收到更好的刑罚效果,获得最佳的刑罚效益和社会效益,这也是一种更广泛意义的社会公正。所以,在公正与效益两种价值取向中,对少年犯罪更倾向于刑罚效益价值和更广义的社会公正的实现。

目前世界上许多国家建立了少年刑事司法制度,对少年进行保护。对未成年犯罪人适用宽缓刑事政策,更注重实现刑罚的效益,尤其是社会效果,即社会效益。少年思想并不成熟,还有长远的未来,对少年惩罚只是刑罚的一个方面,最重要的是对其教育矫正,减少对其的标签效应,使其尽量不脱离家庭、不脱离社会,能够有受教育的机会,能够重返社会成为社会合格的一员。

我国 2006 年修订后的《未成年人保护法》进一步明确了"优先保护"理念,优先保护的理念,不是为了实现单纯的报复的正义,而是为了实现教育、挽救、矫治的功利目的,是刑罚效益和社会效益的统一,是为了达到让少年能重返社会的目标。在这种目标下,对少年犯罪适用"轻轻"刑事政策,是效益与更广义上社会正义的价值理念的必然选择。

二、国外少年犯罪刑事政策简介

少年是一个特殊的群体,其生理、心理特点决定少年法律问题具有特殊性。因此,世界上许多国家都制定单独的少年法并设置独立的少年司法组织机构来处理少年犯罪案件。

1899 年美国伊利诺伊州颁布了《少年法庭法》,这是世界上最早的一部有关少年的专门刑事法,也是最早有关少年犯罪刑事政策的体现。其刑事政策宗旨是:(1) 对于身心正处于发育中的少年,应该改变过去那种只着眼于使用严厉处分的办法,而应该采取多种多样的保护和指导措施。(2) 对于不同的少年犯罪,应该采取灵活的、适合不同情况的改造和教育计划,以便使他们走上新生的道路,并为此规定了一系列具体措施。

目前,美国 50 个州和哥伦比亚特区都颁布了少年法院组织法。依据该组织法,共有 2700 个法院可以受理少年案件。美国各州审理少年案件的机构设置一般有四种:一是设立独立的少年法院;二是设立独立的家事法院;三是设立属于第一审法院的少年专门法庭,对外称少年法院,有独立的院舍及工作人员;四是设立专人审理少年案件。

1905 年英国也制定了少年法一类的法规,建立了少年法院。1908 年德国也建立了少年法院,并在 1923 年制定了专门的少年刑法。法国、意大利等欧洲国家相继出台少年法,例法国的《关于犯罪少年的命令》等。法国少年案件的管辖机关为少年法院和少年重罪法院,分别审理不满 18 周岁的少年轻罪案件及不满 18 周岁的少年重罪案件,同时,法院还有专门的少年法官,负责审理少年案件。

日本从 1923 年开始,陆续颁布了一系列专门的少年法规。日本除 47 个都、道、府、县都制定少年保护条例外,在全国还制定专门的《少年法》和《少年审判规则》。现在世界上大多数国家都有了自己的少年法规。国际上关于少年司法制度方面的法律规定有:《联合国少年司法最低限度标准准则》(以下简称《北京规则》)、《联合国预防少年犯罪准则》(以下简称《利雅得规则》)、《哈瓦那规则》、《联合国儿童权利公约》等。

虽然各国少年犯罪的刑事司法不完全相同,但总的刑事政策价值取向是矫

治,是从宽的"轻轻"政策。具体表现主要是:

第一,在刑罚上不适用死刑,量刑从宽,也有不少国家还限定了对少年适用有期徒刑的最高刑期,多适用缓刑并放宽假释条件。

第二,尽量采取非犯罪化、非刑罚化和非监禁化的刑罚方式,对少年犯进行矫正教育。

第三,对少年犯适用前科消灭制度,许多国家如美国、日本、德国都有前科消灭制度,主要有日本式和德国式两种方式。日本的方式是凡少年犯刑期执行完毕或者免予执行的,均视为未受过刑罚处分,德国的方式是通过判决来取消刑事污点。

第四,采取不定期刑。不定期刑,是一些国家处理少年犯罪的一种特殊的刑罚制度,即根据少年在执行刑罚时表现的好坏来决定其实际服刑期的长短,这也是少年法的一个突出特点。有日本式、美国式、德国式三种形式。日本是对不定期存在较大争议但仍坚持使用的典型国家。正木博士在《刑法与刑事政策》一书中指出受不定期刑者出狱之后,有一半以上重新犯罪,这表明不定期刑同定期刑之间没有任何区别。他认为"已经实施了四十多年的不定期刑,在预防再犯方面并没有起到什么特别作用"。[1] 从美国等国家对少年犯罪的不定期刑实践来看,其效果也值得怀疑,特别是它容易带来以牺牲少年而防卫社会,或者在爱的名义下实际侵害少年权益的后果。[2] 德国《少年法院法》第 19 条曾经规定了不定期刑制度,但经过多年实践之后现已废除。[3]

三、我国少年犯罪刑事政策的具体体现

针对少年犯罪,本着效益与更广义社会正义的价值和矫治与宽容的刑罚理念,各国普遍对少年犯罪适用"轻轻"刑事政策。我国对少年犯罪的基本方针是"教育、感化、挽救",与我国"宽严相济"刑事政策的"宽"的一面意义基本相同。但面对日益严重的少年犯罪问题,是应该"宽"还是"严"呢?就实证效果看,报应与矫治都未能有效遏制少年犯罪的严重化趋势。如何完善与发展少年犯罪刑事政策,需要我们进一步探究。

(一)我国少年犯罪刑事政策发展的几个阶段

从 1979 年至今,我国对少年犯罪的刑事政策也经历了一个发展变化的过程,从 1979 年至 1990 年,虽然后期萌生出以打击为主的综合治理措施,但还是以"严打"为主要特征。1990—1999 年左右,以教育矫治为核心的少年犯罪刑事

---

[1] 〔日〕森下忠:《犯罪者处遇》,白绿铉等译,中国纺织出版社 1994 年版,第 70—75 页。
[2] 陈敏:《减刑制度比较研究》,中国方正出版社 2001 年版,第 19 页。
[3] 张明楷:《外国刑罚纲要》,清华大学出版社 1999 年版,第 379—382 页。

政策初步形成。21世纪后,尤其是2006年确立了"宽严相济"刑事政策,开启了少年犯罪处遇的新阶段,对少年犯罪非刑罚化、非监禁化处遇的适用范围逐渐扩大。

（二）我国司法实践中对少年犯罪刑事政策的体现

我国对违法犯罪的少年实行"教育、感化、挽救"的方针,坚持以"教育为主、惩罚为辅"的原则,另外在少年犯罪防控中,强调社会的"共同参与、综合治理"。[①]

在我国司法实践中,根据对少年犯罪的基本刑事政策,公、检、法机关各有侧重,对少年犯罪适用非犯罪化、非刑罚化和非监禁化。公安机关在办理少年违法犯罪案件中,坚持预防为主、区别对待原则,依法减少刑事处理。检察院、法院专门设有未成年犯罪1处(科、室)、少年法庭或合议庭,依法对未成年犯罪进行非犯罪化、非刑罚化和非监禁化处理。截至1999年年底,我国3000多个检察院设有未成年犯罪检察处(科、室)。各级人民法院建立了专门审理未成年犯案件的少年法庭。全国法院已有3000多个少年法庭或专门合议庭,有超过1.5万名法官专门从事未成年犯罪审判工作。部分中级法院和基层法院还建立了少年刑事案件审判庭、少年案件(综合)审判庭。[②] 在实践中,检察院对轻微犯罪扩大适用相对不起诉、免予起诉或缓刑的比例逐步上升。目前在我国对少年不起诉案件已经占检察机关受理起诉少年案件总数的10%,对少年适用缓刑的比率也呈增大的趋势。[③]

在执法过程中,非监禁化的社区矫正试点实践积累了丰富的经验,取得了良好的效果。2001年1月,中央综治委成立了预防青少年违法犯罪工作领导小组,负责全国预防青少年违法犯罪工作的领导和协调,教育部、最高人民法院、最高人民检察院、公安部等13个部门为成员单位,办公室设在共青团中央。2001年12月,河北省石家庄市长安区人民检察院向因盗窃而受到刑事追究的17岁的黎明发出了我国第一道"社区服务令",标志着对少年非刑罚化处遇措施在我国正式适用。[④] 2003年7月10日,最高人民法院、最高人民检察院、公安部、司法部四部门联合发布了《关于开展社区矫正试点工作的通知》(以下简称《社区矫正试点通知》)。2009年10月,最高人民法院、最高人民检察院、公安部、司法部联合下发了《关于在全国试行社区矫正工作的意见》(以下简称《社区矫正意见》),社区矫正作为一项符合我国国情的非监禁刑罚执行制度开始在全国试行。

---

① 我国《未成年人保护法》第38条,《预防未成年人犯罪法》第3条的规定。
② 《教育·感化·挽救——关于未成年人犯罪及预防的思考》,载《人民日报》2000年9月22日。
③ 刘朝阳:《浅析中国未成年人犯罪刑事政策的发展脉络》,载马剑光主编:《和谐视野中的未成年人犯罪问题研究——中法检察官的努力与探索》,法律出版社2008年版,第29页。
④ 同上书,第28—29页。

四、我国少年犯罪刑事政策发展与完善之思考

在我国,少年刑事司法在以打击犯罪为基准的刑罚体系下,惩罚性明显过强。在多年的"严打"方针中,少年犯罪根本难以获得宽容。近年"宽严相济"的刑事政策主要是有利于所有犯罪人员的利益,少年犯罪并未因为其是未成年而获得更多的空间。在执行中,监禁刑过分适用,现阶段的矫治措施大部分是将少年犯罪集中在相对固定且封闭的场所进行管理……而另一方面,对那些判处缓刑的少年又基本放任自流,使刑罚失去意义。① 从这段话中我们可以看出,我国对少年犯罪刑事政策的刑罚价值理念还存在着理论与实践上的差距。因此,剖析价值理念并在一定的价值选择基础上,完善和发展少年犯罪刑事政策,是我国法治建设的重要组成部分。本书通过借鉴与反思,对我国少年犯罪刑事政策的发展与完善提出以下思考。

(一)美国少年刑事司法转型:惩罚的回归给我们的启示

20 世纪 60 年代以来,美国少年罪错案件呈持续增长之势,少年暴力型恶性犯罪突出,少年犯罪在整个刑事犯罪中比例较高。根据美国联邦调查局(FBI)的统计,2003 年美国执法机构大约逮捕了 220 万 18 岁以下的少年,占所有被捕人数的 16%。2003 年是自 20 世纪 80 年代以来少年占暴力犯罪而被捕者比率最低的一年,但其比率仍达到了 15%。② 20 世纪 80 年代以后,从政客、媒体到公众对传统少年司法提出了质疑,面对司法纵容的责难,美国少年司法政策不可避免地走向了相对严罚的道路。

自 20 世纪 80 年代以来,美国的一些州开始以更严厉的措施来对待少年犯罪,这种渐趋严厉的趋势,被认为是敲响了国家亲权哲学"自新时代的丧钟"。1986 年,全美少年犯罪评议会提出名为《少年司法改革的分水岭》的报告,公开赞扬 20 世纪 70 年代末期起在各州渐趋明显的严罚倾向。在 20 世纪 90 年代中期少年暴力犯罪出现好转的情况下,少年司法仍然继续了严惩为主的政策。③美国少年司法逐步撕下国家亲权哲学的福利"面纱",直言少年控制和社会防卫,这样一种政策走势直到 90 年代末乃至今日仍为美国少年司法政策的主流。④美国该时期以惩罚的正义为主流的刑罚价值观也蔓延到少年刑事司法。

虽然美国 80 年代以来严惩主义成为美国少年刑事司法政策的主要特色,但严惩的矛头主要对准的是少年暴力犯罪、累犯和重罪,而且与成年人犯罪仍有区

---

① 白金刚、吴锋:《惩罚与宽容:中国少年刑事司法的境遇与抉择》,载《少年司法》2008 年第 5 期。
② Howard N. Snyder, Juvenile Arrests 2003, *in OJJDP Juvenile Justice Bulletin*, August 2005.
③ Joan McCord, Cathy Spatz Widom and Nancy A. Crowdll, eds., *Juvenile Crime Justice*, National Academy Press, 2001, p. 13.
④ 姚建龙:《超越刑事司法——美国少年司法史纲》,法律出版社 2009 年版,第 165 页。

别,对其他少年犯罪仍发展了传统保护主义理念,采取"轻轻"刑事政策,可谓是"轻轻重重"。

美国少年刑事司法的演变过程,对我国少年违法犯罪刑事政策的发展与完善有很好的借鉴作用和启示。目前"宽严相济"刑事政策是我国基本刑事政策,从美国少年犯罪刑事司法的变化以及成功与失败看,如何正确理解"宽严相济",对少年犯罪的刑罚价值观究竟如何选择,该刑事政策如何正确地适用于少年刑事司法,是我国少年犯罪刑事政策发展与完善的关键。

(二)我国少年刑事司法发展与完善的建议

我国目前也正处于未成年犯罪比较严重的阶段,但像美国那样对少年犯罪"严惩"的转变毕竟与国际社会少年犯罪刑事司法轻缓化理念相悖,也不符合以《儿童权利公约》为代表的国际性儿童保护公约。面对严峻的少年犯罪形势和传统少年刑事司法理念,如何完善和发展我国少年犯罪之刑事政策,我们略提出一些建议。

1. 正确理解宽严相济刑事政策,对少年犯罪"宽严相济",以"宽"为主

"宽严相济"刑事政策的提出,顺应了世界刑事政策的潮流。"宽严相济"与"轻轻重重"异曲同工,且对于轻重之间的协调和结合更为关注和强调。需要指出的是:在宽严相济刑事政策中,该宽则宽,该严则严,对于"宽"与"严"加以区分,这是基本前提。因此宽严相济是以区别对待或者差别待遇为根本内容的。宽严相济,最为重要的还是在于"济"。这里的"济",是指救济、协调与结合之意。并且,宽严相济刑事政策首先意味着应当形成一种合理的刑罚结构,这是实现宽严相济刑事政策的基础。[①]

对于少年犯罪,需"宽严相济,以宽为主",坚持贯彻"教育、感化、挽救"的方针。我国对少年犯罪不适用死刑,这也正是宽严相济,严中有宽的体现。对少年轻罪和轻微罪,要坚持"宽",尽量采用非犯罪化和非刑罚化的措施。针对少年严重暴力犯罪、累犯等,还是要"严",但不是与成年犯一样的严,要本着挽救的态度,"严"中有"宽"。

2. 在少年刑事司法中引入恢复性司法理念

关于恢复性司法的定义,在国际上接受程度较广的是马歇尔的"恢复性司法是由犯罪人、被害人及他们所在的社区共同参与,并与法定的犯罪问题处理机构之间保持着一种积极关系的,一种处理犯罪相关问题的方式"。[②]该定义强调的是为被害人及其家庭、社区这些与犯罪者之间有着重要关系的个体创造一个参

---

① 陈兴良:《宽严相济刑事政策研究》,载《法学杂志》2006 年第 1 期。
② 〔英〕托尼·F.马歇尔:《恢复性司法概要》,载王平主编《恢复性司法论坛(2006 年卷)》,群众出版社 2006 年版,第 323 页。

与问题解决的空间。

恢复性司法克服了福利型少年司法和报应型少年司法的各自的局限性,具有独特价值,在少年司法中,引入恢复性司法理念,具有重要价值。

恢复性司法理念在我国的实际运用就是刑事和解制度,我国少年犯罪刑事和解制度,完全可以在侦查、起诉、审判以及执行等司法过程中适用。

在侦查阶段,对于符合自诉条件的轻微刑事案件,如果双方当事人达成和解,公安机关可以不予立案或撤销案件。但在侦查过程中,也应防止和解的滥用,对于非自诉的比较严重刑事案件,还应依法移送检察机关审查起诉。

在审查起诉阶段,检察机关对达成和解的轻微刑事案件,可以依法作出酌定不起诉的决定。对于其他比较严重的刑事案件,如果当事人达成和解,检察机关可以建议法院量刑时从轻考虑。

在审判阶段,对于达成和解的未成年犯罪案件,法院可以结合具体案情,对未成年犯罪人予以从轻、减轻、免除处罚,或依法适用缓刑。

在执行阶段,可将刑事和解作为对未成年犯罪人减刑或假释的依据之一。

在少年刑事司法中引入恢复性司法理念,适用刑事和解制度,通过加强被害人与社区的有效参与,为被害人与社区营造一个与犯罪人交流的空间。在交流中,被害人叙说犯罪行为对其本人与家庭造成的伤害,能使未成年犯罪人更直观、更深刻地认识到自己的犯罪行为给他人造成的伤害,承认犯罪并深刻悔悟自己的犯罪行为,更有利于教育、感化、挽救未成年犯罪人。

3. 完善少年犯罪社区矫正制度

对少年犯罪进行刑事司法保护是国际上的惯例,而传统的监禁矫治方式,更多地带有惩罚、威慑、与社会隔离的色彩,不利于未成年犯罪人的再社会化。

当前,许多国家建立了少年刑事司法制度,加强对未成年犯罪人的保护。例如在瑞士,作为主刑的社会服务当时限于适用于 7—18 周岁的少年犯。我国近二十年来对少年司法保护的发展,尽管取得了十分显著的成绩,但尚存在着差距。为此,我国应关注国际社会对少年刑事司法的发展方向,借鉴其成功经验。对于少年犯罪,不应过分依赖刑事手段,监禁刑是迫不得已的处理办法。因此,针对未成年犯罪人的生理、心理特点,最好对其适用社区矫正。在我国,建立少年刑事司法制度,确立适合少年特点的社区矫正管理模式,对未成年犯罪人直接适用社区矫正刑,尤其是对那些罪行较轻的未成年初犯、偶犯应适用社区矫正,是我国少年司法发展的方向。

4. 完善犯罪记录封存制度,对少年犯罪有条件地"洗牌"

少年由于其生理、心理以及犯罪原因的特殊性,并不适合监禁刑,社区矫正对于少年、尤其是罪行较轻的少年来说,是比较适合的矫正方法。我国社区矫正实践对未成年犯社区矫正制度的建立也是一个有益的探索。除了扩大少年社区矫正的范围外,如何矫正未成年犯、消除少年心中的隐痛也是社区矫正工作面临的困惑之一。建立并完善犯罪记录封存制度,有条件地对罪行较轻的被判缓刑的未成年犯罪人进行"洗牌",也是少年犯罪刑事政策应发展和完善的地方。

标签理论(Labeling theory)是一组试图说明人们在初次的越轨或犯罪行为之后,为什么会继续进行越轨或犯罪行为,从而形成犯罪生涯的理论观点。

该理论认为,一个人被贴上标签后,便会产生烙印效应,并自我修正为犯罪人形象,因而脱离社会,加深其犯罪性,从而成为真正的犯罪者。例如一个人被逮捕拘留后,对其心理将产生莫大的心理负担。若是被判有罪而在服刑中,对其家庭及个人将产生巨大打击。服刑归来后,对其回归社会也会产生不良影响。况且基于刑罚本质的限制,难免在服刑时感染一些不良恶习。因而尽可能从刑罚之最后手段原则考虑,优先考虑不干涉之刑事政策,从而朝非犯罪化、非刑罚化以及非监禁化的宽松的刑事政策发展。

尽管标签理论也遭受到许多批评,但标签理论对于欧美法治国家的刑事司法仍有相当程度的影响。"它迫使近代法治国家刑罚权的发动更加谨慎,对于未受刑罚制裁之人,扩大运用转向处分。"[①]因而,标签理论的提出,从某种意义上讲是促进了现代对少年犯罪宽松刑事政策的发展。

根据标签理论,犯罪记录制度的不合理性就在于由于标签效应,会给犯罪人,尤其是未成年犯罪人带来一系列不利后果和影响,比如再犯罪有可能从重处罚,以及教育、就业等生活和工作的各个方面产生负面影响。事实上,许多国家有少年犯罪记录保密和消灭制度的规定。例如《美国法典》第5038节专门规定了少年犯罪记录的使用规则,明确了少年犯罪记录保密制度。英国《前科消灭法》规定了前科消灭制度,其1999年《少年司法与刑事证据法》还设立了少年犯罪小组,该小组与罪犯及其家庭共同努力,以实现对受害者的赔偿,实现罪犯重新融入社会,对其行为所产生的后果承担责任。如果这些任务得以实现,罪犯将会获得无条件释放并且不保留犯罪记录。德国、日本、韩国也有类似规定。

罪行较轻、被判缓刑的少年虽然不被监禁而是在社区内执行,但其身份仍然是刑事犯罪人,戴着曾经犯罪的"标签",在这种"标签"作用下,这些少年在升学、就业、交友等方面就可能会受到一些影响,其中一些人身危险性不是很大、在一时冲动下犯罪的少年有可能会产生消极的心理反应。对罪行较轻、被判缓刑、在社区内执行的未成年犯罪人适用犯罪记录封存制度,对其案底可以有条件地封存,即封存其案底或在该少年的个人档案中不记录其曾刑事犯罪,为罪行较轻的少年架起一座"后退的黄金桥",能更好地促进其重返社会。当然这种犯罪记录封存并不是完全的消灭,其案底仍要保留在司法机关,但如无特殊情况(例如再

---

① 林山田、林茂东:《犯罪学》,台湾三民书局1984年版,第160页。

犯罪),必须严格保密,以使该类少年在没有"标签"标定的情况下毫无"隐痛"地重返社会,成为社会合格一员。

2009年1月2日,时任最高人民法院常务副院长沈德咏在全国法院少年法庭成立25周年纪念大会上要求,积极推动建立我国少年犯罪记录消灭制度、配合有关部门完善社区矫正制度。在2011年《刑法修正案(八)》中,在《刑法》第100条中增加一款作为第2款:"犯罪的时候不满18周岁被判处5年有期徒刑以下刑罚的人,免除前款规定的报告义务。"这是犯罪记录封存制度正式入法,是对少年犯罪宽缓刑事政策的落实和体现,是刑事法律的一大进步。同时也表明,我国刑法学和犯罪学学者在少年保护方面提出的建议已经在立法中受到了重视。但是,如何在程序上运用和完善少年犯罪记录隐匿,还需进一步细化。

少年是国家的未来,少年心智还不成熟,刑罚价值选择和刑罚理念是其刑事政策的基础。我国非常重视少年犯罪问题,在一定价值理念下的和谐有效的刑事政策是我国法治建设的重要组成部分。

第三节　少年司法准则

导入案例

马某某买卖国家机关证件案[①]

(一)基本案情

2013年4月某日,被告人马某某(中学生)通过网络购买了多套机动车行驶证和机动车号牌,在向他人出售时被民警当场抓获。经依法鉴定,上述证件均系伪造。被告人马某某到案后如实供述了作案事实。

(二)裁判结果

北京市海淀区人民法院经审理认为,被告人马某某向他人出售非法制造的机动车号牌及机动车行驶证,其行为已构成买卖国家机关证件罪,应予惩处。鉴于被告人马某某犯罪时未成年,系初犯;到案后能如实供述犯罪事实,认罪态度较好,经庭审教育有一定悔罪表现;同时考虑到本案所涉赃物已起获,尚未流入社会;且其就读学校同意接收其继续上学,具备适用缓刑的条件,故依法对被告人马某某从轻处罚并宣告缓刑。

---

① 《最高人民法院2014年11月24日发布未成年人审判工作典型案例98例》,最高人民法院网,http://www.court.gov.cn/zixun-xiangqing-13447.html,访问日期2016年2月10日。

（三）案例评析

本案的特色在于充分落实未成年人刑事审判特色工作。法官通过社会调查了解到马某某在校期间一贯表现良好，多次受表彰。当得知学校计划开除马某某时，法官找到学校校长，使学校认同了少年法庭的工作理念，并共同制订了详细的帮教计划。

庭审中，马某某的亲属、学校领导、班主任及社会调查员，与合议庭、公诉人、辩护人一起，从亲情、师生情、友情、道德、法律等角度共同进行了生动而深刻的法庭教育，马某某深受感动。最终，法院依法对马某某宣告了缓刑，并送达了饱含温情的"法官寄语"。案件生效后，法官一直与马某某保持联系，关心他的学习、生活情况，并督促其家长按时参加海淀法院"亲职教育课堂"。

在马某某的案件中，具有下述特色：（1）由少年法庭审判；（2）从轻处罚；（3）未适用监禁刑；（4）尊重马某某未成年人的身心特点；（5）法庭教育人员中既有法官，也有马某某的亲属、学校领导、班主任及社会调查员；（6）关心马某某的社会融入；（7）将亲职教育纳入对马某某的矫正改造之中。这些特色是少年司法制度中专门化、专业化，尊重身心特点，严格限制监禁、尊重年龄特性、社会参与等司法准则在我国司法实践中的具体体现。本节将详细论述联合国及我国少年司法准则。

一、联合国少年司法准则

少年司法准则是指对少年司法制度起指导作用的指导思想、指导方针、总原则或基本原则。它们既是少年司法制度基础理论的体现，又是少年司法制度具体内容在一定程度上的概括与抽象，对少年司法制度的确立和执行起指导作用。联合国本着保护少年犯罪人，尊重少年犯罪人身心发展规律、犯罪规律以及再社会化的原则，通过一系列国际文件制定了广泛的少年司法制度准则，为世界各国建立本国的少年司法制度提供指导。掌握和理解联合国少年司法准则，是准确把握和完善我国少年司法制度的重要前提。通过对联合国少年司法文件的阅读、总结，我们认为联合国所确立的少年司法准则可分为总原则和基本原则两类。

（一）联合国少年司法总原则

联合国少年司法总原则是指由联合国规定，适用于所有少年的法律制度的根本标准，它是制定和适用于任何少年的法律制度都要遵循的规则，犯罪少年作为少年的组成部分，总原则当然也适用于他们。总原则的具体内容规定在《儿童权利公约》和《少年司法中的儿童权利》（以下简称《意见10》）①，主要是《儿童权利公约》之中，但它所确立的标准见于少年司法的各项规定之中。如"儿童利益最高原则"规定于《儿童权利公约》第3条第1款中，但在《北京规则》《哈瓦那规则》中该原则处处体现。《儿童权利公约》共规定了五项总原则，具体包括：不歧视原则；儿童利益最大化原则；特殊保护原则；生命、生存和发展的原则以及尊重尊严的原则。

第一，不歧视原则。

"不歧视原则"是指《儿童权利公约》中所确立的权利适用于缔约国的所有儿童，不因儿童或其父母或法定监护人的社会地位、经济状况、政治、宗教等因素而有所差别。根据《儿童权利公约》和《意见10》，该原则在犯罪少年身上具体体现为：（1）《儿童权利公约》中所确立的权利也适用于他们，任何组织或人员不能因其犯罪行为剥夺其权利。正如《儿童权利公约》第2条第1款所规定的："缔约国应遵守本公约所载列的权利，并确保其管辖范围内的每一儿童均享受此种权利，不因儿童或其父母或法定监护人的种族、肤色、性别、语言、宗教、政治或其他见解、民族、族裔或社会出身、财产、伤残、出生或其他身份而有任何差别。"（2）所有触法儿童待遇平等，尤其要避免事实歧视和待遇差别的情形。不平等尤其可能表现在街头儿童、属于种族、族裔、宗教或语言少数的儿童、土著儿童、女孩、残疾儿童和屡次触法的儿童（累犯儿童）等弱势儿童身上。（3）触法儿童在就学、就业上与其他儿童待遇平等。为实现（2）、（3）两条的平等，为减少或避免这种不平等，各缔约国要对少年司法人员进行专业培训，使其熟悉该原则；同时建立规则、条例或程序，以强化不歧视原则的重要性，并建立纠正、补救和补偿制度；并且采取措施，在（原）触法儿童就学、就业时为其提供充分的支持，协助他们重新融入社会，与此同时，开展公共运动，使社会理解和接受他们在社会建设中承担责任和发挥作用的重要性，也使社会理解和接受这种责任和作用是他们本应具有的权利。（4）在刑法中取消身份罪，实行儿童和成年人平等待遇。《联合国预防少年犯罪准则》（以下简称《利雅得准则》）第56条指出："为防止青少年进一步受到污点烙印、伤害和刑事罪行处分，应制定法规，确保凡成年人所做不视为违法或不受刑罚的行为，如为青少年所做，也不视为违法且不受刑事处罚。"对于有流浪、逃学、出走及其他不良行为的儿童，应采取有效支持家长和/或其他照管人、净化社会环境、保护儿童等根源上解决这种行为的措施。（5）《北京规则》中所规定的低限度标准规则公平适用于所有少年罪犯，不应因种族、肤色、性别、语言、宗教、政治或其他见解、民族本源或社会出身、财产、血统或其他身份地位而有所区别。

---

① 《儿童权利公约》和《意见10》的具体内容详见于本书第四章。

第二,儿童利益最大化原则。

"儿童利益最大化原则"是指涉及儿童的一切行为,必须首先考虑儿童的最大利益。《儿童权利公约》第 3 条第 1 款规定:"关于儿童的一切行为,不论是由公私社会福利机构、法院、行政当局或立法机构执行,均应以儿童的最大利益为一种首要考虑。"这也就意味着,我们在少年司法制度的确立和执行中,始终要问这样一个问题:"这项规定、这项措施是否考虑了儿童的最大利益?"这一原则在少年司法制度中体现在很多方面,如建立独立的、有别于成人的少年司法制度;所有的少年司法措施,都应首先考虑到儿童的最大利益;在处理少年罪犯时,其司法目的不在于惩罚,而是为了实现其自新以及与社会重新融合;保障儿童的福利和最佳利益、鼓励儿童重归社会为少年司法的第一需要。再比如为了保护犯罪少年的利益,考虑到其年龄特性、社会经验等因素,在对少年进行司法干预时,任何情形都应该通知其父母或监护人,使少年与父母或监护人保持密切的联系,在问讯、审判等程序中,其父母或监护人应当在场;但联合国少年司法制度的法律文件同时规定,上述情形如果有违儿童最大利益,则不采取。如《儿童权利公约》第 40 条第 2 款规定:"(B)所有被指称或指控触犯列法的儿童至少应得到下列保证:……(三) 要求……依法公正审理迅速作出判决,并且须有其父母或法定监护人在场,除非认为这样做不符合儿童的最大利益……"

第三,特殊保护原则。

所谓"特殊保护原则",就是指由于儿童身心发育尚未成熟,需要给予尊重儿童身心发育规律的特殊保护和照料。该指导思想是在 1959 年联合国通过的《儿童权利宣言》确立的,《儿童权利公约》又对其予以了重复和强调。《儿童权利公约》在序言中指出:"铭记如《儿童权利宣言》所示,'儿童因身心尚未成熟,在其出生以前和以后均需要特殊的保护和照料,包括法律上的适当保护'。"在少年司法制度中,制定了许多尊重少年身心发育规律的特殊保护措施,如司法人员的选拔和培训、法律援助、受教育、教育形式、娱乐、与亲人见面、强化再社会化功能等措施,无不是在尊重少年身心发育不成熟的基础上制定和实行的。《北京规则》第 14 条第 2 款规定:"诉讼程序应按照最有利于少年的方式和在谅解的气氛下进行……"

第四,生命、生存和发展的原则。

《儿童权利公约》第 6 条指出:"1. 缔约国确认每个儿童均有固有的生命权。2. 缔约国应最大限度地确保儿童的存活与发展。"生命、生存和发展权是每个儿童生来具有的基本权利,不应因任何原因被削弱或剥夺,任何国家、任何组织都要为保障每位儿童,包括犯罪儿童的生命、生存和发展权提供必要的条件。在少年司法制度中,不得判处少年死刑、无释放可能的无期徒刑,严格限制使用监禁措施,不得对少年适用酷刑,保证被羁押少年法定的住宿、医疗、卫生条件等内容都是该原则的具体体现,提供其接受教育和适应社会的各种机会。《北京规则》

第 26 条第 1 款规定："被监禁少年的培训和待遇的目标是提供照管、保护、教育和职业技能，以便帮助他们在社会上起到建设性和生产性的作用。"

第五，尊重尊严的原则。

《儿童权利公约》第 40 条第 1 款规定："缔约国确认被指称、指控或认为触犯刑法的儿童有权得到符合以下情况方式的待遇，促进其尊严和价值感并增强其对他人的人权和基本自由的尊重……"根据该条的规定以及《意见 10》的解释，"尊重尊严的原则"是指少年司法制度对犯罪儿童所采取的措施应当符合儿童尊严和价值感的要求，应当增强儿童对他人人权和自由的尊重感；为此，必须禁止和防止一切暴力对待触法儿童的形式。该原则应当体现在少年司法的整个程序中，从有关机构、人员与犯罪儿童接触时起，直至处理措施执行阶段。有赖于各种少年司法人员对其的尊重和保障。《意见 10》指出："符合儿童尊严和价值感的要求体现了《世界人权宣言》第一条所载的基本人权：'人人生而自由，在尊严和权利上一律平等。'它是儿童固有的权利。""儿童应当本着符合《联合国宪章》所宣称的精神抚育成长。这也意味着，在少年司法体制内，对儿童的待遇和教育应旨在培养对人权和自由的尊重。""若少年司法中的主要行为者，诸如警官、检察官、法官和缓刑监督官不能充分尊重和保护这些保障，那么他们又如何期待在这种坏形象的影响下，儿童将会尊重他人的人权和基本自由呢？"

（二）联合国少年司法的基本原则

联合国少年司法的基本原则，是指由联合国文件规定，少年司法制度独有的、所要遵循的根本标准，仅适用于少年司法制度之中，对少年司法中的其他制度具有指导作用。联合国少年司法的基本原则分别规定在《儿童权利公约》《意见 10》《北京规则》《哈瓦那规则》等联合国法律文件中。其中，有些原则已经耳熟能详，如罪刑法定原则、无罪推定原则、罪刑相适应原则、依法公正审理的原则，除此之外，还有下述原则：

第一，促进儿童重新融于社会并在社会中发挥积极作用的原则。

少年司法制度的目的是帮助犯罪少年改邪归正，重新融于社会并能在社会中发挥积极作用，以实现再社会化。为此，对犯罪少年的待遇应能实现该目的。该原则见《儿童权利公约》第 40 条第 1 款："缔约国确认被指称、指控或认为触犯刑法的儿童有权得到符合以下情况方式的待遇，促进其尊严和价值感并增强其对他人的人权和基本自由的尊重。这种待遇应考虑到其年龄和促进其重返社会并在社会中发挥积极作用的愿望。"

第二，减少司法干预的原则。

鉴于少年犯罪及其司法干预对少年和社会造成危害，国家应尽可能采取措施，预防少年犯罪；当少年只实施了轻微罪行时，尽可能采取不诉诸司法程序的措施；对于实施了重罪的少年也应较成人犯罪从轻、减轻处罚，增大其接触社会和回归社会的机会;在预防少年犯罪和对犯罪少年进行司法干预时,司法机关尽可能与社会资源合作,发挥社会资源的作用,减少正式反应的负面效应。这就是减少司法干预的原则。为此,《北京规则》第 1 条就指出:"会员国应尽力创造条件确保少年能在社会上过有意义的生活,并在其一生中最易沾染不良行为的时期使其成长和受教育的过程尽可能不受犯罪和不法行为的影响。""应充分注意采取积极措施,这些措施涉及充分调动所有可能的资源,包括家庭、志愿人员及其他社区团体以及学校和其他社区机构,以便促进少年的幸福,减少根据法律进行干预的必要……"《意见 10》第 24 条指出:"鉴于大部分少年犯仅犯有轻微罪行,一系列涉及消除刑事/少年司法审判,提交其他代替性(社会)服务之类的(转化)措施,应成为可处置大部分案件的稳固方式。"

第三,少年优先保护原则。

该原则是指应当把少年司法制度"视为是在对所有少年实行社会正义的全面范围内的各国发展进程的一个组成部分",既要保护社会的安宁、秩序,也要有助于保护少年;在保护社会和保护少年间发生冲突时,优先保护少年利益。它是"儿童利益最大化"在少年司法制度中的体现。

第四,权利保护原则。

联合国的少年司法文件非常重视犯罪少年的权利保护,每一个文件都对权利保护予以了充分的规定,权利保护体现在少年司法的始终;所以,权利保护是联合国所确立的少年司法制度的基本准则,是少年司法制度制定和实施中要遵循的基本标准。对于犯罪少年的司法权利的具体内容,我们将在后文单独论述,在此不再赘述。

第五,尊重年龄特性的原则。

少年因其年龄原因,身心尚处于发育阶段,有与其年龄段相应的身心规律,在少年司法制度中,应尊重犯罪少年的年龄特性;否则,不仅收不到良好的矫正效果,而且有可能伤害少年,有损法律的公正。尊重年龄特性的原则具体包含两方面的内容:(1)少年刑事责任年龄法定化。这既包括最低刑事责任年龄的明确,也包括犯罪少年年龄上限的限定。刑事责任能力是个体对其行为承担刑事责任的前提和基础,不具备相应的刑事责任能力,让他为其行为承担责任有失公平,也无法实现矫正效果。为此,需要规定最低刑事责任年龄,而且此年龄规定的不宜太低。正如《儿童权利公约》第 40 条第 3 款规定:"(A)规定最低年龄,在此年铃以下的儿童应视为无触犯刑法之行为能力……"另一方面,犯罪少年年龄上限也要有所限制,以避免少年司法资源的浪费,违背法律的实质公正。(2)少年司法制度中的措施应符合这个年龄的特性与需要。

第六,社会参与原则。

该原则是指在少年司法制度中,应充分利用社区、非政府组织、学校、家庭、媒体、社工、志愿人员等非正式司法组织和人员的资源,积极鼓励他们的参与,以减少司法干预并监督司法公正和人道。少年司法制度的运行,犯罪少年权利的保护不仅需要司法人员发挥作用,也需要社会资源的参与、支持和配合。无论是少年司法法律的制定,少年司法程序的进行,少年犯罪人的处理与矫正,社会资源不可或缺。从世界少年司法的实践与发展趋势来看,非政府组织和社会公众日益成为少年司法的重要力量,他们对推进少年司法制度作出了突出贡献,并必将作出更大贡献。正如《意见10》对非政府组织在少年司法中的作用所指出的那样:"从许多缔约国的报告中可以明显看到,非政府组织不仅可以,也确实已经在防止少年犯罪方面,而且还可以在少年司法工作方面发挥重要的作用。因此,委员会建议缔约国争取非政府组织积极参与其全面的少年司法政策之制定和实施工作,并对这种参与提供必要的资源。"

第七,专门化、专业化原则。

少年有许多不同于成人的身心特点,其犯罪发生的原因、犯罪特点以及对其犯罪行为的处理原则、措施与成人犯罪有根本的不同,这便需要将处理少年犯罪的独特性以法律的形式固定下来,给少年案件的处理提供标准;同时,少年案件的处理是否遵循了少年法律所确定的原则和标准,还取决于处理少年案件的组织和人员,尤其是少年司法组织和人员对少年、少年犯罪特殊性、少年法律的了解、理解和熟悉程度,即他们所具备的少年司法素养。为此,少年案件的处理还需要由具备少年、少年犯罪、少年司法特殊性意识和学习、掌握了相关专业知识的人员进行;而且,为保持、提高其素养水平,需要对他们进行必要的培训。另一方面,少年案件处理中的设施也需要与少年身心特点、少年司法原则相匹配,也需要专门的少年司法设施。

综上所述,所谓专门化、专业化原则包含三个方面的含义:(1)制定和建立专门适用于少年犯罪人的法律、组织。《儿童权利公约》第40条第3款规定:"缔约国应致力于促进规定或建立专门适用于被指称、指控或确认为触犯刑法的儿童的法律、程序、当局和机构……"《北京规则》第2条第3款指出:"应努力在每个国家司法管辖权范围内制定一套专门适用于少年犯的法律、规则和规定,并建立受权实施少年司法的机构和机关。"(2)少年审判组织的专门化是少年司法组织专门化的核心体现。(3)建立专门的少年司法设施,该设施应当符合人道、人权需要,符合少年的生理、心理成长需要。(4)处理少年犯罪的人员,尤其是少年司法人员应该具备并保持必要的专业能力,并接受定期培训。《意见10》指出:"恰当和切实落实这些权利或保障规定(《儿童权利公约》中规定的内容)的一个关键条件,在于参与少年司法工作的人员的素质。对专业人员例如警员、公诉人、儿童法律代理人或其他代理人、法官、监护人员、社会事务人员以及其他人员等进行培训至关重要,此种培训应当有系统地、持续不断地进行。这些专业人员应当熟悉儿童尤其是少年的身心、精神发展和社会交往能力发展情况,并且熟悉残疾儿童、流离失所儿童、街头流浪儿童、难民和寻求庇护儿童,以及在种族、族裔、宗教、语言或其他方面属于少数群体的儿童等最易受伤害儿童的特殊需要。"《北京规则》第 22 条第 1 款指出:"应利用专业教育、在职培训、进修课程以及其他各种适宜的授课方式,使所有处理少年案件的人员具备并保持必要的专业能力。"这些专业能力包括"具有最低限度的法律、社会学、心理学、犯罪学和行为科学的知识,这是同组织专业化和主管当局的独立性同等重要的。"需要注意的是,此处的专门组织和专业人员并非意味着从事少年司法的组织和人员仅限于司法机构和司法人员,而是指专门从事于少年司法工作的所有组织,除少年司法组织外,还可能包括非政府组织、社区组织、社会团体等;专业人员是受过专业培训,具备并保持专业能力的人员,除少年司法人员外,还可能有社工、心理、法律援助人员等。

第八,案件迅速处理的原则。

所谓案件迅速处理的原则,是指少年犯罪案件一经进入司法程序,就应被迅速处理,不应有任何不必要的拖延。该原则具有非常重要的意义:(1)贝卡里亚认为犯罪发生后,犯罪人被抓获得越迅速,案件处理得越及时,犯罪预防的效果越好。正如《北京规则》所指出的:"在少年案件中迅速办理正式程序是首要的问题;否则,法律程序和处置可能会达到的任何好效果都会打折扣。随着时间的推移,少年理智和心理上就越来越难以把法律程序和处置同犯罪行为联系起来。"(2)少年犯罪案件处理的时间越长,司法对犯罪少年发生不良影响的可能性和深度越大。(3)案件处理的时间越长,越浪费司法资源和其他社会资源。

第九,严格限制监禁原则。

犯罪学研究表明监禁机构往往给被监禁人带来诸多消极影响,对于身心发育不成熟的少年尤其突出。它可能造成交叉感染,使少年习得更严重的犯罪观念和犯罪行为;它还使少年与社会隔离,造成就学、就业、社会适应的困难;它还极大可能给少年带来"标签化"效应。为此,联合国少年司法文件明令严格限制监禁。严格限制监禁原则是指剥夺自由应在对犯罪少年的处理中严格和依法使用,只能作为对犯罪少年采取的最后手段,而且时间要尽可能短。具体包含以下几层含义:(1)对少年剥夺自由,司法机构要认真考虑、慎重对待;(2)要严格遵守法律规定;(3)只能针对对他人实施了严重暴力行为,或屡犯其他严重罪行,且不能对他采取其他合适对策的少年;(4)监禁时间要尽可能短,能释放就尽可能尽快地释放;(5)此处的监禁包括拘留、逮捕和判处的监禁刑。正如《儿童权利公约》第 37 条规定的:"缔约国应确保:对儿童的逮捕、拘留或监禁应符合法律规定并仅应作为最后手段,期限应为最短的适当时间。"《北京规则》第 19 条第 1 款所指出的:"把少年投入监禁机关始终应是万不得已的处理办法,其期限应是尽可能最短的必要时间。"

第十,分管分押原则。

分管分押原则是犯罪人监禁、矫正中的重要原则,是指针对不同的犯罪人给予不同的管理和处遇。具体到犯罪少年,该原则包括三个方面的内容:(1) 犯罪少年与成年犯罪人分别关押、分别处遇。为了避免交叉感染和成年犯对少年犯的伤害,将犯罪少年与成年犯罪人分别关押、分别处遇成为世界各国在犯罪少年监禁中所采取的普遍性措施。《北京规则》第 13 条第 4 款规定:“审前拘留的少年应与成年人分开看管,应拘留在一个单独的监所或拘留在成年人监所的单独部分。”《儿童权利公约》第 37 条指出:“缔约国应确保:(C)……特别是,所有被剥夺自由的儿童应同成人隔开……”(2) 少年男犯、女犯分别关押和管理,女犯由女狱警管理。(3) 根据每个少年犯的犯罪原因、犯罪类型、心理和社会状况确定其管教方案,以实现因人施教。《哈瓦那规则》第 27 条规定:“少年入所后,应尽快找他们谈话,撰写一份有关心理及社会状况的报告,说明与该少年所需管教方案的特定类型和等级有关的任何因素。此报告应连同该少年入所时对其进行体格检查的医官报告一起送交所长,以便在所内为该少年确定最适宜的安置地点及其所需和拟采用的特定类型和等级的管教方案。”

第十一,相称原则。

根据《儿童权利公约》第 5 条第 1 款及其随后的说明,相称原则包含两层含义:一是“罪刑相适应原则”适用于少年犯罪行为,即对少年犯罪的反应要与其犯罪行为和严重程度相适应;二是与成人案件相比,少年案件的处理要考虑多项因素,尤其是更多地考虑犯罪少年的实际情况,所采取的措施的重点不是惩罚,而是要有利于实现少年的幸福,并且不能忽视社会、尤其是成长环境的失责在导致少年犯罪上的责任。为此,对犯罪少年的反应,必须是在综合考量了多种元素后才作出的,这种反应才是相称的。这些元素包括:(1) 少年的犯罪行为和严重程度;(2) 少年的个人基本情况,这些基本情况有:少年的家庭情况、少年的身心状况、犯罪后的态度如为赔偿被害人而作出的努力、有没有重新做人和过有益生活的意愿表示以及其他个人因素;(3) 被害人的需要;(4) 社会的需要,尤其是社会的长期需要。

第十二,处遇多元化原则。

该原则是与严格限制监禁原则相对应的原则,是指为最大限度避免监禁,司法机关可以对犯罪少年采用各种各样的处理措施,使其具有灵活性。这些措施包括照管、监护和监督;缓刑;社区服务;罚款、补偿和赔偿;参加集体辅导和类似活动;进入寄养、生活区或其他教育设施;恢复性司法措施等。《儿童权利公约》第 40 条第 4 款指出:“应采用多种处理办法,诸如照管、指导和监督令、辅导、察看、寄养、教育和职业培训方案及不交由机构照管的其他办法,以确保处理儿童的方式符合其福祉并与其情况和违法行为相称。”《北京规则》第 18 第 1 款规定:

"应使主管当局可以采用各种各样的处理措施,使其具有灵活性,从而最大限度地避免监禁。有些可以结合起来使用的这类措施包括:(A) 照管、监护和监督的裁决;(B) 缓刑;(C) 社区服务的裁决;(D) 罚款、补偿和赔偿;(E) 中间待遇和其他待遇的裁决;(F) 参加集体辅导和类似活动的裁决;(G) 有关寄养、生活区或其他教育设施的裁决;(H) 其他有关裁决。"

第十三,严禁酷刑原则。

该原则是指在少年司法中,不得对犯罪少年实施酷刑,不得进行残忍、不人道或有辱人格的待遇或处罚。《儿童权利公约》第 37 条规定:"缔约国应确保:(A) 任何儿童不受酷刑或其他形式的残忍、不人道或有辱人格的待遇或处罚。"《北京规则》第 17 第 3 款规定:"不得对少年施行体罚。"

第十四,未满 18 岁的犯罪少年不得被判处死刑或无期徒刑的原则。

该原则是指当犯罪时未满 18 岁的少年,不得被判处死刑或无期徒刑。此处的年龄不是指在少年被审判时未满 18 岁,而是指他犯罪时未满 18 岁;如果少年实施犯罪行为时未满 18 岁,但在进入司法程序时已满 18 岁,也不得对该少年判处死刑或无期徒刑。《儿童权利公约》第 37 条规定:"缔约国应确保:(A) 对未满 18 岁的人所犯罪行不得判以死刑或无释放可能的无期徒刑。"《意见 10》第 75 条进一步指出:"不论犯人在审判或判决或执行之时是什么年龄,都不得因其在不到 18 岁时所犯的罪行而被判处死刑。"对于无期徒刑,虽然《儿童权利公约》规定的是无释放可能的无期徒刑,但《意见 10》认为:"儿童被判终身监禁尽管有可能获释但是对实现少年司法的宗旨可能十分困难,有鉴于此,委员会坚决建议缔约国废除对在犯罪时不满 18 岁的人判处任何形式的终身监禁。"也就是说,对犯罪少年就不得判处无期徒刑,无论是否有假释、减刑的可能。

二、我国少年司法准则

我国少年司法准则分为指导方针、总原则和基本原则三部分内容。

(一)我国少年司法的指导方针

指导方针是指导事业向前发展的纲领,指导我国少年司法制度向前发展的纲领是"教育、感化和挽救"。该方针早在 1979 年中共中央 58 号文件就已提出[①],后来分别在《未成年人保护法》《未成年犯管教所管理规定》《预防未成年人犯罪法》等有关少年犯罪的法律法规中予以体现,《未成年人保护法》第 54 条规定:"对违法犯罪的未成年人,实行教育、感化、挽救的方针。"《未成年犯管教所管理规定》第 3 条规定:"未成年犯管教所贯彻……和'教育、感化、挽救'的方针。"2012 年修订的《刑事诉讼法》又将该方针明确规定其中。《刑事诉讼法》第 266

---

① 卢建平主编:《刑事政策学》,中国人民大学出版社 2007 年版,第 271 页。

条规定:"对犯罪的未成年人实行教育、感化、挽救的方针。"目前,几乎所有有关少年犯罪的法律法规中都有该方针的规定。所谓"教育",是指按照一定的目的和要求,对犯罪少年的德、智、体等方面施以影响的一种有计划的教导活动和培养过程,要求司法机关及相关组织向犯罪的少年提供系统学习政治思想品德、文化知识和劳动技能的机会,改造他们的犯罪思想,矫正恶习,使他们成为对社会有用的公民。所谓"感化",是指用行动或者善意的劝导来产生影响,使少年犯潜移默化地从思想、行动方面逐渐向好的方面转变,要求司法机关和相关组织用社会主义道德情操熏陶违法犯罪的少年,用一腔热情去感动他们的心灵,化解心中的对立情绪,在精神上、物质上给他们无微不至的关怀。所谓"挽救",是指把犯罪少年从犯罪的危险道路上拯救回来,使其走上遵纪守法的正道,要求司法机关和有关组织在社会各方面力量的协助配合下,运用各种方法使犯罪少年摆脱失足的阴影,重新焕发青年人的热情,做一个对国家、对社会有所贡献的人。

(二)我国少年司法的总原则

我国少年司法的总原则是"教育为主,惩罚为辅"。所谓"教育为主,惩罚为辅",是指在未成年人犯罪的处理中,要加强教育工作,尽量减少或避免惩罚。教育为主,惩罚为辅的原则是我国针对少年犯罪专门提出并贯彻的原则。在《未成年人保护法》《预防未成年人犯罪法》《刑事诉讼法》等一系列有关处理少年违法犯罪的法律法规中,不仅明确列入该原则,而且规定了实现该原则的具体做法;也就是说该原则对处理少年违法犯罪案件起到总的指导作用,基本原则和法律规定是该原则的具体体现。

1. 明确写明该原则的法律法规

在已颁布的法律法规中,明确将该原则写入的有《未成年人保护法》《预防未成年人犯罪法》《刑事诉讼法》《公安机关办理未成年人违法犯罪案件的规定》(以下简称《公安机关的规定》)《最高法审理未成年人案件的解释》《最高检办理未成年人案件的规定》《六部委配套工作体系若干意见》《加强少年法庭工作的意见》《加强未检工作的决定》以及《未成年犯管教所管理规定》。《未成年人保护法》第54条规定:"对违法犯罪的未成年人……坚持教育为主、惩罚为辅的原则。"《刑事诉讼法》第266条规定:"对犯罪的未成年人……坚持教育为主、惩罚为辅的原则。"《六部委配套工作体系若干意见》指出,该意见立法之目的之一就是"为进一步贯彻落实对违法犯罪未成年人'教育、感化、挽救'的方针及'教育为主,惩罚为辅'的原则"。由此可见,它在少年违法犯罪实体法、程序法、组织法中都有所体现,对少年违法犯罪案件的处理起到总的指导作用。

2. 实现该原则的一些具体规定

为具体实现"教育为主,惩罚为辅"的原则,相关法律对此又作出了一些专门性规定。其中"教育为主"体现在:第一,所有有关未成年人犯罪的法律法规均有有关教育的内容。第二,《未成年人保护法》和《预防未成年人犯罪法》对此作出了指导性规定。如《未成年人保护法》第 57 条规定:"羁押、服刑的未成年人没有完成义务教育的,应当对其进行义务教育。"《预防未成年人犯罪法》规定,工读学校、执行机关在未成年犯就读和羁押期间应当保证其继续接受义务教育,并进行职业技术教育,加强法制教育的内容。办理未成年人犯罪案件的司法机关根据未成年人的生理、心理特点和犯罪的情况,有针对性地进行法制教育。第三,《未成年犯管教所管理规定》对关押的未成年犯的教育工作作出了专章规定。内容包括教育方法、师资来源、组织管理、教育内容、学时等。第四,寓教于办案过程中。公安机关、检察院、人民法院将对未成年犯罪人的教育融合于案件处理过程中。《六部委配套工作体系若干意见》指出:公安机关、人民检察院、人民法院、司法行政机关在办理未成年人刑事案件和执行刑罚时,应当结合具体案情,采取符合未成年人身心特点的方法,开展有针对性的教育、感化、挽救工作。人民检察院派员出庭依法指控犯罪时,要适时对未成年被告人进行教育。在审理未成年人刑事案件过程中,人民法院在法庭调查和辩论终结后,应当根据案件的具体情况组织到庭的诉讼参与人对未成年被告人进行教育。《加强少年法庭工作的意见》第 16 条规定:"人民法院审理未成年人刑事案件,应当注重对未成年被告人的法庭教育。法庭教育的主要内容包括对相关法律法规的理解,未成年人实施被指控行为的原因剖析,应当吸取的教训,犯罪行为对社会、家庭、个人的危害和是否应当受刑罚处罚,如何正确对待人民法院裁判以及接受社区矫正或者在监管场所服刑应当注意的问题等。人民法院可以邀请有利于教育、感化、挽救未成年罪犯的人员参加法庭教育。"《预防未成年人犯罪法》第 47 条规定:"未成年人的父母或者其他监护人和学校、城市居民委员会、农村村民委员会,对因不满16 周岁而不予刑事处罚、免予刑事处罚的未成年人,或者被判处非监禁刑罚、被判处刑罚宣告缓刑、被假释的未成年人,应当采取有效的帮教措施,协助司法机关做好对未成年人的教育、挽救工作。"

　　"惩罚为辅"体现在:第一,《未成年人保护法》《刑法》和《治安管理处罚法》均强调对未成年犯罪应当从轻、减轻或免除处罚。《未成年人保护法》规定,对违法犯罪的未成年人,应当依法从轻、减轻或者免除处罚。《刑法》规定,已满 14 周岁不满 18 周岁的人犯罪,应当从轻或者减轻处罚以及对犯罪未成年人不适用死刑。《治安管理处罚法》第 12 条规定:"已满 14 周岁不满 18 周岁的人违反治安管理的,从轻或者减轻处罚。"第二,2005 年以来,我国司法系统开始实施"宽严相济"的刑事政策,其内容可以概括为:"该严则严,当宽则宽;宽严互补,宽严有度;审时度势,以宽为主。"①其中,在"当宽则宽"中,对未成年人犯罪案件依法从

---

　　① 卢建平主编:《刑事政策学》,中国人民大学出版社 2007 年版,第 165 页。

宽处理是其主要的内容。为贯彻宽严相济的刑事政策精神,2012 年修订的《刑事诉讼法》以及《最高法审理未成年人案件的解释》《最高检办理未成年人案件的规定》,对少年犯罪人充分体现了"当宽则宽"的理念,尽量减少对犯罪少年的惩罚。如《刑事诉讼法》对未成年犯罪嫌疑人专门规定了附条件不起诉制度。在《最高法审理未成年人案件的解释》中,首先扩大了不认为是犯罪、免予刑事处罚的情形:(1) 14—16 周岁,偶尔与幼女发生性行为,情节轻微、未造成严重后果的;(2) 16—18 周岁,盗窃公私财物达到 500 元以上,但情节轻微的;(3) 16—18 周岁,盗窃未遂或终止的;(4) 16—18 周岁,盗窃自家或近亲属财物,或盗窃其他亲属财物但其他亲属不要求追究的;(5) 16—18 周岁,盗窃不超过 3 次,数额较大,案发后能如实供述并积极退赃,且有下列情形之一的,可认定为"情节显著轻微,危害不大",不认为是犯罪:……(6) 16—18 周岁抢夺公私财物,数额较大,但属于初犯或被教唆犯罪的。其次,严格遵守对未成年人犯罪,从轻或减轻处罚的规定,对 18 周岁前后均实施犯罪的情形明确规定,18 岁前的行为,应当或适当给予从轻或减轻处罚。再次,在刑罚处罚上规定,只有罪行极其严重的未成年人,才能判处无期徒刑。14—16 周岁的,一般不判处无期徒刑。

（三）我国少年司法的基本原则

1. 尊重身心特点的原则

未成年人的身心尚处于发育阶段,有着不同于成人的特殊性,公检法司在办理未成年人犯罪案件时,要尊重他们身心的特殊性,即遵循尊重身心特点的原则。《未成年人保护法》第 55 条明确指出:"公安机关、人民检察院、人民法院办理未成年人犯罪案件和涉及未成年人权益保护案件,应当照顾未成年人身心发展特点。"在《六部委配套工作体系若干意见》也规定:"办理未成年人刑事案件,在不违反法律规定的前提下,应当按照最有利于未成年人和适合未成年人身心特点的方式进行。"并对监管部门进一步明确:"看守所、未成年犯管教所和司法行政机关社区矫正工作部门应当了解服刑未成年人的身心特点,加强心理辅导,开展有益未成年人身心健康的活动,进行个别化教育矫治。"公检法司先后将《未成年人保护法》和《六部委配套工作体系若干意见》细化。《公安机关办理刑事案件程序规定》第 231 条指出:"讯问未成年犯罪嫌疑人应当采取适合未成年人的方式,耐心细致地听取其供述或者辩解,认真审核、查证与案件有关的证据和线索,并针对其思想顾虑、恐惧心理、抵触情绪进行疏导和教育。"《最高检办理未成年人案件的规定》要求各级检察机关在讯问未成年犯罪嫌疑人时,应当根据该未成年人的特点和案件情况,制定详细的讯问提纲,采取适宜该未成年人的方式进行,讯问用语应当准确易懂。在法院审判中,公诉人的讯问、询问、辩论等活动,应当注意未成年人的身心特点。对于未成年被告人情绪严重不稳定,不宜继续接受审判的,公诉人可以建议法庭休庭。最高人民法院则规定:"法庭审理过程中,审判人员应当根据未成年被告人的智力发育程度和心理状态,使用适合未成年人的语言表达方式。"甚至对于可能判处5年有期徒刑以下刑罚或者过失犯罪的未成年人被告,可以在设置法庭席位上采取适合未成年人特点的方式。《社区矫正实施办法》规定,在未成年人社区矫正中,要采用易为未成年人接受的方式,开展思想、法制、道德教育和心理辅导。《未成年犯管教所管理规定》指出,未成年犯管教所应当创造有益于未成年犯身心健康、积极向上的改造环境。未成年犯的生活水平,应当以保证其身体健康发育为最低标准。

2. 尊重人格尊严的原则

尊重人格尊严的原则,是指在少年案件处理中,要注重少年人格尊严的保护,不得采取体罚、虐待、威胁、训斥、讽刺、诱骗、刑讯逼供等有损其人格尊严的措施。办理犯罪案件,原则上不得使用戒具,仅在确有行凶、逃跑、自杀、自伤、自残等现实危险时才可使用。办理违法案件严禁使用戒具。尊重未成年人的人格尊严是《未成年人保护法》所确立的保护未成年人工作的原则之一,尊重其人格尊严适用于所有的未成年人,该法针对未成年犯罪人,再次强调公检法要在办案过程中尊重他们的人格尊严。《六部委配套工作体系若干意见》《最高检办理未成年人案件的规定》《最高法关于刑诉法的解释》对此都予以了规定。最高人民法院指出:在法庭审理过程中,发现有对未成年被告人诱供、训斥、讽刺或者威胁等情形的,审判长应当制止。未成年犯管教所为了不损伤未成年犯的人格尊严,在日常管理中,对其使用"学员"称谓。械具的使用,不仅可能伤害少年的身体健康,也有损于其人格尊严,我国法律明确规定一般不得使用。最高人民检察院、最高人民法院都指出:对未成年犯罪人一般不得使用械具。对于确有人身危险性,必须使用械具的,在现实危险消除后,应当立即停止使用。

3. 权利保护原则

权利保护原则就是指在处理少年犯罪案件中,司法组织应当保障犯罪少年合法权益,保护其权利合法行使的原则。正如《未成年人保护法》第55条规定:"公安机关、人民检察院、人民法院办理未成年人犯罪案件和涉及未成年人权益保护案件,应当照顾未成年人身心发展特点,尊重他们的人格尊严,保障他们的合法权益。"《刑事诉讼法》第266条:"人民法院、人民检察院和公安机关办理未成年人刑事案件,应当保障未成年人行使其诉讼权利。"《六部委配套工作体系若干意见》第2条对"进一步加强对涉案未成年人合法权益的保护"作出专门规定。我国法律所保护的犯罪少年的权利有很多,我们将在我国犯罪少年的司法权利部分阐述。

4. 犯罪责任年龄限制原则

犯罪责任年龄,是指刑法和治安管理处罚法所规定的,行为人实施违法犯罪行为所必须达到的年龄。我们将前者称为刑事责任年龄,后者称为违法责任年龄。所谓犯罪责任年龄限制原则,是指法律需要对最低和最高犯罪责任年龄以及相对负犯罪责任年龄,尤其是最低犯罪责任年龄予以明确规定的原则。我国的最低刑事责任年龄均为 14 周岁。刑事责任年龄分为四个阶段:(1) 14 周岁以下为绝对无刑事责任年龄阶段;(2) 已满 14 周岁不满 16 周岁为相对负刑事责任年龄阶段;(3) 已满 16 周岁为完全刑事责任年龄阶段;(4) 已满 14 周岁不满 18 周岁为从轻、减轻刑事责任年龄阶段。违法责任年龄分为两个阶段:(1) 14 周岁以下为绝对无违法责任年龄阶段;(2) 已满 14 周岁不满 18 周岁为从轻、减轻违法责任年龄阶段。

5. 分管、分押、分教原则

我国《刑事诉讼法》第 269 条规定"对被拘留、逮捕和执行刑罚的未成年人与成年人应当分别关押、分别管理、分别教育。"《未成年犯管教所管理规定》第 15 条:"对未成年男犯、女犯,应当分别编队关押和管理。未成年女犯由女性人民警察管理。少数民族未成年犯较多的,可单独编队关押和管理。"第 16 条:"未成年犯管教所按照未成年犯的刑期、犯罪类型,实行分别关押和管理。"从上述规定可以看出,我国的分管、分押、分教原则是指对被拘留、逮捕和执行刑罚的未成年人与成年人,被羁押的未成年男犯与女犯、未成年少数民族,未成年犯根据刑期、犯罪类型应当分别关押、分别管理、分别教育。具体包括,第一,未成年犯与成年犯分别关押、分别管理、分别教育;即使是未被羁押、实行社区矫正的未成年犯与成年犯也应分别管理、分别教育。《社区矫正实施办法》第 33 条(一)规定:"对未成年人的社区矫正应当与成年人分开进行。"第二,未成年男犯、女犯分别关押和管理,女犯由女性人民警察管理。第三,如果少数民族未成年犯较多,可单独关押和管理。第四,按照未成年犯的刑期、犯罪类型,实行分别关押和管理。

6. 严格限制监禁原则

在我国少年犯罪案件的处理中,同联合国少年司法基本原则一样,也确立了严格限制监禁原则,该原则的内容表现为:首先,慎用逮捕。慎用逮捕表现在三个方面:第一,法律明确规定严格限制逮捕。《刑事诉讼法》第 269 条指出:"对未成年犯罪嫌疑人、被告人应当严格限制适用逮捕措施。"《最高检办理未成年人案件的规定》第 13 条:"人民检察院办理未成年犯罪嫌疑人审查逮捕案件,应当根据未成年犯罪嫌疑人涉嫌犯罪的事实、主观恶性、有无监护与社会帮教条件等,综合衡量其社会危险性,严格限制适用逮捕措施,可捕可不捕的不捕。"第二,增加审查逮捕和决定逮捕的实体性规定和程序性条件,提高其准确度和公正性。这些规定和条件包括:(1) 逮捕决定前,应当审查如下内容:① 未成年犯罪嫌疑人是否已满 14、16、18 周岁,并且年龄是审查的重点内容。当对犯罪嫌疑人实际年龄难以判断,影响对该犯罪嫌疑人是否应当负刑事责任的认定时,应当不批准逮捕,体现了对未成年人严格限制逮捕。② 公安机关依法提供的证据和社会调查报告等材料。并且重视社会调查报告在审查逮捕中的作用。③ 应当注意是否有被胁迫、引诱的情节,是否存在成年人教唆犯罪、传授犯罪方法或者利用未成年人实施犯罪的情况。(2)审查批准逮捕和决定逮捕都应讯问未成年犯罪嫌疑人、被告人,听取辩护律师的意见。讯问未成年犯罪嫌疑人时,应当通知其法定代理人或其他成年人到场,以保障未成年犯罪嫌疑人充分行使其合法权利。第三,人民检察院将未成年犯罪嫌疑人、被告人列为尽量不逮捕对象,并对不逮捕的情形作出详细规定。《最高检办理未成年人案件的规定》对法定和酌定不逮捕分别予以了规定。其法定不逮捕的情形是:罪行较轻,具备有效监护条件或者社会帮教措施,没有社会危险性或者社会危险性较小,不逮捕不致妨害诉讼正常进行。对于罪行比较严重,但主观恶性不大,有悔罪表现,具备有效监护条件或者社会帮教措施,不逮捕不致妨害诉讼正常进行的未成年犯罪嫌疑人,具有七种情形之一的,可酌定不逮捕:① 初次犯罪、过失犯罪的;② 犯罪预备、中止、未遂的;③ 有自首或者立功表现的;④ 犯罪后如实交代罪行,真诚悔罪,积极退赃,尽力减少和赔偿损失,被害人谅解的;⑤ 不属于共同犯罪的主犯或者集团犯罪中的首要分子的;⑥ 属于已满 14 周岁不满 16 周岁的未成年人或者系在校学生的;⑦ 其他可以不批准逮捕的情形。第四,逮捕后,及时审查羁押必要性。对不需要继续羁押的未成年人,应当及时建议予以释放或者变更强制措施,以减少羁押时长。其次,对少年犯尽可能采取非监禁的社区矫正。《社区矫正试点通知》第 2 条指出,对于符合社区矫正适用范围,罪行轻微、主观恶性不大的未成年犯应当作为社区矫正的重点对象。再次,放宽对少年犯的减刑、假释标准。《未成年犯管教所管理规定》第 57 条:"对未成年犯的减刑、假释,可以比照成年犯依法适度放宽。"最后,对违法少年限制使用行政拘留。《治安管理处罚法》第 21 条规定:"违反治安管理行为人有下列情形之一,依照本法应当给予行政拘留处罚的,不执行行政拘留处罚:(1)已满 14 周岁不满 16 周岁的;(2)已满 16 周岁不满 18 周岁,初次违反治安管理的……"

　　7. 多元化矫正原则

　　少年犯罪表现为多种形式,有不良行为、违反治安管理处罚法的行为、违反刑法但不受刑罚处罚的行为以及应受刑罚处罚的行为;同时,犯罪少年违法犯罪的原因、家庭环境、受教育程度、自身个性都有其特性,为此,针对不同的犯罪少年,应适用不同的矫正措施。在我国,建立了不同的矫正机制,形成以工读学校、未管所、社会帮教、社区矫正、刑罚处罚所构成的多元化矫正制度,有关组织综合考虑犯罪少年的特点和条件,对其采取不同的矫正措施。与此同时,也存在不同的矫正措施适用于同一犯罪少年的现象,如既判处刑罚,也开展社会帮教。所谓多元化矫正原则,是指在对犯罪少年的矫正中,形成了多元化的矫正制度以及同时采取多元化矫正措施的原则。

【本章小结】

　　本章从少年司法制度的基础理论、少年犯罪的刑事政策和少年司法准则三个方面对少年司法制度的理念进行了阐述。国家亲权理论、教育刑论、刑罚个别化理论、标签理论是少年司法制度的基础理论。国家亲权理论认为国家对监护缺乏或不当的少年负有保护的责任和权力；教育刑论认为对于身心尚处于发育阶段的犯罪少年的处理，要以教育为核心，社会回归为目的，实现犯罪少年的再社会化；刑罚个别化理论认为对少年犯罪人的处罚理应采取不同于成人的刑罚制度，世界各国的少年司法实践充分体现了对少年犯罪的刑罚个别化；标签理论认为对犯罪少年应尽量减少正式的司法干预，尽可能采取非监禁化措施，以减少标签化影响。更广义的社会公正与效益的统一是少年犯罪刑事政策的必然选择。因为刑罚价值观呈现出公正与效益的多元化倾向；公正与效益在不断平衡过程中，在不同情势下有所偏重；广义的社会正义理论观从社会意义上关注社会现象与犯罪之间的关系，以及为消除犯罪而消除社会不正义现象的正义性；追求效益和更广义的社会公正，也正是少年犯罪刑事政策的必然价值选择，是教育、矫正、重返社会等政策的价值基础。虽然各国少年犯罪的刑事司法不完全相同，但总的刑事政策价值取向是矫治，是从宽的"轻轻"政策。我国少年犯罪刑事政策发展至今已确立为"宽严相济"的刑事政策，少年犯罪的非犯罪化、非刑罚化、非监禁化处遇的适用范围逐渐扩大。目前，我国少年犯罪的刑事政策还需从对少年犯罪"宽严相济"，以"宽"为主；在少年刑事司法中中引入恢复性司法理念；完善少年犯罪社区矫正制度、犯罪记录封存制度等方面完善。联合国少年司法准则分为总原则和基本原则。总原则包括不歧视，儿童利益最大化，特殊保护，生命、生存和发展以及尊重尊严五大原则；基本原则有减少司法干预、少年优先保护、权利保护、尊重年龄特性、社会参与、案件迅速处理等内容。我国少年司法准则分为指导方针、总原则和基本原则。指导方针是"教育、感化和挽救"；总原则是"教育为主，惩罚为辅"；基本原则包括尊重身心特点、权利保护、犯罪责任年龄限制、分管分押分教等9方面的内容。

【关键术语】

　　国家亲权理论　教育刑论　刑罚个别化理论　标签理论　宽严相济　儿童利益最大化

【推荐阅读与学习资源】

1. 林山田、林茂东：《犯罪学》，台湾三民书局1984年版。
2. 黄风：《贝卡利亚及其刑法思想》，中国政法大学出版社1987年版。
3. 〔日〕森下忠：《犯罪者处遇》，白绿铉等译，中国纺织出版社1994年版。
4. 张明楷：《外国刑罚纲要》，清华大学出版社1999年版。

5. 邱兴隆:《关于惩罚的哲学——刑罚根据论》,法律出版社 2000 年版。

6. 姚建龙:《长大成人:少年司法制度的建构》,中国人民公安大学出版社 2003 年版。

7. 马剑光主编:《和谐视野中的未成年人犯罪问题研究——中法检察官的努力与探索》,法律出版社 2008 年版。

8. 姚建龙:《超越刑事司法——美国少年司法史纲》,法律出版社 2009 年版。

9. Howard N. Snyder, "Juvenile Arrests 2003", *OJJDP Juvenile Justice Bulletin*, August 2005.

10. Joan McCord, Cathy Spatz Widom and Nancy A. Crowdll, eds., *Juvenile Crime Justice*, National Academy Press, 2001.

11. 薛瑞麟:《论刑罚效益的概念》,载《中央政法管理干部学院学报》1995 年第 4 期。

12. 陈兴良:《宽严相济刑事政策研究》,载《法学杂志》2006 年第 1 期。

13. 白金刚、吴锋:《惩罚与宽容:中国少年刑事司法的境遇与抉择》,载《少年司法》2008 年第 5 期。

【思考题】

1. 简述国家亲权理论。
2. 论标签理论。
3. 试析我国少年犯罪的刑事政策。
4. 简述少年司法中的严格限制监禁原则。

【案例分析】

王某某故意伤害案[①]

2009 年 11 月 20 日,被告人王某某(1993 年 9 月出生)应朋友陈某的请求来到某附属中学,二人在学校门口遇到梁某某等 10 余人,后被带到某一小区里。被害人梁某某坐在花坛边,让被告人王某某蹲下,被告人王某某不服从,被害人梁某某首先动手打了王某某,王某某随后持刀将被害人扎伤,致其腹部开放性刀刺伤、肝破裂,面部及腰背部多处刀刺伤,经鉴定为重伤。被告人王某某左额部受伤,经鉴定为轻微伤。当日,王某某向公安机关投案。

在诉讼过程中,被害人提起附带民事诉讼,要求被告人赔偿因故意伤害行为

---

① 《最高人民法院 2014 年 11 月 24 日发布未成年人审判工作典型案例 98 例》,最高人民法院网,http://www.court.gov.cn/zixun-xiangqing-13447.html,访问日期 2016 年 2 月 10 日。

给其造成的损失。经北京市海淀区人民法院少年法庭依法调解,双方最终就附带民事赔偿问题达成协议,并在刑事部分开庭前履行完毕。在对被告人量刑时,合议庭对被告人酌情予以从轻处罚,判处有期徒刑 3 年,缓刑 3 年。

本案少年法官通过情理交融的耐心工作,使附带民事部分顺利达成调解协议,取得了良好的审判效果和社会效果。一方面,被害人损失得到及时弥补,对被告人表示谅解;另一方面,被告人认识到行为的危害,真诚悔过自新。法院综合具体案情,以及被告人得到谅解、学校愿意接收等因素,对其判处了缓刑。被告人家属送来两面锦旗,上书"严格执法、挽救少年""知心姐姐"。

在王某某缓刑考验期间,法官继续对他跟踪帮教,并聘请专家对他进行心理疏导,鼓励他发奋读书。最终,王某某以 595 分的高考成绩被重点大学录取。被害人由于赔偿及时到位,在伤情恢复后出国发展,成长为一名职业模特,走上国际 T 型舞台。

请总结这一案例中所体现的少年司法准则,并结合该案例予以分析。

第四章　少年司法的法律体系

☞ **本章的任务**

- 掌握《儿童权利公约》及其《意见 10》中有关少年司法制度的内容
- 熟悉少年司法最低限度标准规则的内容
- 了解我国少年司法法律的分类
- 了解和掌握《未成年人保护法》和《预防未成年人犯罪法》中有关少年司法的规定
- 熟悉我国少年刑事犯罪实体规则
- 理解和掌握我国少年刑事犯罪程序规则的内容和特色
- 理解和掌握犯罪少年的迅速和直接知悉权、法律援助权、隐私被充分尊重权以及发表意见权

　　少年司法的法律体系是少年司法制度的重要组成部分,它为少年司法制度的建构与运行提供了法定规则,它通常由实体规则、程序规则、组织规则和执行规则组成。联合国通过一系列法律文件,建立了联合国少年司法的法律体系,为各国建立自身的少年司法法律体系提供了标准与模板,阐述联合国少年司法法律体系可以帮助我们了解联合国有关少年司法的法律构成及其内容,为将其与我国的法律构成和内容进行比较提供基础。同时,阐述我国的少年司法法律体系是该章的必要内容。犯罪少年的权利是少年司法法律的重要内容,也是少年司法制度的核心内容之一,为此,本章专门总结和论述联合国和我国所规定的犯罪少年的权利。

第一节　联合国少年司法的法律体系

引例

　　联合国有关少年司法的法律是由适用对象广泛到具体的法律体系构成,现将重要法律罗列之:

一、适用于各年龄群体、各类人的国际文书

1.《世界人权宣言》

2.《经济、社会和文化权利国际公约》

3.《公民权利和政治权利国际公约》

二、适用于所有犯罪人的法律文件

1.《联合国非拘禁措施最低限度标准规则》(即《东京规则》)

2.《联合国囚犯待遇最低限度标准规则》

三、适用于所有儿童的法律文书

1.《儿童权利宣言》

2.《儿童权利公约》

四、专门适用于犯罪少年、具体规定少年司法制度内容的国际文件

1.《北京规则》

2.《哈瓦那规则》

3.《意见 10》

4.《刑事司法系统中儿童问题行动指南》

5.《利雅得准则》

6.《刑事责任决议》

一、《儿童权利公约》及其《意见 10》

《儿童权利公约》于 1989 年 11 月 20 日第 44 届联合国大会第 25 号决议通过,1990 年 9 月 2 日生效。该《儿童权利公约》是为保护儿童,使其免受忽视、剥削和虐待而建立的国际标准。我国积极参与了公约的起草工作,并于 1992 年 4 月 2 日开始在我国施行。根据《儿童权利公约》第 1 条的规定,凡 18 周岁以下者均为儿童,除非各国或地区法律有不同的定义。《儿童权利公约》通过后,联合国儿童权利委员会还发布了被称为《儿童权利公约的一般性意见》的文件。其中,《意见 10》是 2007 年儿童权利委员会发布的《一般性意见 10》。根据《儿童权利公约》和《意见 10》,儿童权利委员会确立了少年司法的不歧视,儿童利益最大化,特殊保护,生命、生存和发展以及尊重尊严的五个总原则。《儿童权利公约》中对少年司法直接作出规定的内容包括少年司法制度所要遵循的准则以及少年司法制度中儿童的权利。

《意见 10》为缔约国在少年司法体系中确保和促进儿童权利列出了详细的指导方针。《意见 10》共包括七大部分:导言;本项一般性意见的目的;少年司法:一项综合政策的主导原则;少年司法:一项综合政策的核心内容;少年司法的组织工作;提高认识和培训;数据的收集、评估和研究。

其中,在"导言"中,儿童权利委员会指出发布《意见 10》的原因:一是各缔约国在给委员会提交的报告中,非常关注触法儿童的权利,但各国对此还有许多需

要改进之处;二是委员会发现各缔约国缺乏预防儿童犯罪的资料和少年司法的统计资料;三是《意见 10》想为各缔约国依照《儿童权利公约》实施少年司法提供更详尽的指导和建议。在"本项一般性意见的目的"中,委员会进一步明确了立法目的:一是鼓励各缔约国制定和执行一套少年司法的综合政策。该政策依据《儿童权利公约》,融合《北京规则》《哈瓦那规则》《利雅得准则》等其他国际标准;内容既涉及处置少年犯罪,也包含防止少年犯罪。二是为各缔约国提供该项政策的具体指导和建议。

在"少年司法:一项综合政策的主导原则"中,《意见 10》强调各缔约国的少年司法制度应当以《儿童权利公约》中所确立的"不歧视,儿童利益最大化,特殊保护,生命、生存和发展以及尊重尊严"为其主导原则,并指出尊重和落实这些主导原则,不仅不与"维护公共安全"这一司法目标相违背,而是为了更好地实现该目标。《意见 10》将这些主导原则列为独立的内容,特别强调,可见其重要意义。"少年司法:一项综合政策的核心内容"是《意见 10》的主体内容,总共 99 条的意见该部分占到 74 条。该部分指出,预防少年犯罪、不诉诸司法审理的干预措施和在司法程度中采取的干预措施、少年司法的最低罪责年龄和最高年龄限制、保障公平审理以及剥夺自由包括预审拘留和审判后的监禁是各国少年司法制度的核心内容,并就上述内容逐条进行了说明。

在"少年司法的组织工作"中,《意见 10》指出为保证少年司法主导原则与核心内容的实现,各缔约国应制定独立的少年司法法律体系,建立独立的组织体系,特别是独立的审判组织,相应的设施,并发挥非政府组织在其中的作用。在"提高认识和培训"中,《意见 10》指出各缔约国应采取措施,提高公众对少年犯罪、少年司法制度的正确认识,加强对参与少年司法工作的工作人员的培训,使之遵循《儿童权利公约》的理念、精神与规定开展少年司法工作。在"数据的收集、评估和研究"中,《意见 10》指出收集、评估和研究少年司法的各类数据、各项工作是非常重要的。

二、《少年司法最低限度标准规则》

《少年司法最低限度标准规则》,是 1984 年 5 月在北京召开的"青少年犯罪与司法"专题专家会议上讨论、修改、定稿的,故又称《北京规则》;1985 年 12 月,在联合国第 40 届大会上,成为联合国正式文件。"这是第一份全面详细地规定了少年司法管理应以儿童权利和儿童发展为中心的国际文件。"①《北京规则》共分为 6 大部分,共计 30 条 64 款。

---

①　《少年司法中儿童权利和国际标准问题》,青少年维权网,http://www.chinachild.org/b/yj/200.html,访问日期 2016 年 4 月 25 日。

第一部分总则,共计 9 条 21 款。包括基本观点、规则的范围和采用的定义、规则应用范围的扩大、刑事责任年龄、少年司法的目的、处理权限、少年的权利、保护隐私和保留条款 9 大方面的内容。在"基本观点"中,《北京规则》指出:各会员国应采取积极的少年社会政策,以促进少年的幸福,从而尽量减少少年司法制度进行干预的必要。由此可见,本规则认为与其他有利于促进少年幸福的社会政策相比,少年司法制度要尽可能减少使用,预防少年犯罪和不法行为比干预和处理少年犯罪和不法行为更为重要,积极的少年社会政策才是预防少年犯罪和不法行为的根本路径,司法干预是不得已而为之的手段。在对少年司法地位和重要性的认识上,在对所有少年实行社会正义的全面范围内的发展进程中,少年司法应被视为是其一个组成部分;同时还应视它为有助于保护青少年和维护社会的安宁秩序。为了保证少年司法同步于一般关于少年的渐进社会政策的发展,会员国要建立和协调少年司法组织,提高工作人员的工作能力。在"规则的范围、采用的定义、规则应用范围的扩大以及刑事责任年龄"中,《北京规则》规定了下述内容:(1)对少年、违法行为、少年犯进行了界定,并将其应用范围扩大至"年纪轻的成年罪犯"。(2)规则公平适用于所有少年犯罪人。(3)制定独立的犯罪少年的法律和建立专门的组织,并说明了法律独立化和组织专门化的目的。(4)刑事责任年龄规定的标准。《北京规则》继续指出:少年司法的目的在于增进少年的幸福和实现"相称原则"。在"处理权限"中,规则指出:应赋予各级少年司法组织在案件处理的各个阶段的适当处理权、赋予该权利的原因、其与责任间的对应关系以及行使该处理权人员的条件。在"少年的权利、保护隐私"中,罗列了犯罪少年在诉讼中假定无罪、指控罪状通知本人的权利、保持沉默的权利、请律师的权利、要求父母或监护人在场等基本权利,尤其将隐私权的保护单列,体现了《北京规则》对少年隐私权保护的重视。在第 9 条"保留条款"中,规则专门指出:联合国的其他国际文件中有关保护少年的相关规定仍然适用于少年,该规则与其他联合国规定共同构成保护少年的国际性法律体系。

第二部分调查和检控,共计 4 条 13 款。包括初步接触、观护办法、警察内部的专业化以及审前拘留四方面的内容。在"初步接触"中,规则主要规定了少年一经逮捕,司法组织应尽快通知其监护人和考虑释放问题,在执法机构与少年犯接触时,应避免对其造成伤害。在"观护办法"中,规则主要规定了对少年犯应尽可能采取观护办法,而不进入正式的刑事诉讼程序,以及为实现此类办法,法律、司法组织、少年犯、监护人或各种社会方案在其中的作用或权利与职责。在"警察内部的专业化"中,主要规定了少年警官应接受专门的指导和训练,特别强调大城市的少年警察的专门化。在"审前拘留"中,尽可能不采取审前拘留和缩短拘留时间,被拘留的少年有权享有《囚犯待遇最低限度标准规则》内载的所有权利和保障,突出强调了分管分押以及少年应得到必要的、个性化的援助。

第三部分审判和处理,共计 9 条 14 款。包括审判主管当局、法律顾问、父母和监护人、社会调查报告、审判和处理的指导原则、各种不同的处理办法、尽量少用监禁、避免不必要的拖延、档案以及需要专业化和培训等方面的内容。具体规定有:(1)审判和处理少年案件应遵循公平合理、迅速等原则。诉讼程序在最有利于少年的方式和在谅解的气氛下进行。绝大多数少年犯罪案件都应制作审前社会调查报告。对犯罪少年应采取各种不同的处理办法,办法尽可能不使其脱离父母监管;尽量少用监禁;其档案应严格保密。(2)犯罪少年享有参与诉讼权,表达意见权、拥有法律顾问权。监护人参加诉讼以是否有利于少年的利益为标准。(3)审判组织专门化,司法人员专业化并配有合理的妇女和少数民族工作人员。

第四部分非监禁待遇,共计 3 条 4 款。包括执行机构的专门化、裁决的变更;为有利于改造,向少年提供必要的援助;动员志愿人员和其他各项社区服务参与改造三方面的内容。

第五部分监禁待遇,共计 4 条 11 款。主要规定了被监禁少年的培训和待遇的目标;被监禁少年享有被援助权、受教育权;与成年人分管分押;被监禁的少女罪犯与少男罪犯待遇同等、对于她们的特殊问题和需要给予特别的关心;被监禁少年犯的父母或监护人享有探视权;联合国所通过的《囚犯待遇最低限度标准规则》适用于被监禁少年;对被监禁少年有关当局应经常、尽早地采用假释办法;应努力提供帮助少年重获社会新生的半监禁式办法。

第六部分研究、规划、政策制定和评价,共计 1 条 4 款。主要指出研究应作为少年司法制度的规划、政策制定和评价的基础。

三、《哈瓦那规则》

《哈瓦那规则》,1990 年第 45 届联合国大会通过,该规则为任何剥夺少年自由的机构提供了适用标准。《哈瓦那规则》分为基本原则、规则的范围和适用、被逮捕或待审讯的少年、少年设施的管理以及管理人员五个部分,共计 87 条。其中,对"少年设施的管理"进行了详细规定,作出 62 条规定。

在"基本原则"中,《哈瓦那规则》规定了下述内容:(1)少年司法系统的目标。(2)剥夺少年自由的标准只能是本规则和《少年司法最低限度标准规则》所规定的原则和程序。剥夺少年的自由应作为最后的处置手段,时间尽可能短;制裁的期限应由司法当局确定。(3)制定本规则的目的。(4)规则公正无私地适用于所有少年。(5)少年的宗教文化信仰、习俗及道德观念应得到尊重。(6)少年司法工作人员应掌握本规则。(7)少年享有获得传译服务的权利。(8)各国酌情将本规则纳入本国立法。(9)主管机构具有使公众认识到,照料好被拘留的少年,让他们为重返社会作好准备,是一项非常重要的社会服务以及促进少年与当地社区公开接触的义务。(10)该部分是其他四部分的基础。

在"规则的范围和适用"中,《哈瓦那规则》对少年和剥夺自由进行了界定;指出被剥夺自由的少年的人权应得到尊重,能得益于有意义的活动和课程,有权享有应有的公民、经济、政治、社会或文化权利;规定了保护少年各项权利的条件,社会融合的各项目标的依据和条件;并指出本规则适用于任何类别和形式的拘留设施。实施时应以会员国普遍的经济社会和文化条件为根据。

在"被逮捕或待审讯的少年"中,《哈瓦那规则》规定了无罪推定原则;审前拘留最小化;将未审讯的拘留者与已判罪的少年分管分押;被审前拘留的少年的权利等内容。

在"少年设施的管理"中,《哈瓦那规则》从少年犯的记录、入所到管理直至重返社会进行了详尽的规定,具体包括记录,入所、登记、迁移和转所,分类和安置,教育、职业培训和工作,娱乐,宗教,医疗护理,生病、受伤和死亡通知,与外界的接触,身体束缚和使用武力的限制,纪律程序,视察和投诉以及重返社会14个方面的内容。

在"管理人员"中,《哈瓦那规则》对以下内容进行了规定:管理人员的配备、来源;管理人员的重要性及其管理当局应从选聘、地位、报酬、组织管理、教育培训等方面保证和提高管理人员的专业水平;拘留所所长的任职要求;管理人员在履行其职责时如何尊重和保护所有少年的人格尊严和基本人权等。

第二节　我国少年司法的法律体系

引例

与联合国的少年司法的法律体系一样,我国有关少年司法的法律也是由适用对象从广泛到具体的法律体系构成,现将重要法律罗列之:

一、适用于所有少年的法律

1.《未成年人保护法》

2.《预防未成年人犯罪法》

二、适用于刑事犯罪少年的法律

1.《刑法》

2.《刑事诉讼法》

3.《六部委配套工作体系若干意见》

4.《公安机关办理未成年人违法犯罪案件的规定》(以下简称《公安机关的规定》)《办理刑事案件程序规定》

5. 最高人民检察院:《加强未检工作的决定》《最高检办理未成年人案件的

规定》《人民检察院刑事诉讼规则(试行)》

6. 最高人民法院:《最高法审理未成年人案件的解释》《关于进一步加强少年法庭工作的意见》《最高法关于刑诉法的解释》

7. 矫正部门:《未成年犯管教所管理规定》《社区矫正试点通知》《社区矫正实施办法》

三、适用于违法少年的法律

1.《治安管理处罚法》

2.《卖淫嫖娼人员收容教育办法》(以下简称《收容教育办法》)

四、适用于不良少年的法律

国务院:《办好工读学校的通知》

一、我国少年司法法律的分类

我国少年司法的法律是由一系列规定有关少年犯罪的实体规则、程序规则、组织规则、执行规则等内容,由不同部门制定、颁布的多种性质、多种层次的法律所构成的体系。其可以根据不同的标准予以不同的分类,本书依据法律所调整的犯罪行为的性质、内容和立法机关的不同划分如下:

(一) 调整少年刑事犯罪的法律、调整少年违法行为的法律和调整少年不良行为的法律

根据所调整的犯罪行为的性质,我国少年犯罪法律分为调整少年刑事犯罪的法律、调整少年违法行为的法律以及调整少年不良行为的法律。每类法律具体包括相应的实体规则、程序规则、组织规则及其执行规则。有些法律对三种行为都有规定,如《未成年人保护法》《预防未成年人犯罪法》。

我国有关少年刑事犯罪的法律主要有:《刑法》《刑事诉讼法》《人民检察院刑事诉讼规则(试行)》《最高法关于刑诉法的解释》《公安机关的规定》《最高法审理未成年人案件的解释》《最高检办理未成年人案件的规定》《六部委配套工作体系若干意见》《加强少年法庭工作的意见》《监狱法》《未成年犯管教所管理规定》、两院两部联合下发的《社区矫正试点通知》以及《社区矫正实施办法》等。

我国有关少年违法行为的法律主要有:《治安管理处罚法》《公安机关的规定》《收容教育办法》等。

少年不良行为分为不良行为和严重不良行为,其中有些行为性质可能已构成刑事犯罪或行政违法,当不良行为的严重程度达到犯罪或违法时,分别适用刑事犯罪或违法行为法律,除此之外的不良行为的处理可依据1987年国务院办公厅转发国家教委、公安部、共青团中央《关于办好工读学校几点意见的通知》(以

下简称《办好工读学校的通知》）以及 1992 年《义务教育法实施细则》等法律法规，该细则第 1 章第 6 条将工读学校确定为"承担实施义务教育任务的学校"。

（二）实体规则、程序规则、组织规则、执行规则和混合规则

根据法律所调整的内容，少年司法法律分为实体规则、程序规则、组织规则、执行规则和混合规则。在我国少年司法的法律之中，有的法律仅规定了有关少年犯罪、法律责任及其处罚的内容，这类法律我们称之为少年司法的实体规则，如《刑法》的相关内容。有的仅规定了关于办理少年犯罪案件程序的内容，这类法律我们称之为少年司法的程序规则，如《刑事诉讼法》的相关内容。有的只规定了处理少年案件的组织体系及其职能，如《加强少年法庭工作的意见》，这是我国少见的独立的少年组织法，其他有关组织规则的内容通常混合于诉讼规定之中。有的规定了有关对犯罪少年的刑罚执行的内容，这类法律我们称之为少年司法的执行规则，如《未成年犯管教所管理规定》以及《监狱法》的相关内容。有的是将处理犯罪少年的实体、程序、组织、执行内容规定于同一部法律之中，这类法律我们称之为少年司法的混合规则，如《治安管理处罚法》《社区矫正实施办法》《公安机关的规定》等。

（三）全国人大及其常委制定的法律、中央级国家机关制定的法律和地方性法规

根据立法机关的不同，我国少年司法的法律分为全国人大及其常委制定的法律、中央级国家机关制定的法律和地方性法规。全国人大及其常委制定的法律有《未成年人保护法》《预防未成年人犯罪法》《刑法》《刑事诉讼法》《监狱法》《治安管理处罚法》。中央级国家机关制定的法律包括最高人民法院、最高人民检察院的司法解释，各部委的意见、规定或办法。最高人民法院、最高人民检察院的司法解释如《最高法关于刑诉法的解释》；最高检的《加强未检工作的决定》《办理未成年人案件的规定》《人民检察院刑事诉讼规则（试行）》。各部位的意见、规定或办法如《公安机关的规定》《六部委配套工作体系若干意见》《未成年犯管教所管理规定》《社区矫正实施办法》等。地方性法规，即地方立法机关制定或认可，其法律效力不能及于全国，只适用于地方区域内的有关少年司法的规范性法律文件，如各省的未成年人保护条例，在《六部委配套工作体系若干意见》颁布后，各省通过的"关于进一步建立和完善办理未成年人刑事案件配套工作体系的若干意见"。

二、《未成年人保护法》和《预防未成年人犯罪法》中有关少年司法的规定

（一）《未成年人保护法》中有关少年司法的规定

《未成年人保护法》是一部保护未成年人的身心健康，保障未成年人的合法权益，促进未成年人在品德、智力、体质等方面全面发展的法律。有关少年司法

的内容共涉及 6 条,都是些原则性规定,内容紧紧围绕保护犯罪未成年人展开。具体包括:对违法犯罪的未成年人实行教育、感化、挽救的方针;坚持教育为主、惩罚为辅;依法从轻、减轻或者免除处罚;照顾其身心发展特点;尊重其人格尊严;享有多种权利并保障其合法权益;案件办理组织专门化;法定代理人或者其他人员应当到场;分管分押;保障其完成义务教育;复学、升学、就业不受歧视;身份保密;给予特殊、优先保护以及未成年人不分性别、民族、种族、家庭财产状况、宗教信仰等,依法平等地享有权利等内容。

(二)《预防未成年人犯罪法》中有关少年司法的规定

《预防未成年人犯罪法》是一部预防未成年人犯罪的专门法律,有 9 条内容涉及少年司法的规定。包括:第一,规定了不良行为,并将不良行为分为一般不良行为和严重不良行为两类。第二,对有严重不良行为的未成年人送工读学校进行矫治和接受教育;进入工读学校所需的简单程序。第三,对违法未成年人,予以治安处罚;对不满 14 周岁或者情节特别轻微免予处罚的未成年人,予以训诫。第四,不满 16 周岁不予刑事处罚的未成年人,可以收容教养。第五,对犯罪的未成年人追究刑事责任,实行教育、感化、挽救方针,坚持教育为主、惩罚为辅的原则。第六,对于被羁押的未成年人,执行机关具有保证其接受教育的义务,尤其要保证其继续接受义务教育。对判决生效前的未成年犯罪人不得取消学籍。第七,司法机关具有保障未成年人诉讼权利、得到法律帮助的义务。第八,少年审判组织的专门化,即审判未成年人应由少年法庭进行;少年审判人员的素养要求和组成。第九,未成年犯罪人的隐私保护,这包括未成年犯罪人的案件不公开审理和身份保密两个方面。第十,未成年犯罪人与成年犯罪人的分押、分管、分教。第十一,未成年人的父母或者其他监护人和学校、城市居民委员会、农村村民委员会应对未被羁押的未成年犯罪人进行帮教。第十二,对解除收容教养、依法免予刑事处罚、判处非监禁刑罚、判处刑罚宣告缓刑、假释或者刑罚执行完毕的未成年人,在复学、升学、就业等方面与其他未成年人享有同等权利,任何单位和个人不得歧视。

我国有关少年刑事犯罪的法律可分为少年刑事犯罪实体规则、程序规则和执行规则,绝大部分的组织规则规定于程序规则之中;其中,有关组织规则和执行规则的内容在随后章节中论述,在此将阐述我国少年刑事犯罪实体规则和程序规则的主要内容。

三、我国少年刑事犯罪实体规则

目前,我国少年刑事犯罪实体规则主要规定在《刑法》和《最高法审理未成年人案件的解释》之中。由于《刑法》规定中的绝大部分内容同时适用于成年人犯罪和少年犯罪,只是其中的部分内容专门针对少年犯罪作出,为此,本部分有关

《刑法》中的内容只是专门针对少年犯罪的规定。通过对《刑法》和《最高法审理未成年人案件的解释》的总结,我们发现我国少年刑事犯罪实体规则包括刑事责任年龄、罪与非罪的界定、刑罚处罚和刑罚执行四部分的内容,前三部分为其主要内容。

（一）《刑法》的规定

《刑法》是规定犯罪、刑事责任和刑罚的法律。我国《刑法》专门涉及少年犯罪的规定共 5 条,这包括:第一,有关刑事责任年龄的规定。第二,明确指出已满14 周岁不满 18 周岁的人犯罪,应当从轻或者减轻处罚。第三,对不满 16 周岁不予刑事处罚的未成年人,可以采取责令家长或者监护人加以管教或政府收容教养的办法。《刑法》第 17 条第 4 款规定:"因不满 16 周岁不予刑事处罚的,责令他的家长或者监护人加以管教;在必要的时候,也可以由政府收容教养。"由此可见,对于不予刑事处罚的未成年人,我国并未采取放任的态度,而是首先强调家长或者监护人的责任,在不能满足此条件的基础上,由政府收容教养。本书同样认为对于不予刑事处罚的未成年人不能放任。不予刑事处罚的未成年人从其行为严重程度而言,已经具有了严重的社会危害性,因宽缓的刑事政策而未受到刑事处罚,但不做任何处理可能会使其进一步滑向犯罪,成为真正的犯罪人;同时本书也认为于情于理家长或监护人首当其冲应担当管教之责,只有当发生他们无力管教或无人管教之时,才应当由政府担责。但是,本书又对此条规定有以下不同认识:(1) 缺乏提高家长或者监护人管教责任和能力的措施。在实践中,走上违法犯罪道路的未成年人,很多是因为其家长或者监护人不具备管教的能力,管教不得法,但他们还是希望能帮到孩子改邪归正,这些家长便需要相关组织或人员的帮助,使其逐渐掌握管教方法、增强管教能力;当然,也有根本不愿履行管教之责,缺乏必要管教责任的家长或者监护人。为此,本条还应增加提高家长或者监护人养育责任和能力的措施,如责令家长或者监护人接受亲职教育的培训,要求其与相关组织或人员合作,通过签订三方协议、参与家庭治疗等方式共同努力矫正未成年人的不当行为。对违反要求的家长或者监护人可予以罚款或认定其构成犯罪。(2) 本条有关收容教养的规定,一直受到理论界与社会的诟病。主张取缔收容教养制度的一派指出,收容教养是一种行政处罚措施,但方式是将未成年人关押,并且期限长达 1—3 年。其方式的严重程度远超过其性质,甚至超过刑事处罚,有违罪刑相适应的刑法基本原则,也有违国际社会和我国所确立与承认的对未成年犯罪人尽可能少用监禁的少年司法的基本原则。与社会隔绝的关押方式也给未成年人造成一系列后果,如交叉感染,脱离社会,进一步就学、就业的困难等。实践中,遭受争议的收容教养制度在尴尬中前行,尤其是在劳动教养制度废除之后,对未成年人的收容教养该何去何从,法律并未作出明确规定。我们认为,对于不予刑事处罚的未成年人的确应予以干预,但干预的方式不应违反少年司法的基本原则,也不应给未成年人造成进一步的伤害或者影响其正常的社会适应和发展。为此,应尽可能采取将其放到社会上,不脱离其正常学习、生活的干预方式。如强制其进入工读学校,将其纳入社区矫正之中,再或者社会成立此类未成年人的"成长之家"进行教育矫正。第四,少年犯罪人的刑罚适用,包括犯罪时不满 18 周岁的人不适用死刑,一般累犯从重处罚规定排除以及符合缓刑法定条件的应当适用缓刑。第五,犯罪时不满 18 周岁被判处五年有期徒刑以下刑罚的人,免除前科报告义务。《刑法》第 100 条规定:"依法受过刑事处罚的人,在入伍、就业的时候,应当如实向有关单位报告自己曾受过刑事处罚,不得隐瞒。"这是一般性前科报告义务的规定。该条第 2 款规定:"犯罪的时候不满 18 周岁被判处 5 年有期徒刑以下刑罚的人,免除前款规定的报告义务。"

(二)《最高法审理未成年人案件的解释》的规定

2006 年 1 月开始施行的《最高法审理未成年人案件的解释》共计 20 条,对以下内容作出了规定:

第一,对未成年人刑事案件的诠释。《最高法审理未成年人案件的解释》第 1 条规定:"本解释所称未成年人刑事案件,是指被告人实施被指控的犯罪时已满 14 周岁不满 18 周岁的案件。"

第二,有关未成年被告人年龄的规定:(1) 对未成年被告人年龄的重视。未成年被告人的年龄,在未成年被告人的定罪量刑中具有决定性的作用,这决定了未成年被告人是否对其行为承担刑事责任及其处罚的轻重,对其的态度和明确规定是社会对未成年犯罪人保护以及公正处理的核心体现,也影响到未成年被告人及其相关人员、社会公众对刑事法律制度的尊敬与态度。为此,《最高法审理未成年人案件的解释》在刑法规定的基础上对其又进一步地予以了明确和细化。首先,《最高法审理未成年人案件的解释》规定了"周岁"的计算方法。《最高法审理未成年人案件的解释》第 2 条规定:"刑法第 17 条规定的'周岁',按照公历的年、月、日计算,从周岁生日的第二天起算。"其次,专门指出审理未成年人刑事案件时应当查明实施被指控的犯罪时的年龄。除此之外,还指出裁判文书中应当写明被告人出生的年、月、日,将其列为裁判文书的重要组成部分,既体现了审判机关对此的重视和严肃性,也为他人的查验提供了文字证明。对此,我们也看到:司法机关越来越敢于将司法文书公开化,这既是从法律上要求和约束司法实践部门的法律行为,使其执法公正性和专业水平能接受社会公众的检验,也是司法实践部门自信的体现。(2) 对法定刑事责任年龄的确定。《最高法审理未成年人案件的解释》第 4 条对法定刑事责任年龄确定中出现的两种情形予以了明确,首先,对于法定刑事责任年龄必须有充分证据证明,没有证据证明确实无法查明的,应当推定其没有达到相应法定刑事责任年龄。这条规定既体现了法律对未成年人的保护,也是"无罪推定原则"的具体表现。其次,对于已有充足证据证明被告人实施被指控的犯罪时已经达到法定刑事责任年龄的,但是无法准确查明被告人具体出生日期的,应当认定其达到相应法定刑事责任年龄。这条规定显示,从严格意义上说,查明被告人的具体出生日期可以体现审判的严谨,但在司法实践中存在因各种原因无法查明的情形,如果所搜集的证据可充分证明被告人达到了法定刑事责任年龄,就应该认定其达到法定刑事责任年龄,因为未成年被告人是否应承担刑事责任是以刑事责任年龄为限的,体现出《最高法审理未成年人案件的解释》与《刑法》规定的一致性。(3) 对于刑事责任年龄、临界年龄前后实施的犯罪行为的认定与处理。在司法实践中,存在行为人在刑事责任年龄、临界年龄前后实施犯罪行为的现象,对此该如何认定和处理?《最高法审理未成年人案件的解释》第 12 条、第 5 条对此作出了规定:"行为人在达到法定刑事责任年龄前后均实施了犯罪行为,只能依法追究其达到法定刑事责任年龄后实施的犯罪行为的刑事责任。""行为人在年满十八周岁前后实施了不同种犯罪行为,对其年满十八周岁以前实施的犯罪应当依法从轻或者减轻处罚。行为人在年满十八周岁前后实施了同种犯罪行为,在量刑时应当考虑对年满十八周岁以前实施的犯罪,适当给予从轻或者减轻处罚。"当出现已满 14 周岁不满 16 周岁的人同时实施了《刑法》第 17 条第 2 款规定的行为和规定以外的行为的现象时,根据《最高法审理未成年人案件的解释》第 5 条的规定,"应当依照刑法第 17 条第 2 款的规定确定罪名,定罪处罚"。明确指出对于第 17 条第 2 款规定以外的行为不作为犯罪处理。这些规定充分体现了立法的细致和人性化,法律的公正性,以及对未成年人权益保护的重视。

第三,对未成年人实施的某些行为的罪与非罪、此罪与彼罪的认定。根据《最高法审理未成年人案件的解释》第 6—10 条的规定,当未成年人实施以下行为时,不认为是犯罪:(1) 已满 14 周岁不满 16 周岁的人偶尔与幼女发生性行为,情节轻微、未造成严重后果的。(2) 已满 14 周岁不满 16 周岁的人使用轻微暴力或者威胁,强行索要其他未成年人随身携带的生活、学习用品或者钱财数量不大,且未造成被害人轻微伤以上或者不敢正常到校学习、生活等危害后果的。(3) 已满 16 周岁不满 18 周岁的人具有前款规定情形的,一般也不认为是犯罪。(4) 已满 16 周岁不满 18 周岁的人实施盗窃行为未超过三次,盗窃数额虽已达到"数额较大"标准,但案发后能如实供述全部盗窃事实并积极退赃,且具有下列情形之一的:① 系又聋又哑的人或者盲人;② 在共同盗窃中起次要或者辅助作用,或者被胁迫;③ 具有其他轻微情节的。(5) 已满 16 周岁不满 18 周岁的人盗窃未遂或者中止的。已满 16 周岁不满 18 周岁的人盗窃自己家庭或者近亲属财物,或者盗窃其他亲属财物但其他亲属要求不予追究的。《最高法审理未成年人案件的解释》第 6—10 条还对一些罪名作出了具体规定,这包括:(1) 已满 16 周岁不满 18 周岁的人出于以大欺小、以强凌弱或者寻求精神刺激,随意殴打其未成年人、多次对其他未成年人强拿硬要或者任意损毁公私财物,扰乱学校及其他公共场所秩序,情节严重的,以寻衅滋事罪定罪处罚。(2)已满14周岁不满16周岁的人盗窃、诈骗、抢夺他人财物,为窝藏赃物、抗拒抓捕或者毁灭罪证,当场使用暴力,故意伤害致人重伤或者死亡,或者故意杀人的,应当分别以故意伤害罪或者故意杀人罪定罪处罚。这条规定表明,对于此类未成年人,如果没有出现故意伤害致人重伤或者死亡,或者故意杀人的情形,不构成犯罪,更不能以抢劫罪定罪处罚。已满16周岁不满18周岁的人犯盗窃、诈骗、抢夺罪,为窝藏赃物、抗拒抓捕或者毁灭罪证而当场使用暴力或者以暴力相威胁的,应当依照抢劫罪定罪处罚;情节轻微的,可不以抢劫罪定罪处罚。这些规定都是对未成年犯罪无罪化、轻刑化的体现。

第四,未成年犯刑罚的适用。有关未成年犯刑罚的适用,《最高法审理未成年人案件的解释》作出下述规定:(1)对未成年罪犯适用刑罚,应当充分考虑是否有利于未成年罪犯的教育和矫正。刑罚适用要有利于教育和矫正,体现了我国对未成年犯教育和矫正的重视,重视未成年犯的保护和回归,是教育刑理论在我国立法中的具体化。(2)对未成年犯的量刑,除应当根据犯罪的事实、犯罪的性质、情节和对于社会的危害程度外,还应充分考虑未成年人实施犯罪行为的动机和目的、犯罪时的年龄、是否初次犯罪、犯罪后的悔罪表现、个人成长经历和一贯表现等因素。说明对未成年犯的量刑因素的考虑复杂、多元,是刑罚个别化理论在我国少年立法中的体现。(3)专门规定了对符合管制、缓刑、单处罚金或者免予刑事处罚适用条件的未成年罪犯,应当依法适用。这表明我国对未成年被告适用非监禁刑的重视,是未成年犯非监禁化原则的重要体现。(4)对无期徒刑、剥夺政治权利、没收财产或者罚金、缓刑、免予刑事处罚对未成年犯罪人的适用上做出了规定,表现出法律规定的具体化和明显的轻刑化特征。无期徒刑是剥夺犯罪分子终身自由的刑罚方法,是介于死刑和有期徒刑之间的严厉的刑罚方法。根据《最高法审理未成年人案件的解释》第13条的规定:"未成年人犯罪只有罪行极其严重的,才可以适用无期徒刑。对已满14周岁不满16周岁的人犯罪一般不判处无期徒刑。"剥夺政治权利是指剥夺犯罪人参加国家管理和政治活动权利的刑罚方法。当其独立使用时,是一种轻刑,意味着犯罪人实施的犯罪行为较轻。附加适用剥夺政治权利的对象主要是危害国家安全的犯罪人;故意杀人、强奸、放火、爆炸、投毒、抢劫等严重破坏社会秩序的犯罪人以及被判处死刑和无期徒刑的人。由此可见,附加剥夺政治权利时,犯罪人的罪行较重。为了实现对未成年犯的轻刑化,《最高法审理未成年人案件的解释》第14条规定:"除刑法规定'应当'附加剥夺政治权利外,对未成年罪犯一般不判处附加剥夺政治权利。如果对未成年罪犯判处附加剥夺政治权利的,应当依法从轻判处。对实施被指控犯罪时未成年、审判时已成年的罪犯判处附加剥夺政治权利,适用前款的规定。"《最高法审理未成年人案件的解释》对未成年罪犯的没收财产或者罚金作出了以下规定:"对未成年罪犯实施刑法规定的'并处'没收财产或者罚金的犯罪,应当依法判处相应的财产刑;对未成年罪犯实施刑法规定的'可以并处'没收财产或者罚金的犯罪,一般不判处财产刑。对未成年罪犯判处罚金刑时,应当依法从轻或者减轻判处,并根据犯罪情节,综合考虑其缴纳罚金的能力,确定罚金数额。但罚金的最低数额不得少于五百元人民币。对被判处罚金刑的未成年罪犯,其监护人或者其他人自愿代为垫付罚金的,人民法院应当允许。"这既体现了对未成年罪犯刑罚适用的轻刑化,又对具体操作进行了细化规定;同时,考虑到绝大多数未成年人缺乏独立的经济能力,其犯罪与监护人监护之失责不无关系,所以,罚金可以代为垫付。缓刑是对已被法院宣告有罪的被告暂不执行所判刑罚的制度;免予刑事处罚的被告也是被法院宣告为有罪,只是不对其予以刑事处罚。《最高法审理未成年人案件的解释》第 16 条、第 17 条对此予以了规定。《最高法审理未成年人案件的解释》第 16 条在《刑法》第 72 条第 1 款规定的基础上,扩展了对未成年罪犯应当适用缓刑的机会,当未成年罪犯为初次犯罪,或能够积极退赃或赔偿被害人经济损失,再或者具备监护、帮教条件的,应当宣告缓刑。第 17 条对未成年罪犯应当适用免予刑事处罚的情形作出了明确规定,首先适用的前提条件是未成年罪犯可能被判处拘役、3 年以下有期徒刑,悔罪表现好。在此基础上,具有以下 6 种情形:(1) 系又聋又哑的人或者盲人;(2) 防卫过当或者避险过当;(3) 犯罪预备、中止或者未遂;(4) 共同犯罪中从犯、胁从犯;(5) 犯罪后自首或者有立功表现;(6) 其他犯罪情节轻微不需要判处刑罚的。这两条规定再次体现对未成年罪犯刑罚适用的轻刑化。

第五,对未成年罪犯的减刑与假释。为了体现对未成年罪犯的从轻、减轻处罚原则,在对未成年罪犯的减刑与假释上,《最高法审理未成年人案件的解释》也作出了宽宥的规定,其总原则是"在掌握标准上可以比照成年罪犯依法适度放宽"。具体表现为:(1) 明确规定"确有悔改表现"的标准,即未成年罪犯能认罪伏法,遵守监规,积极参加学习、劳动。其标准低于成年罪犯。(2) 减刑幅度可以适当放宽。(3) 间隔的时间可以相应缩短。减刑幅度的适当放宽、间隔时间的相应缩短在《最高法审理未成年人案件的解释》中并未明确,但在《未成年犯管教所管理规定》中则予以了明确,再次看到在我国犯罪少年法律体系中存在的同一内容分散于不同于法律规定的现象。对于假释的适度放宽并没有见到明确的规定。

从《刑法》关于少年犯罪的专门规定和《最高法审理未成年人案件的解释》的内容来看,我国少年刑事犯罪实体规则充分体现了我国对刑事犯罪少年的处理的无罪化、轻刑化、非监禁化、社会化倾向;体现了教育刑理论和刑罚个别化理论在我国少年刑事立法中的具体化;体现出立法的人性化、细致性、公正性、司法操作便利性的特征;体现了我国对联合国少年司法文件的遵守;体现了我国法律对未成年人权益的保护。与此同时,我们也应看到我国法律对未达到刑事责任年龄的犯罪少年该如何处理方面的内容,规定得简单而笼统,这既不利于预防此类少年的再次犯罪,也不能合法地保障此类少年的合法权益。

四、我国少年刑事犯罪程序规则

我国少年刑事犯罪程序规则分别规定在《刑事诉讼法》《公安机关办理刑事案件程序规定》《人民检察院刑事诉讼规则(试行)》《最高检办理未成年人案件的规定》和《最高法关于刑诉法的解释》等法律之中,总结这些法律,我们发现我国少年刑事犯罪程序规则具有以下内容和特色。

（一）我国少年刑事犯罪程序规则的体例相对独立

综观世界各国的少年刑事犯罪程序规则,我们发现在立法体例上有的国家采取将实体法与程序法融合为一体的形式,我们将之称为综合式立法;有的完全将少年刑事犯罪程序规则分散在成人诉讼程序中,我们将之称为分散式立法;有的是集中规定在《刑事诉讼法》的一章中,我们将之称为相对独立式。我国的少年刑事犯罪程序规则除了在《刑事诉讼法》独立一章,还分别在《公安机关办理刑事案件程序规定》《人民检察院刑事诉讼规则(试行)》《最高检办理未成年人案件的规定》和《最高法关于刑诉法的解释》等法律中将相关内容细化,也可以将之归纳为相对独立式。

在 2012 年我国《刑事诉讼法》修订之前,我国《刑事诉讼法》有关少年刑事诉讼程序的内容散见于各章节中;2012 年修订的《刑事诉讼法》将少年刑事案件诉讼程序单列成章,《刑事诉讼法》第五编第一章专门规定为"未成年人刑事案件诉讼程序",使少年刑事诉讼程序在立法体例上相对独立,提高了少年刑事诉讼程序的法律地位。这表明我国对少年刑事诉讼程序规则以及刑事犯罪少年保护的重视,也是我国向独立的犯罪少年立法前进的重要一步。

《刑事诉讼法》有关"未成年人刑事案件诉讼程序"的内容,主要是规定了我国少年司法制度的方针、总原则和一些基本原则,以及新的保护未成年犯罪人的特别制度;多为原则性、指导性规定,很多内容并未具体化。为此,在《刑事诉讼法》颁布后,公安部、最高人民检察院、最高人民法院先后发布了《公安机关办理刑事案件程序规定》《人民检察院刑事诉讼规则(试行)》《最高检办理未成年人案件的规定》《六部委配套工作体系若干意见》等规定,对未成年人刑事案件诉讼程序进行了更为详细、完整的规定。

（二）特别强调"教育、感化、挽救"的方针和"教育为主、惩罚为辅"的原则

在我国少年刑事犯罪程序规则中,非常重视"教育、感化、挽救"的方针和"教育为主、惩罚为辅"的原则,不仅直接规定在新《刑事诉讼法》中,这也是《刑事诉

讼法》首次将其明确予以规定,而且,在《公安机关办理刑事案件程序规定》《人民检察院刑事诉讼规则(试行)》《最高检办理未成年人案件的规定》和《最高法关于刑诉法的解释》等法律中对该方针和原则都予以了规定。

(三)　重视未成年犯罪人的诉讼权利、严格限制适用逮捕等方面的规定

在《刑事诉讼法》中,对未成年犯罪人的诉讼权利,尤其是委托辩护权、法律援助权的保障;办理刑事犯罪少年案件要由熟悉未成年人身心特点的人员承办;严格限制适用逮捕;对未成年犯罪人与成年犯罪人分案处理等内容作出专条规定。而在《公安机关办理刑事案件程序规定》《人民检察院刑事诉讼规则(试行)》《最高检办理未成年人案件的规定》和《最高法关于刑诉法的解释》等法律中又进行了细化规定,如《六部委配套工作体系若干意见》《公安机关办理刑事案件程序规定》《最高检办理未成年人案件的规定》中都分别规定"公安机关办理未成年人刑事案件,应当保障未成年人行使其诉讼权利并得到法律帮助,依法保护未成年人的名誉和隐私,尊重其人格尊严"。公安机关、检察部门、审判机关具有了解未成年犯罪嫌疑人委托辩护人的情况,告知其有权委托辩护人。对于没有委托的,书面通知法律援助机构指派律师为其提供辩护的义务。《最高检办理未成年人案件的规定》对未成年犯罪人的逮捕,在第二章"未成年人刑事案件的审查逮捕"作出专章规定,而其中都是在规定如何严格限制适用逮捕。由此可见,我国少年刑事犯罪程序规则对这些内容很重视。

(四)　增加了社会调查、成年人在场、附条件不起诉以及犯罪记录封存等新的诉讼制度

在 2012 年之前,社会调查、成年人在场、附条件不起诉以及犯罪记录封存等制度尚处于各地、各部门的尝试、讨论之中,在《刑事诉讼法》修订之后,这些制度明确规定在"未成年人刑事案件诉讼程序"一章之中,成为我国少年刑事犯罪程序规则中的重要内容,表明我国少年刑事犯罪程序规则和对刑事犯罪少年权利保护的日益完善。

(五)　对未成年犯罪嫌疑人的讯问进行了专门规定

《公安机关的规定》《最高检办理未成年人案件的规定》从成年人到场制度、讯问方式以及讯问笔录的核查等方面对未成年犯罪嫌疑人的讯问进行了专门规定。《公安机关的规定》《最高检办理未成年人案件的规定》指出:讯问未成年犯罪嫌疑人要耐心细致地倾听供述或者辩解;认真审核、查证证据和线索;疏导和教育其思想顾虑、恐惧心理、抵触情绪以及讯问女性未成年犯罪嫌疑人,应当有女工作人员在场。讯问笔录应当交未成年犯罪嫌疑人、到场的法定代理人或者其他人员阅读或者向其宣读;对笔录内容有异议的,应当核实清楚,准予更正或者补充。

(六)　最高人民法院的解释与意见的有关规定

2012 年 11 月最高人民法院发布了《最高法关于刑诉法的解释》,该解释专

门有关未成年犯罪人的规定共计39条,其中第20章是专章的"未成年人刑事案件诉讼程序",本章将未成年人刑事案件诉讼程序分为一般规定、开庭准备、审判和执行。《最高法关于刑诉法的解释》对未成年人案件的审判作出以下具体规定,包括:第一,重申人民法院审理未成年人刑事案件应当贯彻教育、感化、挽救的方针,坚持教育为主、惩罚为辅的原则。并提出加强特殊保护,加强与其他组织的联系,积极参与社会管理综合治理等观点。第二,应将"讯问未成年被告人时,是否通知其法定代理人或者有关人员到场,其法定代理人或者有关人员是否到场"作为对被告人供述和辩解着重审查的内容。第三,少年审判组织的相关规定,这包括少年审判组织建制、名称、少年法庭审理案件的范围、指定审判以及未成年人刑事案件的审判人员和人民陪审员的素养要求等内容。第四,确立了下述有关未成年人案件审理的制度:合适成年人到场制度、不公开审理制度、身份保密制度、法律援助制度、社会调查制度、法庭教育制度、帮教制度。第五,规定了人民法院在处理未成年案件中具有下述权利或义务:在开庭前向未成年被告人讲明被指控的罪行和有关法律规定,并告知其审判程序和诉讼权利、义务;在适用简易程序时,具有征求未成年被告人及其法定代理人、辩护人意见并尊重其意见的义务;法庭审判时的语言使用方式应适合未成年人,审判长有权制止诱供、训斥、讽刺或者威胁等情形;将未成年罪犯的材料送达执行机关。第六,对以下内容作出了解释:近亲属对实施被指控的犯罪时不满18周岁,开庭时已满18周岁,不满20周岁的被告人案件审理的参与。未成年被告人的心理疏导和测评。未成年被告人与法定代理人及其他合适成年人的会见。法庭审判时的席位设置。管制、缓刑的量刑建议应是书面材料。量刑材料的使用。法定代理人具有对最后陈述的补充权。人民法院具有是否同意查询犯罪记录的权利。人民法院的协助帮教、改造以及回访考察工作。人民法院可以督促探视,协助社区矫正机构制定帮教措施,走访非监禁的未成年罪犯及其家庭,向有关部门提出安置司法建议。

　　2010年12月最高人民法院颁布了《加强少年法庭工作的意见》,其共计7个方面的内容27条。其中有关刑事犯罪少年诉讼程序规则的内容包括完善社会调查报告、分案审理、法律监督、审判方式、法庭教育、非监禁刑的适用与监督、社会帮教等制度;在异地社会调查、心理评估干预、刑事案件和解、量刑规范化、社区矫正与司法救助、轻罪犯罪记录封存、社会观护、圆桌审判、诉讼教育引导等方面深化改革探索。

五、制定独立的未成年人犯罪处理法

　　总览我国少年司法的法律体系,我们发现我国对少年刑事犯罪、少年违法行为和不良行为都有相关的法律规定,尤其是近年来我国颁布了许多新的有关少年司法制度的法律规定,体现出我国对少年司法制度完善的重视。同时,我们也

应看到,我国现有的有关少年司法的法律体系还有许多不足,如在位阶较高的《刑法》《刑事诉讼法》《未成年人保护法》《预防未成年人犯罪法》等法律中的规定原则性突出,可操作性较弱;其中,最明显的缺陷在于还没有一部独立的处理未成年人犯罪的法律,这具体表现在:第一,绝大多数的内容附属于成人犯罪的法律之中。在我国有少量专门规定未成年人犯罪的法律,如《预防未成年人犯罪法》《未成年犯管教所管理规定》《六部委配套工作体系若干意见》《加强未检工作的决定》等,但绝大多数内容附属于成人犯罪的法律之中,如未成年人刑事实体内容附属于《刑法》,未成年人刑事程序内容附属于《刑事诉讼法》;未成年人违法行为的规定附属于《治安管理处罚法》《收容教育办法》;未成年人社区矫正附属于《社区矫正试点通知》《社区矫正实施办法》。另外,专门规定未成年人犯罪的法律也多为两高司法解释、部门规定或意见,其法律地位低于成人犯罪的法律,没有充分体现少年司法制度的特殊性和重要性。第二,不同的犯罪行为由不同的法律作出规定。在我国,未成年人犯罪有刑事犯罪、违法行为和不良行为之分,但这三类行为规定在不同的法律之中,如刑事犯罪规定在《刑法》《刑事诉讼法》《未成年犯管教所管理规定》及其相关的法律中,违法行为规定在《治安管理处罚法》及其相关的法律中,不良行为规定在《预防未成年人犯罪法》及其相关的法律中,内容显得零散而不严肃。第三,同一内容分散于不同的法律规定。在我国,不仅存在不同的犯罪行为由不同的法律作出规定的现象,还存在同一内容分散于不同法律之中的现象。如同为刑事责任年龄的规定、刑罚处罚或刑罚执行的内容,《刑法》《最高法审理未成年人案件的解释》以及《最高检办理未成年人案件的规定》等分别作出规定,而非统一规定在一部法律之中。如同为未成年人刑事犯罪的程序性规定,分别规定在《刑事诉讼法》《六部委配套工作体系若干意见》《公安机关办理刑事案件程序规定》《人民检察院刑事诉讼规则(试行)》《最高检办理未成年人案件的规定》和《最高法关于刑诉法的解释》等法律中。有关犯罪未成年人矫正的规定散见于《刑法》《刑事诉讼法》《未成年人保护法》和《预防未成年人犯罪法》《未成年犯管教所管理规定》以及公安部《关于对不满14岁的少年犯罪人员收容教养问题的通知》等法律中。尤其是我国少年司法制度的教育、感化、挽救的指导方针和教育为主、惩罚为辅的总原则,几乎在所有有关未成年人犯罪的法律中都会重复,这虽然强调了指导方针和总原则的重要性,但显得过于啰嗦。另外,不同的犯罪行为由不同的法律作出规定以及同一内容分散于不同的法律规定也没有兼顾不同法律、不同犯罪行为的一致性和相似性,浪费了立法资源,削弱了执法过程中的统一和便利。如在各种矫正制度中,虽然具体的矫正对象有所不同,但由于均为未成年人犯罪人,其矫正理念和措施有很大的相似性,分门别类规定在不同法规中不仅浪费立法资源,也给具体的矫正工作带来混乱和麻烦。

　　针对上述问题,我们认为其解决之道在于制定独立的未成年人犯罪处理法,提高少年司法制度法律体系的规范化、可操作性及法律地位。该法集中体现我国少年司法制度的指导思想、基本原则、组织构成、处理对象和内容,相关组织和人员的权利和义务,集实体法、程序法、执行法和组织法于一身。

第三节　犯罪少年的权利

新闻报道

荆楚网英山县法院:维护未成年犯罪人合法权利[①]

发布时间:2015 年 9 月 12 日

来源:荆楚网消息(通讯员唐海朋 王萍 黄美泽)

　　在审理青少年犯罪案件时,如何保障这些未成年人的合法权益,9 月 11 日,英山县人民法院召开新闻发布会,介绍了他们的一些做法。

　　充分保障未成年被告的诉讼权利。有权要求知道自己为什么被指控;有权聘请律师或亲友为自己辩护;有权请求调取新证据或经法庭同意向证人、鉴定人和同案的其他被告发问;有权拒绝回答与本案无关的问题,在法庭宣判前有最后的陈述权等。另外,在审判时,对未成年被告有特别保护,就是"除被告人人身危险性大,可能妨碍庭审活动的以外,在法庭上一律不对未成年被告人使用戒具"。

　　注重保护未成年犯罪人的隐私。对被告开庭审理时不满 18 周岁的案件,一律不公开审理。对未成年人犯罪案件,不得向外界披露该未成年人的姓名、住所、照片及可以推断出该未成年人身份的资料。对犯罪的时候不满 18 周岁,被判处 5 年以下有期徒刑及免除刑事处罚的未成年人犯罪记录,应当予以封存。犯罪记录被封存的,不得向任何单位和个人提供,但司法机关为办案需要或者有关单位根据国家规定进行查询的除外。依法进行查询的单位,对被封存的犯罪记录的情况予以保密,以此消除社会有色眼镜对未成年犯的歧视,保障其复学、入伍、就业等平等权的真正实现。

　　在量刑方面适度从轻或减轻。不满 18 周岁的未成年人犯罪,应当从轻或减轻处罚。而且不适用死刑。(最高人民法院立足于刑事法律制度与司法实际,颁发了《量刑指导意见》,规定:(1)已满 14 周岁不满 16 周岁的未成年人犯罪,可以减少基准刑的 30%～60%;(2)已满 16 周岁不满 18 周岁的未成年人犯罪,可以减少基准刑的 10%～50%。)

---

　　① 《英山县法院:维护未成年犯罪分子合法权利》,荆楚网,http://news.cnhubei.com/xw/hb/hg/201509/t3383719.shtml,访问日期 2016 年 5 月 15 日。

权利是法律赋予主体作为或不作为的权能,其目的是为了保护权利主体的利益。为了保护犯罪少年的利益,法律赋予犯罪少年充分的权利,上述报道是我国犯罪少年权利保护的具体体现。联合国也对犯罪少年的权利进行了明确的规定。本节将通过对联合国有关少年司法文件和我国相关法律规定的总结,阐述犯罪少年的权利。

根据联合国和我国的规定,法律赋予犯罪少年许多权利,这些权利不仅贯穿于诉讼始终,而且可能至犯罪记录消灭之后,其中有些权利和成年犯罪人的权利相同,如诉讼参与权、质证权、上诉权等,有些权利已在本书其他章节中有所阐述,如严禁酷刑权,从轻、减轻处罚权等,这些权利就不再重复。本节将犯罪少年的权利总结如下:

一、迅速和直接知悉权

所谓迅速和直接知悉权,是指犯罪少年一旦进入处理程序,享有其所受到的指控、权利、义务、诉讼程序、可能的裁决及相关信息被迅速、直接告知的权利。对此权利,我们应当有如下理解:第一,告知的内容包括所受到的指控、权利、义务、诉讼程序、可能的裁决及相关信息。《儿童权利公约》第 40 条第 2 款:"(B) 所有被指称或指控触犯列法的儿童至少应得到下列保证:……(二) 迅速直接地被告知其被控罪名……"《意见 10》第 44 条:"……这意味着,为了切实有效地参与诉讼,儿童不仅须知悉对其提出的指控,而且还须知悉少年司法程序本身及可能裁定的措施。"《意见 10》还认为:"即便主管机构决定在不诉诸司法程序的情况下处理案件,相关儿童也必须知悉采取此做法的指控。"第二,"迅速"是指当有关部门对少年采取程序步骤的一开始就要告知少年。这里的有关部门既可能是司法机关,也可能是非司法组织。第三,"直接"同时包含以下两种含义:(1) 告知的对象为少年,而非其父母或其他法定监护人、诉讼代理人、法律援助人员等其他人员。但为保障少年的权利,指控也应同时告知父母或其他法定监护人。正如《意见 10》所指出的:"委员会认为,向父母或法定监护人提供此种资料的做法不应代替向相关儿童提供此种资料的做法。最为恰当的情形是:儿童和父母或其他法定监护人都能收到此种资料,从而能够了解相关指控和可能的后果。"(2) 所采取的语言,应为少年能理解,即"主管机构(如警方、公诉人、法官等)有责任确保相关儿童理解对其提出的各项指控"。这意味着:① 专业语言表达的少年化,即"将刑事/少年案件指控中经常使用的正规法律术语'翻译'成儿童能够理解的语言"。② 在向少年提供正式文件的同时,指控机关要确定该少年是否理解书面文件,是否应作出必要的口头解释。口头解释不应由父母或其他法定监护人,或法律援助人员或其他人员作出。《哈瓦那规则》第 24 条规定:"少年入所时,应发给每人一本以其易懂语文刊印的有关拘留设施的规定及其权利和义务的书面说明,连同负责受理申诉的主管当局的地址以及能提供法律协助的公私机构或组织的地址,如少年为文盲或看不懂书面资料,应以能使他充分理解的方式向他传达资料内容。"

在我国有类似的权利规定,但与联合国并不完全相同。根据我国相关法律规定,该权利在我国表现为:第一,在第一次对未成年犯罪嫌疑人讯问时或自采取强制措施之日起,公安机关应当告知未成年人及其法定代理人有关诉讼权利和义务,告知其享有委托辩护人权、法律援助权。对于委托辩护人权、法律援助权在审查起诉、审判阶段都会被再次告知。第二,人民检察院可以应未成年犯罪嫌疑人家属的要求,告知其审查逮捕、审查起诉的进展情况,并对有关情况予以说明和解释。第三,应告知在押的未成年犯罪嫌疑人,在其同其法定代理人、近亲属等进行会见、通话时,不得有串供或者其他妨碍诉讼的内容。第四,人民检察院应告知其享有对不起诉决定的申诉权。告知其附条件不起诉决定及其考验期限,在考验期内应当遵守的规定和违反规定应负的法律责任,以及可以对附条件不起诉决定提出异议。第五,人民法院要讲明起诉书中被指控的罪行和有关法律规定,并告知其审判程序和诉讼权利、义务。第六,讯问未成年犯罪人的用语应当准确易懂。根据上述内容,我们发现我国的法律规定与联合国有以下不同:第一,虽然规定要将相关内容告知犯罪少年,但并未强调犯罪少年为直接告知对象,甚至存在告知家属而不告知少年的情形。如《六部委配套工作体系若干意见》规定"在第一次对未成年犯罪嫌疑人讯问时或自采取强制措施之日起,公安机关应当告知未成年人及其法定代理人有关诉讼权利和义务,在告知其有权委托辩护人的同时,应当告知其如果经济困难,可以向法律援助机构申请法律援助,并提供程序上的保障"。并未特别强调直接告知。《最高检办理未成年人案件的规定》第 10 条:"人民检察院办理未成年人刑事案件,可以应犯罪嫌疑人家属、被害人及其家属的要求,告知其审查逮捕、审查起诉的进展情况,并对有关情况予以说明和解释。"该告知、说明和解释是应未成年犯罪嫌疑人家属的要求,而非未成年犯罪嫌疑人,那么对于未成年犯罪嫌疑人提出此类要求该如何处理,法律并未作出明确规定。第二,对于在诉讼中所采取的语言,我国并未规定在向少年提供正式文件的同时,指控机关要确定该少年是否理解书面文件,是否应作出必要的口头解释。口头解释不应由父母或其他法定监护人,或法律援助人员或其他人员作出。仅规定讯问未成年犯罪人的用语应当准确易懂,这表明我国对此的规定还有些简单。

二、父母或法定监护人、援助人员在场权

父母或法定监护人、援助人员在场权是指进入诉讼程序的犯罪少年所享有

的,父母或法定监护人、援助人员参与到诉讼过程中的权利。父母或法定监护人是心智成熟的成人,较犯罪少年更有能力判定对少年的法律适用和所采取的措施是否适当,在情感上犯罪少年与之更为亲近,在诉讼过程中,父母或法定监护人的在场,少年在心理上会得以安抚,情感上得以支持,更能安心参与诉讼,收到更好的诉讼效果。《意见10》第54条规定:"委员会建议缔约国依法明确规定最大限度地让父母或法定监护人参加对相关儿童的诉讼。这种参加应当在总体上有助于对儿童触犯刑法的行为采取有效的应对措施。"尤其是当少年被剥夺自由时,这一情形及其后续结果更应被父母或其他监护人得知。正如《北京规则》第10条第1款规定的:"一俟逮捕就应立即将少年犯被捕之事通知其父母或监护人,如无法立即通知,即应在随后尽快通知其父母或监护人。"法律或其他援助人员具有相关的专业知识,其目的就是保护犯罪少年的合法权利,为此,在诉讼程序中理应在场。《意见10》指出:"在这一不拖延的情况下进行的决策程序的过程中,法律援助人员或其他恰当援助人员必须在场。这些人员的在场不应限于法院或其他司法机构的审理,而是还应适用于这一从警方询问(审问)相关儿童开始的程序的所有其他阶段。"对于父母的参与也有排除情形,当父母或其他监护人有虐待少年,唆使、强迫少年犯罪的行为时,其参与权将被限制或排除。《儿童权利公约》第40条第2款规定:"(B)所有被指称或指控触犯列法的儿童至少应得到下列保证:(三)……并且须有其父母或法定监护人在场,除非认为这样做不符合儿童的最大利益,特别要考虑到其年龄或状况;……"《北京规则》第15条第2款:"父母或监护人应有权参加诉讼,主管当局可以要求他们为了少年的利益参加诉讼。但是如果有理由认为,为了保护少年的利益必须排除他们参加诉讼,则主管当局可以拒绝他们参加。"我们认为,在讯问、审判中,父母或法定代理人等成年人到场,是为了弥补未成年人心智不成熟、社会经验不足的状况,安抚未成年犯罪人紧张、恐惧的心理,维护未成年人的合法权益,并使其能顺利参与诉讼,此人首先应该是被未成年犯罪人信任的人,如果存在法定代理人虐待未成年犯罪人的现象,由此法定代理人到场,很难给未成年犯罪人带来安全感、信任感,也很难实现规定此权利的初衷。为此,联合国文件就将对未成年犯罪人有虐待行径的法定代理人排除在到场权之外,这样的规定也符合儿童利益最大化的精神。我国也建立了合适成年人参与制度,该部分内容将在后文阐述。

三、与家人保持联系权

与家人保持联系权,是指被剥夺自由的少年享有通过邮件和探访与家人保持联系的权利。被剥夺自由的少年,是指被拘留、逮捕或正被执行监禁刑的少年。与家人保持联系具体表现为,被剥夺自由的少年可以与父母或其他家人通信,符合特定条件的少年可以探视父母或其他家人,父母或其他家人也有权探视少年。联合国甚至认为,为了便利少年的探访,少年应当被安置在尽可能邻近其家人的设施内。《意见 10》第 87 条规定:"被剥夺自由的所有儿童都有权通过邮件和探访与家人保持联系。为了便利探访,儿童应当被安置在尽可能邻近其家人的设施内。可能限制这种联系的例外情况应当在法律中有明确规定,而不应当任由主管当局自行断夺。"

在我国该权利包括以下内容:第一,案件被移送审查起诉的在押的未成年犯罪嫌疑人,当符合下述条件时,可与法定代理人、近亲属等见面、通话:(1)案件事实已基本查清,主要证据确实、充分,安排会见、通话不会影响诉讼活动正常进行;(2)未成年犯罪嫌疑人有认罪、悔罪表现,或者虽尚未认罪、悔罪,但通过会见、通话有可能促使其转化,或者通过会见、通话有利于社会、家庭稳定;(3)未成年犯罪嫌疑人的法定代理人、近亲属对其犯罪原因、社会危害性以及后果有一定的认识,并能配合司法机关进行教育;(4)法定代理人、近亲属等与本案无牵连;(5)经公安机关同意。第二,案件审理之中的未成年被告人。第三,被监禁的未成年犯可与亲属通电话;亲属可定期探视,会见次数和会见时间均比成年犯适当放宽,表现突出的未成年犯可获得更多的被探视机会;当家庭发生直系亲属病重、死亡以及其他重大变故时,有回家探望的权利。与法定代理人、近亲属等见面、通话不仅尊重了未成年人的身心特点和人格尊严,也有利于通过亲情感化、教育转化未成年犯罪人。

四、聘请诉讼代理人权

由于刑事诉讼诉讼的专业性和复杂性,不具备法律专业素养的犯罪嫌疑人很难顺利完成诉讼,公正合法地享受法定权利和履行法定义务。为此,他们往往通过聘请诉讼代理人,授权他们行使诉讼代理权,代为诉讼。对于犯罪嫌疑人、被告理应享有聘请诉讼代理人的权利;对于身心不成熟,知识、社会经验不足的少年尤为重要。为此,《意见 10》指出:"受到讯问的儿童必须能够同法律代理人或其他恰当代理人接触……"《北京规则》第 15 条第 1 款同样规定:"在整个诉讼程序中,少年应有权有 1 名法律顾问代表……"。在我国,犯罪少年也享有聘请诉讼代理人权,并且规定司法机关有义务告知少年和法定代理人享有该权利。

五、法律援助权

法律援助权是指在整个诉讼程序中,犯罪少年享有无偿得到法律专业人员援助的权利。此处的法律专业人员通常指拥有律师资格的律师。当进入诉讼程序的少年,没有聘请律师,少年有权申请法律援助或国家有关部门应当为其提供法律援助。《北京规则》第 15 条第 1 款指出:"在整个诉讼程序中,少年应有权有 1 名法律顾问代表,或在提供义务法律援助的国家申请这种法律援助。"对少年而言,法律援助是免费的,法律援助人员的报酬通常由各国财政支出。法律援助权贯穿于诉讼程序的整个过程,《儿童权利公约》和《意见10》认为对于被拘留、逮捕、监禁的儿童,都有权迅速获得法律援助。

在我国,该权利的内容包括:第一,公检具有法定的告知义务。公安机关和检察院在告知未成年人及其法定代理人有权委托辩护人的同时,应当告知其如果经济困难,可以向法律援助机构申请法律援助,并提供程序上的保障。其告知的程序为:(1)公安机关在第一次对未成年犯罪嫌疑人讯问时或自采取强制措施之日起;(2)人民检察院在审查批捕和审查起诉阶段。第二,公检具有法定的帮助义务,即对于提出委托辩护人意向,但因经济困难或者其他原因没有委托的未成年犯罪嫌疑人及其法定代理人,公安机关、人民检察院应当依法为其申请法律援助提供帮助,书面通知法律援助机构指派律师为其提供辩护。第三,人民法院具有法定的指定职责,即对于开庭时没有委托辩护人的未满18周岁的未成年被告人,人民法院应当指定承担法律援助义务的律师为其提供辩护。第四,法律援助机构具有法定的义务。(1)优先审查的义务。对于未成年犯罪嫌疑人、被告人及其法定代理人的法律援助申请,法律援助机构应当优先审查。(2)提供法律援助的义务。提供法律援助的对象包括审查符合条件的未成年犯罪嫌疑人、被告人以及被法院指定辩护的未成年被告人。由上述内容可见,该权利的实现有赖于公检法以及法律援助机构法定义务的履行。

六、其他援助权

犯罪少年在诉讼程序中,除法律援助外,还可能需要心理、医疗等各类援助,这些援助是少年顺利参与诉讼,保证诉讼质量,处理过程和结果公正合法,有利于少年矫正、成长的重要保障。为此,除法律援助之外的心理、医疗等其他援助权也是犯罪少年的权利,有权免费享有。正如《意见10》第49条所指出的:"《儿童权利公约》的确要求向相关儿童提供援助,此种援助不一定在所有情况下都是法律上的援助,但此种援助必须恰当。如何提供此种援助,由缔约国酌情决定,但该援助应当免费提供。"《北京规则》也指出,被监禁的少年应接受按照他们的年龄、性别和个性所需要的照顾、保护和一切必要的社会、教育、职业、心理、医疗和物质方面的个人援助。在我国,犯罪少年也享有医疗权,在刑罚执行中,也有心理矫治的内容,但心理援助权并未在法律中予以规定,也没有贯穿于刑事诉讼程序的始终;实践中,北京、山东等一些省市的检法部门正在进行心理援助的尝试。

七、不得自证其罪权

我国已签署的《公民权利和政治权利国际公约》规定:"凡受刑事指控者,不得被强迫做不利于自己的证言或者被强迫承认犯罪。"这项内容在《儿童权利公约》中同样做出了规定,并在《意见 10》中进行了具体化。所谓"不得自证其罪权"是指犯罪少年所享有的,在诉讼中不得被强迫提供不利于自己的证言或者承认犯罪的权利。要保证犯罪少年不得自证其罪权的实现,需要限制司法机关的权力,不能为使少年供认或认罪,而对少年采取毒打、不给饭吃、不让睡觉、连续审问等酷刑及其他残忍、不人道或有辱人格的待遇。同时,鉴于少年心智的不成熟,容易相信他人,想念家人的特点,也不可对少年采取恐吓、诱审手段。为此,此处"强迫"的手段应广于成年犯罪人,具体包括酷刑及其他残忍、不人道或有辱人格的待遇,也包括利用少年身心不成熟而进行的恐吓、诱审等。凡是利用强迫手段获取的证据应为非法证据,不得作为证据使用,证据的合法性证明责任应当由司法机关承担,依法追究强迫人的刑事责任,同时配套国家和刑事赔偿制度。也就是说,"不得自证其罪权"的实现需要建立相应的非法证据排除制度、举证责任倒置制度、追究责任人刑事责任、国家和刑事赔偿制度等限制司法权力。《意见 10》第 56 条规定:"依照《公民权利和政治权利国际公约》第十四条第三款,《儿童权利公约》规定,儿童不得被迫提供证言或承认犯罪。"这首先意味着——不言而喻——为使人供认或认罪而实施酷刑及其他残忍、不人道或有辱人格的待遇,构成对儿童权利的严重侵犯,而且是完全不能接受的。任何此种供认或认罪都不得作为证据。《意见 10》在第 57 条进一步指出:"还有许多其他迫使或促使儿童供认或自证其罪的残暴程度较低的手段。'强迫'一词应当作广义解释,因而不应仅限于武力或其他明显侵犯人权的行为。儿童的年龄,儿童的身心发育情况,审问持续的时间,儿童的判断能力缺乏,担心某种后果或在被暗示可能遭受监禁之后感到惧怕等,都可能使儿童作出不符合真实情况的供认。如果作出诸如'只要你告诉我们真实情况,你就可以马上回家'等允诺,或者答应从宽处理或将人释放,就更可能出现这种结果。"我国《刑事诉讼法》第 50 条规定:"审判人员、检察人员、侦查人员必须依照法定程序,收集能够证实犯罪嫌疑人、被告人有罪或者无罪、犯罪情节轻重的各种证据。严禁刑讯逼供和以威胁、引诱、欺骗以及其他非法方法收集证据,不得强迫任何人证实自己有罪。"可见,我国也规定了不得自证其罪权;不过,并没有对少年犯罪人作出有别于成年犯罪人不同的规定。鉴于少年心智发育的不成熟,对少年的不得自证其罪权应作出更为详尽的规定。

八、隐私被充分尊重权

《儿童权利公约》第 40 条第 2 款规定:"(B) 所有被指称或指控触犯列法的儿童至少应得到下列保证:……(七) 其隐私在诉讼的所有阶段均得到充分尊重。"《北京规则》第 8 条第 1 款规定:"应在各个阶段尊重少年犯享有隐私的权利,以避免由于不适当的宣传或加以点名而对其造成伤害。"为了保护犯罪少年免受任何歧视,使其能够和其他少年一样享有平等的就学、就业以及其他生存、发展的权利,犯罪少年的隐私应当被充分尊重,是联合国少年司法文件和我国有关少年司法的法律规定中的重要内容。这些内容体现在身份信息的保密、案件的不公开审理、犯罪档案的封存、消灭等许多方面,并且贯穿于整个诉讼阶段中。

（一）少年身份信息的保密

第一,所有接触过少年案件或档案的人员不得透露少年的身份信息。《北京规则》第 8 条第 2 款规定:"原则上不应公布可能会导致使人认出某一少年犯的资料。"我国规定公检法司在办理未成年人刑事案件过程中,应当对涉案未成年人的资料予以保密,不得公开或者传播涉案未成年人的身份信息。第二,少年犯罪案件一般不做新闻报道,例外报道不能使外界从中得知或推论出少年的身份。对于侵犯隐私的新闻记者要予以纪律或刑事处罚。《意见 10》第 64 规定:"儿童有权要求其隐私在诉讼的所有阶段都得到充分尊重这项规定,体现了《儿童权利公约》第 16 条规定的隐私受到保护的权利。……在这种特定情形中,这项权利旨在避免不适当的宣传或描述造成的伤害。……这意味着,主管机构在发布与据称系儿童所犯罪行相关的新闻稿方面应当谨慎从事,只有在非常例外的情况下才发布新闻稿。主管机构必须设法确保人们无法通过这些新闻稿知道相关儿童的身份。侵犯触犯法律的儿童的隐私权的新闻记者应当受到纪律处分,并在必要时(例如一旦再次侵犯隐私权)受到刑法制裁。"对此,我国法律规定新闻报道、影视节目、公开出版物、网络等不得公开或传播未成年犯罪人的姓名、住所、照片、图像以及可能推断出该未成年人的其他资料。对在押未成年犯的采访、报道,须经省、自治区、直辖市监狱管理局批准,且不得披露其身份信息。对违反单位,广播电视管理及新闻出版等部门应当提出处理意见,作出相应处理。目前,我国媒体比较重视未成年犯罪人的身份保密问题,在报道相关案件时,总是会隐去有关未成年犯罪人身份信息的内容。但也存在少量社会影响大的未成年人犯罪案件,媒体并没充分保护的现象,也未见对这些媒体处理的相关报道。可见,我国在此方面还需加强。

（二）案件一般不公开审理

少年案件的审判一般不公开进行,非参加庭审的司法人员、诉讼参与人不得进入法庭,除非特别允许的专家或其他人员。少数例外,应当严格限制,并需由法律明确规定、经法庭书面裁决。判决不得暴露少年身份。《意见 10》第 66 条指出:"委员会建议所有缔约国实行以下规则:对触犯法律儿童的庭审和其他审讯以非公开方式进行。这项规则的例外应当非常有限,并且应由法律明确规定。判决/宣判应当在不透露相关儿童的身份的前提下在法庭公布。"目前,对于我国未成年人刑事案件不公开审理的内容,《预防未成年人犯罪法》《刑事诉讼法》《六部委配套工作体系若干意见》和《最高法审理未成年人案件的解释》分别对之予以了规定,其中,这些规定的一致之处是:第一,未满 18 周岁的案件,原则上不公开审理;第二,公开审理的案件,需满足四个条件:(1) 参加人员须经未成年被告人及其法定代理人同意;(2) 参加人员仅为未成年被告人所在学校和未成年人保护组织的代表;《刑事诉讼法》第 274 条规定"审判的时候被告人不满十八周岁的案件,不公开审理。但是,经未成年被告人及其法定代理人同意,未成年被告人所在学校和未成年人保护组织可以派代表到场";(3) 到庭人数和范围须经法院同意;(4) 不是需要封存犯罪记录的案件。《最高法审理未成年人案件的解释》第 467 条第 2 款规定:"对依法公开审理,但可能需要封存犯罪记录的案件,不得组织人员旁听。"第三,有条件的公开宣判。根据我国法律的规定,对于对未成年人刑事案件的宣告判决应当公开进行,但有如下限制性条件:(1) 不得采取召开大会等公开范围过大的形式。(2) 对依法应当封存犯罪记录的案件,不得组织人员旁听;如有旁听人员在场,法庭应当告知其不得传播案件信息。但如旁听人员进行了传播该如何处理,法律并没有作出规定。另外,除上述一致内容外,目前的规定也有不严谨之处,这表现在《六部委配套工作体系若干意见》与《刑事诉讼法》《最高法审理未成年人案件的解释》,在有关审理未满 16 周岁的未成年人刑事案件时,如果满足公开审理条件,是否允许公开审理的规定并不明确。《六部委配套工作体系若干意见》第 10 条规定:"对开庭审理时未满 16 周岁的未成年人刑事案件,一律不公开审理。对开庭审理时已满 16 周岁未满 18 周岁的未成年人刑事案件,一般也不公开审理。"如按此规定,未满 16 周岁的未成年人刑事案件即使满足公开审理条件,也不允许公开审理。否则,没有分年龄段规定的必要。而《最高法审理未成年人案件的解释》就没有进行年龄段的分类,其第 467 条第 1 款规定:"开庭审理时被告人不满 18 周岁的案件,一律不公开审理。经未成年被告人及其法定代理人同意,未成年被告人所在学校和未成年人保护组织可以派代表到场。"所以,对于满足公开审理条件的未满 16 周岁的未成年人刑事案件,到底可不可以公开审理,就出现了法律规定模糊的现象,虽然《六部委配套工作体系若干意见》的法律地位不如《刑事诉讼法》,但这种规定前后不一致的现象还是会削弱法律的科学性和权威性,给司法操作造成困扰。

（三）犯罪档案、记录保密、封存与消灭

联合国少年司法文件规定犯罪少年的档案应被严格保密,非处理过本案的司法人员或其他经授权的人员不得查阅。释放时,记录被封存;并建议释放后的少年 18 岁以后,其犯罪记录被消灭,除非是重罪少年或累犯。对于重罪少年儿童权利委员会也建议,其犯罪记录也可经少年请求而被消灭。其犯罪记录不得在其后的成人诉讼案中加以引用,也不可在毕业文凭或学历证明上有所显现。《东京规则》第 19 条规定:"所有报告包括法律记录、医疗记录和纪律程序记录以及与待遇的形式、内容和细节有关的所有其他文件,均应放入保密的个人档案内,该档案应不时补充新的材料,非特许人员不得查阅,其分类编号应使人一目了然。释放时,少年的记录应封存,并在适当时候加以销毁。"《意见 10》第 67 条:"委员会还建议缔约国实行以下规则:对于曾经犯罪的儿童,在年满 18 岁之后,可以自动将其姓名从犯罪记录中删除;对于某些有限的、严重的犯罪,经相关儿童请求可以删除其姓名,但在必要时可附加某些条件(例如在上次判罪之后的两年内未曾重新犯罪等)。"《哈瓦那规则》第 40 条规定:"向拘留所内的少年颁发毕业文凭或学历证明时,不应以任何方式表示该少年曾受拘留教养。"

　　我国对犯罪时未满 18 周岁的未成年人,实行有条件的犯罪记录封存,其所谓"有条件":(1)是指记录封存对象仅为被判处 5 年有期徒刑以下刑罚的未成年人;(2)办案的司法机关和符合规定的单位有权查询,但他们具有保密义务;(3)前科不报告。与犯罪记录封存相对应,我国采取未成年人有条件的前科不报告制度,对于犯罪时未满 18 周岁,被判处 5 年有期徒刑以下刑罚的未成年人,可在其入伍、就业的时候,不向有关单位报告自己有过刑事处罚的经历。可见,我国有关犯罪记录封存与前科不报告的内容不同于联合国的规定。联合国规定所有犯罪少年的档案被严格保密,释放时,记录被封存,没有刑期的限制。对于前科,联合国建议实行前科消灭制度,除非是重罪少年或累犯。即使是对于重罪少年,儿童权利委员会也建议,其犯罪记录也可经少年请求而被消灭。除此之外,联合国还规定犯罪少年的档案不得在其后的成人诉讼案中加以引用。我国对此并未作出规定。

　　(四)少年与家人、援助人员等的书面或口头通信也应当保密

　　少年与家人、援助人员等的书面或口头通信也属于隐私保护的范畴,应当被保密。《意见 10》第 50 条指出:"《公民权利和政治权利国际公约》第 14 条第 2 款(乙)项规定,相关儿童及其援助人员必须有足够的时间和便利准备辩护。相关儿童与其援助人员之间的通信,不论是书面还是口头通信,应当在以下条件下进行:此种通信的机密性按照《儿童权利公约》第 40 条第 2 款(b)项第(七)目所载保障规定,并按照儿童有权受到保护以使其隐私权和通信不受妨害的规定(《儿童权利公约》第 16 条),得到充分尊重。"

　　(五)隐私被充分尊重权体现在"诉讼的所有阶段",甚至结束后

　　该权利体现在"诉讼的所有阶段",甚至结束后。所谓"诉讼的所有阶段",即整个诉讼程序,从司法人员初次接触犯罪少年到最终裁决,直至刑罚执行完毕。《意见 10》第 64 条规定:"……'诉讼的所有阶段',是指从与执法机构人员初次接触(例如讯问相关情况和身份)直到主管机构作出最终裁决,或解除监督、结束拘留获释或被剥夺自由等各个阶段……"从上述内容我们发现,少年隐私权在诉讼程序结束后仍被尊重,即其犯罪记录被封存,非特别条件不得查阅;当条件适当时,犯罪记录可被消灭。

　　综上所述,隐私被尊重权是指犯罪少年在诉讼的所有阶段中,甚至结束后,

所享有的身份信息、书面或口头通信保密,案件不公开审理,犯罪记录封存、消灭的权利。

九、发表意见权

《儿童权利公约》第12条规定:"缔约国应确保有主见能力的儿童有权对影响到其本人的一切事项自由发表自己的意见,对儿童的意见应按照其年龄和成熟程度给以适当的看待。"本条明确指出少年享有对影响本人事项自由表达意见的权利。《意见10》第43条指出:"《儿童权利公约》第12条第2款规定,儿童应当有机会在影响到儿童的任何司法和行政诉讼中,以符合国内法诉讼规则的方式,直接或通过代理人或适当机构陈述意见。"该条表明儿童不仅可以直接表达意见,也可以通过代理人或适当机构表达自身意见。第44条规定:"显然,对一名被指称、指控或经确认触犯了刑法的儿童来说,陈述意见的权利对于进行公正审理至关重要。同样清楚的是,只要符合儿童的最大利益,该儿童有权直接陈述意见,而并非只是通过代理人或适当机构陈述意见。这项权利必须在相关程序的所有阶段都得到充分尊重,这一程序从审前阶段开始,在这一阶段,相关儿童有权保持沉默,也有权向警方、公诉人和预审法官陈述意见。这项权利也适用于审理的各个阶段以及裁定采取的措施的执行阶段。"从上述规定可见,犯罪少年所享有的发表意见权包括:第一,发表意见权对犯罪少年非常重要;第二,犯罪少年既可以直接发表意见,也可以通过代理人或适当机构表达,但不一定非要通过代理人或机构表达。第三,少年享有对记录和决定提出不同意见的权利。这包括对裁定的异议,对书面证据,笔录、记录的异议,如被矫正的少年有权对矫正期间的档案记录提出异议。被剥夺自由的少年享有就其被剥夺自由一事之合法性提出不同意见的权利。《儿童权利公约》第37条规定:"缔约国应确保:……(D) 所有被剥夺自由的儿童……并有权向法院或其他独立公正的主管当局就其被剥夺自由一事之合法性提出异议……"第四,发表意见权贯穿于整个少年司法程序,即从执法人员与少年接触开始直至措施执行阶段。《北京规则》第14条规定:"诉讼应当在谅解的气氛中进行,以便使少年能够进行参与并自由地表达意见。"该条确定了诉讼中的少年自由表达意见的条件。由此可见,"发表意见权"是指少年有权就影响自身的事项直接发表意见,他也有权通过代理人或适当机构陈述意见,尤其是卷入诉讼之中的少年;该项权利在整个少年司法程序中都应被尊重和落实。有关部门应为少年自由表达意见创造条件。

在我国,未成年犯罪嫌疑人、被告人同样享有的对自身案件表达意见的权利。由于未成年犯罪嫌疑人、被告人的法定代理人、辩护律师、诉讼代理人及其他合适成年人参与诉讼的目的之一,是为了在合法范围内,保护未成年犯罪嫌疑人、被告人的权利,其所对案件发表的意见也应视为未成年犯罪嫌疑人、被告人发表意见权的范畴。未成年犯罪人的发表意见权,除了在诉讼中就接受处理的自身行为进行有罪供述,无罪、罪轻辩解外,还包括以下内容:(1)对附条件不起诉决定、讯问笔录提出异议。(2)在附条件不起诉的听证会上发表意见。(3)对是否适用简易程序、社会调查报告等发表意见。(4)审判中的最后陈述权。最后陈述权是刑事被告的重要权利,它有利于法官的公正裁判、被告人的情感宣泄和人格的被尊重。作为未成年被告人,虽然其心智发育并未完全成熟,但他们已经具有表达能力,能够就自身犯罪行为和诉讼程序发表感想、观点,理应享有表达权利。正如前文指出,《儿童权利公约》专门规定:对一名被指称、指控或经确认触犯了刑法的儿童来说,陈述意见的权利对于进行公正审理至关重要。另外,只要符合儿童的最大利益,该儿童有权直接陈述意见,并非只是通过代理人或适当机构陈述意见。最后陈述权正是该项内容,尤其是未成年犯罪人直接表达意见的具体体现。明确规定未成年犯罪人有对自身案件直接发表意见,而非通过法定代理人或者辩护律师、其他人员表达的权利,是对未成年犯罪人的尊重,也有利于其认罪伏法。(5)鉴于未成年人心智的不成熟和最后陈述的重要价值,除未成年被告人最后陈述外,法定代理人可以进行补充陈述。《刑事诉讼法》第270条规定:"审判未成年人刑事案件,未成年被告人最后陈述后,其法定代理人可以进行补充陈述。"同理,法定代理人与未成年犯罪人同时享有对附条件不起诉决定、讯问笔录的异议权,在附条件不起诉的听证会上发表意见权,对是否适用简易程序、社会调查报告等发表意见的权利。(6)法定代理人还可就办案人员在讯问、审判中侵犯未成年人合法权益的现象,检察机关是否应作出附条件不起诉的决定,审查起诉发表意见。(7)辩护律师也可就上述绝大多数的程序发表意见,除此之外,他还就审查批准逮捕、决定逮捕享有独立发表意见的权利。《刑事诉讼法》第269条规定:"人民检察院审查批准逮捕和人民法院决定逮捕,应当听取辩护律师的意见。"辩护律师以其法律的专业性在维护未成年犯罪人的合法权利、制衡司法机关的权力滥用,保障司法公正方面发挥着重要作用,为此,在少年司法制度中,越来越重视发挥辩护律师的作用,尤其是在一些关键程序中,辩护律师的意见成为不可或缺的内容。为此,《加强未检工作的决定》第14条专门指出,检察机关要建立听取律师意见制度,认真听取律师关于无罪、罪轻或者无批捕、起诉必要的意见。(8)未成年犯罪人的发表意见权贯穿于刑事诉讼程序的始终。从其被公安机关问讯开始,到刑罚执行阶段,他都可以就其案情发表意见。

十、语言使用被协助权

语言使用被协助权,当犯罪少年不懂或不会说少年司法系统所用的语言或者有语言障碍时,该犯罪少年享有口译员免费协助或以手语、其他语言交流形式协助的权利。语言使用被协助权有四方面的含义：（1）针对的对象是进入少年司法系统的不懂或不会说少年司法系统所用的语言或有语言障碍的少年。进入少年司法系统的犯罪少年可能是少数民族、外籍少年，他们的语言与少年司法系统所用的语言不一样，没办法获取必要信息、进行交流和意见表达，此时，少年司法组织应安排口译员协助其顺利完成诉讼。同样，犯罪少年还可能存在聋哑、不识字等语言障碍现象，少年司法组织也应为其安排手语协助员或其他语言形式的交流人员。《儿童权利公约》第 40 条第 2 款指出："（六）若儿童不懂或不会说所用语言，有权免费得到口译人员的协助。"《意见 10》第 63 条规定："委员会还愿提请缔约国关注有语言障碍或其他残疾的儿童。按照第 40 条第 2 款（b）项第（六）目的精神，并依据第 23 条所载向残疾儿童提供的特别保护措施，委员会建议缔约国确保有语言障碍或其他残疾的儿童得到训练有素的专业人员的充分、有效的协助，例如，在此种儿童经历少年司法程序过程中，向其提供手势语协助。"（2）语言使用被协助权不仅只存在于法庭审判之中，而是贯穿于整个少年司法程序中。（3）所提供的协助是免费的。（4）语言协助人员应当接受必要的培训。很多少年对语言的理解和使用，有别于成年人，如果语言协助员不懂得少年语言理解和使用的特点，就可能不能准确地提供语言协助，从而无法实现规定此项权利的目的：使少年准确、充分理解法律规定和适用，积极保护自身权利，公正合理地处理案件，顺利完成诉讼程序。对此权利，我国《刑事诉讼法》规定对于不通晓当地通用语言文字的未成年犯罪人，人民检察院应当为其聘请通晓当地通用语言文字的人员进行翻译。讯问聋、哑的少年犯罪嫌疑人，应当有通晓聋、哑手势的人参加，并且将这种情况记明笔录。

十一、迅速裁定权

迅速裁定权，是指被剥夺自由的少年享有就其被剥夺自由一事之合法性迅速得到裁定的权利。《儿童权利公约》第 37 条规定："缔约国应确保：（D）所有被剥夺自由的儿童……并有权向法院或其他独立公正的主管当局就其被剥夺自由一事之合法性提出异议，并有权迅速就任何此类行动得到裁定。"联合国少年司法基本原则之一就是严格限制监禁，以避免因剥夺少年自由而带来的诸多危害性。为限制剥夺自由现象，制约司法权的滥用，当某少年的自由被剥夺时，该少年理应有权提出不同意见，对该异议有关部门应当在最短的时间内作出是否继续剥夺自由的裁定。这个最短的时间并非一种概括性规定，而是应在各国法律中规定确定的时间。正如《意见 10》第 83 条指出："任何被捕和被剥夺自由的儿童都应当在 24 小时内提交有主管权的政府部门，以审查（持续）剥夺自由行动的合法性。委员会并建议，缔约国拟定严格的法律条款来保证，审判前拘禁的合法性受到定期审查，最好是每两星期审查一次。如果不可能有条件释放儿童（例如通过采用替代措施），儿童就应当依据所指控的罪行受到正式起诉，并在审判前拘禁发生的 30 天之内面对法院或其他有权的、独立的和无偏颇的主管当局或司法机构。因各国法院存在审理暂停的惯例（经常不止一次），委员会促请缔约国颁布必要的法律条款，保证法院/青少年司法法官或其他主管的机构在受理起诉之后不超过六个月的时间里对起诉作出最后裁决。"第 84 条规定："得到迅速裁决的权利是指裁决必须尽可能早作出，例如在提出质疑之后的两星期内或不超过两星期的时间里。"

十二、案件快速办理权

我国法律规定了与迅速裁定权相类似的案件被快速办理权。为了减少刑事诉讼对未成年人的不利影响，对未成年人刑事案件，公检法司应当在依照法定程序办案和保证办理案件质量的前提下，尽量迅速办理。这既是未成年犯罪人所享有的权利，也是公检法司应尽的义务。人民检察院为了更好地实现该权利，在《加强未检工作的决定》对快速办理案件提出了一些具体要求和措施，如对未成年犯罪嫌疑人被羁押的案件，要严格控制补充侦查和延长审查起诉的次数和期限，尽可能快地办结案件。对未被羁押的案件，也应当加快办理速度，避免不必要的拖延。当然，快速办理的前提一定是程序合法，并且保证办案质量。

十三、合理需求被满足权

合理需求被满足权，是指被剥夺自由的少年享有接受医疗护理、设施和服务满足健康和尊严、娱乐休闲、宗教信仰自由以及与外界保持联系等合理需要被满足的权利。《意见 10》第 89 条指出："委员会谨强调指出，尤其应特别强调的是，在所有剥夺自由的案例中，都需要遵守以下原则和规则：儿童应当能够有符合居住安置、教养目的之物质环境和居住地，必须适当考虑其对于隐私、引起感官活动的物体、与同侪交往的机会、参加体育、身体锻炼和艺术以及休闲活动的需求；所有儿童在进入拘押/教改设施之时都有权得到医生的检查，而且在守留在这类设施的全部时间里都应当得到适当的医疗护理，护理应当尽可能由当地的保健设施和服务部门提供；这类设施的工作人员应当鼓励和便利儿童与外界的经常接触，其中包括与儿童家庭、朋友和其他人，以及受尊敬的外部各类组织代表的沟通……"

十四、受教育权

为了保证被剥夺自由的少年能够重返社会，适应社会生活，他们有权接受教育和职业培训。受教育权，是指被羁押和执行刑罚的犯罪少年所享有的接受教育的权利，这包括重视犯罪少年接受教育的权利；没有完成义务教育的犯罪少年,有权继续接受义务教育;除此之外,犯罪少年还应接受文化知识、法律知识、成人高等教育或者职业技术教育,司法机关应为犯罪少年提供教育条件。其教育经费由国家保障,金额应高于成年犯罪人。《意见10》第89条指出:"所有属于义务规定的学龄儿童都有权接受适合其需求和能力、为其回归社会作准备的教育;此外,所有儿童在适当时都应当接受有可能为其今后就业作准备的相关职业的职业培训。"我国《未成年人保护法》《预防未成年人犯罪法》《社区矫正实施办法》《未成年犯管教所管理规定》等也对之进行了规定。如《未成年人保护法》第57条第2款规定:"羁押、服刑的未成年人没有完成义务教育的,应当对其进行义务教育。"《未成年犯管教所管理规定》对未成年犯的文化教育、职业教育都作出了详细的规定。

【本章小结】

本章阐述了联合国、我国有关少年司法的法律体系以及犯罪少年的权利。联合国和我国有关少年司法的法律都是由一系列适用对象广泛到具体的法律体系构成。《儿童权利公约》中对少年司法直接作出规定的内容包括少年司法制度所要遵循的准则以及少年司法制度中儿童的权利。《意见10》共包括七大部分:导言;本项一般性意见的目的;少年司法:一项综合政策的主导原则;少年司法:一项综合政策的核心内容;少年司法的组织工作;提高认识和培训以及数据的收集、评估和研究。《北京规则》是第一份全面详细地规定了少年司法管理应以儿童权利和儿童发展为中心的国际文件。《哈瓦那规则》为任何剥夺少年自由的机构提供了适用标准。我国少年司法的法律可以根据不同的标准予以不同的分类,根据所调整的犯罪行为的性质,我国少年犯罪法律分为调整少年刑事犯罪的法律、调整少年违法行为的法律以及调整少年不良行为的法律。根据法律所调整的内容,少年司法法律分为实体规则、程序规则、组织规则、执行规则和混合规则。《未成年人保护法》中有关少年司法的规定包括对违法犯罪的未成年人实行教育、感化、挽救的方针;坚持教育为主、惩罚为辅;依法从轻、减轻或者免除处罚;照顾其身心发展特点,尊重其人格尊严;享有多种权利并保障其合法权益;案件办案办理组织专门化;法定代理人或者其他人员应当到场;分管分押;保障其完成义务教育,复学、升学、就业不受歧视;身份保密;给予特殊、优先保护以及未成年人不分性别、民族、种族、家庭财产状况、宗教信仰等,依法平等地享有权利等内容。我国《刑法》专门涉及少年犯罪的规定共5条,这包括:第一,有关刑事责任年龄的规定;第二,明确指出已满14周岁不满18周岁的人犯罪,应当从轻或者减轻处罚;第三,对不满16周岁不予刑事处罚的未成年人,可以采取责令家长或者监护人加以管教或政府收容教养的办法;第四,少年犯罪人刑罚适用的宽缓。第五,犯罪时不满18周岁被判处五年有期徒刑以下刑罚的人,免除前科报告义务。《最高法审理未成年人案件的解释》规定了未成年被告人的年龄,对未成年人实施的某些行为的罪与非罪、此罪与彼罪的认定,对未成年罪犯的减刑与假释等内容。我国少年刑事犯罪程序规则的内容与特色包括:体例相对独立,特别强调"教育、感化、挽救"的方针和"教育为主、惩罚为辅"的原则,重视未成年犯罪人的诉讼权利、严格限制适用逮捕等方面的规定,增加了社会调查、成年人在场、附条件不起诉以及犯罪记录封存等新的诉讼制度,对未成年犯罪嫌疑人的讯问进行了专门规定等内容。根据联合国和我国的规定,法律赋予犯罪少年许多权利,本章论述了迅速和直接知悉权,父母或法定监护人、援助人员在场权,与家人保持联系权,聘请诉讼代理人权,法律援助权,其他援助权,不得自证其罪权,隐私被充分尊重权,发表意见权,语言使用被协助权,迅速裁定权,案件快速办理权,合理需求被满足权和受教育权。

【关键术语】

《儿童权利公约》《意见 10》《哈瓦那规则》《未成年人保护法》 少年刑事犯罪实体规则　少年刑事犯罪程序规则

【推荐阅读与学习资源】

1. 联合国文件:《意见 10》

2. 联合国文件:《北京规则》

3.《最高法审理未成年人案件的解释》

4.《最高法关于刑诉法的解释》

5.《最高检办理未成年人案件的规定》

6. 姚建龙:《长大成人:少年司法制度的建构》,中国人民公安大学出版社 2003 年版

7. 穆琳·哈里森整理:《少年司法中儿童权利和国际标准问题》,少年维权网,http://www.chinachild.org/b/yj/200.html。

【思考题】

1. 简述少年司法最低限度标准规则的主要内容。

2. 论我国少年刑事犯罪程序规则的内容和特色。

3. 论犯罪少年的隐私被充分尊重权。

4. 论犯罪少年的迅速和直接知悉权。

第五章　少年司法中的特别保护制度(一)

☞ **本章的任务**

- 熟悉和掌握社会调查制度的概念
- 了解和掌握我国少年社会调查制度的实践
- 理解和掌握我国未成年人社会调查制度中存在的问题及其完善对策
- 熟悉和掌握合适成年人参与制度的含义和基本内容
- 了解中外合适成年人参与制度的起源与发展概况
- 理解合适成年人参与制度的正当程序理论
- 熟悉和掌握我国合适成年人参与制度的主要内容
- 熟悉和掌握附条件不起诉制度的含义及其特征
- 了解中外附条件不起诉制度的发展概况
- 理解附条件不起诉制度的主要理论基础
- 熟悉和掌握我国附条件不起诉制度的基本内容

　　少年司法制度的特点在于尊重少年、尊重少年犯罪的特殊性,其宗旨是预防少年再次犯罪和保护犯罪少年,使其顺利回归社会。该特点和宗旨体现在少年司法制度的方方面面,从理念到法律体系,从组织体系到设备的形式、配备;不仅如此,世界各国还建立了一些特别制度,这些制度在成年司法制度中要么完全没有,或者即使存在也有着极大区别,旨在保护少年,我们将之称为少年司法中的特别保护制度。本章论述了社会调查制度、成年人参与制度、附条件不起诉制度、前科消灭制度、少年帮教制度、亲职教育制度等。

第一节　社会调查制度

引例

　　某15岁的初中在读少年经常向其他同学索要零钱,不给就施以暴力或以暴力相威胁。依照我国刑法,这名学生的行为已涉嫌抢劫罪。但通过审前社会调查了解到:该少年学习成绩良好,没有不良记录,只是喜欢网络电子游戏;他的邻居还反映他平时很有礼貌,而且乐于助人。通过以上情况分析,法官最终认为该少年对其暴力威胁行为的违法性和社会危害性没有正确认识,心智很不成熟,根据刑法学上主客观相一致的原则,如定抢劫罪,明显超出其主观故意的范围,因而他的行为应认定为寻衅滋事行为,因其年龄不满 16 周岁,依法不应当认定为犯罪,因此,法院最终对该少年的行为作无罪处理。上述案例中法官对未成年被告人的行为就经历了一个由"此罪"到"彼罪",再从"有罪"到"无罪"的认识和判断过程。这正是进行审前调查的重大意义所在。①

一、社会调查制度的概念

少年是一个特殊的群体,其生理、心理特点决定了少年法律问题具有特殊性。因此,世界上许多国家都制定单独的少年法并设置独立的少年司法组织机构来处理少年犯罪案件。② 在一些西方国家,对少年犯罪甚至有强制性审前社会调查的规定。根据 1984 年《北京规则》,以及我国对未成年犯罪的刑事政策,对少年进行审前社会调查,正确判断及评估其人身危险性,对正确定罪量刑,更好地教育矫正未成年人,具有重要的实践价值和现实意义。目前,我国不少地方在实践中已经开展了未成年人裁决前社会调查工作并取得了一定的效果,但仍存在不少问题,需要探讨和解决。

一般认为,现代审前社会调查制度始于 19 世纪 40 年代的美国缓刑资格调查制度。20 世纪 30 年代,缓刑资格调查才逐渐演变成为量刑提供"量刑前调查报告"(Presentence Investigation Report,PSI)③,从而形成了现代意义上的审前社会调查制度。关于审前社会调查,英美国家的一般具体活动是:在资料收集阶段,缓刑官首先要与被定罪的罪犯进行交谈。此外,还应与所有的可能了解犯罪人情况的人,包括犯罪人的家庭成员、朋友、老师、办案警察、检察官、辩护律师、被害人及其家庭成员、雇主等进行面谈;要尽可能到所有可能保存有犯罪人信息的机构中查阅相关资料。在一些案件中,缓刑官还应该到犯罪案件发生的地方,现场了解与犯罪案件的发生有关的情况。例如到交通肇事的现场了解有关情况等。④ 事实上,我国也有量刑前调查的实践,我国的量刑前调查肇始于未成年人刑事案件。对于少年量刑前调查制度,《北京规则》也明确规定了对未成年人犯罪审前调查的必要,并以此作为判决和量刑的基础。

关于社会调查制度的概念,我国有学者认为:社会调查制度,也称品格调查

---

① 乔继东:《观察与反思:未成年人刑事案件社会调查制度研究》,http://www.jsfy.gov.cn,访问日期 2013 年 12 月 20 日。

② 通常,国际社会有"少年法""少年法院"之说,而在我国习惯用"未成年人"一说。

③ 严格来说,PSI 这个缩写词表面的是 Presentence Investigation(量刑前调查),但是,在大多数英文文献中,这个缩写词也用来指 Presentence Investigation Report(量刑前报告)

④ 吴宗宪:《社区矫正比较研究(上)》,中国人民大学出版社 2011 年版,第 105 页。

制度、人格调查制度、审前调查制度、量刑调查报告制度、判决前调查制度等,即对犯罪人的性格、特点、家庭环境、社会交往、成长经历、犯罪行为特征、事后表现等进行全方位的社会调查,最终对其人身危险性和责任程度进行评估,以此作为法院实施个别化处遇的参考。①

还有学者认为,裁决前的社会调查,也可称之为"审前风险评估",又称为审前评估,是审判的向前延伸,指人民法院在判处或裁定缓刑、假释等非监禁刑罚或决定暂予监外执行之前,委托社区矫正机构或其他机构调查被告人户籍、前科、家庭状况、一贯表现等背景资料,并由该机构综合判断该被告人能不能在社区得到有效矫正,预测再犯罪可能性,最终评估是否适合适用非监禁刑罚,形成审前社会调查报告提供法庭作为适用非监禁刑的重要参考依据的过程。非监禁刑审前风险评估是一个集基本信息、基础调查、综合分析、结论定性功能为一体的过程。② 无论怎样表述,审前社会调查制度就是指在法院审判前,由专门机构对犯罪人的性格、特点、家庭环境、社会交往、成长经历、犯罪行为特征、事后表现等情况进行专门调查,并对其人身危险性和再犯可能性进行系统的评估,然后将调查与评估报告提交法院,供法院在定罪量刑时参考的一种制度。

还有学者认为,社区矫正社会调查程序是对拟适用社区矫正的犯罪嫌疑人、被告人或者罪犯情况进行调查分析,并出具调查评估报告的活动。并指出,很多著作或规范性文件中将该程序称为"审前社会调查",但是由于目前社会调查程序不仅发生在审判前,而且会发生在其他诉讼阶段,因此,称为"社会调查"更为合理。③

第一类概念是从审判机关判决前的角度即狭义的角度定义社会调查制度,认为社会调查即审前社会调查,社会调查的目的是对犯罪嫌疑人的人身危险性和责任程度进行评估,以此作为法院实施个别化处遇的参考。后一类概念从广义上角度定义"社会调查",认为"社会调查"不仅包括对犯罪嫌疑人的审前社会调查,也包括对拟被假释、减刑的被告人或者罪犯的裁决前社会调查。本章主要以审前社会调查制度为论述内容。

二、少年犯罪社会调查制度的理论基础

多元化犯罪原因论、教育刑论以及刑罚个别化理论都是社会调查制度的理论基础,因教育刑论和刑罚个别化理论前文已有所论述,在此仅阐述多元化犯罪原因论。

---

① 刘立霞、路海霞:《品格证据在刑事案件中的运用》,中国检察出版社 2008 年版,第 26 页。
② 钟梅:《论在新刑罚执行环境下建立非监禁刑的判前风险评估机制》,http://www.gy.yn.gov.cn.,访问日期 2010 年 12 月 22 日。
③ 司绍寒:《〈刑事诉讼法〉视野下的社区矫正社会调查程序》,载《中国司法》2012 年第 10 期。

　　19 世纪实证学派创立之前,关于犯罪原因的学说几乎是"单一"的。18 世纪,刑事古典学派关于犯罪原因的观点也仅限于"自由意志"。到了 19 世纪,犯罪学实证学派提出了犯罪原因多元论的观点。菲利指出:"我们不能承认自由意志。因为如果自由意志仅为我们内心存在的幻想,则并非人类心理存在的实际功能。"①他继而提出,"人的任何行为均系人格与人所处的环境相互作用的结果""无论哪种犯罪,从最轻微的到最残忍的,都不外乎是犯罪者的生理状态,其所处的自然条件和其出生、生活或工作于其中的社会环境三种因素相互作用的结果"。② 这就是菲利著名的犯罪原因三元论,即犯罪是由人类学因素、自然因素和社会因素导致的,并特别强调犯罪的社会因素。德国刑法学者李斯特也提出了犯罪是由社会因素和个人因素构成的二元论观点。总之,实证学派提出犯罪原因除了个人、自然原因外,还涉及包括社会经济结构、社会政治结构、社会变迁、社会教育、工业状况、公共舆论、公共态度、公共管理、宗教、家庭、司法、警察、一般立法情况等社会原因的方方面面。这种多元论的犯罪原因观的提出,让我们从更广阔的方面,尤其是社会方面探讨犯罪的成因。

　　多元论犯罪原因的理论是社会调查制度重要的理论基础。根据多元论犯罪原因论,犯罪原因不仅仅包括个体原因,还包括家庭、学校、社会、文化等各方面的原因。这为我们对少年进行社会调查提供了理论依据。少年裁决前社会调查制度,就是在裁决前,通过社会调查,充分了解未成年的犯罪嫌疑人、被告人或犯罪人可能产生犯罪的各种原因,对犯罪嫌疑人、被告人或犯罪人的个性特点、生活环境、成长环境等进行深入调查了解并进行评估,以便更准确地定罪量刑,还可以评估拟适用社区矫正的未成年人的人身危险性,更准确地决定是否对其适用社区矫正。

三、我国少年社会调查制度实践

(一)立法实践

　　2011 年,我国《刑法修正案(八)》对缓刑和假释的适用条件进行了修改,规定:人民法院应将"没有再犯罪的危险"和"对所居住社区没有重大不良影响"作为缓刑的条件,假释"应当考虑其假释后对所居住社区的影响"。虽然在《刑法修正案(八)》中没有明文提出社会调查这个概念,但是这样的修改已经是一个大的飞跃,甚至可以将其看成是社会调查的法律基础。此外,2004 年的司法部《司法行政机关社区矫正工作暂行办法》(以下简称《社区矫正暂行办法》),对量刑前的调查制度作出了初步规定。《社区矫正暂行办法》第 10 条规定:司法行政机关应

---

① 参见〔意〕菲利:《实证派犯罪学》,郭建安译,中国政法大学出版社 1987 年版,第 14—16 页。
② 同上书,第 9 —10、15—16、27 页。

当在人民法院就管制、缓刑、暂予监外执行、假释、剥夺政治权利的判决、裁定或者决定听取司法行政机关的意见时,积极配合。2012年公布实施的《社区矫正实施办法》中,对社会调查制度又进一步作出明确规定,其中第4条明确规定:人民法院、人民检察院、公安机关、监狱对拟适用社区矫正的被告人、罪犯,需要调查其对所居住社区影响的,可以委托县级司法行政机关进行调查评估。2012年修订后的《刑事诉讼法》(2013年1月1日实施)第268条也明文规定:办理未成年人刑事案件可以根据情况进行调查。从这些规定看,对拟适用社区矫正的人员进行社会调查,尤其是对拟适用社区矫正的未成年人进行社会调查的法律基础已经具备。

此外,北京、浙江、上海、福建、山东等地也在实践中探索出了一些切实有效的社会调查方法,并形成了一批地方性的规范性文件。

(二)我国社会调查制度适用实践——委托社会调查

所谓委托,从字义上解释,就是把事情托付给别人或别的机构来办理的意思。从这个角度上理解,委托社会调查即司法机关把社会调查的事情委托给有权机构、第三方机构或法律法规规定有权进行调查的人进行。

委托社会调查是指检察院、法院等司法机关在受理刑事案件后,根据被告人的犯罪情节、主观恶意、社会危害性及悔罪表现等情况,在开庭审理前委托法定机构或第三方机构对他们的个人情况、一贯表现和社会背景等情节进行调查,提出被告人人身危险性的建议和意见,向司法机关提出书面社会调查报告的活动。

未成年人犯罪审前委托社会调查就是指对未成年人犯罪案件,检察院、法院等司法机关在受理刑事案件后,根据被告人的犯罪情节、主观恶意、社会危害性及悔罪表现等情况,在开庭审理前委托基层司法机构或第三方机构对他们的个人情况、一贯表现和社会背景等情节进行调查,提出被告人人身危险性的建议和意见,向司法机关提出书面社会调查报告的活动。

检察院、法院是委托社会调查的委托方,检察院是主要的委托方,法院主要是委托补充社会调查方。受托方主要是基层司法机关、非营利性第三方社会组织等。

根据我国的一些法律法规、规章制度以及司法实践,关于审前委托社会调查的模式,主要有委托基层司法机关、委托第三方机构、控辩双方委托调查、委托法院内部专职社会调查员进行社会调查等几种模式。各种模式各有利弊。

1. 委托非营利性第三方机构进行社会调查模式

2001年4月12日最高人民法院颁布的《关于审理未成年人刑事案件的若干规定》(下文简称《最高法若干规定》)第21条规定:"开庭审理前,控辩双方可以分别就未成年被告人的性格特点、家庭情况、社会交往、成长经历以及实施被指控的犯罪前后的表现等情况进行调查,并制作书面材料提交合议庭,必要时,人民法院也可以委托有关社会团体组织就上述情况进行调查或者自行进行调查。"其中"必要时,人民法院也可以委托有关社会团体组织就上述情况进行调查或者自行进行调查"这种情况,被称为委托非营利性第三方机构进行社会调查模式。

委托第三方进行社会调查是很多地区采取的方式,北京市海淀区人民法院主要采取委托非营利性第三方机构对未成年人犯罪案件进行社会调查。海淀区人民法院《未成年人司法保护工作办法》(北京市海淀区人民法院2013京海法字第87号)第二节第13条规定:"未成年人刑事案件有下列情形之一的,可以出具《社会调查委托函》,委托具备相关资质的社会组织对未成年被告人的成长经历、犯罪原因、监护教育等情况开展社会调查:(一)公安机关、人民检察院因《关于未成年犯罪嫌疑人、被告人进行社会调查工作的实施办法》(试行)第10条的原因未开展社会调查的。(二)需要进行补充社会调查的。(三)因客观情况发生变化,需要重新进行社会调查的。对于有前款所列情形之一的可能适用非监禁刑的未成年被告人,还可以委托户籍地的区(县)司法行政机关开展社会调查。"

第三方机构主要是一些非营利性社会组织,例如一些青少年保护组织或者这些组织招募的社会志愿者、专业社会工作者组织等。前者如合肥市、青岛市、佳木斯市中级人民法院等。2002年,合肥市中级人民法院制定出台了《未成年人刑事案件社会调查员制度实施办法》及《未成年罪犯回访、考察办法》,要求人民法院受理未成年刑事案件后,一般都向社会调查员所属部门(各级团委的维权机构)出具委托书,提供起诉书和未成年人及辩护人家庭详细住址、通讯方式、委托社会调查员在10个工作日内完成调查,并提交人民法院。社会调查员深入到未成年被告人的学校、家庭、社区、工作单位,通过走访家长、学校、邻居、同事、会见被告人等方式展开调查。社会调查员在庭审中只对法庭负责,在宣读完调查报告后,控辩双方及其他诉讼参与人可以对调查报告提出异议,人民法院对未成年被告人量刑时,在依据事实和法律的基础上,参考社会调查员的调查报告后确定。社会调查员则是在社会上招募一些志愿者来担任。后者也是北京部分司法机关的做法。北京市海淀区人民检察院和首都师范大学社会工作系合作,由海淀区人民检察院向首师大少年司法社会工作研究与服务中心支付费用,委托其专职社工对考察人员进行考察和帮教。这一模式得到北京市社会各界的认同,诸多司法机关纷纷效仿,取得了很好的社会效果。

委托第三方机构进行社会调查的模式,一方面,第三方机构可以本着中立的态度,严谨的工作方法对未成年犯罪嫌疑人、被告人进行社会调查,调查具有较好的客观性。另一方面,调查报告在庭审中要由调查员出席并宣读,有点类似证据的特点,使判决保持中立与客观。但其缺点是社会调查员在对非本地户籍人员进行社会调查时,很难深入到犯罪嫌疑人、被告人的户籍所在生长地进行深入准确地调查。所以,调查结果本身往往具有缺陷。

链接

> 　　海淀区人民法院于 2013 年出台《未成年人司法保护工作办法》,为未成年人案件委托社会调查提供了依据。此外,还有配套的《未成年人司法保护专项资金管理办法》(2013 京海法第 86 号),北京市海淀区人民法院、北京市海淀区人民检察院、北京市公安局海淀分局、北京市海淀区教育委员会联合下发的《关于共同开展家庭教育指导工作的意见》等规范性文件保障对未成年人社会调查工作的实施。

2. 委托基层司法机关进行社会调查的模式

2010 年 8 月 14 日,六部委联合出台的《六部委配套工作体系若干意见》中规定:"社会调查由未成年犯罪嫌疑人、被告人户籍所在地或居住地司法行政机关社区矫正工作部门负责。司法行政机关社区矫正工作部门可联合有关部门开展社会调查,或委托共青团组织以及其他社会组织协助调查。"2012 年实施的《社区矫正实施办法》第 4 条规定:"人民法院、人民检察院、公安机关、监狱对拟适用社区矫正的被告人、罪犯,需要调查其对所居住社区影响的,可以委托县级司法行政机关进行调查评估。受委托的司法行政机关应当根据委托机关的要求,对被告人或者罪犯的居所情况、家庭和社会关系、一贯表现、犯罪行为的后果和影响、居住地村(居)民委员会和被害人意见、拟禁止的事项等进行调查了解,形成评估意见,及时提交委托机关。"

目前,我国以司法行政机关社区矫正机构为主对未成年人案件进行社会调查的地方也较多,并且随着《刑法修正案(八)》的通过,社区矫正机构的逐步完善,利用这一模式进行的社会调查还将会继续增多。这种模式就是委托基层司法所的工作人员为社会调查员,通过调查向法庭提供有关未成年犯罪人的社会调查报告,以供法庭作为量刑参考。目前采用这种模式较成功的有江苏和重庆等地的法院。江苏省于 2006 年 10 月 1 日,由公、检、法、司四个机关出台了《刑事案件未成年被告人审前调查实施办法(试行)》,规定全省的未成年犯罪嫌疑人、被告人的审前社会调查工作由社区矫正机构担任。具体做法是人民法院在案件开庭审判前,委托社区矫正工作机构进行社会调查。街镇社区矫正工作领导小组办公室或司法所负责走访调查,并将出具的调查评价报告报县区社区矫正机构(司法局)审核,经审核通过后提交给委托的人民法院。按照规定,社区矫正工作机构需在接到委托调查函的 5—7 个工作日内完成调查评价并提交。重庆市沙坪坝区人民法院则于 2007 年年底与司法局共同签署《沙坪坝区未成年犯帮教矫治暂行规定》,对于本区域未成年人刑事被告人的社会调查,由专职考察员交由街镇司法所的司法员、社区矫正组织工作人员完成。① 具体做法是法官审查发现被告人系本区的,交由法官助理向司法所送达起诉书副本、委托函和空白的社会调查报告表格,由司法所指派人员进行社会调查。完成报告后,司法所通知法院收取。完成一份社会调查报告通常耗时 7 日左右。②

但是以海淀区人民法院为例,对于未成年人案件,由于种种原因,海淀区人民法院主要以委托第三方机构进行社会调查为主。海淀区人民法院《未成年人司法保护工作办法》在委托司法行政机关进行社会调查方面也仅规定:"对于有前款所列情形之一的可能适用非监禁刑的未成年被告人,还可以委托户籍地的区(县)司法行政机关开展社会调查。"可见,海淀区人民法院对未成年人案件委托社会调查是以委托第三方机构为主,规定中不是"应该"委托,而是"可以",即可以委托司法行政机关,也可以不委托。

委托基层司法行政机关进行社会调查的模式,可以用司法行政的权威和力量最大程度地保证调查的效率与效果,保证社会调查的客观与公正。但是目前基层司法行政机关和社区矫正机构力量还比较薄弱,本书认为,基层司法行政机关进行社会调查的模式是其他模式无法比拟的,应该是今后社会调查发展的一个方向。

3. 控辩双方进行社会调查的模式

《最高法若干规定》第 21 条确立了以控辩双方作为社会调查主体的正当性。③ 实践中也有地方由检察院或者未成年犯罪人的辩护律师担任。以检察院作为调查主体一般是在侦查阶段检察院决定是否对未成年犯罪人进行批捕及公安机关将案件移交检察院,进行审查起诉阶段,社会调查报告作为是否决定将未成年犯罪人逮捕或者提起公诉的参考。实践中如秦皇岛市海港区人民检察院,对初犯、偶犯和轻微犯罪案件的未成年犯罪人决定是否批捕之前,首先应进行人格调查。具体做法是检察官在批捕阶段,将未成年犯罪嫌疑人的"人格情况"界定为性格特征、精神状态、知识水平、社会交往、成长经历、兴趣爱好、家庭环境 7 个方面,每一方面再细化成若干具体参数指标,如性格特征细化成内向、外向、平和、暴躁等,由各种参数形成一览表,提讯时交由本人填写,之后由父母填写,在

---

① 参见杨飞雪、王成:《未成年被告人社会调查模式的构建——基于重庆市沙坪坝区人民法院实践的实证分析》,载《青少年犯罪问题》2011 年第 5 期。

② 同上。

③ 第 21 条规定:开庭审理前,控辩双方可以分别就未成年被告人性格特点、家庭情况、社会交往、成长经历以及实施被指控的犯罪前后的表现等情况进行调查,并制作书面材料提交合议庭。必要时,人民法院也可以委托有关社会团体组织就上述情况进行调查或者自行进行调查。

校生再交班主任和同学填写,最后由承办检察官将上述三类表格信息汇总,形成对未成年犯罪嫌疑人的《个人人格调查分析报告》。检察官通过对报告的分析和对家长另外进行的问卷调查,结合具体案情,得出是否有逮捕必要的结论。① 但在审判阶段检察机关所做的调查报告并不发挥影响,这一问题涉及各主体进行社会调查的衔接问题。由辩方进行社会调查的地方以重庆市沙坪坝区人民法院为代表,该区法院专门制定了《未成年刑事案件社会调查制度》,规定针对非本地户籍的涉罪未成年人的社会调查工作由担任援助工作的援助律师或者未成年被告人的辩护律师承担。其中第 4 条规定:"向未成年被告人的家长或者辩护人、指定辩护人送达我院制作的《社会调查报告》,由辩护人或者指定辩护人协助家长共同完成填写《社会调查报告》中的内容,并在开庭前或者庭审中提交合议庭或者独任审判员。"并且,该少年法庭与司法行政机关协作,要求承担法律援助的律师完成《社会调查报告》。② 这样基本形成了由辩方进行社会调查的模式。

　　控辩双方的调查实际上就是起着证据的作用,控辩双方在调查中,极力进行取证以证明自己的控辩理由。这种模式虽然可以保证控辩双方的合法权益,但是控辩双方自行调查往往会本着有利于自己的原则进行,趋利避害,缺少客观与公正性,应该不是社会调查的发展方向。

　　4. 委托法院内部专职社会调查员进行社会调查的模式

　　由人民法院内部人员进行社会调查又可分为由承办法官、法院内部专职社会调查员进行社会调查两种情况。上海市长宁区人民法院最初是由承办法官进行社会调查③,能够及时、全面地得到与未成年被告人相关的第一手材料,但是也存在着很多问题(下文将进行分析),因此,长宁区人民法院在实践中又开创了其他新的模式。在法院内部设立专职社会调查员的情况目前存在于部分法院,如河南省兰考县人民法院、山东省德州市人民法院等。兰考县人民法院的做法是在少年法庭内、合议庭之外设专职社会调查员,负责社会调查,全程参与法庭审理,并进行帮教考察等工作。除此之外,社会调查员还在法庭教育阶段主持开展对涉罪未成年人的法制教育工作,对涉罪未成年人的具体适用刑罚具有建议权。由其所做的《社会调查报告》,作为证据在法庭上接受控辩双方的质证。山东省德州市中级人民法院于 2010 年 3 月开始推行专职社会调查员制度,成立了专职社会调查员办公室,向该院 10 名具有法律知识的书记员颁发了专职社会调查员聘任证书,由其进行社会调查工作,每名社会调查员的受聘期限是两年。根

---

① 参见魏丽、王树丰、许海涛:《秦皇岛海港区检察院试行人格调查制度引争议》,载《中国青年报》2006 年 04 月 03 日。
② 参见路琦、席小华主编:《未成年人刑事案件社会调查理论与实务》,中国人民公安大学出版社2012 年版,第 5 页。
③ 参见马晓煜:《少年司法"社会调查制度"之探索》,2011 年中国政法大学硕士学位论文。

据德州市法院会同有关部门印发的《关于建立未成年案件专职社会调查员制度实施意见》,德州市两级法院在审理未成年人刑事案件过程中,应当委托专职社会调查员对未成年被告人犯罪行为的相关背景情况进行全面调查,并完成调查报告,其结果将成为裁判处理和教育、感化、挽救未成年被告人的重要依据。[1]专职社会调查员在法庭调查阶段宣读关于涉案未成年人的社会调查报告,并回答公诉人、辩护人及其他诉讼参与人对调查内容和形式、过程的询问等。

这种模式虽然存在,但是其存在缺陷,虽然是法院聘任专职调查员,但是难免有法院自己调查、自己审判之嫌疑,从保证法院客观中立之角度,不主张发展这种模式。

四、我国未成年人社会调查制度的路径选择与完善

(一)未成年人社会调查工作存在的问题

社会调查为未成年犯罪案件的定罪量刑提供了可参考的依据,但也存在很多问题:

为此,有学者对北京各区县法院系统 60 名从事刑事审判工作的法官进行了简单的问卷调查。以便了解他们对社会调查的态度和开展社会调查存在的问题。[2]

问题一:您认为是否应该对拟判处管制、宣告缓刑或拟裁定假释的被告人或罪犯宣告社区矫正前进行社会调查?

问题二:您认为对拟判处管制、宣告缓刑或拟裁定假释的被告人或罪犯宣告社区矫正前未进行社会调查的原因是什么?

从调查中发现,被调查的 60 名法官中 58 人(占 96.67%)认为应该对拟判处管制、宣告缓刑或拟裁定假释的被告人或罪犯宣告社区矫正前进行社会调查,没有人认为不该进行社会调查,只有 2 人(占 3.3%)认为无所谓调查或不调查。但在实际工作中,由于审理期限、没有强制性立法规定进行社会调查、报告质量等原因,社会调查制度还没能完全贯彻。

根据调查研究,该研究者认为我国未成年人社会调查还存在如下问题:

(1)社会调查是在实践过程中总结出来的一个前置程序,虽然立法上有所涉及,但还不是一个强制性的前置程序。因此,检察院、法院向司法行政机关发出的审前调查评估的函其实并没有强制性的约束力[3],这在某种程度上会使社

---

[1] 《专职社会调查员亮相德州少年审判法庭》,http://www.legaldaily.com.cn/zfb/content/2010-04/07/content_2106336.htm,访问日期 2016 年 3 月 17 日。

[2] 中国人民公安大学《我国未成年犯罪人社会调查问题研究》课题组对北京市各区县法院系统从事刑事审判工作的法官进行了随机抽样问卷,发放问卷 60 份,回收有效问卷 60 份。

[3] 目前,检察院、法院多是付费委托一些社工组织和社会组织进行社会调查。

会调查制度流于形式。

（2）裁决前调查评估多由法院采用函的形式，向司法行政机关发出，约束力较小。填写内容大多只有情况和结论两部分，且只有一页，显得过分粗犷，缺乏规范性和可操作性，导致在实际运作过程中随意性过大。

（3）参与社会调查工作的司法所人员、社工及志愿者的职责划分不明、界定不清。目前，我国基层司法所工作人员并非专业社工，在做社会调查方面其业务素质和专业水平有时可能会达不到要求。因此，其调查内容、方式方法和调查报告质量都有待提高。有时，在调查前，司法所工作人员并没有按照专业的调查要求和技巧进行准备，调查笔录和调查报告的形成具有很大的随意性，与调查结论没有多大联系。同时，基层司法所人员数量有限，工作量大，也影响了社会调查的质量。此外，我国目前调查评估制度的实施程序很不健全，工作随意性大，有制度性漏洞。

（4）调查工具（社会调查的量表）不统一、调查过程不完整，导致社会调查报告的科学性和准确性存在问题。例如有的社工组织的调查过程和量表指标只包括去看守所对未成年人进行 1—2 次访谈以及通过电话形式与其家长进行沟通，了解未成年人的成长状况，然后据此作出评价未成年人人身危险性的调查报告。当然，这样做可以节约人力、物力和时间，可是这样的调查并不客观，完全是对犯罪嫌疑人、犯罪人及其近亲属的访谈，缺少第三方的客观评价，其结论的可采性并不大。①

（5）社会调查的时间较为仓促。基于审限规定，法院一般要求在 10 日甚至更短的时间内提交调查报告。但社会调查是一项繁琐复杂的工作，要在短短几日内完成有质量的报告，时间就很仓促。如果遇到户籍所在地非在本地的就难以完成。因此，一些地方性法规就规定只对本省户籍的人员进行社会调查，例如《浙江省社区矫正审前社会调查实施办法（试行）》第 3 条就规定，社区矫正审前社会调查对象（以下简称"调查对象"）应当符合下列条件：一是拟判处管制、宣告缓刑或拟裁定假释的被告人或罪犯；二是具有本省户籍；三是将在本省执行社区矫正。在本省也许还会遇到跨市、县的问题，因此又规定：调查过程中，如遇事项需跨市、县（市、区）区域调查的，可采取实地调查或委托调查方式进行。实地调查的，由县级司法行政机关负责沟通协调实地调查所涉及的相关事宜。委托调查的，由县级司法行政机关出具《委托调查函》并附调查清单，委托调查事项所在

---

① 一般来讲，要完成具有一定参考价值的社会调查工作，调查人员需要走访拟适用社区矫正未成年人的家庭、工作单位或学校、社区、户籍地（经常居住地）派出所等多个地方，了解情况并征求意见，再由司法所提出综合评价意见，形成调查报告提交县司法局审核。例如《浙江省社区矫正审前社会调查实施办法（试行）》第 12 条规定：调查人员应走访调查对象户籍所在地或经常居住地的公安派出所、村（居、社区）及其家庭、工作单位或就读的学校等，采取个别约谈、查阅资料、召开座谈会、调查取证等方式进行调查。

地同级司法行政机关进行;受委托司法行政机关应当在收到《委托调查函》后的5个工作日内完成调查并书面反馈情况。①

这样的规定,虽然可以方便社会调查,但在某种程度上对非本省户籍人员造成了某种程度上的不公平,这也是实践中存在的问题之一。

(6)社会调查工作的保密程度与法院不公开审理相冲突。未成年人一般不公开审理,一旦开展了审前社会调查,不想公开已不可能,虽然调查人员尽可能在最小的范围内进行,还是不能像法院不公开审理一样为当事人保密,这给他们以后的教育改造、学习、工作、生活带来一定的负面影响。

(二)突破与整合——完善我国未成年人审前社会调查制度

1. 在立法有所突破,确立未成年人强制性裁决前社会调查制度,尤其是对拟判处管制、宣告缓刑或拟裁定假释的未成年人

社会调查能更准确地了解未成年人的犯罪原因,能更准确地了解其人身危险性的大小强弱,因而能更准确地定罪和量刑。确立对未成年人强制性社会调查制度,可以更好地体现刑事司法的公平与正义,避免有的人可以得到社会调查被裁决适用社区矫正,而有的人因不能得到社会调查,从而不能适用社区矫正。目前国际上绝大部分国家在未成年人案件中,强制规定了在判决前必须进行社会调查。1984年,联合国通过的《北京规则》第16条规定:"所有案件除涉及轻微违法行为的案件外,在主管当局作出判决前的最后处理之前,应对少年生活的背景和环境或犯罪条件进行适当的调查,以便主管当局对案件作出明智的判决。"加拿大《青少年刑事司法》第39条第6款也规定:在对未成年人判处监禁刑之前,应当考虑量刑前报告以及未成年人本人和代理律师的量刑建议,只有在法院认为调查报告并非必须且已经过未成年人本人和代理律师同意的情况下,报告才免除。此外,美国、英国、德国、日本等国均有类似规定。因此,确立强制性裁决前社会调查制度是必要的。

2. 建立对未成年人犯罪开庭前应当委托社会调查的法定强制性制度

我国《刑事诉讼法》第268条规定了公检法三机关办理未成年人刑事案件,可以对未成年涉罪人进行社会调查。这并非强制性规定,在实践中可以做也可以不做。建议在法律上明确对未成年人犯罪应当委托社会调查的法定强制性制度,将审前社会调查作为未成年人案件的一个前置性规定,而且在法律上明确社会调查应在开庭前进行,以保证庭审中的质证,保障办案效率。

3. 建立以检察院、法院为委托方,基层司法机关为受托方的基本模式,并整合资源,建立对外地户籍被告人直接委托司法基层机构调查制度

作为未成年人刑事案件的委托方,应该是检察院为主要委托社会调查方,法

---

① 参见《浙江省社区矫正审前社会调查实施办法(试行)》,2011年10月1日起施行。

院为补充委托社会调查方。这样可以保证比较充足的时间在审限内完成对未成年犯罪嫌疑人和被告人的社会调查，并保证每一个未成年犯罪嫌疑人和被告人的合法权益。前面我们已经论述过，委托第三方机构进行社会调查有利有弊，非营利性第三方机构很难在审限内对外地户籍的未成年犯罪嫌疑人和被告人进行全面的社会调查，而只能采取看守所会面访谈、与家长电话交谈的方式进行社会调查，这样的调查就不会很客观。因而，必须建立起以检察院、法院为委托方，基层司法机关为受托方的基本模式。

在建立起以检察院、法院为委托方，基层司法机关为受托方的基本模式的同时，还要整合资源，建立对外地户籍被告人直接委托司法基层机构调查制度。对本地户籍未成年人，检察院、法院可以委托基层司法机关，也可以委托第三方机构。但是对外地户籍未成年人，委托第三方机构显然在调查时会存在各种各样的困难，例如审限限制、资金限制，对当地不熟悉等问题。因而，对外地户籍未成年人，要整合资源，建立对外地户籍被告人直接委托司法基层机构调查制度。当然，这需要法律法规的强制性保证，并在制度上加以保障。

例如，海淀区人民法院在未成年人审前社会调查方面，有财政的支持，委托第三方机构进行社会调查也需要一定的费用，在确定以检察院、法院为委托方，基层司法机关为受托方的基本模式后，委托方可以将这一部分经费转到未成年犯罪嫌疑人、被告人户籍所在地基层司法机关，由基层司法机关聘请专业社工进行社会调查，这样既可以保证对非本地户籍的未成年犯罪嫌疑人、被告人在其户籍所在地的基层司法机关得到及时客观的社会调查，又为正确定罪量刑和之后的回户籍所在地进行社区矫正打下基础。同时，也可以加强司法基层机关的队伍建设，让基层司法机关真正承担起对未成年人审判后矫正和帮教的职能，真正实现对未成年人从侦查、起诉、审判到执行教育、矫正帮教理念的整合。

关于审前社会调查，英美国家的一般具体活动是：在资料收集阶段，缓刑官首先要与被定罪的罪犯进行交谈。此外，还应与所有的可能了解犯罪人情况的人，包括犯罪人的家庭成员、朋友、老师、办案警察、检察官、辩护律师、被害人及其家庭成员、雇主等进行面谈；要尽可能到所有可能保存有犯罪人信息的机构中查阅相关资料。在一些案件中，缓刑官还应该到犯罪案件发生的地方，现场了解与犯罪案件的发生有关的情况。例如到交通肇事的现场了解有关情况等。① 这样更有保障社会调查的客观性和全面性。这一点，我们应当借鉴。

4. 整合资源，建立对外地户籍犯罪嫌疑人和被告人直接委托司法基层机构调查制度

为了公平公正，应该整合全国司法机关的资源，充分调动基层司法机关的积

---

① 参见吴宗宪：《社区矫正比较研究（上）》，中国人民大学出版社 2011 年版，第 105 页。

极性，对外地户籍犯罪嫌疑人和被告人应该在法律上规定由户籍地基层司法机关组织专业人员进行社会调查，并及时反馈。委托机关也应及时将委托调查的政府拨款及时返给受托基层司法机关。

5. 建立起以第三方非营利性机构为受托方的补充模式

随着我国社区矫正和专职社工事业的发展，以专职和专业社工为主要工作人员的第三方机构将会得到更大的发展，这也是大社会化发展的必然结果。第三方非营利性机构将会更专业、更中立，因而，建立起以第三方非营利性机构为受托方的补充模式是我国委托社会调查犯罪的一个重要方向。

6. 整合资源，将社会调查报告作为案卷的法定部分，作为社区矫正个性化矫正方案制定的参考

整合审前社会调查与裁决后社区矫正个性化矫正方案制定前的社会调查，节约人力物力，提高效率。审前社会调查能更准确地判断是否应该对拟判处管制、宣告缓刑或拟裁定假释的被告人或罪犯宣告社区矫正，裁决前社会调查的调查报告，无论是基层司法机关作出的，还是非营利性组织专业社工作出的，都对个性化矫正方案的制订具有重要的参考和借鉴意义。因此，整合审前社会调查与裁决后社区矫正后个性化矫正方案制定前的社会调查报告，相互借鉴，提高效率。

7. 完善调查内容

首先，要为审前调查评估制定固定的文书格式，规范调查时间、程序，明确其作为法律文书的性质、作用。其次，是进一步完善调查内容。调查的具体内容由司法行政机关根据社区矫正工作实践及对象的不同情况来分别制定（如缓刑与假释在格式与内容上应有所不同）。调查内容应包括被调查人的个性特点、家庭背景、受教育情况、成长经历、邻里关系、周围环境以及监护情况等，还此外，还要有自我认识、帮教条件、犯罪行为对所在社区的影响、居民的接纳程度、社区治安状况等方面的调查。

调查评估材料要能反映出从实地调查到作出总结评估的全过程，并将其作为社区矫正工作档案的一部分。这些档案材料，在裁决后的个性化矫正方案制定中，也应成为重要的一部分。此外，调查材料的表现形式不应仅仅局限于书面文字形式，还可以有录音、录像、摄影等视听资料，以增强其客观性、真实性。

8. 建立回避制度

调查评估应该是客观公正的，真正能为裁决提供真实可靠的依据。因此，未成年人裁决前调查评估阶段应建立回避制度。有学者认为，回避范围应类似于执行阶段的监管人员，即调查人员（包括协助调查人员）有以下情况的应当回避：（1）拟适用社区矫正对象的近亲属；（2）本人或其近亲属和该对象有利害

关系的;(3)与该对象有其他关系,可能影响公正执法的。我们认同此观点,问题的关键还是在法律上建立起裁决前社会调查的回避制度,为公正客观地进行社会调查以及社会调查结果公正客观地为刑事司法裁决提供依据建立基础。

　　未成年人犯罪审前社会调查制度是一项在实践中逐步形成的制度,其有着深厚的理论基础和实践价值,在现代司法制度中发挥着越来越重要的作用,希望更多的人对该项制度进行研究和完善。

第二节　合适成年人参与制度

艾某盗窃案

　　2007年1月的一个傍晚,某市长宁区的社工小李接到长宁公安分局一名侦查员的电话:“你好,我是长宁分局刑侦支队的侦查员,我们这里有一名新疆籍外来未成年人的父母无法通知他来参加讯问,想请你担当他的临时家长,参与讯问行吗?”“好,我马上来。”小李带了“合适成年人”的聘书、身份证,匆匆赶到了审讯室。公安侦查人员验明了小李的身份后,便在正式讯问前,安排小李与未成年人艾某单独会面。在与艾某的交流中,小李了解到,艾某的父母已离异,他被判给了父亲,但父亲已入狱,所以他从新疆来沪,想打工赚钱。来沪后就被骗进入盗窃团伙,他因不愿加入该犯罪团伙而逃离。但由于在沪找不到工作,没有生活来源,故又在同乡的唆使下一起扒窃,当场被抓住了。在与艾某的交谈中,小李发现他始终低着头,声音很低,显得很害怕,也很后悔。于是小李抚摸着艾某的头安慰他,告诉他只要知错就改,好好回答公安叔叔的问题,就有重新做人的机会。艾某抬起了头看着小李流下了泪,点着头说:“我想回家。”

　　由于案情比较简单,讯问很快就结束了,案件很快就到了开庭的时候了,可小李一直牵挂着艾某说的“我要回家”。于是他打电话给检察院的承办人小朱询问:“开庭时,他父母来了吗?接孩子回家吗?”“他父母都没有来。”得知情况,小李担心艾某出狱后,身上没钱没法回家,又会被引诱犯罪。检察官小朱也在为此而担心着,于是他们两人商量与区民政局联系救助。区民政局同意提供艾某回家的救助款,但他是未成年人必须要有家属来接。于是,两人又通过114查询了艾某户籍所在地派出所的电话,通过多方联络,终于找到了他的大舅,并联系好来上海接艾某回家的事宜。

从上述案例的介绍中可见,成年社工小李的参与对案件的处理起到了非常重要的作用。而规范这种参与的制度就是合适成年人参与制度。

一、合适成年人参与制度的含义

(一)合适成年人参与制度的含义

合适成年人参与制度,又称合适成年人参与询问制度、适当成年人介入制度、适当成年人询问时在场制度等,是当今刑事司法制度中维护未成年人和精神障碍者权益的一项重要制度。鉴于本教材以未成年人刑事司法制度为内容,本节中的合适成年人参与制度主要以未成年人为对象。

合适成年人参与制度是指刑事司法机关在对未成年人进行拘留、讯问、逮捕和控告时,必须有适当的成年人到场;如果没有合适成年人到场,讯问结果不得作为定案的根据。合适成年人到场的主要作用是为未成年人提供帮助,协助其与警察沟通,并监督司法机关在讯问过程中是否有不当的行为,维护涉案人员的合法权利,促进诉讼程序的正当化。

根据上述定义,可见合适成年人参与制度的基本内容:

第一,在刑事司法程序关键环节,如拘留、讯问、逮捕和控告的现场,除了警察、检察官、法官和未成年人以外,必须还有成年人在场,不能让未成年人单独面对强大的刑事司法机关,孤立无助;

第二,参与刑事诉讼的成年人必须是独立的,即合适成年人应当独立于刑事司法机关之外,不受干涉地履行维护未成年人权益的职责;

第三,参与刑事诉讼的成年人必须是合适的,即能够帮助处于刑事诉讼程序当中的未成年人实现利益的最大化;

第四,参与刑事诉讼的成年人态度必须是积极的,即该合适成年人在参与刑事诉讼过程中应积极维护和保障涉嫌犯罪人权利,见证讯问过程,协助沟通,提出意见,为未成年人提供实质性帮助;

第五,若无合适成年人在场,所得口供和问讯结果应视为非法证据,在诉讼中排除适用,更不能作为定案的依据。

(二)合适成年人参与制度的意义

1. 保障未成年人的权益

未成年人身心不成熟,若单独参与刑事诉讼,往往处于不利的地位,其权益应受到重视和保障。首先,刑事诉讼是一个专业性极强的复杂程序,其间充满大量的法律术语,而未成年人文化知识比较欠缺,认知水平、理解水平比较低且生活经验不足,对讯问、控告等语言的含义及自己言行的后果等可能认识不清,缺乏判断、选择、表达等方面的能力，容易引起误解。这就需要合适的辅助人员在场，帮助其与司法机关进行沟通，了解其自身语言、行为的所产生的后果，使其能准确地表达自己的真实意思。其次，面对威严、强大的国家司法机关，未成年人很容易出现孤独、伤感、悔恨、绝望的消极情绪，产生紧张、焦虑、害怕、恐惧或者戒备、抵触的心理，这就需要合适的辅助人员及时进行情绪疏导和心理调适，缓解未成年犯罪嫌疑人的紧张情绪和抵触情绪，否则会对其身心造成不应有的伤害，给其以后的正常成长留下难以愈合的创伤。最后，未成年人的不成熟，容易被利用、诱供或诱导，不仅会遭遇有辱其人格的处遇，也会使其应有的待遇和权利遭受侵害，这就需要引入合适的参与人予以更严密的监督和保护。

2. 完善少年司法制度

合适成年人参与制度是少年司法制度的一个重要组成部分。其重要性在于：其一，体现程序公正。合适成年人参与制度是构建未成年人刑事诉讼正当程序的必然要求。一方面，程序中各种角色的功能自治是构建正当程序的基础。未成年人相对于成年人而言，具有不成熟性和依赖性，无法实现功能自治，需要引入新的参与角色辅助其实现功能自治，保证刑事诉讼程序公正。另一方面，刑事诉讼正当程序要求限制恣意。由于未成年人的弱势地位，公权行为合法性也往往受到社会公众和律师的质疑，合适成年人作为程序的参与者，直接见证司法权行使，保障司法的公信力。其二，体现未成年司法程序的特殊性。未成年人心智尚未成熟，性格尚未完全树立，在未成年人成长的过程中，任何不恰当的行为方式或经历，都将对其成长产生重要影响。设立合适成年人参与制度，通过合适成年人给正在进行刑事诉讼的未成年人以法律援助及心理疏导，缓解情绪上的不安。这是对在诉讼程序中的未成年人加以特殊保护。其三，提高诉讼效率。未成年人身心发育不成熟，理解能力和表达能力欠缺，在与司法机关工作人员沟通时可能存在一定程度的障碍，影响讯问程序顺利进行。而刑事诉讼法对侦查、逮捕、审查起诉、审判等各项诉讼程序又有着严格的期限限制。具备相关知识和经验、经过专业培训的合适成年人，能够及时到场，一方面帮助未成年人准确理解其所享有的诉讼权利和义务，知晓其言行所带来的法律后果，准确表达真实意思；另一方面协助办案人员以适合未成年人的方式进行讯问和审判工作，准确理解未成年犯罪嫌疑人、被告人的真实意思，消除沟通障碍，促使诉讼程序顺利进行。

3. 体现社会对未成年人的关怀

未成年人是祖国的未来和社会的希望。未成年人是社会的弱势群体，特别需要国家和社会的关注、保护。未成年人的权益保护成为一项关系到千家万户、发展大局以及社会稳定的大事。合适成年人参与制度以保护未成年人的权益为主要价值目标，一方面对进入司法程序的未成年人进行关心、帮助，最大限度地减少司法程序对其不利、不良的影响；另一方面通过司法机关向家庭、学校和社会寻求帮助,提高公众参与少年司法制度的积极性,完善对未成年人的教育保护方式。从这个角度看,合适成年人参与制度可以体现社会对未成年人权益的人性关怀。

(三)合适成年人参与制度的起源与发展概况

1. 合适成年人参与制度的起源及其在域外的发展概况

合适成年人参与制度始于英国。1972年英国的肯费特案(纵火谋杀案)中,三个10多岁的男少年在招供证据的基础上被判处犯有谋杀罪。少年不服上诉。上诉法院在对这一案件进行审查时发现,三名少年之中的一个智力迟钝,警察在没任何独立成年人在场的情况下对他们进行了讯问,也没有告诉他们享有可以与律师或朋友联系的权利,三名男少年的权利受到侵犯。上诉法官认为正是这种违法行为导致了男少年的虚假供述,遂宣布有罪判决无效。这一事件引起公众的广泛关注。就此,英国刑事诉讼皇家委员会于1981发表了著名的《菲利普报告》,强调未成年人可能不能很好地理解讯问的重要性或他们自己所说的内容,并且可能比成年人更受到他人建议的影响。他们可能需要成年人在场的支持,一些友好的成年人,以建议和帮助他们作出自己的决定。1984年《警察与刑事证据法》产生,该部法律正式确立了合适成年人参与制度,明确规定当不满17岁的未成年人进入警局后,警察将通知一名"合适成年人"到场,正式确立了合适成年人参与制度。至此,合适成年人参与制度成为了少年司法制度的重要内容之一,其基本含义是指:警察在讯问未成年和有精神障碍的犯罪嫌疑人时,必须要有合适的成年人在场,否则即为违法。

在英国,虽然合适成年人参与制度已于1984年确立,但在之后一段时间的实践操作中并没有收到相应的成效。为此,1996年,英国内政部签发了确立合适成年人地位和作用的建议性法案。直至1998年,《犯罪和骚乱法》将合适成年人参与上升为一种强制性的法定要求,硬性且明确规定每一个地方当局必须提供合适成年人服务,并由青少年犯罪工作小组来协调。青少年犯罪工作小组(Youth offending team)是由地方政府、警察、教育部门、卫生部门、社会福利部门、志愿机构等方面人士参加的预防和干预青少年犯罪的专门机构,主要作用是对青少年犯罪进行早期干预、开办培训中心、与"合适成年人"一起出席警察对未成年人第二次或第三次轻微犯罪或第一次较为严重犯罪的讯问,并帮助因犯罪必须进入司法程序的青少年准备详细的法庭答辩报告、监督其执行法庭判决、为其提供咨询与指导等。

当今,无论是英美法系的英国、美国、澳大利亚、新西兰、香港还是大陆法系的德国、奥地利、日本等国家和地区都有关于此项制度的立法。主要制度内容包括合适成年人制度的适用对象、合适成年人的主体范围、合适成年人的参与阶段、合适成年人的作用和效力等。

2. 合适成年人参与制度在我国的发展概况

（1）立法现状

在我国，在《刑事诉讼法》修改以前，我国并没有明确的合适成年人参与制度。尽管如此，除《宪法》《未成年人保护法》《预防未成年人犯罪法》中规定保障人权、保护未成年人权益外，在一些法律法规中还是有要求成年人参与涉及未成年人的诉讼程序的规定。

1962 年 12 月公安部发布的《预审工作细则（试行草案）》的第 21 条明确规定："对少年犯的讯问，在必要的时候，可以邀请他的父母或监护人或所在学校的代表参与讯问。"

公安部 1995 年颁布的《公安机关的规定》第 11 条规定："讯问违法犯罪的未成年犯罪嫌疑人，根据案件调查的需要，除有碍侦查或无法通知的情形外，应当通知其家长或监护人或教师到场。"

1996 年修订的《刑事诉讼法》第 14 条第 2 款沿用 1979 年相关立法的规定："对于不满 18 周岁的未成年人犯罪的案件，在讯问和审判时，可以通知犯罪嫌疑人、被告人的法定代理人到场。"此规定明确了法定代理人可以到场参与讯问和审判，类似于英国的合适成年人参与制度。1998 年公安部《公安机关办理刑事案件程序规定》第 182 条第 1 款规定："讯问未成年犯罪嫌疑人，应针对未成年犯罪嫌疑人特殊的身心特点，采取不同于成年人的讯问方式，除有碍侦查或无法通知的情形外，应当通知其父母、监护人或教师到场。" 2002 年最高人民检察院《最高检办理未成年人案件的规定》第 11 条第 4 款规定："讯问未成年犯罪嫌疑人，可以通知其法定代理人到场，告知其依法享有的诉讼权利和应当履行的义务。" 2006 年 12 月《最高检办理未成年人案件的规定》第 10 条规定："讯问未成年犯罪嫌疑人，应当通知法定代理人到场，告知其依法享有的诉讼权利和应当履行的义务。" 2010 年 8 月中央综治委预防青少年违法犯罪工作领导小组、最高人民法院、最高人民检察院、公安部、司法部、共青团中央等六部门联合出台了《六部委配套工作体系若干意见》规定：在未成年犯罪嫌疑人、被告人被讯问或者开庭审理时，应当通知其法定代理人到场，看守所经审核身份无误后，应当允许法定代理人与办案人员共同进入讯问场所，法定代理人无法或不宜到场的，可以经未成年人同意或按其意愿通知其他关系密切的亲属朋友、社会工作者、教师、律师等合适成年人到场。

在此之后，一些地方也开始了合适成年人参与制度的探索。2010 年 4 月，上海公检法司各系统联合签署了《关于合适成年人参与刑事诉讼的规定》，其第 2 条规定："合适成年人参与刑事诉讼是指公安机关、人民检察院、人民法院讯问或审判（含二审）涉罪未成年人，在其法定代理人无法或不宜到场时，依法由办案机关通知负有未成年人保护责任的机关、团体选派符合一定条件的成年代表，作为诉讼参与人到场,行使法定代理人的部分诉讼权利,维护涉罪未成年人合法权益,并履行监督、沟通、抚慰、教育等职责。"正式在上海确立了合适成年人参与制度。天津市人民检察院和公安局于2010年7月会签的《关于讯问(询问)未成年人通知法定代理人到场的若干规定》明确规定讯问时应当通知法定代理人到场为未成年人提供帮助,法定代理人不能到场的,则"通知有关机关、团体的代表即合适成年人到场"。这一规定为天津市合适成年人参与制度打下了基础。

2012年修订的《刑事诉讼法》,为贯彻我国未成年人刑事司法工作宽严相济的政策,坚持以教育为主、惩罚为辅的原则和"教育、感化、挽救"的方针,专门增设未成年人刑事案件诉讼程序一编。其中第270条基本确立了合适成年人参与制度,第1款规定了讯问未成年犯罪嫌疑人、被告人时,应有合适成年人在场,确定了在场合适成年人的来源及权利。第2款规定了合适成年人在讯问中的异议权和监督权。第3款规定明确了讯问女性未成年犯罪嫌疑人的特殊规定。第5款规定了在侦查过程中若需查明案件事实,对未成年证人或被害人讯问的规定。至此,我国合适成年人参与制度在立法层面确立。

为配合修订的《刑事诉讼法》,2013年开始施行的《公安机关办理刑事案件程序规定》第312条第1款规定:"讯问未成年犯罪嫌疑人,应当通知未成年犯罪嫌疑人的法定代理人到场。无法通知、法定代理人不能到场或者法定代理人是共犯的,也可以通知未成年犯罪嫌疑人的其他成年亲属,所在学校、单位、居住地基层组织或者未成年人保护组织的代表到场,并将有关情况记录在案。到场的法定代理人可以代为行使未成年犯罪嫌疑人的诉讼权利。"第2款规定:"到场的法定代理人或者其他人员提出办案人员在讯问中侵犯未成年人合法权益的,公安机关应当认真核查,依法处理。"与此同时,《最高法关于刑诉法的解释》第466条规定:人民法院审理未成年人刑事案件,在讯问和开庭时,应当通知未成年被告人的法定代理人到场。法定代理人无法通知、不能到场或者是共犯的,也可以通知未成年被告人的其他成年亲属,所在学校、单位、居住地的基层组织或者未成年人保护组织的代表到场,并将有关情况记录在案。2012年《人民检察院刑事诉讼规则(试行)》第490条也进一步明确了合适成年人的到场和权利:"在审查逮捕、审查起诉中,人民检察院应当讯问未成年犯罪嫌疑人,听取辩护人的意见,并制作笔录附卷。讯问未成年犯罪嫌疑人,应当通知其法定代理人到场,告知法定代理人依法享有的诉讼权利和应当履行的义务。无法通知、法定代理人不能到场或者法定代理人是共犯的,也可以通知未成年犯罪嫌疑人的其他成年亲属,所在学校、单位或者居住地的村民委员会、居民委员会、未成年人保护组织的代表到场,并将有关情况记录在案。到场的法定代理人可以代为行使未成年犯罪嫌疑人的诉讼权利,行使时不得侵犯未成年犯罪嫌疑人的合法权益。到场的法定代理人或者其他人员认为办案人员在讯问中侵犯未成年犯罪嫌疑人合法权益的,可以提出意见。讯问笔录应当交由到场的法定代理人或者其他人员阅读或者向其宣读,并由其在笔录上签字、盖章或者捺指印确认。"

　　(2)实践探索

　　2003年开始我国一些地区先后开展了合适成年人参与制度的实践探索,上海市、云南昆明盘龙区、江苏吴中区、福建厦门同安区等地为代表。

　　2002年6月,昆明盘龙区与英国儿童救助会(以下简称"英助会")合作,开始"触法未成年人司法分流试点"项目,"合适成年人"被作为一项关键制度引入。盘龙模式将警方处理未成年人违法犯罪案件中的"合适成年人"参与工作作为整个项目工作的切入点。从案件处理的第一阶段就充分考虑未成年人的身心特点,实施"合适成年人"介入,对未成年人合法权利进行及时、有效的保护。

　　上海的检察机关从2004年起,在长宁、浦东等区检察院探索建立合适成年人参与制度,通过与综治部门、青保部门、团委等部门的沟通,聘请由教师、共青团干部、青保干部以及专业社工等人员组成合适成年人队伍,先在检察机关审查逮捕、审查起诉阶段到场为未成年人提供帮助,后公安、法院逐步向侦查阶段、审判阶段延伸。

　　2006年,合适成年人参与制度正式在福建省同安区人民检察院付诸实践。同安区人民检察院在办理未成年人刑事案件时,必须有合适成年人参与到对未成年犯罪嫌疑人的讯问,同时对合适成年人提出政治权利能力、沟通能力、社会经验等要求,并且优先邀请未成年犯罪嫌疑人的父母、监护人、近亲属作为合适成年人。未成年犯罪嫌疑人的老师及所在学校的工作人员,共青团干部,居委会、村委会工作人员均可以作为合适成年人候选者。这些举措在该区取得了良好的社会效果和法律效果。

　　苏州市吴中区人民法院与苏州市吴中区妇联于2009年5月26日联合成立了"爱心妈妈团"。"爱心妈妈团"的成员作为由专业的合适成年人介入少年刑事审判程序,开展审前社会调查,在庭审中对未成年被告人进行"全程保护"和感化教育,并在判决后适当延伸介入未成年犯罪人的帮扶矫正环节。这种做法在实践中也产生了积极的实施效果。

　　上述各地的探索实践为我国的合适成年人参与制度的建立和发展积累了宝贵的经验。

二、合适成年人参与制度的理论基础

(一)合适成年人参与制度的理论基础概述

　　合适成年人参与制度的理论基础有儿童利益最大化原则、国家亲权理论和正当程序理论。儿童利益最大化原则体现为:一是有关儿童的所有行为应以儿童利益优先;二是有关儿童的所有行为应充分考虑并尊重了儿童的生理和心理发育基本特点;三是有关儿童的全部行为应真正做到以儿童为本位。该原则要求在诉讼过程中,当涉案未成年人的利益与社会的利益发生冲突时,对未成年人利益应给予优先的保护。合适成年人参与制度的建立和落实正是儿童最大利益原则的精神内涵体现。国家亲权理论的实质在于对未成年人保护不再被单纯地视为某些父母或者某个家庭的责任,而被视为是父母、社会和国家的共同责任。国家可以运用其强大的国家机器,完成对未成年人的保护。作为国家监护职责的实践形式。合适成年人参与制度就是这一理论的具体体现。依据国家侵权理论,在涉及未成年人刑事司法程序中,国家是以合格的"家长"角色身份介入的,理应充分考虑未成年人的身心特殊性,确保他们得到代表国家亲权的合适成年人的帮助。

（二）正当程序理论

正当程序的理念起源于英国的法律自然正义思想,后发展为强调程序的正当性,是英美法系的一条重要的宪法原则。程序的正当性包含的价值是程序的中立、理性、排他、可操作、平等参与、自治、及时终结和公开;通过正当程序达到宪法和法律的至信、至尊、至上从而实现宪法和法律的权威。在刑事法领域,正当程序原则强调充分尊重和保护犯罪嫌疑人、被告人的合法权利,严格限制司法官员权力的运用,要求尽可能通过立法及执法活动,保障被追诉方的犯罪嫌疑人、被告人在程序中处于与行使追诉权的司法机关相对平等的诉讼地位。在未成年人刑事司法过程中正当程序原则,就是要求执法机关以尊重和保障未成年犯罪嫌疑人程序权利为前提。合适成年人参与对诉讼过程具有较强的监督、约束作用,可以有效阻止讯问人员的不正当压迫行为,确保讯问程序的正当性,促进程序更加公正的效果。

三、合适成年人参与制度的主要内容

（一）合适成年人参与的适用

合适成年人参与的适用范围亦即效力范围。在少年刑事司法领域,关于合适成年人参与适用于涉及未成年人案件。根据我国刑事诉讼法,合适成年人参与的适用涉及对象、案件和诉讼阶段。

1. 合适成年人参与适用于涉及诉讼进行时未满18周岁的未成年人的刑事案件

关于适用对象的年龄,虽因各国对未成年人的规定标准不同而有差异,但都是出于保护未成年的目的,因此在适用对象的年龄上都很明确。根据我国法律中的未成年人的年龄标准和刑事诉讼法的规定,我国合适成年人参与适用于涉及诉讼进行时未满18周岁的未成年人的刑事案件。

2. 合适成年人参与适用于未成年犯罪嫌疑人、被告人、罪犯以及证人、被害人

作为少年刑事司法制度的主要内容,一些国家(如英国等)的法律规定合适成年人主要参与未成年犯罪嫌疑人和被告人。而在我国,则拓展至案件涉及的未成年被害人、证人。未成年人被害人、证人同未成年人犯罪嫌疑人、被告人一样,生理心理发育均不成熟,在面对威严的司法机关时,都容易产生紧张、焦虑、不安、害怕等情绪;由于知识和经验的缺乏,他们同样不能准确理解专业术语及诉讼程序的真实意义,与司法机关人员沟通交流存在一定的障碍,需要合适成年人参与进去发挥抚慰、沟通、监督的功能。

3. 合适成年人参与的适用于侦查、起诉、审判等刑事诉讼各阶段

我国《刑事诉讼法》第 270 条第 1 款,明确将合适成年人制度的适用阶段规定为讯问和审判过程。而刑事诉讼过程中涉及讯问和审判活动的阶段主要包括侦查机关的侦查讯问、检察机关的审查逮捕及审查起诉阶段的讯问、审判机关的庭审讯问阶段。

(二)合适成年人的范围

1. 合适成年人的年龄

关于合适成年人的年龄,无须特别强调,应当是达到法定年龄、具有完全责任能力的人。依我国的法律规定,合适成年人应当是年满 18 周岁、具有完全责任能力的人。有鉴于现代社会对于社会适应能力的要求,合适成年人应优先选择心理相对成熟、经验相对丰富、能力相对较强的年长者。

2. 可以担任合适成年人的人员

关于哪些人可以担任合适成年人,各国法律的规定不尽相同,概括起来一般依次包括如下几类:未成年人的父母、监护人;未成年人的成年亲属;老师、教养者;少年福利机构、关心儿童的机构、组织的代表等;其他不涉案的不受司法机构雇佣的成年人。

根据我国《刑事诉讼法》以及《最高法关于刑诉法的解释》、2012 年《公安机关办理刑事案件程序规定》、2012 年《人民检察院刑事诉讼规则(试行)》的相关规定,合适成年人依次包括以下几类:(1) 首先是未成年人的父母或监护人;(2) 若父母或监护人不能到场,则由未成年人的成年亲属担任;(3) 如前两类人均无法到场,则由未成年人所在学校、单位、居住地基层组织(居民委员会或村民委员会)的代表担任;(4) 其后是未成年人保护组织的代表。

(三)合适成年人的权利与义务

基于合适成年人参与制度的目的,合适成年人的工作职责应包括以下四方面:其一,是监督,即对刑事司法机关在讯问、审判过程中有无违法行为、侵犯未成年人合法权益的不当行为以及对未成年人不尊重、不当对待等行为进行监督;其二,是安抚,即对恐慌、害怕、焦虑的未成年人进行心理抚慰,给予他们关怀和

温暖,疏解其过度紧张的情绪;其三,是沟通,告知未成年人在刑事诉讼过程中享有的权利,帮助其与司法人员进行沟通;其四是保护,即观察并及时发现未成年人因心理紧张而突发的生理变化,保护其身心健康。

为保证合适成年人职责的履行,在诉讼过程中应明确其权利和义务。

1. 合适成年人的权利

从各国法律规定看,合适成年人具有的权利主要包括知情权、私下交流权、检查记录权、干预讯问权等。

我国法律对合适成年人的权利规定不甚明确,但实践中主要赋予合适成年人以下权利:(1)知情权,即合适成年人有了解案情以及了解涉案未成年人的家庭背景、本人情况、为何涉案等基本情况的权利;(2)会见权,即合适成年人有权在诉讼过程中与涉案未成年人进行会面,了解其心理和健康状况,了解未成年人需要哪些帮助,了解其合法权益是否受侵犯等;(3)监督权,即合适成年人有权对司法机关的讯问审判程序进行监督,及时指出、制止和纠正侵害未成年人合法权益的行为;(4)签名权,即合适成年人有权阅读讯问或是审判笔录,并在核对之后签字确认;(5)教育权,即合适成年人有权根据涉案未成年人的自身特点,对其进行教育,使其早日回归社会,重返正轨;等等。

2. 合适成年人的义务

从各国的法律规定看,鲜见对合适成年人的义务的规定。在我国的相关实践中一般要求合适成年人履行以下义务:(1)及时到场的义务。合适成年人必须在接到有关部门的通知之后及时到场,不得无故拖延司法程序。(2)协助沟通的义务。合适成年人要向未成年人对诉讼程序作简要明了的说明,协助其与司法机关进行沟通,但不得以误导、诱导等方式使其作出虚假陈述。这样一方面使讯问或审判程序更为流畅效率,另一方面也很好地保护了未成年人的权利。(3)向未成年人表明其身份的义务。(4)保密义务。对于在讯问或庭审等获得的未成年人的信息和隐私,合适成年人有保密的义务,不得泄露。(5)发现自己有不适合担任合适成年人的情况时,及时报告有关机关的义务。(6)在了解未成年人心理状况的基础上,舒缓其情绪,安抚其内心的义务;等。

(四)合适成年人参与的程序

关于合适成年人参与的程序,我国的法律并未有详细规定。根据我国的法律并参考其他国家的规定和我国一些地区的实践,其具体程序应如下:

1. 通知

在讯问或审判开始前,必须将对未成年人询问或审判的消息、原因以及地点通知合适成年人。同时告知未成年人相应的信息和他的权利。

2. 到达

被通知的合适成年人应在规定的时间内到达,并开始参与的准备:检查羁押记录、会见未成年人、向未成年人表明身份、告知未成年人相关的权利、帮助未成年人做好相应的心理准备等。

3. 参与讯问或审判

在讯问或审判中,合适成年人履行自己的职责。

4. 结束

询问或审判结束后,合适成年人应要求阅读所有的讯问笔录,并在笔录上签名。如果讯问笔录没有合适成年人的签名,或者没有合适成年人拒绝签名的说明,讯问笔录将被视为违反程序,该笔录不具有证据效力。

第三节　附条件不起诉制度

导入案例

2014 年 3 月的一天晚上 6 时许,被告人刘某(未满 18 岁)进入某公司,利用公司车间无人之机,盗窃一块铁制模具,并利用车间内的手推车将铁制模具运出公司。后行至公司外约 200 米处的河埂附近时,被该公司的职工发现并抓获。经鉴定,该铁制模具和手推车共价值人民币 2000 余元。公诉机关以盗窃罪追究被告人刘某刑事责任。

案件移送检察院后,检察院公诉科发现,犯罪嫌疑人小刘是未成年人,案发后赔偿了被害人部分损失并取得了被害人的谅解;该案件涉案价值刚到追诉标准,应属轻微刑事犯罪,对犯罪嫌疑人量刑应在一年以下。本着对涉罪未成年人的教育、挽救原则,在案件证据材料的基础上,经过调查了解等大量工作,从该涉罪未成年人的社会危害性、可救济性、品格及惯常表现等方面,综合其犯罪行为性质及特征、事后表现、家庭环境、监护教育情况等因素,公诉科认为,犯罪嫌疑人贾某的行为符合法律对适用附条件不起诉的规定,确有悔罪表现,拟对其作出附条件不起诉决定。经听取公安机关、被害人和未成年犯罪嫌疑人及其法定代理人的意见后,检察院依法对其作出了附条件不起诉决定,并宣告了附条件不起诉考验期及考验期相关规定。

一、附条件不起诉制度概述

(一) 附条件不起诉制度的含义

1. 附条件不起诉制度的含义

一般认为,附条件不起诉制度是指检察机关在审查起诉过程中,对于符合起诉条件的案件暂不起诉,同时对犯罪嫌疑人设定一定考验期并视其在考验期内履行规定义务的情况来决定是否对其提起公诉的裁量制度。在我国,该制度专门适用于未成年人犯罪案件。

根据上述概念,附条件不起诉制度具有如下特征:

(1)决定主体的特定性。附条件不起诉的决定权只能由特定机关行使。根据我国法律的规定,附条件不起诉的决定权只能由检察机关行使。

(2)决定的附条件性。附条件不起诉制度中的不起诉决定是附条件的,即要求被考察人在考察期间内必须履行相应义务并接受特定机关(在我国是检察机关)的考察。

(3)适用的有限性。附条件不起诉制度适用的案件和嫌疑人是被限定的,即案件的犯罪证据充分且嫌疑人符合限定条件。在我国,附条件不起诉制度适用于有确实充分的证据证明已经构成犯罪,但是犯罪情节较轻,没有造成严重后果,并且悔罪态度较好的未成年犯罪嫌疑人。

(4)效力的不确定性。附条件不起诉制度中的不起诉决定不是终局性结果,而是暂时的结果——被起诉与否要视犯罪嫌疑人在考验期内的表现而定。

2. 附条件不起诉与相关概念的区别

(1)附条件不起诉与法定不起诉。

法定不起诉是指刑事案件只要符合法律的不起诉规定(包括无犯罪事实、超过追究时效、犯罪嫌疑人死亡等),就必须不起诉。在法定不起诉制度中,检察机关没有任何的自由裁量权。而附条件不起诉是指只要具体刑事案件符合附条件,检察机关就具有自主决定是否对该案件的犯罪嫌疑人起诉的权利。在附条件不起诉制度中,检察机关被法律赋予了一定的自由裁量权。

(2)附条件不起诉与酌情不起诉。

酌定不起诉,也称相对不起诉,是指检察机关在审查起诉的过程中,如果发现案件不起诉更为适宜,可以依法对案件作出不起诉决定。酌定不起诉的适用需要符合两个条件:一是行为人触犯了刑法并已构成犯罪;二是该犯罪行为情节轻微,依照刑法规定不需要判处刑罚或者可以免除刑罚。相比较,附条件不起诉与酌定不起诉都适用于有证据证明行为已经构成犯罪的案件,都是检察机关行使起诉裁量权的结果,但是两者又有很大的不同:

首先,适用条件不同。附条件不起诉附加了一定的条件,犯罪嫌疑人必须在考验期间履行相应义务,检察机关视其考验期间的表现决定是否起诉;而酌定不起诉可以附加条件,但所附条件并不是必须的,即使犯罪嫌疑人不履行,也不影响检察机关不起诉决定的作出。

其次,适用范围不同。酌定不起诉的适用范围仅限于犯罪情节轻微的案件,它的适用着眼于案件本身的事实与责任,而附条件不起诉的适用范围相对宽泛,侧重对公共利益和犯罪嫌疑人综合情况的考量。

再次,效力不同。酌定不起诉的决定一旦作出,将产生终止诉讼的程序效力,只有出现新的事由时,才能对犯罪嫌疑人提起诉讼。而附条件不起诉决定的作出,只能使诉讼暂时中止,犯罪嫌疑人在考察期间的具体表现和是否存在其他需要追究刑事责任情形是决定诉讼是否继续进行的关键因素。

(3)附条件不起诉与存疑不起诉。

存疑不起诉又称证据不足不起诉,是指检察机关因证据不足作出的不予起诉并将案件退回侦查机关的决定。在存疑不起诉制度中,检察机关不具有自由裁量权。除此之外,存疑不起诉制度与附条件不起诉制度的主要区别是:

从适用范围看,存疑不起诉的适用范围是证据不充分案件的情形,而附条件不起诉适用范围仅限特定的案件和犯罪嫌疑人。

从适用效力看,存疑不起诉只是阶段性、暂时性的,在现有证据不足的情况下尚未达到起诉条件,而如果将来出现新证据,能够达到证据确实充分的时候,在追诉时限内,检察机关仍然可以提起公诉。而附条件不起诉只是刑事程序中一个阶段性的处理方案,并不意味着刑事程序的当然终止。附条件不起诉决定作出后,在考察期间及考察期届满后,检察机关根据相关情况可能起诉也可能不起诉。

(4)附条件不起诉与缓刑。

缓刑是指对触犯刑法并经法定程序认定为犯罪的行为人,先行定罪量刑并宣告,但暂不执行所判刑罚,由特定的考察机构在一定的考验期限内对罪犯进行考察,根据其在考验期间内的表现,依法决定是否适用所判刑罚的一种制度。缓刑与附条件不起诉制度同为犹豫制度的范畴。实体上看,两者均体现了刑罚的经济思想,在节约诉讼成本、预防犯罪、改造罪犯等方面发挥着积极的作用,但是二者也存在着明显的区别:

其一,是适用主体不同。一般缓刑的适用主体是法院,附条件不起诉的适用主体是检察机关。

其二,是考验期不同。如我国刑法规定缓刑的考验期间视主刑的不同为1个月到5年,附条件不起诉的考验期则为6个月以上1年以下。

其三,是法律效果不同。缓刑考验期间如未发生刑法规定的情形,缓刑考验期满原判的刑罚就不再执行;附条件不起诉考察期满未发生刑诉法规定的情形,检察机关就不再起诉,刑事程序中止。

(二)附条件不起诉制度的发展概况

1. 国外附条件不起诉制度的概况

附条件不起诉概念最早出现在19世纪的日本,20世纪60年代在德国确立,后来迅速传播到世界各地。虽然附条件不起诉制度在各国称谓不同,包含的基本内容是基本一致的。

　　该制度在日本被称为起诉犹豫制度。日本法律赋予了检察官可以自由决定是否起诉具体刑事案件中犯罪嫌疑人的权利。根据《日本刑事诉讼法》第248条规定,根据犯罪人的性格、年龄及境遇、犯罪的轻重、情节以及犯罪后的情况,认为没有必要予以追诉时,可以不提起公诉。可见,尽管法律并未对检察官自由裁量权的行使作出具体规定,但影响检察官自由裁量权行使的是罪犯的性格、年龄、环境、经历、犯罪性质和情节以及犯罪后的表现。对犯罪后的表现考察,就是检察官在追诉期内将被考察人交付保护管束,如果其违反保护管束规定,就可再行起诉。

　　该制度在德国被称为暂时不予起诉制度。德国在《少年法院法》中首次规定了对未成年人可以附条件不起诉;1974年《刑事诉讼法》增加了第153a条,确立了附条件不起诉制度;1993年的《减轻司法负担法》废除了原有的罪责必须轻微的前提,规定只要罪责的严重程度和免予提起公诉不相冲突,检察机关就可以适用第153a条。

　　该制度在美国被称为暂缓起诉制度。美国的暂缓起诉制度起源于20世纪30年代的"布鲁克林计划"。当时美国联邦的司法制度中并没有将少年犯进行具体区分,致使偶犯与惯犯被同样对待,在冗长的诉讼程序过程中,这些少年犯一直处于被羁押状态,导致交叉感染现象非常严重,少年犯罪案件频繁发生。鉴于此种情况,美国检察官在没有法律明确规定的情况下,逐步建立了适用于未成年人的暂缓起诉制度,对那些偶然犯罪的少年犯做分流处理,以节约司法资源。

　　该制度在我国台湾地区被称为缓起诉制度。根据台湾地区"刑事诉讼法"第253条的规定,犯罪行为人所违反的行为只要属于法律规定的严重犯罪之外的罪名,检察机关就可以参酌公共利益和相关因素,自由裁量决定是否可以给予犯罪嫌疑人缓起诉的决定。台湾地区的缓起诉制度的适用对象不仅限于未成年人,也包括成年人。

　　2. 我国附条件不起诉制度的立法与实践

　　在我国,附条件不起诉制度是在总结实践经验的基础上创建的。一般认为,我国的附条件不起诉源起于全国各地基层检察机关的改革实践。1992年上海长宁区人民检察院对附条件不起诉进行了试点,开启了我国探索附条件不起诉的先河。2003年,江苏省南京市浦口区检察院对一个涉嫌盗窃犯罪的在校大学生采取了暂缓不起诉的处理方式,引起了法律理论界和实务界对附条件不起诉制度的争论和关注。随后,全国各地的基层检察机关也陆续开展了对附条件不起诉的探索。在新刑事诉讼法尚未颁布前,附条件不起诉在我国只是制度的尝试,并没有明确的法律依据。

　　关于附条件不起诉制度立法规定集中体现在新修改的《刑事诉讼法》中。2012年3月修订的《刑事诉讼法》第五编特别程序的第一章"未成年人刑事案件诉讼程序"的第271、272、273条中规定了附条件不起诉的相关条款。《刑事诉讼法》第271条规定:对于未成年人涉嫌刑法分则第四章、第五章、第六章规定的犯罪,可能判处一年有期徒刑以下刑罚,符合起诉条件,但有悔罪表现的,人民检察院可以作出附条件不起诉的决定。人民检察院在作出附条件不起诉的决定以前,应当听取公安机关、被害人的意见。未成年犯罪嫌疑人及其法定代理人对人民检察院决定附条件不起诉有异议的,人民检察院应当作出起诉的决定。《刑事诉讼法》第272条规定:在附条件不起诉的考验期内,由人民检察院对被附条件不起诉的未成年犯罪嫌疑人进行监督考察。未成年犯罪嫌疑人的监护人,应当对未成年犯罪嫌疑人加强管教,配合人民检察院做好监督考察工作。附条件不起诉的考验期为六个月以上一年以下,从人民检察院作出附条件不起诉的决定之日起计算。被附条件不起诉的未成年犯罪嫌疑人,应当遵守下列规定:遵守法律法规,服从监督;按照考察机关的规定报告自己的活动情况;离开所居住的市、县或者迁居,应当报经考察机关批准;按照考察机关的要求接受矫治和教育。《刑事诉讼法》第273条规定:被附条件不起诉的未成年犯罪嫌疑人,在考验期内有下列情形之一的,人民检察院应当撤销附条件不起诉的决定,提起公诉:实施新的犯罪或者发现决定附条件不起诉以前还有其他犯罪需要追诉的;违反治安管理规定或者考察机关有关附条件不起诉的监督管理规定,情节严重的。被附条件不起诉的未成年犯罪嫌疑人,在考验期内没有上述情形,考验期满的,人民检察院应当作出不起诉的决定。自此,附条件不起诉制度在我国正式确立,具有确定的法律效力。

为了指导检察机关正确适用附条件不起诉,最高人民检察院先后制定了《人民检察院刑事诉讼规则(试行)》(2012年)和《最高检办理未成年人案件的规定》(2013年)。《人民检察院刑事诉讼规则(试行)》第十三章为特别程序,其中第一节"未成年人刑事案件诉讼程序"的第492条至第501条都是关于附条件不起诉的规定;在《最高检办理未成年人案件的规定》中,第三章第三节第29条至第50条对未成年人附条件不起诉制度也作出了专门的规定。

二、附条件不起诉制度的主要理论基础

(一)起诉便宜主义

现代刑事诉讼制度发展过程中存在着两种起诉政策,即起诉法定主义和起诉便宜主义。起诉法定主义,也称起诉厉行主义或起诉强制主义,是指检察机关对犯罪进行追诉,必须严格依据法律进行,只要符合法律要件,具备起诉条件,就必须依职权提起诉讼,检察机关对案件起诉与否不享有自由裁量权。起诉法定主义的起诉政策具有强制性,主张有罪必罚,有罪必究,既要体现维护社会正义,又要求防止检察官滥用起诉权。但在现代刑事政策的影响下,人们发现过于僵

化的强制起诉不利于犯罪人的矫正,特别不利于对未成年犯罪人的感化教育。起诉便宜主义,又称起诉裁量主义,是指检察机关在追诉犯罪的过程中享有一定程度的自由裁量权,对于具备法定起诉条件的刑事案件,在斟酌各种情形(如犯罪情节、犯罪嫌疑人自身情况、公共利益、制裁成本等),可以裁量决定不起诉。实行起诉便宜主义,强调权衡选择后的自由裁量权,可以避免起诉法定主义带来的机械和僵化,也为特定犯罪人的矫正和回归社会创造了条件。起诉便宜主义的主张和实行正是附条件不起诉制度存在的重要基础,附条件不起诉制度也是起诉便宜主义的具体体现。

(二)刑法的谦抑性思想

刑法的谦抑性思想的核心是限制国家刑罚权,反对基于报应目的的滥用刑罚,主张将刑法的适用范围和处罚程度控制在绝对必要的范围内,少用、慎用刑罚,以最小的刑罚成本,获取最大的社会效益。刑法作为保护法益和维护社会安全的最后一道防线,对于某种危害社会的行为,国家只有在运用其他的手段和措施仍不足以消除其危险性时,才可以对其定罪处罚。刑法的谦抑性包含三方面的内容:紧缩性,即刑法在法律体系中所占的比例应逐步降低;补充性,即刑罚作为一种不得已之恶,只能成为惩罚犯罪的最后手段;经济性,即以最小的司法成本最大限度地遏制犯罪。设立附条件不起诉制度,符合刑罚的谦抑性思想。在附条件不起诉制度中,检察机关通过对犯罪嫌疑人设立一定的监督考察期限和义务,使其接受矫正和教育,并获得不起诉的机会,以较缓和的手段、非刑罚处罚的手段,达到矫正犯罪人的目的,既节省司法资源,又可以实现犯罪预防。

(三)恢复性司法理念

根据恢复性司法理念,犯罪不仅违反了法律,也是对被害人的损害,更是对社会关系和公共秩序的挑战和破坏。要实现社会正义、维护社会安全就必须修复犯罪对被害人以及社会关系、社会秩序的损害。因此,恢复性司法理念强调刑事司法应关注对社会关系的修复,主张与犯罪有利害关系的各方均应获得关切,注重被害人的作用,尊重被害人的权利和要求,鼓励犯罪人与被害人通过积极自愿的协商达成和解,使犯罪人获得宽恕。附条件不起诉制度体现了恢复性司法理念——通过犯罪嫌疑人主动认罪,自愿承担责任,取得被害人的谅解,从而有效化解刑事冲突,使犯罪人早日回归社会,使被破坏的社会关系得以修复。

除上述理论观点外,刑罚个别化理论也是附条件不起诉制度的理论基础。刑罚个别化理论关注犯罪人本身,强调以犯罪嫌疑人的人身危险性为核心。附条件不起诉制度正是刑罚个别化思想的具体体现。在审查起诉阶段,检察机关通过对具体案件中犯罪嫌疑人自身情况、犯罪情节、悔罪表现的综合考量,根据对犯罪嫌疑人的人身危险性的判断,作出附条件不起诉的决定,一方面可以给犯罪人以足够的教训,促其悔过自新;另一方面可以保证刑罚的有效性,提高刑罚效率。

三、我国附条件不起诉制度的基本内容

（一）附条件不起诉的适用范围和条件

我国《刑事诉讼法》第271条指出了我国附条件不起诉的适用范围，即涉嫌《刑法》分则第四章、第五章、第六章罪名且可能判处1年以下有期徒刑的案件。

1. 关于犯罪人

根据上述规定，附条件不起诉制度只适用于未成年人。这体现了我国社会对未成年人的保护。

2. 关于犯罪类型

根据上述规定，只有涉嫌《刑法》分则第四章、第五章、第六章规定的犯罪，即侵犯公民人身权利、民主权利罪，侵害财产罪，妨碍社会管理秩序罪，才能适用附条件不起诉。未成年人的犯罪行为超出上述范围的，不能适用附条件不起诉。

3. 关于量刑

新《刑事诉讼法》规定附条件不起诉制度适用于可能判处1年有期徒刑以下刑罚的犯罪。这里"判处1年有期徒刑以下"的刑罚应当包括：有期徒刑一年以下、管制和拘役。

4. 关于限定条件

根据我国《刑事诉讼法》的规定，附条件不起诉制度的适用有三个限定条件：（1）行为构成犯罪。这是指案件的性质已清晰，犯罪事实清楚，证据确实充分，依法应当追究犯罪嫌疑人的刑事责任。（2）确有悔罪表现。这是指犯罪嫌疑人主观上确有悔罪的态度，即充分认识到自己行为给他人或社会造成的严重后果，并能够深刻反省、真诚悔过。而对那些态度强硬、拒不认罪或一再翻供的犯罪嫌疑人，则不宜适用附条件不起诉制度。（3）听取公安机关、被害人意见。这是指检察机关在作出附条件不起诉的决定之前，必须征求和参考公安机关、被害人的意见，以便得到公安机关的配合以及被害人的谅解。上述三个条件中，前两个是法定条件，后一个是参考条件。

（二）附条件不起诉的适用程序

附条件不起诉的适用程序主要包括对未成年犯罪嫌疑人的调查、听取公安机关和被害人的意见、做附条件不起诉或起诉的决定。

1. 对未成年犯罪嫌疑人的社会调查

根据《刑事诉讼法》和《人民检察院刑事诉讼规则（试行）》规定，人民检察院在适用附条件不起诉时，不仅要对案件的犯罪性质、罪行的严重程度有清楚认识，还应当对未成年犯罪嫌疑人的自身情况如成长经历、监护教育、生活状况等进行充分的调查，对其犯罪原因、犯罪动机、犯罪前后的表现等能反映其人身危

险性和进行非犯罪化的矫正可能性等进行正确判断。这是准确适用附条件不起诉的前提。

2. 听取公安机关和被害人的意见

我国《刑事诉讼法》第 271 条规定:"人民检察院在作出附条件不起诉的决定以前,应当听取公安机关、被害人的意见。"《人民检察院刑事诉讼规则(试行)》又增加了听取未成年犯罪嫌疑人的法定代理人、辩护人的意见。公安机关作为案件的侦查机关,对案件有较系统、全面的认识;被害人作为受到犯罪直接侵害的人,对于弥补损害和获得正义的处理有着强烈的诉求;未成年犯罪嫌疑人的法定代理人、辩护人对案件所涉及的权利问题十分关注和敏感。听取三方的意见,有助于检察机关全面了解案情、正确衡量犯罪嫌疑人人身危险性大小以及是否适用附条件不起诉作出客观公正的判断和处理。另外,听取案件当事人双方的处理意见,了解双方的诉求,也为促使当事人和解创造了条件,对修复因犯罪行为而受到损害的社会关系有着重要作用。

3. 作出附条件不起诉或起诉的决定

根据我国《刑事诉讼法》的规定,对于可以适用附条件不起诉的案件,由人民检察院作出附条件不起诉的决定。同时,《人民检察院刑事诉讼规则(试行)》的规定,人民检察院作出附条件不起诉的决定后,应当制作附条件不起诉决定书,并在 3 日以内送达公安机关、被害人或者其近亲属及其诉讼代理人、未成年犯罪嫌疑人及其法定代理人、辩护人。人民检察院还应当当面向未成年犯罪嫌疑人及其法定代理人宣布附条件不起诉决定,告知考验期限、在考验期内应当遵守的规定以及违反规定应负的法律责任,并制作笔录附卷。

对于不能适用附条件不起诉的案件,由人民检察院作出提起公诉的决定。

(三) 附条件不起诉的考验期制度

考验期制度是附条件不起诉制度的重要组成部分。考验期制度是指考察主体对未成年犯罪嫌疑人设置一定的考察义务事项,在相应的考验期限内进行考察,确定其是否真心悔罪、遵守规定以及矫正效果等,并据此决定考察对象的是否被提起诉讼。考验期制度体现了附条件不起诉制度对未成年人矫正、教育、改造、感化的核心价值。

1. 考察主体

我国《刑事诉讼法》第 272 条第 1 款规定,在附条件不起诉的考验期内,由人民检察院对被附条件不起诉的未成年犯罪嫌疑人进行监督考察。考验期内,由人民检察院监督考察;未成年犯罪嫌疑人的监护人,应当对未成年犯罪嫌疑人加强管教,配合人民检察院做好监督考察工作。根据《人民检察院刑事诉讼规则(试行)》规定,人民检察院可以会同未成年人犯罪嫌疑人的监护人、所在学校、单位、居住地的村民委员会、居民委员会、未成年人保护组织等有关人员,定期对未成年犯罪嫌疑人进行考察、教育,实施跟踪帮教。由此可见,我国未成年人附条件不起诉制度中的考察主体为人民检察院,而考察配合主体为被考察对象的监护人、所在学校、单位、居住地的村民委员会、居民委员会、未成年人保护组织等有关人员。

2. 考验期限

我国《刑事诉讼法》第 272 条第 2 款规定,附条件不起诉的考验期限为 6 个月以上 1 年以下。

3. 考察义务

我国《刑事诉讼法》及《人民检察院刑事诉讼规则(试行)》对考察的内容进行了明确的规定,主要包括:(1) 遵守法律法规,服从监督;(2) 按照考察机关的规定报告自己的活动情况;(3) 离开所居住的市、县或者迁居,应当报经考察机关批准;(4) 按照考察机关的要求接受矫治和教育;(5) 完成戒瘾治疗、心理辅导或其他适当的处遇措施;(6) 向社区或公益团体提供公益劳动;(7) 不得进入特定场所,与特定人员会见或者通信不得从事特定的活动;(8) 向被害人赔偿损失、赔礼道歉;(9) 接受相关教育;(10) 遵守其他保护被害人安全以及预防再犯的禁止性规定。

4. 撤销条件

这是指撤销附条件不起诉并提起公诉的条件。我国《刑事诉讼法》及《人民检察院刑事诉讼规则(试行)》对考验期内的撤销条件作出了规定:被附条件不起诉的未成年犯罪嫌疑人,在考验期内有下列情形之一的,人民检察院应当撤销附条件不起诉的决定,提起公诉:(1) 实施新的犯罪的;(2) 发现决定附条件不起诉以前还有其他犯罪需要追诉的;(3) 违反治安管理规定,造成严重后果,或者多次违反治安管理规定的;(4) 违反考察机关有关附条件不起诉的监督管理规定,造成严重后果,或者多次违反考察机关有关附条件不起诉的监督管理规定的。

(四) 附条件不起诉制度中的监督与制约

为确保未成年人附条件不起诉制度的顺利实施和不被滥用,必须建立完善的监督制约机制。尽管我国的《刑事诉讼法》和《人民检察院刑事诉讼规则(试行)》没有专门为此作出规定,但在刑事诉讼过程中通行的监督制约机制能够发挥其应有的作用。这种监督制约包括以下基本内容:一是注重检察官素质的培养。检察官作为国家法律的执行者和监督者,应具备与其职责相适应的基本素质,自觉遵守法律,严守法纪,勤奋工作,不贪赃枉法,秉公尽责,不以权谋私。这是保障未成年人附条件不起诉制度依法落实的重要基础。二是完善内部监督机制。在检察机关系统内部,充分发挥现有的监督监察机制的作用,强化对案件的监督管理,采用分层审批方式,严格按照规定流程实施管理。三是强化外部监督机制。发挥公安、法院系统对于附条件不起诉的案件的决定和适用情况的监督作用,重视公众对上述决定的反映和建议,努力实现执法办案政治效果、法律效果和社会效果的有机统一。

【本章小结】

社会调查制度有广义和狭义之分。狭义的社会调查制度,即审前社会调查是指在法院审判前,由专门机构对犯罪人的性格、特点、家庭环境、社会交往、成长经历、犯罪行为特征、事后表现等情况进行专门调查,并对其人身危险性和再犯可能性进行系统的评估,然后将调查与评估报告提交法院,供法院在定罪量刑时参考的一种制度。广义的社会调查认为,社会调查不仅包括对犯罪嫌疑人的审前社会调查,也包括对拟被假释、减刑的被告人或者罪犯的裁决前社会调查。多元化犯罪原因论、教育刑论以及刑罚个别化理论是社会调查制度的理论基础。我国审前委托社会调查的模式,主要有委托基层司法机关、委托第三方机构、控辩双方委托调查、委托法院内部专职社会调查员进行社会调查等几种模式。目前,我国未成年人社会调查制度还存一些问题亟待解决。合适成年人参与制度是指刑事司法机关在对未成年人进行拘留、讯问、逮捕和控告时,必须有适当的成年人到场;如果没有合适成年人到场,讯问结果不得作为定案的根据。合适成年人参与制度始于英国;当今,无论是英美法系的英国、美国、澳大利亚、新西兰、香港还是大陆法系的德国、奥地利、日本等国家和地区都有关于此项制度的立法。我国已将此制度规定在《刑事诉讼法》中,并在实践中执行。合适成年人参与制度的理论基础有儿童利益最大化原则、国家亲权理论和正当程序理论。合适成年人参与制度包括合适成年人参与的适用、合适成年人的范围、权利与义务及其参与程序。附条件不起诉制度是指检察机关在审查起诉过程中,对于符合起诉条件的案件暂不起诉,同时对犯罪嫌疑人设定一定考验期并视其在考验期内履行规定义务的情况来决定是否对其提起公诉的裁量制度。其与法定不起诉、酌情不起诉、存疑不起诉和缓刑既有区别又有相似之处。起诉便宜主义、刑法的谦抑性思想以及恢复性司法理念是附条件不起诉制度的主要理论基础。我国附条件不起诉制度包括适用范围和条件、适用程序、考验期制度以及监督与制约等内容。

【关键术语】

社会调查制度　　合适成年人参与制度　　多元化犯罪原因论　　正当程序理论附条件不起诉制度

【推荐阅读与学习资源】

1. 刘立霞、路海霞:《品格证据在刑事案件中的运用》,中国检察出版社2008

年版。

2.〔美〕罗森海姆:《少年司法的一个世纪》,高维俭译,商务印书馆 2008 年版。

3. 卢琦:《中外少年司法制度研究》,中国检察出版社 2008 年版。

4.〔美〕富兰克林·E.齐姆林:《美国少年司法》,高维俭译,中国人民公安大学出版社 2010 年版。

5. 赵国玲主编:《刑事法律论丛:未成年人司法制度改革研究》,北京大学出版社 2011 年版。

6. 刘立霞、高树勇主编:《人身危险性与少年司法制度改革》,中国检察出版社 2011 年版。

7.〔美〕巴里·C.菲尔德:《少年司法制度》(第 2 版),高维俭、蔡伟文、任延峰译,中国人民公安大学出版社 2011 年版。

8. 路琦、席小华主编:《未成年人刑事案件社会调查理论与实务》,中国人民公安大学出版社 2012 年版。

9. 刘学敏:《检察机关附条件不起诉裁量权运用之探讨》,载《中国法学》2014 年第 6 期。

10. 魏小伟:《未成年人犯罪附条件不起诉的理论支点》,载《学术交流》2015 年第 9 期。

【思考题】

1. 什么是委托社会调查? 试析我国实践中委托社会调查的形式、存在的问题以及完善路径。

2. 简述正当程序理论。

3. 论我国的附条件不起诉制度。

【案例分析】

17 岁的高中学生小刚因帮同学打架,持刀将另一同学刺死。案件起诉到法院后,衡阳市中级人民法院未成年人案件综合审判庭通过庭前社会调查了解到,小刚两岁丧母,父亲患有间歇性精神病,几年前已经离家出走,小刚从小被寄养在姑妈家。虽然从小过着寄人篱下的生活,但小刚学习勤奋刻苦,还经常利用假期外出揽活补贴家用,在老师、同学和周围邻居的眼中,小刚是一位品学兼优、勤劳懂事的好学生,但特殊的家庭环境和成长经历也养成了他固执、自卑、孤僻的性格和哥们习气。

得知小刚的家庭情况和成长经历后,合议庭决定指派一名未成年人保护组织的义工肖云芳作为合适成年人出庭,以维护小刚的诉讼权利。肖云芳在开庭前通过起诉书和社会调查报告了解了相关案情和小刚的个人情况,对小刚开展心理咨询与评估,有针对性地进行心理矫正;在庭审过程中,向法庭发表意见,参与对小刚的法庭教育。

问题:结合本案例论述我国的合适成年人参与制度。

第六章　少年司法中的特别保护制度(二)

第一节　前科消灭制度

导入案例

"我现在22岁了。未成年的时候犯过罪留下了污点,但我已经下定决心走正路,要用自己的努力去争取未来。可现在让我苦恼的是,到外面打工很不方便,一用身份证就被带到派出所盘查,好多单位都不用我……"

社会应如何帮助这样的人重归社会?

现实生活中的一些年轻人,不少是未成年时犯下罪过,刑满回到社会后,因为"前科记录",受到歧视,升学无门,就业无路,四面碰壁,心灰意冷,而又被迫走上犯罪道路。

根据2013年1月1日起施行的修订的《刑事诉讼法》,适用"前科封存"的未成年犯,除了重新犯罪和一些法定事由外,一般不对外公布其犯罪档案,非但学校和用人单位查询不到,就连办案机关未经授权也不能查询。《刑法修正案(八)》也规定,适用"前科封存"的未成年犯在求学就业时,可以不主动报告犯罪记录。这意味着,失足少年只要愿意改过自新,就可以"干干净净"地重新做人。

一、前科及前科消灭

前科及前科消灭制度作为一项基本刑罚制度,已经被世界上许多国家所采纳,并在刑罚裁量与执行体系中发挥着不可忽视的重要作用。犯罪行为人因犯罪而受到国家的有罪宣告,承担刑事责任,并且在一定期限内承担犯罪的法律后果,为使有前科的人易于回归社会,有必要通过恢复其权利或者法律上的资格使其恢复犯罪前的状态。也就是说,如果犯罪行为人事后能够洁身自好、改恶从善、悔过自新,那么,在经过一定期限后,应当消灭其前科。前科消灭制度体现了宽容精神和谦抑精神,符合我国宽严相济的刑事政策。

前科是前科消灭制度产生的前提条件,没有前科,就无所谓前科消灭制度。因此,在探究前科消灭制度之前,有必要先对前科概念作一个科学的界定。

(一)前科及其后果

1. 前科与犯罪记录

前科是指一个人曾经被宣告犯有罪行或者被判处刑罚的历史记录。

根据上述定义,前科应被理解为:(1)前科是一个人曾经的犯罪事实记录。前科是一个人过去犯罪行为的记录,亦即社会对行为人曾经实施的犯罪行为做出的否定性评价的记载。(2)前科是行为人被法院宣告有罪的记录。前科以一个人收到过有罪宣告为必要条件,只要行为人被以法定形式宣告有罪,即认为其具有前科。(3)是否被判处刑罚及刑罚是否执行完毕均不影响前科的成立。被判处刑罚和刑罚的执行并不是前科的必要条件,那些收到有罪判决但基于情节轻微等因素而免予刑事处罚,或刑罚尚未执行完毕等情形都不影响前科的成立。

前科作为一种犯罪行为导致的法律事实状态,表明社会对行为人的否定性评价,会引发不同的法律后果,意味着某些权利的丧失或限制。

2. 前科的后果

(1)前科的法律后果。

前科的法律后果主要体现在法律法规中明确的前科者应遵守的规定,主要分为刑法领域中的法律后果和非刑法领域中的法律后果。

前科在刑法领域的法律后果,一般是在犯新罪时才会发生,其影响主要体现在刑罚的适用和刑罚的执行等方面:首先,前科是在一定范围内构成累犯的前提条件。所谓累犯,是指受过一定的刑罚处罚,刑罚执行完毕或者赦免以后,在法定期限内又犯被判处一定的刑罚之罪的罪犯。根据我国刑法,被判处有期徒刑以上刑罚的犯罪分子,刑罚执行完毕或者赦免以后,在5年以内再犯应当判处有期徒刑以上刑罚之罪的,即成为累犯。也就是说,前科是构成累犯的必要条件。其次,前科在一定条件下构成法定的从重处罚情节,直接影响量刑。如对因前科而构成的累犯,在量刑上就具备了对后罪从重处罚的应然性。再如,我国刑法还规定,因走私、贩卖、运输、制造、非法持有毒品罪被判过刑后又再犯的,从重处罚。在此情况下,前科即成为对犯罪分子量刑从重的酌定情节。再者,前科在一定条件下还可以排除某些刑罚方法的适用。如我国就规定对于累犯,不适用缓刑,不得假释。

前科在非刑法领域中的法律后果,主要指民事、行政等领域因相关法律法规的规定而产生的永久性地或者在一定时期内起到限制乃至剥夺某种资格和权益的影响。属于永久性影响的如我国《法官法》《检察官法》《警察法》《律师法》《教师法》《兵役法》《商业银行法》《拍卖法》《会计法》等法律法规均不同程度地规定,受过刑事处罚的人没有从事本行业的资格,直接剥夺其选择该职业的权利。属于在一定时期内有影响的如《注册会计师法》《公司法》《执业医师法》《证券法》等,均规定在一定时期内不得在该行业从业。

(2) 前科的非法律后果。

前科制度的存在有其合理性的一面,特别是在刑事制度方面,通过长期性或持续性的否定评价,该规定在预防和打击犯罪方面发挥着重大的作用,具有社会防卫的价值。但从前科携带者的角度来说,前科的存在会导致社会及国家对其的评价降低,使其在社会生活中遭受政治、经济、教育、就业、社区生活等各方面的排斥,可能终生伴随担心、自卑、痛恨、不安、恐惧等不良情绪,严重影响其重新做人的信心,成为阻碍其回归社会、恢复正常生活的最大障碍因素。

(二) 未成年人前科消灭的含义及其意义

1. 未成年人前科消灭的含义

前科消灭是指曾受过有罪宣告或者被判处刑罚的人在具备法定条件时,注销其有罪或者罪及处刑记录的制度。前科被消灭后,个人的犯罪记录被抹消,因前科而导致的各种不利状态消失,法律地位恢复正常。

而未成年人前科消灭,针对的是未成年人这一特殊群体:对被判过刑罚或认定过有罪的未成年人,依法视为无刑事前科,或由法院依据一定的条件和程序宣布消除或封存其刑事污点,视为未受过刑事处分等。这是国家和社会为未成年犯罪人自立自新、重返社会所采取的措施,目的是消除罪与刑的影响,支持其更好地自我发展。对未成年人犯罪的前科进行消灭,已形成一个世界性趋势。

2. 未成年人前科消灭的意义

如前所述,前科的存在源于社会因行为人过去的犯罪行为而对其作出的否定性评价,其影响在较长时间内都将存在,有些还可能伴随行为人终生。尽管从某种程度上说,前科的存在能预防个人再次走上犯罪的道路,但对未成年人来说,其负面影响更大。因此,未成年人前科消灭就显得尤为重要。

(1) 有利于营造宽松的社会环境,减少再犯。

对未成年人犯罪前科进行消除有其合理性。首先,因为未成年人年龄小,他们的世界观和价值观没有完全形成,还未达到完全辨认和控制自己行为的能力,其认识、判断和控制自己行为的能力比较弱,当其辨认和控制能力不强时,反映出的主观恶性比较小,对社会危害性也相对较小。其次,未成年人处于成长阶段,本身具有很大的可塑性,通过正确的引导,更加能够让其实现其自身价值和社会价值。刑罚的首要目的不在于惩罚犯罪,而在于预防和改造罪犯。未成年犯的人生才刚刚起步,在教育改造取得良好效果的前提下,如果能为其取消前科,那么他的过往将犹如一张白纸,他就能够和其他未成年人一样在同一起跑线上开始人生的征途。若由于前科记录,不论未成年人今后表现如何,给其贴上人身危险性的标签,容易造成未成年人自暴自弃,使其为过去的犯罪行为而终身自卑、悔恨,那么将可能影响未成年人一生的生活,甚至可能导致危险性极小或者已经不再具有危险性的未成年人再次犯罪,危害社会。因此,消灭其前科,可以增强其与社会的自我认同感,降低其因受到惩罚而产生的怨恨,增强其改过自新的信心,有利于其更快地回归社会。

(2)有利于合法权益的保护。

首先,消灭未成年人的前科,可以保障其平等参与社会生活的权利。在前科制度下,有前科的未成年人在政治、经济、教育、劳动及生活等方面的合法权益都在相当程度上被剥夺或无法行使。这种事实上的不平等与我国宪法保障公民平等权的精神相悖。而前科消灭对于未成年人来说,免除未成年人轻罪前科的报告义务,给予了其改过自新的机会,行为人不会因为一次的失误而遭受一辈子的歧视和不公正待遇,这无疑扫除了其重返社会的障碍,有利于他们重新融入社会,成为有为、守法的公民。其次,消灭未成年人的前科,可以保障其合法的隐私权。前科的事实如果进入公众领域,便会成为公众信息,这既侵犯了行为人的隐私权,也会造成先入为主的歧视。消灭其前科对未成年人来说,有助于消除家庭的冷漠、社会的不公、旁人的歧视,激发他们告别过去而重返社会的意愿。

(3)代表着刑事司法的发展方向。

刑事司法改革的趋势是"轻刑化""非刑罚化""非犯罪化",刑罚的趋轻可以说是对犯罪行为理性认识和政府控制能力提高的结果。及时消灭未成年犯罪人的前科,能有效地恢复其人格尊严,有助于其人权保障和平等权的恢复,从而帮助犯罪人重新回归社会。这正是宽严相济的刑事政策之体现。

二、未成年人前科消灭制度的理论基础

(一)哲学基础

辩证唯物主义认为,运动是物质存在的根本方式,运动和变化是无条件的、绝对的。整个物质世界,大到整个宇宙,小到生物有机体,都处在永不停息的运动和变化之中。基于此,要用运动和变化的观点去看待有犯罪前科的人,他们和

世界其他的物质一样，也处于一种不断变化的过程中。尽管前科可以时刻提醒有前科的人切勿重蹈覆辙，但作为被社会否定的标志，其后果也很有可能成为犯过罪的人向积极方向转变的巨大障碍。由于未成年人年龄和社会生活经验的局限，会犯错甚至犯罪，但其观念体系还不完整且不稳定，具有极强的可塑性。社会不应因其之前的犯罪行为而永久地固定对其不利的评价，应积极创造条件促使其向有益于社会的方向转化。

依据事物是普遍联系的唯物辩证法原理，社会要用联系、发展的眼光去认识世界和改造世界，包括改造未成年犯罪人。有前科的未成年人与其他人一样，是社会的人，处在一定的社会关系中，有社会交往与社会生活的需求。也只有在不可或缺的良性的社会联结和社会关系中，他们的社会特性才能够全面发展。而前科的永久存续则会将未成年人隔离或排斥在社会生活之外，无法与良性的社会连接，并形成积极的互动，致使其个性和才能无法在社会中得到完善和全面发展，也无法点燃其新生的希望。

(二) 犯罪学基础

1. 犯罪学认为影响犯罪行为产生的主要是社会因素

首先，犯罪人犯罪意识的形成来源于社会环境，是一定社会形态的产物。一个人从幼年到青年，从初级意识到世界观的基本定型以及世界观的不断改造，无不是在自己生活的社会环境影响下，经过接受、反射和定型的学习过程形成基本的定式心理，并受这种心理的左右。而且随着社会环境的发展变化，犯罪人的犯罪内容和行为方式也相应地、能动地发生变化。其次，犯罪人的犯罪行为是由社会环境中矛盾、冲突、刺激、引诱、管理上的漏洞和便利条件等因素而诱发的。任何一种犯罪行为乃至整个社会的犯罪现象都是相互作用的结果，其中社会因素尤为重要。因此，犯罪学认为，导致犯罪行为产生的主要原因在社会环境当中，犯罪人是因其在社会中受到了这些因素的影响而实施犯罪行为。社会也应承担犯罪的代价，而不应将造成犯罪的责任一并推向犯罪人，帮助犯罪人改过自新正是这种责任的重要部分。社会应担负起创造良好环境，帮助犯罪人重回社会的重担。未成年人犯罪是非常复杂的社会现象，导致未成年人犯罪的原因也是多方面的，其中，社会、政治、经济以及未成年人的成长环境、家庭教育等外在因素是导致未成年人犯罪的重要因素。基于未成年人犯罪的这种特殊性，社会不能用消极的惩罚去排除危害。前科制度的结果是把犯过罪的人排斥在社会生活之外，对有前科未成年人来说，这种后果过于严重。

2. 犯罪学认为犯罪治理的目的在于预防犯罪

对犯罪人的犯罪行为进行否定评价并进行处罚既是为了明确态度，更是为防止此类行为的再出现。因此，对于已经犯了罪的人，特别是未成年人，犯罪学主张应着眼于防,着眼于教育和矫正,而不仅仅是惩罚,更不是一味排斥。未成年人尚处于发育阶段,生理、心理活动与成年人具有质的不同,较之成年人更容易走上违法犯罪道路。社会应对犯罪未成年人实行特殊保护,以教育、挽救、感化的社会政策对其进行矫治。前科的存在,只会使其做人的价值被贬低,这非但起不到抑制犯罪的作用,反而可能会推动他们实施更多、更为严重的犯罪。因此,未成年人前科消灭有利于营造积极良好的社会环境,帮助未成年人的健康成长,避免犯错未成年人因一时失足而破罐破摔,滑向更深的犯罪深渊。

3. 犯罪学认为犯罪人标签的副作用值得重视

从社会的角度讲,前科作为负面标签会造成对有前科者的歧视和排斥。人们认为"近朱者赤,近墨者黑",有前科的人往往被视为另类,属于不可交往的危险人群。这种看法被有前科的人感知后会导致其强烈的自卑感、焦虑和心理压力。未成年人最初的越轨犯罪可能出于无知或冒险,犯罪人的标签更会让未成年人的自我评价发生改变,形成与犯罪标签相一致的自我认同。这种自我认同会促使他们朝着与社会期望相反的方向越走越远,最终变成仇视社会的真正的犯罪人。前科正是这种犯罪人标签的代表。有鉴于此,社会应慎贴犯罪标签,同时尽量减少犯罪标签的副作用。对未成年人的前科消灭正是对未成年人的关怀和爱护,避免其成为真正的仇视社会的犯罪人的重要举措。

(三) 刑法学基础

1. 刑法学认为刑罚的目的是惩罚和预防犯罪的辩证统一

刑罚的目的,是指国家制定、适用与执行刑罚的目的,也是国家的刑事立法采用刑罚作为对付犯罪对象的强制措施及其适用和执行所追求的效果。现代刑法的目的是惩罚和预防犯罪的辩证统一。刑罚的目的通过其功能的发挥而实现。刑罚的功能是通过刑罚对犯罪人的惩罚,达到对犯罪人的报应、谴责、改造、感化以及对被害人的安抚功能和对社会上一般人的预防、威慑。国家和社会希望通过刑罚执行,使犯罪人真诚悔过,消灭其人身危险性,使被害人的仇视心理恢复平静,使社会秩序恢复正常。未成年人一旦犯罪,国家司法机关就会依法对其罪行进行追究。在此过程中,不仅已对未成年人进行了惩戒,实现了特殊预防的目的,而且其他人也由此受到教育和警示,一般预防的目的也得以体现。在此之后,若再继续沿用刑罚效应,则只会使这些未成年人做人的价值被贬低。当这种价值被贬低到某种低微程度,非但起不到抑制犯罪的作用,反而会推动犯罪者实施更多、更为严重的犯罪。因此,对于未成年人,社会不应用消极的惩罚去排除危害,而应对犯罪未成年人实行特殊保护,以教育、挽救、感化的社会政策对其进行矫治。未成年人前科消灭制度的确立有利于实现未成年人的健康成长。

2. 刑法学以谦抑主义为其重要原则

谦抑主义原则是指在刑事政策的制定和执行过程中,要排除刑罚万能的思想,并以获得最大的社会效益及有效预防和抗制犯罪为目的,同时要适度。刑罚是预防和抗制犯罪的最后手段、最后一道防线。由于其责任承担方式的严厉性,决定了刑法条文规定的只能是损害国家、社会、他人利益,情节严重的行为,或者对国家、社会、他人的利益具有严重侵害危险的行为。刑罚的残酷性决定了其在立法时要对行为进行后果分析,当能通过其他手段制止犯罪时,绝对不能动用刑罚方式。对于未成年人,理应慎用刑罚并严格限制刑罚的影响,在惩罚过后,将前科予以消灭,尽量运用教育、引导、关怀、帮助等,保护和影响未成年人的成长与发展。

3. 刑法学以宽和的刑事政策为指向

随着社会的进步,刑罚对人们行为的控制越来越被其他法律的和非法律的控制所取代,而不再是最后的处罚手段。现代刑法也向保护国民利益以及追求宽容、人道、文明的刑罚执行方式等方向发展。当今刑事政策的趋势为尊重和改造行为人人格,从而完善其人格,促使其向善,同时注重对社会弱势群体实行特殊保护。刑事政策的宽和性主要体现在对社会危害不大的犯罪和罪责程度较低的罪犯,特别是偶犯、初犯、过失犯、未成年犯等适用比以往更为轻缓和宽松的处遇。而对于未成年犯罪人来说,前科的存在会带来终身的痛苦,也会造成复归社会之路阻碍重重,只得回到犯罪的老路,最终导致法律秩序也得不到维护。对未成年人实行前科消灭制度,及时撕掉其罪犯标签,进行感化、教育、挽救,使他们从社会之外回到社会之中,是宽松刑事政策的应然之义。

三、未成年人前科消灭制度概况

(一)国外未成年人前科消灭制度概况

前科消灭制度发端于欧洲大陆,迄今为止,许多国家和地区都已经确立了该制度。

1998 年德国《少年法院法》第 97 条规定:少年法院法官确信,被判刑少年的行为无可挑剔,证实已具备正派品行时,少年法院法官可依其职权,或者被判少年、其监护人或法定代理人的申请,宣布消除其前科记录,如涉及依普通《刑法典》第 174 条至第 180 条或者第 182 条所为之裁判,不得宣布之。瑞士联邦《刑法典》第 96 条第 4 款规定:被附条件执行刑罚的少年在考验期届满前经受住考验的,审判机关命令注销犯罪记录。澳大利亚《青少年犯罪起诉法》规定,警方对未成年人的犯罪记录不能保留至其成年之后,18 岁以后必须销毁,若被法院宣告无罪释放的,该青少年犯罪的一切案件档案资料,也必须销毁。美国《青少年犯教养法》第 5021 节规定:对原定最大限度刑期届满前被送交的青少年犯实行无条件释放时,原定罪自动取消。

俄罗斯联邦《刑法典》第 86 条第 2、3、4、5 款规定,在下列情况下前科消灭:(1) 被判缓刑的人,考验期届满;(2) 被判处比剥夺自由更轻刑种的人,服刑期满后 1 年;(3) 因轻罪或者中等严重的犯罪被判处剥夺自由的人,服刑期满后过 3 年;(4) 因严重的犯罪被判处剥夺自由的人,服刑期满后过 6 年;(5) 因特别严重的犯罪被判处剥夺自由的人,服刑期满后过 8 年。如果被判刑的人按法律规定的程序被提前免予刑罚或者未服满部分的刑罚改判较轻的刑种,则消灭前科的期限根据实际服完的刑期自免予服主刑和附加刑之时起计算。如果被判刑人在服刑期满后表现良好,则法院可以根据他本人的请求在前科消灭的期限届满之前撤销前科。俄罗斯联邦《刑法典》不仅规定了上述一般的前科消灭与撤销制度,还在第 95 条中对于未成年人前科消灭的期限予以特殊的规定,即对年满 18 岁之前实施犯罪的人,该法典第 86 条第 3 款规定的消灭前科的期限应予缩短,分别为:(1) 因轻罪或者中等严重的犯罪而服剥夺自由刑的,服刑期满后经过一年;(2) 因严重犯罪或者特别严重犯罪而服剥夺自由刑的,服刑期满后经过三年。另外,俄罗斯联邦《刑法典》第 86 条第 6 款规定了前科消灭的后果,即前科消灭或者撤销后,与前科有关的一切后果便不复存在。

我国的邻国日本和韩国也建立了未成年人前科消灭制度。1948 年《日本少年法》第 60 条规定:少年犯刑期执行完毕或免予执行,适用有关人格法律的规定,在将来得视为未受过刑罚处分;日本《刑法》第一编“总则”第六章“刑罚的时效和刑罚的消灭”第 34 条之二第 1 款规定:监禁以上的刑罚已经执行完毕或者被免除执行的人,经过 10 年,未被判处罚金以上刑罚时,刑罚的宣告丧失其效力。罚金以下的刑罚已经执行完毕或者被免除执行的人,经过 5 年,未被判处罚金以上刑罚时,亦同;同条第 2 款规定:被宣告免除刑罚的人,在宣告确定后,经过 2 年,未被判处罚金以上刑罚时,免除刑罚的宣告丧失其效力,作为刑罚的宣告丧失其效力的结果,应当将该人从犯罪者名册上勾销,视为无前科之人。韩国《刑法典》第 81 条“刑罚的失效”规定:劳役、徒刑执行完毕或者被免除者,在补偿被害人的损失后,未再被判处停止资格以上的刑罚,经过 7 年的,依本人或者检察官的申请,可以宣告其判决失效。

(二) 我国未成年人前科消灭制度概况

1. 立法现状

自 20 世纪 80 年代起,我国刑事司法领域,开始关注未成年人的犯罪和审判。最高人民法院《关于办理少年刑事案件适用法律的若干问题的解释》和《关于办理未成年人刑事案件的若干规定》,从实体到程序,以司法解释的形式,规范了我国的未成年人刑事审判制度。尽管尚未建立起我国独立的未成年人刑事诉讼的专门法,但以保护法为核心的未成年人法律体系已初步形成。

　　1984 年 11 月我国第一个少年法庭在上海长宁区建立,开启了我国少年司法制度建设和保护未成年人合法权益、预防和治理青少年犯罪的新历程。1999年颁布的《预防未成年人犯罪法》中规定,依法免予刑事处罚、判处非监禁刑罚、判处刑罚宣告缓刑、假释或刑罚执行完毕的未成年人,在复学、升学、就业等方面与其他未成年人享有同等权利,任何单位和个人不得歧视。我国《未成年人保护法》第 38 条明文规定:对违法犯罪的未成年人,实行教育、感化、挽救的方针,坚持教育为主、惩罚为辅的原则。对未成年人进行特殊的保护,对未成年人犯罪实行从宽处罚,在我国刑法体系中,建立未成年人前科消灭制度成为必然。

　　2008 年 12 月中央政法委员会在《关于深化司法体制和工作机制改革若干问题的意见》中要求要按照教育为主、惩罚为辅的原则,有条件地建立未成年人轻罪记录消灭制度,明确其条件、期限、程序和法律后果。2009 年 3 月,最高人民法院在《人民法院第三个五年改革纲要》中明确提出要落实宽严相济的刑事政策,"配合有关部门有条件地建立未成年人轻罪犯罪记录消灭制度,明确其条件、期限、程序和法律后果",即有条件地建立未成年人轻罪犯罪记录消灭制度。在此之后,以河北省石家庄市人民法院为肇始,山东、贵州、北京、四川等全国多地法院在辖区内将未成年人前科消灭的试点工作引向深入。然而,在上述两部法律的修改中都未直接规定未成年人前科消灭制度,而是采取了一种折中的、看似更为安全的变通规定:"前科报告义务免除"和"犯罪记录封存"制度。相比过去,这无疑是很大的进步。

　　2011 年 5 月 1 日起实施的《刑法修正案(八)》通过对累犯制度和前科报告制度的修改,体现了立法机关对未成年人的关怀与宽容,构建了未成年人轻罪犯罪记录消灭制度的框架,为制度的发展与完善奠定了基础。《刑法修正案(八)》第 6 条规定:"将刑法第 65 条第 1 款修改为:'被判处有期徒刑以上刑罚的犯罪分子,刑罚执行完毕或者赦免以后,在 5 年以内再犯应当判处有期徒刑以上刑罚之罪的,是累犯,应当从重处罚,但是过失犯罪和不满 18 周岁的人犯罪的除外。'"《刑法修正案(八)》第 19 条还规定:"在刑法第 100 条中增加一款作为第 2 款:'犯罪的时候不满 18 周岁被判处五年有期徒刑以下刑罚的人,免除前款规定的报告义务。'"这一修改从立法上勾勒出未成年人轻罪犯罪记录消灭制度的框架,使未成年人前科消灭实践有了法律依据。修订的《刑事诉讼法》第 275 条规定:犯罪的时候不满 18 周岁,被判处 5 年有期徒刑以下刑罚的,应当对相关犯罪记录予以封存。犯罪记录被封存的不得向任何单位和个人提供,但司法机关为办案需要或者有关单位根据国家规定进行查询的除外。依法进行查询的单位,应当对被封存的犯罪记录的情况予以保密。这是我国刑事立法中确立未成年人犯罪记录制度的重大举措,为保护未成年人的合法权益奠定了坚实的基础。

2. 制度详情

从上述我国刑事法律的规定中可以看出,我国使用的词语是"犯罪记录封存"。前科消灭制度的精髓是消除法律法规对于公民曾经有过的犯罪记录的评价,而非一般理解的销毁一切犯罪事实及其记录,因此,我国法律所规定的犯罪记录封存制度是其中的一种形式。封存的含义是不予查询,但仍存在。犯罪记录封存,是拒绝查询犯罪记录,或通过技术性操作严格限制未成年人犯罪记录被查阅,使前科评价在法律制度层面上难以进行。

(1) 未成年人前科消灭制度的实体内容。

未成年人犯罪记录消灭制度的适用年龄是已满 14 周岁,未满 18 周岁。需要注意的是,此处的年龄是指犯罪时的年龄,即在发生犯罪行为时已满 14 周岁,不满 18 周岁;即使犯罪行为被发现或是在判决时,该人已经年满 18 周岁,也不能改变对其进行犯罪记录封存的决定。前科消灭的前提是前科记录的存在。

关于适用条件。根据我国刑法的规定,对于宣告刑为管制、拘役、单处罚金或免除刑罚的未成年犯罪人,应当进行犯罪记录封存,其前科报告义务和构成累犯的可能性均归于消灭;对于犯罪时不满 18 岁且宣告刑在 5 年及以下有期徒刑的犯罪人,应当进行犯罪记录封存,其前科报告义务和构成累犯的可能性也均归于消灭;对于宣告刑为 5 年以上的未成年犯罪人不适用此制度。因此,从最宽广的范围来说,未成年人前科消灭的首要条件是未成年人的行为已构成犯罪。根据上文对前科的界定,具体说来应包括以下几种:① 定罪但免予刑事处罚的;② 单处剥夺政治权利、罚金刑执行完毕的;③ 判处管制、拘役执行完毕的;④ 拘役、有期徒刑判处缓刑,缓刑考验期届满的;⑤ 判处有期徒刑,刑罚执行完毕的。

关于封存的内容。犯罪记录封存制度封存的内容为"犯罪记录",主要有两类:一是关于犯罪事实及刑事诉讼过程的记载,包括公安机关的侦查卷宗、检察机关的检察卷宗、法院的审判卷宗和判决书等。二是关于未成年人发生犯罪事实的信息,除法律规定的特殊情况外,任何单位和个人对未成年犯罪人的相关情况进行调查时,不得透露其曾经犯罪的这一信息。

(2) 未成年人前科消灭制度的程序内容。

关于封存主体。我国《刑事诉讼法》对未成年人犯罪记录封存的主体未作明确规定。从整个刑事诉讼过程看,其中的各个环节,从侦查、起诉到审判、执行等都有相应的犯罪记录痕迹,如侦查卷宗、检察卷宗、审判卷宗等。因此可以认为,未成年人刑事犯罪封存的主体应主要是在司法办案过程中涉及未成年人刑事犯罪事实及记录的单位,主要有公安机关、检察机关、审判机关等。

关于犯罪记录封存的启动。在我国,大多数试点地区的做法是,人民法院在宣布判决时,对那些经过初步审查日后有适用该制度可能性的未成年犯罪人及其监护人,履行告知义务,由符合适用主体条件的未成年犯罪人本人或其监护人向法院书面提出具体的申请,法院审查通过后启动。实践中,由于部分申请人的法律维权意识淡薄或者法院告知义务履行不到位等原因,导致符合条件的申请人错过申请机会。依照立法精神,应实行法院系统自行启动该制度的模式,对符合适用条件的,由各类档案管理部门配合封存其相应的犯罪记录,从而使未成年人前科消灭制度得到切实贯彻。

（3）未成年人前科消灭的效力。

前科一旦被消灭,其所带来的积极效应必然也会很明显。在我国,通过法定的条件和程序,未成年人的犯罪记录被合法地封存后,他们在很多领域和行业中的合法权益就会得到恢复,可以和其他人一样享受到这些权益所带来的诸多实惠和利益。首先,是犯罪记录限制查询。犯罪记录封存并不是将犯罪记录在司法档案的记述载体上简单地予以消灭,而是在适用记录封存制度的情况下,对于符合犯罪记录封存条件的犯罪记录,在被查询时给予否定性回答,具体答复为"无犯罪记录"。除法律特殊规定的情况外,不得向任何单位和个人提供或披露未成年人曾经的犯罪记录。其次,是前科报告义务免除。有关犯罪记录的档案材料,只能保存在司法机关,本人有拒绝向任何部门、个人陈述的权利,在填写各种表格时,不再填写"曾受过刑事处罚"的字样。犯罪记录封存的人和普通人一样依法平等地享有各种权利,免除在求学、就业等阶段因曾有犯罪记录而遭受歧视。

上述效力对未成年人来说意义重大,其一,是未成年人合法权益的恢复。在未成年人的犯罪记录封存之后,他们在法律地位上就等同于没有犯罪一样,他们此时享有和其他人一样的合法权利。因此,这些领域中对他们权利的限制或剥夺就应该予以取消,使他们恢复平等的法律地位,以此保障他们的合法利益,促进他们的健康成长。其二,是未成年人的犯罪记录在他们以后的诉讼中将不被引用。未成年人的犯罪记录一旦被合法有效地封存,就意味他们此时的法律地位就相当于一个没有犯罪的行为人,其犯罪记录应当被视为在法律上已不存在。

（4）未成年人前科消灭制度的监督与保障。

关于未成年人犯罪记录封存过程的监督。为保证未成年人犯罪记录封存的恰当运作,完善的监督不可或缺:其一,是检察机关的监督。检察机关自身负有法律监督职能。在未成年人犯罪记录消灭程序运行过程中,检察机关的监督作用主要体现为可依职权主动或通过群众举报对负责人员的职务行为进行审查,包括是否有贪污受贿、玩忽职守、滥用职权行为等。其二,是上级法院的监督。上级法院对下级法院的各项程序运行负有监督义务,对下级法院在未成年人犯罪记录封存程序运行中的违规违法、事实不清、适用法律错误等有义务进行审查纠正。其三,是群众监督。在程序运行过程中,人民群众如发现负责人员、适用人员有违反职责或弄虚作假行为,可以向同级检察院或上级法院举报。程序进行中,如负有监督职能的机关经审查发现负责人员在职务执行过程中确有不当行为,应及时指出并监督纠正。如果该行为性质较为严重,影响到程序的正当、合法进行,上级法院视情况暂停或终止程序运行。

关于未成年人犯罪记录封存制度的救济。为避免未成年人前科封存制度在运行时形同虚设,应在立法上对该制度的法律效果进行明确规定,确定司法机关和有关部门、人员的义务。还必须明确规定在违反法定义务的情况下,应负的法律责任、可采取的制裁措施等等,保障未成年犯罪人的权利被侵犯时,有可循的救济途径与救济措施。应当在新刑诉法的配套解释中规定非通过正当法律程序对已封存的前科记录进行查询时,需要承担的法律责任。未成年犯罪人的合法权益被侵犯时,有权利依据法律规定要求侵害人赔偿,追究侵害人的法律责任。只有规定罚则,才可以制约相关部门的权力,防止权力滥用,真正使前科封存制度及犯罪记录查询制度正常发挥作用。前科消灭制度的救济主要是指两个方面,一是对泄露或者非法获取曾经犯罪人的前科信息行为的救济;二是对在就业等方面歧视已适用前科消灭的人的行为的救济。对于第一个方面,主要是指公、检、法、司的司法人员及律师,其在工作中往往能够获取一些犯罪人的犯罪信息,一旦犯罪人适用了前科消灭制度,这些前科信息就属于个人隐私不能被泄露。一旦知悉他人前科的人将此予以对外公开、宣扬的,被消灭前科者有权利以侵犯其隐私权为由要求侵权人承担民事或行政责任,造成严重后果的,还要承担刑事责任。第二方面,如果学校、用人单位对已适用前科消灭的人进行招录歧视,权利人有权利进行劳动仲裁或者通过诉讼方式进行救济。

关于未成年人犯罪记录封存制度的保障。未成年人前科消灭制度是一项复杂的社会系统工程,需要社会方方面面的协作配合,它既需要人们观念的转变,削减推行该制度的阻力,亦需要建立相关的配套制度,以发挥整体联动的合力。

第二节　少年帮教责任制度

导入案例

17岁的小丽是一起故意杀人案的被告人。小丽自初中辍学后外出打工,与男友同居,因遭到家庭反对而分手,之后却发现自己意外怀孕。因不知如何应对,便抱着逃避心理向家人隐瞒了孕情。漫长孕期中,自身心智尚未成熟的小丽始终未做好母亲角色的心理准备,也未想过作为母亲该承担的责任。孩子突然降生后,因其啼哭不断,小丽唯恐他人发现而惊慌失措,采取掐婴儿脖颈、往婴儿嘴里塞卫生纸、将其丢弃在厕所垃圾袋内等方式欲剥夺婴儿生命。后婴儿经抢救生还,现由小丽及男友共同抚养。

经心理测评与疏导，并结合社会调查报告，法官发现小丽犯罪时尚未满成年，其恋情曾受阻碍、因隐瞒孕情致孕期缺乏亲友情感支持，在独自完成生产婴儿过程、身体极度虚弱、精神高度紧张的情况下，未能理智行事，对所生婴儿实施了侵害行为。综合其作案背景、动机及实施犯罪时的具体情况，其主观恶性、社会危害性与其他故意杀人案件有所区别，应属于犯罪情节较轻，依法对其从轻处罚并宣告缓刑。

法官特意选择在小丽的 18 周岁生日当天宣判，并为其举行了"成人仪式"。法官在法庭上播放了视频短片，引导小丽增强对孩子的责任感，做一名合格的母亲；邀请小丽和父亲共同体验了"守住法律底线"的亲职教育游戏，帮助他们认识到遵守法律和社会规则的重要性；为小丽送上精心制作的法官寄语，并配以图文并茂的幻灯片，鼓励她开启新的人生。小丽深为法官的良苦用心所打动，不时留下感动的泪水。在法官的带领下，她面对神圣的国徽庄严宣誓："我已长大成人，永远做祖国忠诚的儿女，以诚心对他人，以孝心对父母，以热心对社会，以忠心对国家……"她郑重表示绝不辜负法官的嘱托，以此作为自己重获新生的起点，做一名对家庭负责，对社会有益的人。

因小丽还要带着婴儿乘火车、转汽车返回千里之外的家乡，考虑天气已转凉，小丽未带孩子的御寒衣物，法官利用判后救助基金，将精心为孩子挑选的婴儿衣物及毛毯送到小丽手中，希望她能够将愧疚转变为母爱，好好照顾孩子，迎接美好人生。判决后，小丽将在户籍地司法局接受为期三年的社区矫正。考虑到小丽自身尚未成年，又未婚生育一子，今后的生活极有可能面临更多未知风险，法官为小丽和孩子申请到每月 150 元、为期 3 年的救助款，并赶赴小丽户籍地司法局对小丽共同进行跟踪帮教，并协助制定个性化矫正方案，实现了从审判到社区矫正的无缝对接。

挽救一个孩子，就是挽救一个家庭。本案贯彻了社会调查、心理疏导、法庭教育等未成年人刑事诉讼程序特有的环节，并进行了判后救助、亲职教育、法官寄语、亲子游戏等有益尝试，为做好"教育、感化、挽救"失足少年工作进行了全力探索。"折翼天使"的振翅重生，离不开少年法庭法官们春风化雨般的教育和挽救。少年法庭法官们多年来坚持用法律和爱心守护成长，用实际行动践行了"司法为民"的誓言。

一、少年帮教责任制度概述

基于未成年人的身心发育特点，我国一贯重视对未成年犯罪人实施有效的帮助与教育措施。目前相关法律法规已就未成年犯罪人的帮教主体及基本原则等作出了规定,并在预防未成年人犯罪及矫正未成年犯罪人等方面发挥了一定作用。

(一)少年帮教及帮教责任的界定

所谓帮教,通俗地理解,就是指帮助和教育。少年帮教可以说是我国在长期的司法实践中创造出来的一种社会性管理措施。其内容是:依靠社会各方面的力量,对违法青少年进行帮助和教育,使其能够改掉不良的行为习惯,完成健康的社会化过程,顺利地融入社会生活。所谓帮教责任,指的是"对于司法处遇下的未成年人,司法机关及其他有关社会机构应当本着教育为主、惩罚为辅的原则,对其进行帮助、教育,并尽可能提供机会帮助其重返社会的责任"。[①]

广义上理解,对犯罪少年的社会帮教方式主要有三种:(1)正规刑事司法程序中的社会帮教,主要体现在暂缓立案、暂缓起诉及暂缓判决的考验期内,其帮教效果通常作为考验内容之一。(2)"转出"后的社会帮教。这是社会力量对于从正规刑事程序中转出的犯罪少年进行的帮教,主要体现在(暂缓立案)不立案、(暂缓起诉)不起诉及(暂缓判决)定罪免刑之后的社会化矫正中。(3)刑满释放后的社会帮教,又称"接茬帮教",是指社会力量对刑满释放后的少年实施的,旨在巩固改造效果和预防犯罪。本书重点探讨对犯罪少年正规司法程序中的社会帮教,该类帮教有利于实现少年的健康成长,促进少年犯罪人早日顺利复归社会。

(二)司法机关承担帮教责任的意义

之所以司法机关需承担帮教责任,是由工作对象的特殊性和民众的司法期待所共同决定的。

1. 工作对象的特殊性决定了要在司法中帮教

心理学研究表明,青春期少年处于心理发展的特殊阶段,存在心理闭锁性与开放性的矛盾,他们往往既自我封闭,又感到孤独无助,希望与他人交流并得到理解。以北京某基层法院2011—2015年未成年人犯罪案件的抽样调查为例,有近80%[②]的失足少年系非京籍,其中有来京务工人员、务工人员子女、无业人员、院校学生等。他们除了往往有前述心理问题之外,还常常存在亲情缺失、受教育水平低、生活习惯差等特点。面对这些失足少年,司法的作用在于不仅要通过适合的审判方式,作出公正、人道的判决,还要更加强调与其道德、情感层面的沟通,使其认识到自己的行为性质、法律责任,并为他们重返家庭、重返校园、重返

---

①　范君:《在帮教中司法》,载《预防未成年人犯罪研究》2013年第1期。该文认为,帮教罪错少年是一项社会综合工程,帮教责任应由公检法司及相关社会机构共同承担。

②　北京市海淀区人民法院课题组:《在帮教中司法》,载《少年司法制度改革中的帮教责任》论文集,2013年4月,第147页,同名研讨会由共青团中央中国预防青少年犯罪研究会与中国人民公安大学联合主办。

社会提供必要的帮助。这就决定了要在司法中帮教,通过帮教责任的落实来承担起公共义务。

2. 民众的司法期待决定了要在帮教中司法

以法院为例,中国社会传统上注重情理,"合情合理"是老百姓判断公平和正义的重要标准,以"情理"为基础的民众司法期待决定了法官需自觉扮演"司法为民"角色,这也是中国特色社会主义法律体系中法官角色政治性的体现。[①] 对此,国外亦有类似论述:"法官的角色就是帮助在社会需求与法律之间架设桥梁,以免使法律制度衰颓或者无序。法官必须确保有变动的稳定,以及有稳定的变动,宛如苍穹中的雄鹰,唯有在运动中维持其稳定。"[②]它非常形象地揭示出社会需求与法律、法官之间的逻辑关系。在少年刑事司法中,国家通过司法实现了刑罚权,惩罚了犯罪,但对于这些尚未成年的被告人,需重回社会的"社会需求"或者说"司法期待"客观存在。国家亲权理论表明,国家本身就负有保证未成年人健康成长的职责。法院作为国家司法机关而承担起这种帮教责任,既符合我国社会管理体制创新的职能要求,又满足民众所希望的"司法为民"的司法期待。

(三)少年帮教责任制度的理论依据

国家亲权理论、儿童利益最大化、教育刑目的论等理论都是社会帮教责任制度的理论基础,除此之外,还有诉讼效益理论。

诉讼效率理论要求以较少的诉讼资源投入,实现最低诉讼成本,以最少的时间耗费来解决纠纷。[③] 这在部分案件中是必要的。但是,单纯追求诉讼效率在实践中可能异化为"办案速度""办案便利",导致许多案件无论轻重,快侦、快捕、快判伴随一押到底问题突出,极少针对是否必须羁押、起诉、判处监禁刑进行风险评估,更加忽视帮教工作,完全背离了罪错少年重犯率高的规律。[④] 因此,该理论另外的警示意义在于:忽视对罪错未成年人的帮教责任,再"高效"的诉讼程序,获得的只是正义的表象。对此,诉讼效益理论[⑤]提倡在少年司法中增加特别保护程序,对涉罪未成年人尽量适用非犯罪化、非羁押化、不起诉、非监禁化措施,尤其是建立社会观护体系,要求办案机关充分发挥司法能动性,投入更多资源,以帮教促进司法结果最优化,彰显宽容、救赎等蕴涵着司法人文关怀之"良

---

① 我国法官角色具有政治性特点,此观点来自于原最高法院副院长张军:《审判工作既要讲法治也要讲政治 法官既要做法律家也要做政治家》,中国法院网,http://chinacourt.org/public/detail.php? id=321579,访问日期 2015 年 12 月 4 日。

② 来源于《哈佛法律评论》,2002 年总第 116 卷,第 16 页,转引自孔祥俊:《法律方法论(第二卷)》,人民法院出版社 2006 年版,第 552 页。

③ 陈光中主编:《中国司法制度的基础理论问题研究》,经济科学出版社 2010 年版,第 538—571 页。

④ 研究表明,罪错少年年龄越低,重犯可能性越大。参见曾赞:《逐级年龄生平境遇犯罪理论的提出与证立——以重新犯罪风险测量为视角》,载《中国法学》2011 年第 3 期。

⑤ John Leubsdorf,"The Myth of Civil Procedural Reform", in *Civil Justice in Crisis*, edited by Adrian A. S. Zuckerman,Oxford University Press, 1999, p.55.

法"价值。

二、我国未成年犯罪人帮教责任的实践探索①

总体而言,我国一贯重视针对未成年犯罪人的帮教责任的设定及其落实。早在 1983 年公安部等七部门联合发出了《关于违法或轻微犯罪行为青少年帮助教育工作的几点意见》,其中确立了对违法青少年的帮教制度。目前我国相关法律已就未成年犯罪人的帮教主体及基本原则做了规定。1999 年我国颁布的《预防未成年人犯罪法》第 4 条规定:未成年人的父母或者其他监护人和学校、城市居民委员会、农村村民委员会,对因不满 16 周岁而不予刑事处罚、免予刑事处罚的未成年人,或者被判处监禁刑罚、被判处宣告缓刑、被假释的未成年人,可以聘请思想品德优秀,作风正派,热心未成年人教育工作的离退休人员或者其他人员协助做好对前款规定的教育、挽救工作。此外,我国《未成年人保护法》第 4 条也指出:"保护未成年人的工作,应当适应未成年人身心发展的特点,尊重未成年人的人格尊严,保障未成年人的合法权益,教育与保护相结合的原则。"

在未成年人帮教主体方面,《预防未成年人犯罪法》明确规定:有关未成年人帮教问题的主体主要是司法机关。在司法实践方面,我国法院系统已经设立了针对未成年人犯罪的少年法庭,检察院也有专门负责未成年人犯罪的监察科,一定程度上保障了针对未成年犯罪人帮教责任的落实,在我国预防和矫正未成年人犯罪行为的工作中起到了积极作用。

下文以海淀法院为例,介绍人民法院作为司法机关承担帮教责任的实践探索。近年来,北京市海淀区法院少年司法改革中进一步落实帮教法律责任制度,取得了良好的法律效果及社会效果。

海淀法院从 1987 年便成立了少年法庭;1992 年便创设"U"字形法台,设置帮教席,引入家长、老师等共同参与,寓教于审,这些即为圆桌审判、合适成年人到场制度的原形;早在 20 世纪 80 年代末就开始设立专职帮教考察官,并引入心理专家、慈善律师一同开展社会调查、"十日悔罪书""缓刑帮教座谈会""缓刑接待日""缓刑负担、指示、减刑"等与社区矫正无缝对接的判后跟踪帮教;早已实现任意性指定辩护全部满足需求;坚持 25 年回访少管所,看望少年犯,协助做好帮教、改造工作;从少年法庭成立之初便将在校大学生纳入少年法庭审理,并对在校学生犯罪记录封存;早在 2002 年便聘请心理专家对网瘾少年进行心理疏导和评测;从 2006 年开始引入慈善基金,至今已救助 35 名涉诉困境少年,构建出了涉诉困境少年慈善救助与国家救助相辅相成的司法救助模式;长期推行"减半处罚"的量刑原则和刑事和解;不断创新法制副校长工作;等等。这些实践探索绝

----

① 本部分内容主要来源于北京市海淀区人民法院课题组全体成员的调研成果。

大部分已为立法和司法解释吸纳,有些仍然领先于立法。目前该法院继续探索,已将专职帮教考察官与社工调查相结合,实现对包括预审卷在内的轻罪记录全部案卷集中封存,在全国率先对未成年被害人、证人出庭视频保护,顺利审结全国首例涉外未成年人犯罪案件和首例涉未成年人强制医疗案件,正在逐步将司法救助扩大到涉民事、行政案件困境少年,等等。

(一)海淀法院在审判工作中探寻落实帮教责任的多元方式

1. 参与社会调查

参与社会调查是人民法院落实帮教责任的基础性工作,借此可以透析未成年人犯罪原因、动机、人身危险性、再犯可能性,在家庭、学校、社会生存状态和教育、监督不足,生活、就学、就业、疾病困境等各种情况,为定罪量刑提供参考,为寓教于审、心理干预、选择合适成年人、指定辩护人、司法救助、社区矫正等提供依据。

自 20 世纪 80 年代末,海淀区人民法院就在探索实践社会调查制度,即在专职帮教考察官主导下,在收案 15 天内完成未成年人个人情况、家庭情况、社区活动、前科劣迹、本案考察等五方面调查。帮教考察官虽不参与庭审,但会综合分析对未成年人的认识、审理中注意事项、帮教挽救"感化点"等内容,提交法官作为审判和开展帮教工作的参考。对于非监禁刑未成年人,帮教考察官还负责建立记载犯罪原因、悔改表现、社会效果及跟踪回访情况的帮教考察档案,结合"十日悔罪书""缓刑帮教座谈会""缓刑接待日"制度开展判后帮教考察工作。

在市级主导下,海淀区公检法在 2012 年启动了"对一百例未成年人开展社会调查试点工作",调查工作交由社会工作者完成,社会调查报告涵盖了"成长经历""生理、心理、习惯、法律认知等个体状况""家庭、社会状况""本人、家庭对未来发展期望、设计及可利用社会支持资源""违法犯罪原因和回归社会有利与不利因素""再犯风险评估"等方面,形式上已基本成熟,但细节尚存不足:很多设定内容没有完成,缺乏对学校、工作单位、社区、邻居、同学、朋友等交往人员、单位调查,缺乏对从小家庭成长环境、学校教育状况、社会生活景况,特别是人格影响重大事件调查;缺乏对本人闪光点、身边榜样(寓教于审)、本人及家庭困境(救助),是否需要心理疏导、矫治、谁是较为信赖人员(确定合适成年人)等帮教参考内容调查,调查员也不参与帮教工作。

为此,海淀区人民法院将帮教考察官制度与社会化调查、司法机构调查制度结合起来,帮教考察官联系社区矫正部门核实前期调查报告,并根据审判和帮教工作需要指导社会调查员或社区矫正人员开展工作、参与帮教。制度的融合有利于人民法院实际把握帮教进程、弥补帮教盲区,具体满足帮教需求,也必将推动帮教考察官融入整个诉讼过程的职业化发展。

案例

　　17岁的小文是某体校学生,因染上了酗酒吸烟的恶习,经常出入酒吧。一日,小文因训练问题受到老师批评,想去酒吧借酒消愁,苦于没钱遂起意行抢。小文尾随一位下夜班的女护士,用胳膊搂住护士的脖子,把她按倒在地,打了几拳,抢走了挎包。后小文被警察抓获,并因涉嫌抢劫被诉至法院。

　　法官通过查阅社会调查报告并走访小文的家长和老师,发现小文13岁时,其父因过度饮酒去世,其与母亲相依为命。进入青春期后,由于家庭教育失当,缺乏与母亲的情感沟通,他养成了酗酒的陋习。案发前,其受到老师批评后,不能正确面对挫折,在冲动及侥幸心理作用下实施了抢劫。考虑到小文能认罪悔罪,取得了被害人谅解,学校亦愿意其继续学习,法庭对其从轻处罚并适用缓刑,同时根据社会调查查明的犯罪诱因,有针对性地宣告了禁止其在缓刑考验期限内进入夜总会、酒吧、迪厅、网吧等娱乐场所和禁止酗酒的禁止令。为表感谢,小文和母亲送来了"法官妈妈,情系孩子"的锦旗。

　　2. 在实践中探索"寓教于审"

　　审判实践证明,未成年人行为与成年人行为的区别不仅是年龄上的数量之别,而在于其身心发育之中的本质差异。因此,未成年人刑事司法的价值取向应是注重对未成年被告人的保护和教育,而不是注重报应或威慑。在审判中应当充分照顾未成年人的身心发展特点和规律,有针对性地加强诉讼指导,及时地给予必要的帮教,切实保证其依法享有的诉讼权利在审判中的实现,从而达到良好的教育效果。基于未成年人的异质身心特点,"教育为主、惩罚为辅"原则天然地包含了以下内容:

　　第一,"教育为主",是指在审理未成年人刑事案件中,应当把教育放在突出的位置,把惩罚作为辅助手段并服务于教育。具体体现为三方面:一是亲情感化。未成年被告人的父母、亲属对自己的子女、亲人最关心,他们对被告人进行教育往往容易产生良好的效果,所以在办案中应当特别重视发挥他们的作用;二是法制教育,在诉讼活动中,联系其违法犯罪的事实,使未成年人懂得违法和犯罪行为对个人、家庭、社会造成的危害,以及应当承担的法律责任,从而帮助其树立起遵纪守法的意识;三是道德和人生观教育,结合犯罪的未成年人的思想实际,帮助其明辨是非、纠正错误、转变思想,使其懂得做人的道理,以树立正确的人生观、价值观。

第二,"惩罚为辅",并非不处罚,而是要以教育为出发点和归宿,将适当的处罚作为教育的一种方法,通过教育和惩罚达到挽救的目的。在国际范围内,对未成年被告人的惩罚存在严格限制,既包括弱化刑罚的报应观念,也包括采取轻缓的刑罚方法,但其核心理念仍在于强调特殊预防中的教育刑论。①

第三,教育与惩罚是相辅相成、互为补充、缺一不可的,是经过多年司法实践所检验而切实行之有效的。在实践层面,作为更为具体的工作方法,最高人民法院在这一原则下对未成年人审判提出的"寓教于审,惩教结合"这一工作要求,则具有更加直观的指导意义。"寓教于审,惩教结合"即是指在未成年人刑事审判中,注重对未成年被告人犯罪心理和犯罪行为的矫正,将对未成年被告人的教育贯彻庭审过程始终,在确定其行为是否构成犯罪,应否承担刑事责任的同时,帮助其认识犯罪原因和犯罪行为的社会危害性,以达到预防和减少犯罪的目的。

海淀区人民法院少年法庭自1987年9月成立之初就探索创新,将法庭变为特殊"课堂",坚持富有特色的判后跟踪帮教,探索监护人法律责任,最大限度实现挽救目的。其主要做法为:

(1) 创设"U"字形法台与帮教席。

为消除传统法庭带来的紧张、恐惧、压抑感,海淀法院于1992年将法台设计成一个天然木质暖色且审控辩帮共处同一平面的"U"字形,用式样精巧只有70公分高的小课桌代替被告席,正面墙上"少年法庭"四个大字烘托着国徽。这样蕴意丰富的设计让法庭既不失庄严又有课堂般温暖,得到了最高法院的认可,并被全国许多法院效仿。增设帮教席主要是基于罪错少年大部分是在校学生或刚离开学校,他们生活中的大部分时间是在学校度过的,在失去自由后,最留恋的是家庭和学校,最想念的是父母、老师和同学;他们正处于青春期,和同龄同学朋友关系亲密,无话不谈。在接受审判这一人生关键时刻,亲友和老师出席法庭可以让他们感受家庭、社会温暖,真正敞开心扉接受教育。

(2) 兼顾庭审教育和宣判教育。

开庭时审控辩帮四方均到齐,为充分利用这一帮教最好时机,在辩论后增设法庭教育:公诉人针对危害社会行为进行分析,指明其造成的危害后果和应承担的法律责任,提高其法制观念;辩护人对其犯罪主客观原因分析并进行道德教育;法定代理人对自身教养失误反省和自责,通过表达对子女改过自新的殷殷期待进行亲情教育;帮教席上的老师和亲友则追忆往日师生之情、朋友之义,进行友情教育。根据需要,法庭还可能会邀请被害人到庭以特殊身份陈述被害事实和所遭受痛苦,促其悔过。法官再根据情况辅之以"人生闪光点""身边榜样""生

---

① 院小苗:《未成年人的刑法保护理念与刑法价值》,载《河北法学》2005年第8期。

日宣判""成人礼""心结疏导"等内容予以感化,唤起自尊自爱和社会责任感、羞耻感、内疚感。面对父母、亲友和老师,听着他们情真意切、声泪俱下的倾诉,未成年人心灵往往受到强烈的震撼,痛悔不已。

宣判后,对被判处实刑的未成年人进行认罪伏法和前途教育,鼓励他们认真改造争取减刑、假释。对被宣告缓刑的,召开帮教座谈会,邀请法定代理人、公诉人、辩护人和帮教考察官、社区帮教人员参加,有时介入心理疏导和矫治。

(3) 实施判后跟踪教育。

第一,推行"十日悔罪书"。在宣判时,缓刑考察官责令被判处非监禁刑的少年在判决第十日向法官提交一份"悔罪书",写明对自身行为社会危害性的认识,后向其发放《缓刑帮教考察手册》。海淀法院现已累计收到"十日悔过书"达数千封。第二,确定"缓刑接待日"。[①] 宣判后,缓刑考察官责令缓刑少年在每月第一个星期五的下午汇报本月生活、学习、思想情况,并提交一份"思想汇报",要求切忌空谈,围绕身边真实事件窥探自身心理变化。缓刑考察官在《缓刑帮教考察手册》填写评语并拟定下月思想汇报的主题。这种交流尽可能深入实际地倾听少年遭遇的现实问题,帮助解决困难,强化心理防线,为营造健康向上、自尊自强的社区矫正氛围搭建平台。至今进入缓刑接待日的少年已经有 1500 余人,已收到思想汇报近万封,不仅成为了少年心理矫治的物质载体,也成为了一笔宝贵的精神财富。第三,通过书信或电话往来进行个别重点跟踪。对于一些实刑犯或外地缓刑犯,法官针对个别需要,在宣判时明确他们可以与法官书信或电话往来。这一制度将传统的思想汇报与具有谈心、温情甚至私密性质的书信或电话交流结合起来,成为衡量少年人身危险性和矫正效果的重要依据,法官借此也能及时引导人生。有个别少年长期与尚秀云法官保持通信往来,信件已达到 88 封、10 多万字,双方建立起来了深厚感情。第四,回访少管所、看守所、监狱。海淀法院已坚持 25 年回访少管所、看守所和个别监狱,了解少年犯改造情况,做法制或人生观教育,个别还会重点谈话,甚至心理矫治。

3. 实行心理危机干预

根据风险社会理论[②],少年司法领域同样存在风险,减少风险的必要手段是进行风险评估。以心理测试以及社会调查为主要方法和依据的风险评估,在许多国家作为"矫治处遇体系"重要内容被广泛运用于司法裁量中。海淀法院早在2002 年 5 月便首次邀请某高校心理学专家探索了心理专家介入心理干预的做法,至 2016 年 11 月已对 98 名未成年人进行了心理干预。此外,该院还在实践

---

① 在 2002 年前纳入"十日悔罪书"和"缓刑接待日"的是所有的非监禁刑犯。近年来,随着社区矫正工作的发展,逐步将纳入范围限制在户籍地在外地而经常居住地在北京等社区矫正尚未顾及的部分。

② 〔德〕乌尔里希·贝克等:《自反性现代性》,赵文书译,商务印书馆 2001 年版,第 13 页。

中逐步发现了心理干预机制在为判处非监禁刑提供风险评估,改变犯罪心理结构,实现特殊预防等方面不可或缺的价值。

（1）介入对象。

实践中,对具有以下特征的未成年犯罪人予以干预:其一,犯罪有偶发性,平时表现较好,家庭环境和生活条件良好,可能判处缓刑的;其二,行为怪异、冷酷,没有明显犯罪动因的;其三,无法处理好与学校、家庭方面的关系而导致犯罪的;其四,家庭残缺,心灵蒙上阴影,产生自卑、自私、性格扭曲等心理而导致犯罪的;其五,由于逆反、偏执而产生犯罪的。[1] 目前进行比较成功的主要有戒除网瘾、弥补亲情、克服自卑心理等。

（2）介入时间。

将心理干预贯穿于诉讼全过程。海淀法院目前的做法为:定罪后宣判前,将案情和在审理中发现的问题介绍给心理专家,让其与未成年人交流,了解其生活环境以及交往对象,探究犯罪心理动因,掌握心理状况,将主观恶性大小、心态优劣以及在判处刑罚情况下心态能否转变、心理承受压力系数等诸项指标,在科学分析基础上制作报告,并提供给法庭作为量刑参考。宣判时,心理专家针对定罪量刑情况为未成年人缓解心理压力。

在帮教座谈会和缓刑接待日,引入心理专家与未成年人交流,进行心理矫治,了解需要何种帮助,判刑后处于一种什么心态,如何处理这种心态,以及在此段时间心理恢复程度等等,并提交一份总结性报告以便社区矫正部门及时掌握。必要时还要对个别老师及家长进行心理辅导,以避免因学校、家长对未成年人心理教育不当而使得他们有重犯欲望。

（3）介入方式。

主要以谈话,回答问题,解疑释惑,提供建议,商量讨论等方式进行心理诊疗和引导,并辅之以必要的精神分析手段,如做一些心理问题测试等等。

案例

> 17 岁的少年小龙因恋爱遇挫,负气来京打工,后因琐事与同事发生纠纷,将其打成重伤。在家属帮助下,小龙赔偿了被害人的损失,被取保候审。但其后小龙又结识了一伙不良青年,并在他们诱惑下参与了轮奸,而此时他已满 18 周岁,等待他的将是 10 年以上的刑罚。出于对刑罚的畏惧及侥幸心理,尽管证据确凿,小龙却始终不承认强奸行为。

---

[1]　乐国安主编:《中国社会心理学研究进展》,天津人民出版社 2004 年版,第 176—178 页。

法官邀请心理专家对小龙进行了再犯风险心理评估及疏导。心理专家与小龙进行了深入交流,引导他倾诉了十几年来的心路历程,得出小龙有一定人格缺陷和再犯危险性,但若有有力的情感约束和恰当的法律教育尚可控的结论。后心理专家结合小龙的成长经历及心理问题进行了心理疏导,告诉他:"一定要担当自己应该承担的责任,当你承担完责任后,学一门技术,找一份工作,在你母亲生你的年龄,你同样可以结婚生子,担负起家庭的责任。"庭审中,小龙当庭自愿认罪,表示:"老师告诉我'只有吃该吃的苦,才能享该享的福',我犯了罪就该受到惩罚。我今后一定踏实做人,不再让家人担心!"

4. 合适成年人参与诉讼

长期以来,海淀法院在未成年犯罪人审理过程中,存在有超过 20% 的法定代理人不能参加诉讼的情况。[1] 为改变这一状况,海淀法院少年法庭创设了"帮教席",通过引入教师、亲属、单位、社区组织代表等参与法庭教育方式,一定程度上弥补了对"合适成年人"的需求。新刑诉法通过后,该院不仅引入区团委工作人员作为"合适成年人"参加诉讼[2],还将帮教因素融入其中。例如:依托社会调查寻找未成年人相对熟悉人员(如老师、家属、单位、社区组织代表等)作为合适成年人,他们能赢得未成年人的信任,且了解未成年人的情况。只有在相对熟悉人员不能到场时,才选择共青团组织指派的代表。"合适成年人"不仅是未成年犯罪人的"保护者",而且是诉讼过程的"监督者",还积极参与法庭教育、宣判教育和判后跟踪教育等等。

在合适成年人人员选择上,目前主要考虑如下因素:其一,充分尊重未成年人意愿;其二,涉案未成年人为女性的,优先选择女性;其三,部分热心公益的律师参与其中。实践中,有部分公益律师具有较强的法律专业和心理学专业基础,而且热心未成年人帮教。该院在数十起案件中引入此类律师参与诉讼,他们有的还在判后继续跟踪帮教,提供物质帮助、心理疏导或人生引导,效果良好。

5. 落实指定辩护人制度

早在 2009 年 3 月,海淀法院便与某高校合作开展"青年律师刑事辩护(法律援助)示范及实证研究"项目。该项目在北京地区以公开方式招募选拔 26 名执

---

[1]　海淀法院 2012 年度共审结未成年人刑事案件 226 件,涉及被告人 284 人,有 197 名被告人开庭时未满 18 周岁,经依法通知,法定代理人到场参与庭审的 154 人,到场率为 78.2%,其余 43 人因各种原因不能参加庭审,主要集中在外地家长身上。

[2]　曾在中央电视台《今日说法》栏目进行过专门报道,现已成为北京市制度性做法。

业不足3年的青年律师,由该高校对其进行系统培训,之后免费为海淀法院不符合法定法律援助条件的被告人辩护。该做法主要解决了为犯罪时不满18周岁而审判时已成年的被告人可以获得免费辩护的问题。目前海淀法院少年法庭已经实现了为每一名提出需要的被告人指定辩护人。30年内,在213份未成年犯罪人有罪判决中只有12人提出上诉,上诉率为5.6%,不仅低于该院历年平均上诉率15%,而且低于全国1998—2007年间平均14.57%的刑事上诉率。[①] 这也从一个侧面反映了该院扩大指定辩护的积极意义。此外,该院还积极借助有爱心的公益律师担任指定辩护人。这些辩护人一般都会主动免费为需要帮助的未成年人提供辩护,并多次全程陪护心理干预、帮教座谈会、缓刑接待日工作,甚至多次提供资金或物质上的救助。这种全方位、多角度指定辩护取得了非常好的效果。

　　以上探索为指定辩护制度发展提供了如下经验:首先,有必要将犯罪时未成年但开庭时已成年的被告人需求纳入指定辩护范围。其次,有必要建立为少年司法服务的专业辩护人才库。在律师队伍中,确实存在一批懂得未成年人司法规律,愿意提供帮教服务的律师群体。构建此类专业律师库,有利于法院根据需求进行选择。再次,赋予未成年人对指定辩护人的选择权。未成年人因与指定辩护人不信任往往互动性不足,辩护和帮教效果都会大打折扣。最后,可以引导辩护人参与法庭教育、帮教座谈会、缓刑接待日等帮教工作。

　　(二)为涉诉困境少年提供司法救助

　　海淀法院一贯重视帮助涉诉困境未成年人解决生存、回归家庭、教育等方面的基本需求,很多事例已见诸报端。[②] 该院连续25年回访少管所,为未成年人犯带去大量的图书、衣物、教学用具、生活用品等。制度化救助起源于2006年在热心帮教的社会慈善人士协助下设立的"判后救助专项基金"。2012年2月,该院又依托"法官妈妈志愿者团队"与中华少年儿童慈善救助基金会合作开展"涉诉困境未成年人救助项目",建立专项救助基金。至2016年11月,已救助了58名未成年人,为他们解决吃饭难、看病难、回家难、上学难、就业难问题等问题。从初期个案探索,到现在规范化救助流程;从早期单一情感疏导,到实质性物质救助;从法院出资、法官个人捐赠,到个别慈善人士捐款,再到专业慈善机构专项基金介入,救助模式已初具"司法救助"雏形;其一,依托社会调查了解涉诉未成年人是否存在困境。其二,依托"法官妈妈志愿者团队"向中华少年儿童慈善救助基金会申请并报账。其三,救助范围一般为城乡低保对象、农村五保户、特困

---

① 海淀区人民法院课题组:《在帮教中司法》,载《少年司法制度改革中的帮教责任》论文集,2013年4月,第151页,同名研讨会由共青团中央中国预防青少年犯罪研究会与中国人民公安大学联合主办。

② 王丽娟:《救助,正在路上——北京海淀法院救助涉诉困境未成年人纪实》,载《人民法院报》2013年4月1日。

户、因遭受自然灾害需要给予救济的灾民等城乡困难群体,或生活、回家、就学存在困难,或有流浪、残疾、被拐、少数民族、流动等特点,或有心理、生理疾患。其四,救助对象包括刑事案件中的未成年人被告人或被害人、在校大学生、被害人的未成年子女,以及民事、行政案件中的未成年人原告。其五,救助形式为提供金钱、回家的汽车票、火车票,为流浪未成年人寻找失散的亲人,提供励志、学习方面的书籍,进行精神或生理疾患治疗,提供衣物、被子等生活必需品,解决就学、就业等等。其六,救助方式大多数是针对个人进行,也通过回访监管场所批量解决学习、住宿条件不足等问题。

相比发达国家的一些做法,海淀法院的救助模式还处于"雏形"中,为建立一套慈善机构与政府部门合作互利的救助机制,该院少年司法救助专项基金已获财政支持,并于2014年12月份成立了"北京尚秀云涉诉少年救助中心",推动公检法三机关联动建立体系化的少年救助程序以及少年司法救助站。

案例

小威(化名,男,6岁),系一起故意伤害案中被害人刘某的儿子。刘某死亡后,小家里只留下小威与疾病缠身、年迈的奶奶,这一老一小两人每月只能依靠政府给予的低保金度日,勉强维持温饱。由于家庭的困难,小威不能接受正常的教育,只能断断续续地上幼儿园。2012年春天,"法官妈妈"尚秀云和王丽娟法官携带为小威购买的衣服、食品、学习用具,在凛冽的寒风中奔赴数千公里外的大西北——小威的家乡甘肃。在七里河法院党组书记、院长彭登魁及城关区少年法庭庭长朱榕的带领下,法官们找到了位于兰州市八里镇小威的家,正赶上吃中午饭,残破的饭桌上,只有简单的一碗粥,粥里放的是小威四季常吃的白菜和土豆,以及用玉米面做的糊糊,但小威却大口大口地吃着;小威单薄的身上只穿了一件破旧的外套,脚上穿的是邻居送给他的一双单鞋。当尚法官说明了此行来的目的,将人民币2万元的善款送到小威奶奶手中时,小威奶奶激动的泪水夺眶而出,她紧紧握着尚法官的手久久不放,连声说:"谢谢好心人送来的救命钱。我一定把小威培养成人,让他报答好心人的帮助。"为了保证捐赠者的每一分钱都花在小威的身上,也为了履行法官妈妈志愿者团队对捐赠者的承诺,在区、镇、村三级政府的监督下,海淀法院与小威监护人签署了捐赠协议,同时明确了区未成年人保护委员会及村委会为受托第三方,监督该笔善款的使用。当法官再次来到小威家时,小威先前那警惕而探究的眼里有了些许的熟悉,当法官为小威穿上特意从北京带去的衣服、鞋子时,他那被冻得红彤彤的小脸上溢出了久违、羞涩而甜美的笑容。他在院子里跑着、跳着……离别的时候到了,小威紧紧拉着法官的手,久久不愿放开。他和奶奶站在院墙边,与北京的法官们挥手告别,脸上带着春天般明媚的笑容。

(三)积极参与未成年犯的社区矫正工作

中外未成年人社区矫正模式在专业性、综合性方面有着显著的差异。英美法系缓刑考察主体或由承担帮教考察职能的法官担当,或由政府部门的工作人员担当,一些国家设立了缓刑局,还安排有派驻各地的缓刑官①,考察主体呈独立化趋势。而我国社区矫正尽管由司法行政部门牵头,但各政法主体间职能分工尚不明确,不可避免地存在职权交叉或相互推诿的问题。英美法系制度设置细腻、针对性强、配套措施完备,对未成年人进行多种形式的心理疏导与评测、文化讲授、职业技术培训、适应社会生活训练等社会化教育。② 我国则"粗放"管理,矫正方式限于说教、谈心和警示,缺乏人身危险性评估,心理抑制效果亦难准确衡量。

有鉴于此,海淀法院依然坚持传统的在帮教考察官主导下融入了社会调查和心理干预的十日悔过书、帮教座谈会、缓刑接待日、法官定期回访、法官寄语等一些主动性较强的缓刑帮教考察制度,为推动社区矫正发展作了如下探索:

第一,缓刑负担。强化对被害人的利益衡平,以缓刑负担方式引导罪错少年以实际行动弥补被害人损失,或通过履行对社会公共利益的补偿义务恢复被侵害的社会秩序。第二,缓刑指示。结合刑法禁止令规定,增加未经准许不得离开缓刑考察区域,不得进入禁止未成年人入内的场所,不得与可能提供犯罪机会或犯罪诱惑的人或社会团体交往,不得携带武器或可能导致犯罪的其他物品,等等。同时强化缓刑指示的鼓励和引导性,与社区矫正部门合作对在缓刑考验期限内遵守缓刑指示并有积极表现的酌情作为减刑依据,缩短缓刑考验期限。③第三,推动社区矫正"蒲公英工程"。将户籍地在外地而经常居住地在北京的缓刑犯纳入跟踪帮教范围,结合户籍制度改革,推动社区矫正部门逐步将此"矫正盲区"纳入矫正体系。

---

　① 王运生、严军兴:《英国刑事司法与替刑制度》,中国法制出版社 1999 年版,第 77 页。

　② 同上书,第 170 页。

　③ 海淀法院早在 1991 年 7 月便开始推动未成年犯缓刑减刑工作,例如[(1991)中刑监字第 1564 号判决],该被减刑少年后来考取了北京某名牌大学。

案例

17岁的小明原系北京某职高学生,受到同学排挤未能及时排解,半夜持刀扎伤同学,因涉嫌犯故意杀人罪被诉至法院。法官了解到,小明一贯表现良好,但性格内向,缺乏变通,因未能正确处理与同学的人际矛盾进而引发此次犯罪;且家属在事发后积极赔偿,取得了对方的谅解;学校亦愿意接纳并帮助小明完成学业,小明的家庭结构完整,家人能够给予正面引导及支持。综合多方因素,对小明判处有期徒刑三年,缓刑五年。

案件宣判后,法院承办人作为观护官协调家长、学校、社工、公诉人及司法机关共同成立观护小组对小明进行考察、保护、帮教和矫正:小明所在学校接纳其回校读书,帮助其完成学业,作为观护基地做好小明的日常管理工作;小明虽不符合海淀区社区矫正人员范围,但司法局仍通过阳光中途之家指派专业矫正人员参与观护,给出专业指导;司法社工组织的社会调查员负责日常沟通和定期访谈等工作,心理疏导老师根据小明的自身状况和环境要求有针对性地进行心理疏导;观护小组定期与小明进行交谈,了解生活学习状况及心理变化,适时调整观护方案,帮助小明走出困境、迅速适应并重新融入社会,引导其身心健康发展,培养其社会责任感,实现新的成长。

三、英美等国犯罪少年司法机关帮教制度的借鉴意义

(一)法庭程序前的帮教弱化了犯罪少年"标签"效应

英国对少年犯罪人的权益保护始于审判前,并于1984年建立了"合适成年人参与制度"。依照英国相关制度的规定,对于初次发生轻微犯罪行为的少年,一般先由警察约见对其询问、教育和警告。约见时必须有一个"合适的成年人"在场,该成年人可以是孩子的父母或合法监护人、社会福利工作者或其他非警察雇佣人员。审前帮教制度的设立,一方面,可以缓解被询问少年的心理恐慌,使其心灵得到安抚,以便其理性的认识及处理问题,同时也可以防范来自司法的不法侵害。另一方面,可以对大量少年犯罪人实现"司法分流",避免其因进入刑事诉讼程序而被贴上"犯罪人"标签,可重获"自新"的机会,能比较顺利地回归社会,成为守法公民。此外,英国还设有专门预防和解决青少年问题的组织,如青

少年犯罪特别工作组（Youth Offending Team，YOT）[1]，主要开展对青少年犯罪进行早期干预；开办培训中心；帮助因犯罪必须进入司法程序的失足未成年人准备详细的法庭答辩报告；监督失足未成年人执行法庭判决；对在社区执行判决的失足青少年进行指导；等等。通过 YOT 的工作，在少年犯罪中，只有十分之一的人被最终送上法庭受审，其他的都被通过警告或执行社区服务令而停止了犯罪行为。[2]　YOT 组织对于预防和减少青少年犯罪起到了卓有成效的作用。

（二）较为专业的司法帮教主体为帮教的实施提供了重要保障

美国的少年司法是独立于成人司法但又与成人司法相衔接的综合性司法体系。该体系由警察、少年法院、缓刑工作人员、政府律师（公诉人）和儿童代理人、少年拘留所、少年矫正机构等组成，体系中的每个机构及组织都依法履行特定的职责，而其中的少年法院对于罪错少年的教育及帮助起到了至关重要的作用。设在芝加哥附近库克郡的世界第一家少年法院由 7 个少年法庭、5 个警务办公室、6 个缓刑官办公室、6 个政府公诉律师办公室、1 个少年犯拘留所及少年辩护律师等组成[3]，资源的整合真正实现了对于少年司法帮教的综合化及一体化。而澳大利亚的新南威尔士少年司法部则通过跨部门合作，来提高其对未成年犯罪人帮教的服务质量，一定程度上也体现了帮教的专业性及综合性。

（三）法庭程序中对少年犯帮教体现了先进的司法理念

美国的《少年犯教养法》，明确规定少年犯的羁押场所、快速审判等有利于保护犯罪少年权利以及有效实现惩治教育等内容。首先，被指控为违法的少年，只能被羁押在少年教养所或由司法部长指定其他适宜场所。羁押期间，不能将该少年和已判决的少年犯关在一起，并且保证每一个被指控为违法的少年足够的食品、医护、教育等方面的供给。其次，快速审判被羁押的少年，除特殊情况外，如果 30 天内没有提交审判，应当根据该少年的申请或法院的法令，驳回起诉。按规定驳回的起诉不得再次提起。

英国的少年法庭对法官和陪审团有很高的要求，审判过程人性化，注重对未成年犯的关注。[4]　具体表现为：第一，在审判中法官不穿法袍，只着日常服饰，目的在于给少年一种亲切和蔼的感觉。第二，对未成年人实行"圆桌审判"，以此来平等的传递交流情感和教育信号，更有利于对未成年犯的帮助教育，实现犯罪的一般预防。第三，对未成年犯罪的判决，绝对不能使用"定罪""判决"等字眼，而

---

①　YOT 是由政府牵头，将警察、社会福利机构、卫生教育部门及志愿者组织起来，有规范的工作章程、稳定的经费来源的预防和干预青少年犯罪的专门机构。参见沈纪：《失足未成年人帮教工作的国内外经验：兼论北京失足未成年人帮教一体化机制的构建》，载共青团中央中国预防青少年犯罪研究会：《少年司法制度改革中的帮教责任》（论文集），2013 年 4 月 20 日。

②　张潘仕：《英国的青少年犯罪与少年司法》，载《青少年犯罪问题》2002 年第 2 期。

③　杨盛欢：《中美少年司法制度比较研究》，2009 年华东政法大学硕士学位论文。

④　刘桃荣：《英国青少年犯罪预防的经验及启示》，载《青少年犯罪问题》2006 年第 5 期。

只能使用"有罪化结论"和"根据有罪化结论发布的命令"等术语。第四,对有关少年犯罪的新闻报道,法律亦有严格的规定:禁止报社、电视、广播等新闻媒体报道少年的姓名、学校、住址及可能辨认该少年的任何资料。这使得未成年犯的心理得到有效保护,避免其在审判过程中受到"二次伤害",有助于教育及矫正目标的实现。

（四）法庭程序后的少年犯帮教注重矫正目标的顺利实现

对少年犯的矫正的重要目标在于预防其再犯及顺利复归社会。美国在执行"根据有罪结论发布的命令"过程中,对少年犯的帮教主要体现在以社会为基础的矫正方法:缓刑、释放安置以及居中制裁。具体如下:首先,少年犯在由法院决定适用缓刑后,即有专门的少年犯缓刑工作者与少年建立良好的互动关系。缓刑工作者在监督未成年犯时,需要和社区服务机构保持密切联系,并寻求与学校、教师和指导者的直接沟通,了解学校建立的针对违法少年所采取的项目,从而全方面、实时"跟踪"少年犯的帮助矫正与进展,从生理、心理等多角度实现对其的教育矫治。其次,鉴于少年犯罪人的释放安置机关不能充分地为释放回归社区的少年做准备,而且没有其他回归社会后的附加支持,导致少年无法做到很好的自律自治,容易再次走上犯罪道路。所以,英美国家对少年犯的释放安置,注重实现从行刑机关到社区的平稳过渡,确保少年的社区支持系统和方式,协助同辈群体相互作用的发展,并监督未成年人的积极行为。这时,安置工作者将通过与返回社区的少年进行交谈,帮助他们尽快适应社区的安置及帮教生活,促使其早日融入社会。

在英国,少年法庭对少年犯的判决法令通常有两种:拘留监禁和社区判决。依据"对少年万不得已不用监禁"的理念,英国除了对那些犯有杀人、强奸或其他犯罪情节严重,或有犯罪劣迹,或系累犯的少年犯实施监禁外,其他主要进行社区刑罚判决,将其送回所在社区进行帮教和管理。少年犯在参与社区服务中,为自己的行为感到羞愧,必须对由他引起的犯罪行为的损害后果承担补偿,在这一过程中增强其社会责任感。在其中各种社会力量通过为犯罪者提供职业训练和文化教育,着眼于社区生活和人际交往,从而形成教育、改造少年犯的合力,提高他们的人际交往能力,帮助他们形成积极健康的生活态度,更好地融入社区。

（五）社会力量参与少年犯罪人的帮教提升了帮教的效果

在美国,公民参与少年帮教工作被认为是美国社会的传统,是市民社会自治精神和公益观念的体现。美国对社区帮教工作者的文化水平、工作经验通常有较高的要求:一般要获得学士学位,接受文化、心理、身体、个性等方面的测试,还要进行专门的训练,以保证他们能胜任工作。他们的主要任务有:通过与罪犯亲属联系来帮助矫正罪犯的不良习惯和行为;开展一些技能和智力活动;举办教育项目,为罪犯授课与辅导;展开宗教方面的联系和活动等。美国公民积极加入社区帮教志愿者行列,有利于提高少年犯的社会认同感,从而大大提高了社区帮教的效果。而在英国,少年犯罪人帮教工作的社会力量方面,除去社工外,还扩大到了热爱帮教工作并善于与失足未成年人交流的人士。我国香港地区,司法社工开展的少年犯帮教工作详尽规范,通过在社区开展个别辅导、义工服务、小组行动、拓展训练、家长活动、交流体验等,帮助未成年犯拓展自我成长空间,发掘其潜能,协助他们重塑形象,建立起社区支持网络,取得了良好的帮教效果。

四、我国未成年犯罪人帮教责任制度存在的不足

近年来,我国少年司法制度的建立在预防、矫正及减少未成年人犯罪方面起到了重要作用,但在对未成年犯罪人帮教责任的制度设计及落实方面仍然存在如下问题:

（一）已有相关立法规定可操作性尚存不足

我国相关法律及司法解释只概括性地规定办理未成年人刑事案件的原则、方针,笼统地规定了对未成年人实施帮教,缺乏明确、统一、具体的有关帮教主体、帮教对象、帮教措施、内容及程序等的规定,又没有更为具体的实施细则,因而帮教实践工作并没有一个明确的工作模式和体系,也缺乏评价和监督体系,尚未形成统一的管理体系,致使这项工作基本处于自发状态。此外,由于缺乏具体可行的针对未成年人帮教制度方面的统一立法,因此司法实务部门在办理案件时具有较大的自由裁量权,这有损司法公平公正的原则及其所具有的司法权威性。

（二）帮教工作机构设置及人员配备不到位

首先,专门机构不健全。虽然我国法院系统已经设立了针对未成年人犯罪的少年法庭,检察院也有专门负责未成年人犯罪的监察科,而我国大多数地区的公安机关没有设立处罚未成年人犯罪案件的专门机构,也没有专门的少年矫正机构及少年律师机构等,这样的机构设置情况一定程度上妨碍了整体少年司法制度的优势及作用的发挥。其次,我国缺少专业程度较高的少年司法人员。这与少年司法工作的要求不相适应,也很难保障未成年人权益的实现及个案矫正的要求。

（三）司法帮教的内容及方法不尽统一

由于帮教的程序性规定缺失,各地在实践中各行其是,存在帮教内容失当、帮教形式僵硬等问题。由未成年人的刑事诉讼程序所决定,法院帮教一般包括三种情形:一是在审前其他司法机关已经参与该案,又在案件审理中配合法院进

行判前帮教;二是在法院的审理过程中由法院要求介入案件,参与判前帮教;三
是外部主体参与判后帮教。而在内容方面,一直以来,对法院帮教的方式没有明
确规定,因为各地条件和思路差异,在实践中也呈现地方性和差异化的特点。综
合来看,帮教方式还因为帮教对象所处阶段不同而有所差异。对于判前帮教,首
先包括刑事诉讼法所规定的帮教方式,对于判后帮教,法定的主要形式包括走
访、谈话、回访考察、协助其他司法机关制定帮教措施、督促探视、提出司法建议
等。同时根据立法精神,帮教形式并不限于以上内容,只要是合适主体对适当对
象进行的具有帮教性质的行为,同时不违反法律的禁止性规定的,均可以作为帮
教方式。其内容应当包括思想教育、心理辅导、就业培训、困难帮扶等方面。因
此,由于帮教主体和方式的多样性,导致很难以一个统一的程序来规制帮教活
动。因此,为了防止工作的随意性,应该总结出帮教程序的大致框架,对于帮教
工作的启动时点、启动标准、方案选择、注意事项等问题作出基本的强制性或提
示性规定,从而指导帮教工作。

(四) 帮教相关工作制度和司法资源支持缺乏

这种情况一定程度上导致法官开展帮教工作动力不足、主动性不够。帮教
工作是一项涉及面广、内容丰富的工作,需要在法院系统内部提供相当的司法资
源来支持。同时,司法实践中,由于一直以来缺乏专门针对审理未成年人刑事案
件的考评及激励机制,导致体现未成年人刑事诉讼特殊理念的原则、制度和措施
不能形成能动运作的态势,而只能依靠少年法官责任感、使命感,或者依靠法院
“运动式”“跨越式”的发展来推动,帮教工作在落实未成年人刑事诉讼的原则、方
针及实现帮教工作的价值目标方面都有待提升。

五、我国未成年犯罪人帮教责任制度的完善建议

(一) 健全有关未成年犯罪人帮教制度的法律制度

综观国外发达国家,一般关于未成年犯罪人帮教方面都有较为完善的法律
法规。我国香港地区也有关于“社区服务令”“感化令”“儿童及青少年保护令”等
一系列法律法规。国内而言,上海市检察院曾制定了《关于进一步规范涉罪未成
年人社会观护工作机制的若干意见》,明确了帮教观护对象、帮教观护程序和帮
教内容。但国内相关立法尚为空白。梳理学界观点,关于少年司法的立法形式
各不相同,但从长远考虑,建立统一的少年法典势在必行,以加强少年司法帮教
的系统性及针对性。具体的立法中应具体规定:实施帮教的主体、帮教对象、帮
教措施、帮教程序和要达到的法律效果,从而使司法实践做到有法可依;同时,国
家也应根据立法出台更为具体明确的司法解释,以增强关于未成年人帮教制度
方面的法律的可操作性,从而更好地指导司法实践。同时,在刑事程序方面,应

进一步建立健全有关未成年刑事案件的帮教制度,由少年警察、少年检察、少年审判及少年矫正等机构行使职权,以便积极发挥少年司法制度在教育、保护、矫正未成年犯罪人的整体作用。

（二）建立以专门未成年人办案机构为主导,其他相关部门协调实施的观护帮教体系

1. 组建未成年人的专门办案机构或人员

与针对成年犯罪人的司法不同,我国未成年犯罪人的帮教贯穿于整个刑事诉讼程序之中。根据相关司法解释,从侦查、审查起诉开始,在定罪量刑前,就要有针对未成年人的相关帮助与教育。从国外矫正被适用缓刑及免刑的未成年犯罪人的成功经验看,许多国家设立了少年法院和少年犯缓刑考察官,专门审理未成年人犯罪案件和负责少年犯的教育帮助工作。我国没有设立少年法院,更没有专门的未成年犯考察官。结合目前的实际情况,我国有关未成年人帮教制度设计方面,公检法机关应在严格依法办事的基础上,结合未成年人的特点,灵活、恰当的处理未成年人犯罪案件,以达到公平、合理办案并挽救、教育未成年人的目的。具体而言,应以公安机关和法院为主导帮教机构,检察院对公安机关和法院适用未成年人帮教制度方面的法律的过程和结果进行监督,以确保准确有效、公平合理地适用法律,发挥帮教的最佳法律效果和社会效果。当然,公检法应当设置专门机构或专职人员承办未成年人违法犯罪案件,办理未成年人违法犯罪案件的专职人员应当具有心理学、犯罪学、教育学等专业基本知识和有关法律知识,并具有一定的办案经验。

2. 构建帮教支持体系,充分发挥全社会力量

我国传统的情理社会决定了"合情合理"是公众评判公平正义的重要标准,社会主义法治理念也要求司法尽量契合公众的公平正义理念,这就决定了法官不能仅以法律人所持有的公平正义观来适用法律,而应当在社会需求与法律供给之间合理平衡。这就要求司法机关应从更高层次去认识落实帮教责任的深远意义。因此,落实对未成年犯罪人的帮教责任,仅有司法机关的工作是不够的,还需要充分调动政府、社会各方面资源的积极支持。目前实现方式主要有:一是推动向政府申请少年司法救助专项基金,建立一套慈善机构与政府部门合作互利的救助机制;二是引入熟悉少年身心特点、热心公益工作的专业律师参与帮教,建立为少年司法服务的专业律师人才库;三是将司法帮教工作与社会关护工作对接,建立社会观护体系;四是要在家庭、司法机关与社会之间建立及时帮教的联系机制。法律应当赋予未成年犯罪人及其父母（申请）启动帮教活动的权利,以促进帮教积极作用的进一步发挥。

实践

2015年9月,在海淀区人民法院积极倡导及大力推动下,海淀区未委会组织区检察院、法院、公安局、司法局、教委、民政局、财政局、团区委等九家单位联合签署《关于加强北京市海淀区涉诉未成年人观护帮教的工作办法(试行)》(以下简称《观护帮教办法》)。

《观护帮教办法》出台的初衷在于深入贯彻落实中共十八届四中全会精神,贯彻落实《未成年人保护法》《预防未成年人犯罪法》《北京市未成年人保护条例》及相关法律对涉诉未成年人"教育、感化、挽救"的方针及"教育为主、惩罚为辅"原则,实现对涉诉未成年人观护帮教的无缝、一体化衔接,促进政法机关办理未成年人刑事案件配套工作体系和未成年人犯罪社会化帮教体系的建设。

《观护帮教办法》所称观护帮教,是指公安机关、人民检察院、人民法院、司法行政机关作为观护帮教主体,联合教育、民政等部门,观护单位、社会帮教机构等社会力量,对有严重不良行为、轻微违法、涉嫌犯罪的未成年人进行考察、保护、帮教和矫正,从而促使未成年人顺利回归社会的有关活动。

《观护帮教办法》在既有制度基础上构建起未成年人观护帮教制度体系,落实了对外来未成年人与京籍少年的平等保护,各责任主体互融共通、资源共享,各项制度相互衔接形成合力,为实现帮教责任具体落实和制度功能最大化,在以下方面进行了突破式的有益探索:

一、将观护对象从涉诉少年扩大到了触法及有违法犯罪之虞的少年,实现了对虞犯少年的早期干预,可有效预防、减少未成年人犯罪。观护帮教对象包括以下六类未成年人:有严重不良行为的;被决定治安管理处罚的;被决定取保候审的;被决定附条件不起诉的;被免予刑事处罚、判处非监禁刑需要矫正的经常居住地或暂住地在海淀区的;被裁定假释、暂予监外执行需要矫正的经常居住地或暂住地在海淀区的。其中不仅包括因涉嫌触犯刑法而进入刑事诉讼程序的未成年犯罪嫌疑人、被告人及未成年犯,还扩大到虽未达刑事责任年龄但有严重不良行为的以及被决定治安管理处罚的未成年人。

二、引入社会力量参与观护帮教,形成预防未成年人犯罪的"政法一条龙"和"社会一条龙"双龙共舞的良性互动模式。有能力为未成年人提供考察、保护、帮教、矫正等场所的单位,包括专门学校、爱心企事业单位、涉诉未成年人居住地的村委会、居委会或者其他未成年人保护组织等，经审核资质并备案后均可作为观护单位，接受司法机关委托，对观护对象进行帮教。此外，司法社工机构、心理咨询机构、戒瘾治疗中心、亲职教育机构等均可作为社会帮教机构，通过提供专业服务参与帮教。司法机关作出观护帮教决定后，将牵头成立由案件承办人、未成年人的监护人、观护单位、社会帮教机构等人员组成的考察小组，并签订社会观护协议书，由观护单位指派专人担任社会观护员，监督未成年人的日常表现，安排有益于回归社会的活动和考察内容，并将未成年人的现实表现等情况形成书面报告，报送司法机关。

三、秉承"在帮教中司法"的理念，涵盖社会调查、亲职教育、心理疏导、司法救助等特色工作机制。观护帮教工作内容涵盖未成年人的生活、学习、就业等各方面，突出"在帮教中司法"的少年特色，即除为未成年人提供必要生活居住和饮食条件；开展思想道德和行为规范的监督考察、及时掌握未成人的生活、学习动态，为其提供学习文化知识及劳动技能培训机会、提供工作岗位；组织公益劳动、志愿服务、进行普法教育等活动外，还包括开展社会调查，考察未成年人的人身危险性和再犯风险；通过心理干预和治疗，矫正未成年人的认知偏差和心理问题；通过亲职教育，督促监护人履行监护职责，承担抚养、管教等义务；由民政部门承担临时监护责任，对面临生存困境的少年实施救助，帮助其回归家庭。

（三）充分发挥"合适成年人"的帮教作用

1. 根据地域、人员划分合适成年人范围，建立合适成年人队伍

由于讯问时间不固定、时间紧迫、合适成年人距离办案机关远等原因，可以由各派出所、检察院、法院根据各机关的需求创建合适成年人名单，选取较为固定的共青团干部、司法社工、各派出所管辖区域内的离退休老干部、居住地基层组织的代表、教师、法律援助律师、人民陪审员及其他热心未成年人司法保护工作符合条件的人员，建立起一支有效的合适成年人队伍。

2. 规范合适成年人的权利和义务，加强对合适成年人队伍的日常管理

应当由未成年人保护委员会办公室负责合适成年人的日常管理工作，如招募、人物分配、服务记录、培训指导等。合适成年人应当帮助未成年人正确理解讯问、询问、庭审的涵义，不得以诱导、误导等行为妨碍司法活动；应当保守国家秘密及涉案未成年人的个人隐私；在办案结束后，配合办案机关开展回访、帮教工作；必须遵守法律、法规的规定。同时，合适成年人也享有了解涉案未成年人

的基本情况,阅读笔录、对笔录的准确性、完整性提出口头意见和建议并确认及签字,对讯问、询问、审判中发生的违法、不当行为提出意见等权利。未成年人保护委员会办公室应当定期对合适成年人开展业务培训,保证合适成年人符合基本条件的同时,了解自身权利和义务,并依法履行。

3. 建立合适成年人到场的监督及保障制度

为保障合适成年人到场制度的顺利实施,办案机关、预防青少年违法犯罪专项组办公室暨未成年人保护委员会办公室及合适成年人之间应当形成公开、透明、公正、公平"四位一体"全方位监督模式。所谓"四位"即外部四位监督。一是合适成年人对办案机关的监督:合适成年人到场参与刑事诉讼,对讯问过程的合法性进行监督,有权对笔录记载内容的准确性、完整性提出口头意见和建议,对讯问、询问、审判中发生的违法、不当行为提出意见等。二是办案机关对预防青少年违法犯罪专项组办公室的监督:预防青少年违法犯罪专项组办公室暨未成年人保护委员会办公室聘任合适成年人后,将合适成年人名单、联系方式交由公、检、法、司部门备案。三是办案机关对合适成年人的监督:办案机关发现其存在违法不当的行为或不适宜担任时,应当及时告知选聘部门。合适成年人有违反合适成年人的禁止性条件或者其他违法行为时,办案人员应当及时制止,必要时应当建议更换,并通报选聘部门。四是预防青少年违法犯罪专项组办公室对合适成年人的监督:预防青少年违法犯罪专项组办公室应当对合适成年人的工作情况进行考核,对表现突出的予以表彰,对考核不合格的人员或因其他事宜不适宜担任合适成年人的,应当及时更换。所谓"一体"即内部一体监督。包括办案机关、预防青少年违法犯罪专项组办公室暨未成年人保护委员会办公室及合适成年人的自我监督。只有将外部监督与内部监督相结合,用外部监督的完善带动内部监督的发展,用内部监督的发展促进外部监督的完善,才能真正发挥合适成年人到场制度的应有作用。

(四)完善帮教责任实现的相关辅助制度

1. 发挥社会调查对跟踪帮教的参考作用

依据刑事诉讼法的规定,社会调查已经成为未成年人刑事诉讼程序中的基本制度,是对涉罪未成年人进行量刑、处遇、帮教的重要依据。审前社会调查将有利于贯彻"寓教于审"的帮教方针,也有利于实现教育、改造、挽救未成年犯罪人的目的。依托现有社会调查制度,司法机关可以进一步发挥社会调查报告的作用。实践中,各地司法机关在社会调查的做法方面也进行了一定探索。① 社

---

① 如上海长宁法院的滕道荣曾在2001年就提出设计实施"未成年人犯罪情况剖析及防治对策跟踪表",即"一卡制",通过这张卡建立司法一条龙、社会帮教一条龙的系统工程。针对检察机关诉讼终结的案件无人帮教的问题,"一卡制"还可以有效提醒办案人员对涉罪未成年人实施无缝对接的帮教。即便检察机关没有足够的资源和条件实施逐案帮教,但通过资源配置和制度设计可以对此加以弥补。

会调查报告的内容不仅应涵盖未成年犯罪嫌疑人的个人经历、家庭状况、在校表现、个性特点、兴趣爱好、社会活动及周围人对其的认识评价,而且要在刑事诉讼程序中不断增添和完善。社会调查内容的更新也应由不同诉讼环节的主体进行填写,变静态为动态,充分发挥其作为帮教依据的作用。在此基础上形成的社会调查报告,不仅可以作为未成年犯罪人量刑的重要参考,而且也为对未成年犯罪人的有针对性的帮教提供了前提和基础。

2. 完善帮教工作主体的考评制度

实践中,由于帮教工作缺乏相关工作制度和司法资源支持,也没有与工作内容相对应的监督考核机制,一定程度上导致法官开展帮教积极性不足。帮教工作是一项涉及面广、内容丰富的工作,需要在司法机关内部提供相当的司法资源来支持。一是资金的支持,帮教工作需要经常性的外出、走访、调查、联络等,这些工作都需要相关的资金支持。二是物质支持,为帮教工作的正常开展,可能需要一定的车辆、场地、办公设备等。三是人力支持,建立、健全针对审理未成年人刑事案件的专业人员的考核评价和激励机制。总之,应在尊重未成年人刑事案件诉讼特点的基础上,突破传统的以办案数量为核心的干警绩效考核体系,探索从案件处理、延伸工作、职业技能等多个维度对干警进行定量与定性、主观与客观相结合的评价,吸引少年法官更积极地启动可选择性的未成年人帮教工作,最大化的实现未成年人刑事诉讼的原则、方针和帮教工作的价值目标。

3. 健全帮教责任制度的必要程序

从司法帮教的基本理论出发,未成年人帮教是在少年司法特殊保护的理念下应当开展的一项工作。从帮教对象上说,除了已经经过法院的刑事诉讼程序,并由法院的裁判所决定处于社区矫正、监禁矫正当中或免予刑事处罚状态的未成年人之外,还应将正处于刑事诉讼程序中的未成年人一并作为帮教对象。一直以来,由于有关帮教的程序性规定缺失,导致各地在实践中各行其是,存在帮教内容失当、帮教形式僵硬等不足。加之帮教主体和方式的多样性,使得难以有一个统一的程序来规制帮教活动。因此,为了防止帮教工作的随意性,应该提炼出帮教程序的大致框架,对于帮教工作的启动时点、启动标准、方案选择、注意事项等问题作出基本的强制性或提示性规定,从而更有效、更规范地指导未成年犯罪人的帮教工作。

第三节　亲　职　教　育

导入案例

实践表明:"问题少年"是"问题父母"的产物

　　北京市海淀区未成年人案件审判庭在长期的审判实践中发现,未成年人犯罪与其家庭监护缺失、父母教育方式不当有密切关系。据该庭曾对 100 名在押未成年犯的调查问卷显示,未成年犯的家庭成长环境较差,57.9%的少年来自于单亲、继亲或婚姻动荡家庭,其中半数以上少年曾脱离监护单独居住;家庭教育方式方面,48%的家庭以溺爱、放任为主,另有 23%的家庭以打骂体罚为主。父母与未成年子女朝夕相处,其对未成年人的教育影响是深入骨髓的。未成年犯被宣告非监禁刑或刑满释放后,能否重回人生正路与其父母能否认识到自身在履行教育、监护职责上的误区,进而转变错误的教育方式密切相关。①

　　家庭能满足人的多方面要求,是人社会化过程中最早和最直接接触的社会环境,对人的社会化过程具有重要的作用,作为家庭教育主体的父母在其中扮演的角色更是举足轻重。因此,以提高教育及监护未成年人的能力为目标的亲职教育对青少年、尤其是未成年人的社会化具有重要的意义。

一、亲职教育概述

（一）亲职教育的含义

　　亲职教育(parents education)由家庭教育演变而来,在 20 世纪 30 年代为西方国家所倡导,一般意指针对家长进行的旨在使其成为一个合格称职的好家长的专门化教育。亲职教育在国外又被称为"双亲教育"(如德国)或"家长教育"(如俄罗斯)等,我国台湾地区学者称其为"亲职教育"。此外,《教育大辞典》对亲职教育的界定为:对父母实施的教育,其目的是改变或加强父母的教育观念,使父母获得抚养、教育子女的知识和技能。②

　　本书所谈的亲职教育,是指以家庭监护责任及教育方法为主要培训内容,以提高教育和监护未成年人的能力为目标,对未成年人的父母或者其他监护人实施的教育和影响。其教育内容主要涉及:帮助家长树立教育子女的信心;为家长

---

　　①　资料来源:该章作者在北京市海淀区法院的调研。
　　②　顾明远:《教育大辞典(增订合卷本)》,上海教育出版社 1998 年版,第 386 页。

提供关于孩子教养与发展方面的资讯;指导家长在思想观念、理论知识、方法能力以及教育技巧等方面学习、理解并接受现代家庭教育等。

链接

亲职教育与家庭教育的区别

类别	亲职教育	家庭教育
教育原理	重视平等关系、亲情交流与互动	重视主从关系、伦理关系与发展
教育目标	侧重家长素质的提高	侧重子女的发展
教育中心	儿童中心	父母中心
教育内容	内容丰富,包括父母自身素质提升的教育、家庭教育等	内容相对较少,仅是亲职教育的一方面
教育方法	采用辅导方法,重双向沟通、鼓励和引导	采用训导方式,重单项灌输价值、训诲和管教
教育形式	家长学校、教育咨询、指导手册、家长沙龙等	榜样示范、耳濡目染、情境教育等
教育者特点	具有较高的专业素养与技能	缺乏理论知识

（二）开展亲职教育的重要意义

拓展阅读

中国 2015 年《教育蓝皮书》公布

2015 年 4 月 20 日,21 世纪教育研究院发布的 2015 年《教育蓝皮书》指出,根据中国青少年研究中心于 2014 年在 12 个省区市为期一年的调查研究,发现未成年人犯罪虽然经过多年努力得到一定程度的控制,犯罪人数稳中有降,但仍然是一个严重的社会问题。在未成年人违法犯罪原因的调查中,"家庭教育不当""不良交友""法制观念淡薄""学校教育的缺陷"被认为是主要原因,其中家庭因素所占比例最高(16.9%),是未成年人违法犯罪治理机制中要重点考虑的因素。

防治未成年人犯罪,提倡对未成年人进行司法干预是必要的,但同时针对未成年人父母的教育也不可偏废。只有亲职教育得以进一步的推动,才能逐步提升少年家庭犯罪预防的功能,才能使少年司法发挥更大功效。

1. 亲职教育有利于提升家庭预防未成年人犯罪功能

家庭是未成年人社会化的起点和重要场所,家庭结构状况、家庭成员关系、家庭监护能力及家庭教育方式等,都对未成年人的身心健康成长起到潜移默化的作用。家庭系统理论认为,家庭是一个互相依赖的开放系统。个人不能自外于家庭,子女不能自外于父母,家庭成员间是相互连接的,子女的违法犯罪行为一定程度上代表了家庭有机体的问题。

链接

家庭系统理论简介

家庭系统理论(family system theory),最早为奥国生物学家伯特仁菲(bertalanffy)于 1960 年提出,强调将有机体作一个整体或系统来考量。之后,家庭系统理论得到沙提尔(V. Satir)、波文(M. Bowen)、菲铁克(C. Whitaker)及密努钦(S. Minachin)等人的倡导,他们主张家庭是一个系统,个人是家庭问题的代罪羔羊,因此要帮助有问题的个人,就要从改变整个家庭的关系及互动着手。

从未成年人犯罪的成因看,问题未成年人多数来自于家庭结构不完整、家庭监护缺失或者家庭教育不当的家庭。有统计资料显示,在不良家庭结构中成长的未成年人更容易发生犯罪冲动,实施越轨行为,进而导致未成年人实施违法犯罪行为。不良家庭结构体现为松散型的家庭(如留守儿童家庭、未成年人离家打工家庭)、流动式的家庭(如未成年人跟随打工父母到城市生活家庭)、残缺的家庭(如父母去世、父母有在监狱服刑情况的家庭)三种形式。数据显示,"留守未成年人""流动未成年人"在我国未成年人违法犯罪主体中分别占到 27.3%、26.9%。[①]

(1) 父母不良行为对未成年人产生消极影响。

家庭能满足人的多方面要求,是人社会化过程中最早和直接接触的社会环境,对人的社会化过程具有重要的作用,作为家庭教育主体的父母在其中扮演的

---

① 李新玲:《北京发布教育蓝皮书:未成年人犯罪趋低龄化》,载《中国青年报》2015 年 4 月 24 日。

角色更是举足轻重。家长自身素质的高低及行为方式的优劣会直接影响到未成年人。因为未成年人具有很强的模仿性,而父母又是最早与其长时间相处的模仿对象,父母自身的不良行为一定程度上会影响未成年人以后的行为方式。理论研究表明,成长早期受到暴力及其他形式虐待的个体,在成人后也具有暴力倾向或虐待他人的现象。[①]

娜德·J.威斯特(Donald. J. West)在《谁成了青少年犯罪者》中指出:"绝大多数犯罪青少年的父母自身都有犯罪行为。"大卫·P.法林顿(David. P. Farrington)在对 365 名青少年犯进行了调查研究后,在其《青少年犯罪及其根源》中提出:父亲没犯过罪的孩子有犯罪史的仅占 8.4%,而父亲犯过罪的孩子犯罪的比例高达 37%,同时,母亲犯了罪,小孩犯罪的比例则更高……可见,父母的言行是子女的楷模,父母的犯罪史将对子女的言行产生极其消极的影响,从而诱发其走上犯罪的歧途。[②]

(2) 父母的不良教养方式成为未成年人犯罪的诱发因素。

中国 2015 年《教育蓝皮书》研究显示,父母教养方式对未成年人的人格特征、心理健康以及行为等具有重要影响,不良的家庭教养方式主要包括粗暴型和放任型。粗暴的家庭教养方式造成的严重后果是,未成年人学习、模仿父母的暴力行为,变得冷酷和好打斗,调研中管教所的未成年人经常被父母打的比例(15.2%)远高于普通学生(2.6%)。放任的家庭教养方式则忽略了对未成年人应有的教育责任,一些未成年人违法犯罪家庭没有对品德教育给予足够的重视,管教所的未成年人父母不关心孩子交什么朋友(20.2%)、成绩(18%)的比例远高于普通学生(6.4%、3.3%)。[③] 而另一项对 10 个省市区 990 名未成年犯的调查数据显示,家庭教育与未成年人犯罪也存在较大的关联度。未成年犯的家庭教育总体上是不成功的,60%以上的未成年犯父母对未成年犯存在溺爱,20%左右的未成年犯父母对未成年犯存在关爱不够。同时,父母对未成年犯不良行为采取的教育方式没有取得良好的效果,整体上估算,说服教育方式超过 60%,打骂教育方式约占 20%,不管不问的约占 5%。[④]

---

① 郭建安:《犯罪被害人学》,北京大学出版社 1997 年版,第 193 页。
② 郝银钟:《遏制青少年犯罪新思维》,中国法制出版社 2012 年版,第 89 页。
③ 李新玲:《北京发布教育蓝皮书:未成年人犯罪趋低龄化》,载《中国青年报》2015 年 4 月 24 日。
④ 虽然有些未成年犯采取的是家庭说服教育方式,但是因溺爱因素的存在而缺乏有力的说服教育内容,未成年犯没有被真正说服并改正。路琦、董泽史等:《2013 年我国未成年犯抽样调查分析报告(下)》,载《青少年犯罪问题》2014 年第 4 期。

案例

父母溺爱,17 岁少年成了校园施暴者①

阿威是家中独子,家人对他十分溺爱。2009 年 2 月 28 日上午,17 岁的阿威在学校因琐事与同学蒋帅等人发生口角,阿威被打了一个耳光后,打电话向父亲"求支援"。其父随即赶到学校,找蒋帅算账。同学见状,上前劝阻,双方发生肢体冲突。阿威用随身携带的水果刀乱刺,致蒋帅等 4 人受伤,其中,两人属于轻微伤。一个多月后,阿威因借 MP4 与同学兵子发生口角,先后持铅笔、碎玻璃等多次欲伤害兵子。因害怕被再次加害,兵子被迫转学。2010 年 5 月 23 日 10 时许,阿威在学校持砍刀砍伤季林左胳膊,不顾老师的拦劝,继续持刀追逐季林。经鉴定,季林的伤势属轻微伤。因犯寻衅滋事罪,阿威被判处有期徒刑一年。本案是发生在校园内的犯罪案件,也是北京市少数批准逮捕的未成年人犯罪案件之一。家庭教育不当是导致未成年人犯罪的首要原因。家庭长期娇惯孩子,当孩子与别人发生矛盾时一味偏袒自家孩子,致使孩子养成了骄横跋扈的性格,一旦在外遇到不合己意时,便采用极端的方法处理问题,甚至走上违法犯罪的道路。

---

(3)家庭监护缺失与未成年人犯罪关系密切。

有调查数据表明,在我国未成年人违法犯罪主体中"留守未成年人""流动未成年人"分别占到 27.3%、26.9%。② 从未成年人犯罪的成因看,家庭监护缺失及相关机构的帮教不足是导致问题未成年人出现的重要影响因素。据中国青少年研究会调查,闲散未成年人犯罪者,多数处于监管不力的状态,他们中 72.5% 的人有离家出走的经历,24.4% 的人不与亲生父母生活在一起。③ 另据某基层法院 2012 年 12 月对 100 名在押未成年犯的调查显示,未成年犯的家庭成长环境普遍较差,57.9% 的少年来自于单亲、继亲或婚姻动荡家庭,其中半数以上少年曾脱离家庭监护单独居住。④

---

① 扬未、乔国军:《市检察院首次公布全市未成年人犯罪典型案例》,载《扬州时报》2012 年 6 月 12 日。
② 李新玲:《北京发布教育蓝皮书:未成年人犯罪趋低龄化》,载《中国青年报》2015 年 4 月 24 日。
③ 李尊英:《救助流浪儿童国际学术研讨会论文集》,河北教育出版社 2004 年版,第 53 页。
④ 资料来源:该章作者对北京市海淀区人民法院的调研。

拓展阅读

农村留守儿童家庭监护缺失，犯罪问题凸显①

随着农村剩余劳动力向城市的流动，农村留守儿童数量逐渐增加。据全国妇联发布的《全国农村留守儿童、城乡流动儿童状况研究报告》显示，目前全国农村留守儿童约 6102.6 万人，占所有农村儿童比重达 37.7%，占全国儿童的比例为 21.9%。与 2005 年全国 1%抽样的调查估算数据相比，全国农村留守儿童增加约 242 万人，增幅为 4.1%。农村留守儿童中，父母仅一人外出的占 53.3%；父母都外出的占 46.7%。在后者中，与祖父母一起居住的孩子最多，占留守儿童总数的 32.7%；与其他人一起居住的占留守儿童总数的 10.7%；单独居住的占留守儿童总数的 3.4%，人数高达 205.7 万。

由于缺乏必要的监护和教育，产生了留守儿童受侵害及自身违法犯罪案件。2004 年公安部调查显示：全国未成年人受侵害及自身犯罪的案例大多数在农村，其中大多数又是留守儿童，留守儿童犯罪问题凸显。山东省农村义务教育阶段的留守儿童犯罪问题的抽样调查显示，农村留守儿童占该阶段全部儿童的 33.71%，其犯罪率高达 12.54%，比非留守儿童高出近 11 个百分点。② 来自北京市房山区人民法院的统计，该院 2009 年审理的未成年人案件中，被告为农民身份的有 27 人，占未成年被告人总数的 65%，其中绝大多数存在父母外出打工的情形。③ 另据广东 2009 年三大监狱新生代农民工犯罪调查显示，八成犯罪的新生代农民工在幼年时被留守农村无人看管。④

---

① 周易：《农村未成年人监护刻不容缓》，载《中国青年报》2013 年 8 月 15 日。
② 董士昙：《山东省农村留守儿童犯罪问题的调查与分析》，载《山东警察学院学报》2009 年第 4 期。
③ 张体锋、魏建国：《关于新形势下农村留守儿童犯罪问题的思考》，载《山东省农业管理干部学院学报》2010 年第 5 期。
④ 黄蓉芳：《广东监狱调查显示：八成犯罪农民工幼年系留守儿童》，载《广州日报》2009 年 11 月 9 日。

延伸

2011 年全年、2012 年前三个季度江苏沭阳法院审结涉少案件情况

2011 年		2012 年前三个季度	
审结涉少刑事案件总数(起)	审结涉少刑事案件人数(人)	审结涉少刑事案件总数(起)	审结涉少刑事案件人数(人)
99	139	71	123
其中:涉农村留守未成年人案件比例(%)	其中:涉农村留守未成年人案件人数比例(%)	其中:涉农村留守未成年人案件比例(%)	其中:涉农村留守未成年人案件人数比例(%)
44.44	36.69	77.46	70.73

资料来源:谢兆鹏、蒋敏:《关于农村留守未成年人犯罪的情况调查》,江苏法院网,2012 年 11 月 12 日。

农村留守儿童的心理问题隐忧

作为劳动力输出大省,四川省的留守儿童占全国的 14.94%[1],留守儿童问题表现得尤为明显。据四川省井研县门坎小学近 400 名留守儿童进行心理调查显示:其中近八成存在不同程度的心理问题,其中 106 人存在焦虑心理,107 人有抑郁症状,88 人属易怒性格,100% 的孩子都羡慕生活在爸爸妈妈身边的小伙伴,在精神方面被抛弃感强烈。在这些留守儿童中,有过失行为的占 57%,有说谎行为的占 35%,有偷窃行为的占 7.4%,有攻击行为的占 30.6%。[2]

2. 亲职教育在我国进一步推进的必要性

美国教育家陶森曾指出亲职教育的意义所在:"生育和抚育是两回事,生了孩子并不意味着自然地具有了抚育子女的智慧和本领,要尽到为人父母的职责,必须彻底地了解儿童的成长过程。许多父母只是从经验中用许多错误换来这份

---

[1] 张凯华、詹丽清:《央视〈经济半小时〉:留守儿童》,新浪网,http:news.sina.com.cn/s/p/2005-08-02/12117391081.shtml,访问日期 2017 年 3 月 20 日。

[2] 陈光明、王炳坤:《中国农村留守儿童问题凸现》,新华网,http://news.xinhuanet.com/politics/2006-10/08/Content_5174697.htm,访问日期 2016 年 10 月 8 日。

了解,其实如果事先就对儿童发展下工夫,有许多的错误都是可以避免的。"①

我国传统的实施亲职教育的机构主要是家长学校。自 1983 年浙江象山县石浦镇创办了中国第一所家长学校后至今,全国其他一些城市相继创办了依托教育机构、共青团、妇联、机关等在内的家长学校或家长教育。

近年来,我国亲职教育得以进一步的关注,实践活动日益展开,并试图通过法律和制度来推动亲职教育的进一步开展。《未成年人保护法》及《最高法关于刑诉法的解释》均明确规定,有关国家机关和社会组织应当为未成年人的监护人提供家庭教育指导,引导未成年犯的家庭承担管教责任。应当肯定的是,我国近年来在亲职教育方面取得了一定进展:亲职教育的理念得以提高,工作主体得以壮大,对象范围得以扩展,教育方式日趋多样。

当然,与国外发达国家相比,我国的亲职教育尚处于探索阶段,开展的效果还不甚理想。因此,一方面,亲职教育在我国仍有待进一步规范化、普及化及专职化;另一方面,亲职教育作用的充分发挥仍有待进一步推进。尤其是在当前社会转型的背景下,由于经济压力、人口政策等因素,传统家庭结构趋于解体,导致家庭教育出现许多问题,如父母迫于生活压力无暇教育子女、独生子女家庭溺爱现象普遍、留守儿童、缺陷家庭增多等。在家庭教育功能受到严重削弱的同时,许多为人父母者仍处于无师自通的状态。越来越多的家长意识到,"父母好好学习,孩子才能天天向上",社会对亲职教育的期待日益迫切。

二、我国亲职教育的实践探索:以北京市海淀区人民法院为例

近年来,我国基层法院开始探索亲职教育实践活动,其重要目的在于巩固对失足少年的挽救效果;普及家庭监护及教育知识;提高社会对亲职教育的认识;深入推动家庭教育立法。

为履行《未成年人保护法》关于"有关国家机关和社会组织应当为未成年人的父母或者其他监护人提供家庭教育指导"的规定,提高家庭及社会对亲职教育重要性的认识,为家庭教育立法提供实践支持,近年来海淀区人民法院未成年人案件审判庭专门开设了"亲职教育课堂"②,采取专家授课、影片观摩、亲子互动、读书会等多种形式推进亲职教育活动,收到了良好的效果。

(一)海淀区人民法院亲职教育发起背景

近年来,我国的亲职教育理论与实践取得了一定进展:亲职教育的观念得以

---

① 段飞艳:《从学前教育管窥家庭之亲职教育》,载《现代教育科学·普教研究》2011 年第 2 期。

② 海淀区人民法院未成年人案件审判庭长期关注对未成年人的家庭教育,曾与多个社区共建"少年与家庭法制基地",尚秀云法官曾参加教育部、全国妇联组织的更新家庭教育观念报告团,到全国 24 个城市做巡回报告,并获"北京家庭教育三十年公益奉献人物"荣誉称号。此次开设"亲职教育课堂"是为教育挽救失足少年,预防未成年人犯罪进行的又一项有益探索。

提升、实施主体得以扩充、对象范围更加明确、内容逐渐充实、实施方式日趋多样等等。以北京市海淀区人民法院为例,近年来,在亲职教育的实践探索方面成效明显。

　　海淀区人民法院长期审判实践表明,未成年人犯罪与其家庭监护缺失、父母教育方式不当密切相关。父母与子女朝夕相处,其对未成年人的教育影响是深入骨髓的。家长的言行和形象,直接影响孩子的道德品质、理想信念的形成。据海淀区人民法院2012年12月对100名在押未成年犯的调查显示,未成年犯的家庭成长环境普遍较差,57.9%的少年来自于单亲、继亲或婚姻动荡家庭,其中半数以上少年曾脱离家庭监护单独居住;家庭教育方式方面,48%的家庭以溺爱、放任为主,另有23%的家庭以打骂体罚为主。父母作为未成年子女的第一监护人,对未成年人的犯罪应负直接责任。即使是未成年犯被宣告非监禁刑或刑满释放后,家长的言传身教和潜移默化的影响仍然不可忽视,其能否重回人生正路与父母能否认识到自身在履行教育、监护职责上的误区,进而转变错误的教育方式密切相关。

　　(二)海淀区人民法院亲职教育的实践探索

拓展阅读

海淀区人民法院采取灵活多样的亲职教育方式

　　为提高亲职教育的效果,在教育方式方面力求多样化和灵活性。主要包括个别辅导、小团体辅导、大团体辅导、亲子互动、读书会及亲职教育宣传、家庭探访等形式。具体包括:(1)在失足未成年人的父母或其他监护人有迫切需求的情况下,聘请家庭教育或心理学专家进行持续性的个别辅导,有针对性解决家庭教育问题。(2)在北京市海淀区人民法院开设亲职教育课堂,每两个月一次,通过聘请"帮教考察官"、家庭教育专家等举办各种形式的讲座、座谈,以小团体辅导的方式,对失足未成年人的父母或其他监护人开展有针对性的亲职教育。(3)进入学校、街道、社区、"中途之家"等基层组织,以大团体辅导方式或现场咨询方式,对辖区内未成年人父母或其他监护人开展一般预防性亲职教育。(4)进入未成年犯管教所、看守所,以讲座、座谈会或亲子互动等形式,为探监父母或其他监护人开展亲职教育。(5)开通未成年人法律援助热线电话、微博等新媒体,在固定时间段对未成年人的父母或其他监护人进行释法教育及疑问解答。

海淀区人民法院亲职教育工作浏览

　　2013 年 1 月,海淀区人民法院法官们带领 10 余名家长到海淀看守所与失足少年们举行"新春佳节齐欢度,情法共暖少年心"亲情座谈会,并引导家长们反思以往家庭教育的失误,由此拉开海淀区人民法院探索亲职教育的序幕。同年 6 月,未审庭"亲职教育课堂"首次开讲,13 位失足少年父母参加了活动。此项活动主要就开设"亲职教育课堂"的意义、未成年人的成长规律及有关家庭保护的法律规定、父母应如何培养孩子健全的人格和良好的品行等方面向在座父母进行了讲解,并向家长赠送了《法官妈妈给父母的 90 个建议》等有关家庭教育方法的图书。在此基础上,该院又联合海淀区人民检察院、海淀区司法局、海淀区教委等单位合作开展"亲职教育进社区、进校园"活动,继续将授课对象扩大到被不起诉少年的监护人,为触法、涉诉少年的父母进行了有针对性的亲职教育讲座,并邀请人大代表到场。

　　具体而言,海淀区人民法院亲职活动的主要内容及效果如下:

　　(1) 工作主体。亲职教育的工作主体建设是整个实践活动的重要基础。为保障亲职教育工作的稳步落实,海淀区人民法院在"优先尝试个案,逐步形成制度"思路指导下,为进一步扩大亲职教育工作在全区的影响,经海淀区人民法院积极倡导,2013 年与市公安局海淀分局、海淀区人民检察院、海淀司法局达成了《共同开展亲职教育工作的意见》,并由海淀法院负责整合各单位资源,推动工作开展。

　　(2) 教育对象。为扩大亲职教育的受益面,海淀区人民法院开展的亲职教育对象广泛,主要包括:被公安机关处理过的触法未成年人、被人民检察院不起诉的未成年人、案件审判过程中发现需要接受亲职教育的未成年人、正在接受社区矫正的未成年人的父母或其他监护人,以及其他因未成年人教育问题而通过热线电话、邮件、网络媒体等方式向各单位求助的父母或其他监护人。

　　(3) 教育类型。为提高亲职教育的针对性,海淀法院积极探索亲职教育方法,针对不同的对象分别开展了有针对性的亲职教育和一般预防性亲职教育。有针对性的亲职教育,需由帮教考察官与监护人确定亲职教育时数,订立教育计划;适用对象为触法、涉诉未成年人的父母或其他监护人。一般预防性的亲职教育,则由帮教考察官根据社会需求邀请监护人参加;适用对象为辖区内的其他未成年人的父母或其他监护人。

（4）社会效果。海淀区人民法院开展的亲职教育活动取得了良好的效果。从未成年人家长受教育层面讲,通过亲职教育培训使他们不仅对法定监护义务及科学教子方法有了明确认识,而且坚定了其做"亲职教育课堂"忠实学员的信念。此外,中央综治办、共青团中央、人大代表、全国妇联、海淀教委及新闻媒体也对此项做法给予了充分肯定。总体看,海淀区人民法院在亲职教育方面取得了良好的社会与法律效果。该院开展的亲职教育内容实用,形式新颖,并成为学校和社区进行亲职教育的学习示范。

链接

海淀区人民法院亲职教育工作荣获
"未成年人健康成长法治保障制度创新"最佳事例

2014 年 1 月 20 日,由中央综治办、共青团中央、中国法学会举办了"未成年人健康成长法治保障"研讨活动,旨在贯彻落实中央领导同志重要指示精神,促进未成年人法律体系的健全和完善,推动有关部门和责任主体全面严格落实法律义务,宣传未成年人法律制度。为及时总结中央和地方各部门、社会各界在未成年人健康成长法治保障方面已有的典型做法和先进经验,并使之制度化、规范化、法律化,主办单位特开展未成年人健康成长法治保障制度创新事例征集评选活动,海淀区人民法院申报的"开创违法犯罪未成年人家长亲职教育工作制度"被评选为"未成年人健康成长法治保障制度创新"最佳事例。

三、国(境)外亲职教育的实践及总体特点

西方国家较早地开展了亲职教育活动。近年来,更是通过整合国家亲职教育领域的学术资源,制定了科学有效的亲职教育方案,再通过国家立法以及行政组织加以大面积推广。我国台湾地区也非常重视亲职教育在预防未成年人犯罪中的作用。

（一）国外亲职教育的产生及发展概况:以英美国家为例

美国亲职教育萌芽于 17 世纪初,当时清教徒的移民先辈十分强调对清教徒及其子女的教育。1642 年,马萨诸塞殖民地方法庭通过的第一部有关家长对子女教育责任的法律,规定:"所有儿童的家长都要负起教育儿童学习认字、劳动

及其他各种就业的技能。特别是要培养他们读懂教义和主要的法律条文的能力。"之后,随着19世纪美国社会对儿童教育愈加重视,儿童教育开始受到许多学术领域的关注及影响,亲职教育也渐渐登上历史的舞台。1897年,美国亲职教育取得了重大的进展,当时由慈善组织团体推动,召开了国家母亲大会,组建成立了美国家长教师协会。此后出现了由慈善组织团体所推动、母亲团体所组成的儿童学习协会,其目标是让母亲们分享教养子女的经验,并要求其协助孩子学习,提出了父母教养角色的重要性,要求家有年少孩子的父母必须充实相关知识,从而具备教养孩子的知识与技能。1925年,儿童学习协会召开亲职教育会议,促使哥伦比亚的大学院校首先开设了亲职教育课程,意味着亲职教育逐步从非正式的教育发展成为正式的教育。20世纪30年代初,弗洛伊德学说开始风行美国,他提出的早年经验会影响到成年生活的观点被广为接受,儿童心理需求与亲子关系受到了前所未有的关注,亲职教育活动也逐渐大规模的展开,人们越来越认识到了早期儿童教育发展的重要性。20世纪70年代,美国亲职教育中开始加入一些新的亲职教育技巧——教养技巧开发方案。这些方案期望通过向父母亲传授一些教养的知识和技巧以及相关训练,从而使得父母亲对子女的教养更有效能。1996年国家亲职教育网络组织的形成,是美国亲职教育历史上的又一个重要的里程碑。该网络的目标是支持亲职教育工作者,并增强亲职教育领域的发展,形成专业的亲职教育工作者队伍。

英国素来注重家庭对子女的教育,其最历史悠久的绅士教育也是从家庭开始的。早在西欧中世纪,骑士教育的教育方式便是把打算作骑士的儿童送到其他贵族家中作为侍从(或侍童),在领主及其夫人的家庭生活中学习各种礼仪和骑士信条。这时儿童所跟随的领主和夫人便可看作是家长教育中的家长。英国于1998年首次推出全国家庭学习日,以强调家庭共同学习的重要性。这项活动获得全国性广泛反响与民众的热烈参与,至今依然年年举办。值得注意的是,英国家长教育过去分为幼儿教育支持、家庭学习和家庭支持等复杂的体系,近年来却迅速整合成为一个专门行业。这使得英国家长教育具有了专业化性质,从而可以高质量为父母服务,协助父母成长。尤其值得一提的是,2007年英国成立了"国立幼儿辅导学院",这种由国家牵头建立国家级家长教育专业机构的举措在发达国家乃至世界尚属首例。①

(二)国(境)外亲职教育呈现的总体特点

1. 具备较为健全的亲职教育立法

美国联邦及各州政府出台的相关法案条款中都对亲职教育的实施提供了法律保障。如,1974年的《家庭教育权利和隐私法》、1989年的《儿童法案》、1994

---

① 田丽丽:《英国政府新近推动的家长教育培训研究》,2010年中央民族大学硕士学位论文。

年通过了《改进美国学校法案》、1996 年的《家庭法》以及 2002 年的《不让一个孩子落伍法》,均涉及家庭教育、亲职教育及父母权利义务方面的明确规定;英国 1944 年《教育法》作为一部教育专门法,对家庭教育的相关问题做了详细规定,同时,该国规定对违法少年的父母可判处养育令,强制其就教育孩子相关内容接受培训,违反要求的家长将被视为犯罪,并被处以罚款;德国的《民法》《义务教育法》以及《促进青少年福利事业法》等法律法规中,划定了严格的权责界限,增强了法律的可操作性,防止父母滥用权利或逃避义务;澳大利亚《家庭法法案》中也规定,确保尽可能多的孩子在有父母双方关爱和支持的安全环境里成长。

链接

美国亲职教育拥有完善的立法保障

此外,纽约市实行"儿童第一"的教育改革措施在一定程度上推动了亲职教育的开展。它建立了一套新的家庭服务体系,每所学校需设有一位家长协调员,专门负责父母与学校的沟通,参与父母教育孩子,向学校介绍教育项目,为父母提供辅导的方法,解决父母提出的各种问题。

2. 拥有较为完善的亲职教育组织机构

根据美国心理学家布容丰布任纳的发展生态学理论,人的发展是个体与其生态环境之间相互交往和影响的结果,而人的生态环境是由家庭、邻里、学校和社会等及其之间的相互关系等一系列不同层次和结构的生态系统所组成的一个有机整体,每一个层次和结构不同的系统,因其与个体之相互关系的独特性而对人的发展产生特殊的影响。西方发达国家亲职教育正是在这种理论指导下开展。如:英美国家的亲职教育中,父母教养能力的提高都得益于学校、政府、社区、企业等相互间的通力合作。另外,由学者专家或者社会团体所主持或者推动的亲职教育活动也很多。

拓展阅读

英国亲职教育方式多样,作用显著

英国家庭与学校协会以及全国双亲教育联盟都是与中小学联系的家长组织,专门为母亲提供相关教育课程。根据培训机构的类型,英国家长教育培训组织体系将家长教育培训分为：政府家长教育培训、教育机构家长教育培训和其他公益机构家长教育培训三类。其中，政府家长培训，主要指根据国家有关家庭政策实施的要求，邀请家长教育方面的专家对参与者进行家长教育培训；教育机构提供的培训，指根据家长教育职业标准提供的相关培训，依托英国学校教育系统如托幼中心、幼儿中心、开放性大学和继续教育大学等机构进行；而公益机构的家长教育培训，包括与家长教育行业相关的不同职业内部培训、自愿者机构和基金会提供的培训。

3. 具有充实具体的亲职教育内容

美国家长们认识到，对于少年心理、生理发育知识的理解和学习是养育子女必不可少的。父母通过对教育学、心理学知识的学习与运用，可以更加有效地对子女进行正确的教育。亲职教育培训的内容通常涉及少年的身心发展规律、人格及其功能、少年教养技能及教养环境、奖惩办法、与子女的沟通技巧、教育子女等方面的知能。[①] 再如我国台湾地区亲职教育的内容既丰富全面又不失针对性。根据父母的需要以及心理卫生预防层级，将亲职教育的内容分为三个层次：初级预防课程、次级预防课程及三级预防课程。

链接

美国的家庭维系服务理念

家庭维系服务（Family Preservation Service，FPS）包含了"以家庭为中心，将服务输送到家庭"的重要理念。它强调维护家庭的完整性、亲子依附的优先性，即儿童应在原生家庭成长，家庭是一个整体，协助家庭全面链接社区资源，为高风险家庭注入希望、增能和其结成伙伴关系，帮助高风险家庭健康成长。"家庭维系服务"的对象主要是家里有受虐儿童、在外游散儿童、发展迟缓儿童、问题行为青少年，以及有严重问题、儿童安置史、儿童暂养的家庭。服务对象的来源基本上是通过相关机构转介、外展服务、主动地毯式搜索和原有服务对象的口耳相传。[②]

① 谢娜：《美国亲职教育研究》，2010 年华中师范大学硕士学位论文。
② 谢幸蓓：《高风险家庭处遇模式之初探》，2008 年台湾暨南国际大学硕士学位论文。

延伸

台湾地区亲职教育内容全面而精细

所谓亲职教育的初级预防课程,其服务对象是所有家庭,研习内容广泛,目的在于培养为人父母的知能。包括两性与婚姻课程、亲子关系与子女管教的课程、青少年犯罪预防、经营家庭生活的课程等;次级预防课程,是指在孩子问题与亲子冲突发生后所做的努力,其服务对象是亲子关系已日益紧张的问题家庭,课程除了初级预防的课程外,还包括心理健康类咨询与辅导服务;三级预防课程,是指对存在严重问题的家庭所做的努力,其目的在于增强家庭功能,有必要时还要对父母作强制性的辅导。需要三级预防亲职教育的父母属于高危险的家庭,其子女可能已产生严重的偏差行为而导致犯罪入狱,或因父母不当管教或暴力导致儿童虐待,所以这些父母需要更多的协助与教育。①

4. 采取灵活多样的亲职教育方法

早在 1965 年,学者布瑞姆就探讨了关于亲职教育的三种基本方法:大众媒体、个体咨询和小组讨论。可以说,早期美国亲职教育方法主要包括:父母团体教育;与父母亲单独面谈或讨论;通过参与幼儿园活动来教育父母;通过指导父母如何观察子女来教育;使用特殊的策略和手段如安排阅读和做报告等。目前,美国常用的亲职教育方法主要有:其一,行为矫正法,主要策略有正强化法、负强化法与惩罚、隔离法、代币法、社会技巧训练法;其二,有效的教养系统训练法,主要通过建立积极的亲子关系、检查子女的不良行为并协助子女改变错误的目标来实现。

英国进行亲职教育的方法主要有:第一,面向所有家长的室内培训、针对具体家长群体的培训,即以父亲、少数民族群体、单位家长和有不良嗜好如酗酒或吸毒家长等为培训对象进行针对性主题咨询和培训;第二,短期综合课程培训、系统的项目内容培训、由于政策需要为特定工作岗位进行入职培训,主要提供全国家庭干预计划中对家长顾问的培训;第三,实践实习培训,通过跟随有经验的工作者在工作的同时学习实际操作技巧;第四,硕士学位课程培训,即提供家长教育内容的硕士课程和硕士学位。而我国台湾地区,家长教育被列入成人教育行列,重视在学校教育中系统规划家庭教育课程,安排青年学子修习"职前"的家

---

① 曹常仁:《亲职教育理念与实践》,台湾新文京开发出版股份有限公司 2010 年版,第 131—132 页。

庭教育科目。

四、我国亲职教育的完善

(一)完善亲职教育的相关立法

一位教育家曾经讲道:"现今的父母教育子女,就是缔造国家未来的历史。"当前我国处于社会转型时期,都市化生活和职业社会化趋势日趋明显,使得社会最基本的单位——家庭受到前所未有的冲击,传统家庭教育功能受到了一定程度的削弱。因此,以立法形式规范和引导家庭教育,将强制性亲职教育作为监护人承担法律责任的方式,通过法律手段对问题家庭予以社会干预,不仅可以提升家庭教育的科学性,而且也是预防未成年人犯罪、保护未成年人身心健康成长的必然要求。

链接

国外强化父母对子女的责任

基于国家亲权理论,许多国家都用法律处罚来强化父母对子女的责任。如英国规定对违法少年的父母可判处养育令,强制其就教育孩子相关内容接受培训,违反要求的家长将被视为犯罪,并被处以罚款。美国通过颁布《家长法案》及《不让一个儿童落后法》,对家长参与子女教育的权利和义务作了明确规定。2011年我国台湾地区正式颁布"家庭教育法",为亲职教育的进一步开展提供法律保障,并规定了详细的惩戒措施,每一款规定都有相应的机构具体落实,可操作性非常强。①

拓展阅读

当前我国亲职教育的立法状况

目前,我国现有的《义务教育法》《预防未成年人犯罪法》《婚姻法》《妇女权益保障法》《家庭教育法》及其实施细则等规范性法律文件为亲职教育的实施提供了法律依据。相关法律规定虽对父母应承担的法律责

---

① 杨洁:《台湾亲职教育经验及启示》,载《特立学刊》2012年第4期。

任有所涉及,但原则性较强,尤其缺乏刚性的惩处措施作为保障。如根据《预防未成年人犯罪法》和《未成年人保护法》的规定,未成年人的父母或者其他监护人不履行监护职责,仅能由其所在单位或者居民委员会、村民委员会予以劝诫、制止;放任未成年人有本法规定的不良行为或者严重不良行为的,仅能由公安机关对未成年人的父母或者其他监护人予以训诫,责令其严加管教。此外,少年司法中的亲职教育工作之所以不能持续开展,很大程度上是因为制度上缺乏具体的法律规定,从而经费、人员、机构等方面得不到保障。但目前我国尚未制定专门的亲职教育法,缺乏亲职教育实施成效的评估及奖励制度、经费预算的具体明确规定及亲职教育的强制性规定等。由此导致亲职教育的工作开展不能形成长效机制,实践中执行力度也不够。

我国应通过立法形式明确亲职教育的法律地位。具体而言,可通过《家庭教育法》《未成年人保护法》等法律的制定及完善,来进一步确定家庭教育的地位,进一步明确细化父母对未成年子女的教育职责,及不履行教育监护义务应承担的法律责任。具体而言,设想如下:

1. 立法明确规定家庭教育的职责

父母或监护人是家庭教育的主要实施者,应对其职责予以明确规定,如要求他们不断学习、掌握有关家庭教育的知识,形成科学育儿的理念,增强家庭教育的责任感,提高家庭教育的能力等。目前在我国,家庭教育工作由妇联实际负责,为保障家庭教育工作的长效性和科学性,建议将家庭教育的主管机构规定为教育行政部门。

2. 规范家庭教育指导行为

家庭教育具有较强的私人属性,不宜对家长行为进行直接、系统干涉,可通过规范家庭教育指导行为,提高家庭教育指导的科学性与质量,引导家庭教育向规范化、科学化、法制化、全民化方向发展。具体可从家庭教育指导的实施与管理、家庭教育指导网络的建立与健全、家庭教育指导培训三个方面,对家庭教育指导作出系统和完备的规定。对于社会关注的家长资格问题,我们认为不宜强行要求家长获得"上岗资格",可行的做法是规定婚前必须接受一定时限的亲职教育培训。

3. 立法明确规定强制性亲职教育

少年司法实践证明,问题少年是问题父母的产物,只有改变父母的行为,才能改变孩子的行为。不称职的家长不仅影响孩子本身,更重要的是,他们造就的问题少年可对社会构成巨大的威胁与破坏。① 为体现对未成年人的切实保护，防止其因儿童时期未受到良好的家庭教育而在成年后出现反社会倾向，必须以法律处罚方式来强化父母对子女的责任。因此，建议在《家庭教育法》《预防未成年人犯罪法》等法律中引入强制性亲职教育制度，将其作为怠于履行教育职责的监护人承担法律责任的方式。

（二）扩展亲职教育的实施主体

拓展阅读

当前我国亲职教育的实施主体情况

我国传统的实施亲职教育的机构主要是家长学校，但因中央及地方各级政府均没有亲职教育的专职单位，因而没有固定的预算，只能从其他项目预算中预支经费用于亲职教育。在附属于其他单位的有限财源下，没有专职单位负责亲职教育，要全方位的规划、推行亲职教育是相当困难的。

此外，少年司法中的亲职教育在实施过程中虽然体现了综合治理思想，即协调尽可能多的主体共同参与亲职教育。但不可否认的是，实践中存在各主体间缺乏协调统一的问题。如，2013 年海淀区人民法院与市公安局海淀分局、海淀区人民检察院、海淀区司法局达成了《共同开展亲职教育工作的意见》，并由海淀法院负责整合各单位资源，推动工作开展。但是，该模式因缺乏法律的强制性，主体间不可避免地存在推卸责任、邀功求赏现象，少年司法中的亲职教育必定难以大范围推广。再如海淀区人民检察院强调应广泛联合地区公安、司法、民政、教委、工青妇等部门以及少年研究和服务社会团体、机构，共同努力构筑挽救涉罪少年的社会网络。但如何保证各主体间的协调及权威机构的持续性尚有待研究。

1. 亲职教育的实施主体应多元

亲职教育是一项系统的综合性工程，因此，其实施主体不应单一，而应是由一个机构牵头，其他各机构相互配合、共同努力。就目前我国少年司法中的亲职教育来看，司法机关要动员全社会的力量，由司法机关牵头，联合共青团、工会、

---

① 李玫瑾：《构建未成年人法律体系与犯罪预防》，载《少年·和谐社会的希望》，人民法院出版社 2006 年版，第 71 页。

妇联、单位、家庭、学校、社区等切实做好亲职教育工作,以便加强对违法犯罪少年父母及其他监护人的教育,做好教育、挽救违法犯罪少年的工作。从长远发展来看,亲职教育的实施不能仅依赖司法机关。少年司法机关主导亲职教育仅是当前我国亲职教育制度不完备情况下的一种权宜之计,少年司法机关囿于业务压力大、时间及精力有限、专业知识薄弱等因素,不可能长期主导亲职教育具体工作的开展。为保障亲职教育的全面推行,应在教育行政部门的统一管理下,建立由政府牵头、以各类学校为主、街道社区和社会化培训学校为辅,多层次、多样化的执行主体。

拓展阅读

英美国家亲职教育主体多元

在英国,家长教育培训组织体系不仅包括了政府、教育机构和其他公益机构,而且于 2007 年专门成立了从事亲职教育的国立育儿辅导学院。[①] 在美国各州,学校、政府机构、社区、教会、企业等机构都积极参与到亲职教育活动中。此外,"父母中心""父母学校""美国公民教育委员会""家庭和学校研究所""家校合作计划"以及"美国父母教师联合会"等都是专门从事亲职教育的机构。美国教育事业的专家们普遍认为,成功的教育需要通过学校、家庭和社会三方的有效合作实现的。

2. 建立亲职教育的专职机构

近年来,政府虽然组建了一些亲职教育权威机构或教育项目,力图通过整合国家相关亲职教育的学术资源,创设出科学、有效的亲职教育方案,但主管、执行机构不明确是阻碍我国亲职教育活动开展的一大问题,缺乏专职机构导致我国亲职教育的实践不统一,各部门间的配合缺乏协调性。因此,国家应通过立法确立亲职教育的专职机构来明确、协调各级各类机构的责任分配。西方国家的亲职教育已发展近百年,理论及实践经验已相对较科学。我国应充分借鉴国(境)外的成熟经验,建立国家级亲职教育的专职机关。同时,各省也应结合本省的现实情况(主要涉及行政区域、大学与师资培训机构的分布等情况),建立与中央配套的亲职教育专职机构。之后依次将亲职教育的专职机构建到我国的基层政权组织,以指导、协调社区亲职教育的开展,从而在全国形成一套专职机构,确保亲

---

① 田丽丽:《英国政府新近推动的家长教育培训研究》,2010 年中央民族大学硕士学位论文。

职教育在全国推行。

（三）充实亲职教育的内容

拓展阅读

> **我国亲职教育的内容有待改进**
>
> 　　首先，亲职教育内容不全面。关注教育子女方面的内容有余，而关于提高家长自身素质、改善教育方法等方面的内容不足。其次，亲职教育工作的开展不能形成长效机制，教育内容的随意性强，缺乏体系性。再次，授课内容缺乏个体的针对性，无法切合家长实际需求。最后，教育内容或与生活脱节或缺乏吸引力。

　　某种意义上说，亲职教育是比家庭教育更基础、更为专业、更具针对性的教育，其内容应涵盖家长自身教育与家庭教育等各方面，既要系统全面，又要重点突出。我国在少年司法以及全国推行亲职教育时，应对亲职教育的课程进行统一规划，使其尽可能全面并成体系性。同时，也应对异样家庭安排单独的亲职教育课程，以提升亲职教育的针对性和效率。

　　根据亲职教育不同层级，其具体内容及要求建议如下：

　　（1）第一层级的亲职教育课程要尽可能系统全面。初级课程的授课对象是所有家庭，该阶段亲职教育的内容应当相当丰富，课程安排要贴近生活、要系统化，逐渐加深拓展，目的在于培养为人父母者的知能。该阶段的亲职教育一般包括：一般性亲职教育、预防性亲职教育及提升父母自身素质的教育等。一般性亲职教育，即对普通的已为人父母者的教育，其内容涉及：帮助父母树立教育子女的正确观念；提供科学地教育子女的方式和技巧、亲子关系与沟通、子女就学及休闲辅导等。这一阶段，应开设人才学、生理学、心理学、教育学、计算机等相关课程。[①] 预防性亲职教育，即对即将为人父母者实行的教育，其内容包括两性与婚姻、认识儿童及少年问题、亲子关系与子女管教、少年身心及人格发展、少年犯罪预防、经营家庭生活等方面。提升父母自身素质的教育，内容涉及法律素质和观念、思想道德素质和文化素质等方面，目的在于使家长树立正确的人生观和高尚的道德品质，通过正确的是非标准并按正确的导向和社会需求去教育、培养孩子。

---

① 　冯丹：《中美两国亲职教育实践的差异性探析》，2013年山东曲阜师范大学硕士学位论文。

(2)第二层级的亲职教育要突出针对性。这一阶段的课程,是在孩子问题和亲子冲突发生后所做的努力,其服务对象是亲子关系已日益紧张的问题家庭(包括单亲、继亲、隔代教养等家庭)。课程除了第一层级的基础课程外,还要增加心理健康类咨询与辅导服务等项目。参与其中的司法机关在处理单亲家庭的少年违法犯罪案件时,应注意引导家长营造温暖的家庭氛围,鼓励家长参与单亲家长团队寻求指导与协助。此外,司法机关还应注重父母教养子女策略及单亲家长重拾生活希望方面的辅导;在处理隔代教养家庭的少年违法犯罪案件时,应注意引导父母与祖父母间达成教养子女的共识、提醒父母应对自己的精力和时间做出正确的评估、引导祖父母为孙子女营造良好的生活环境。

延伸

台湾提供高风险家庭关怀辅导处遇计划[①]

为避免单亲、继亲等高风险家庭发生疏忽或虐待儿童事件的发生,台湾"内政部"儿童署于2005年开始委托民间机构进行高风险家庭的关怀辅导计划,并于同年投入5500万元台币、扩充80—100名社会工作者于高风险家庭介入服务,服务时限为6个月。该计划的目标是及早介入儿童少年虐待高风险家庭,提供预防性处遇服务,期望能为家庭增能、强化家庭功能,预防儿童少年虐待事件发生。其特点是偏重家庭成员的情绪支持和提升家长的亲职功能与亲子互动关系。主要服务内容包括家庭访视、经济协助、幼儿托育、亲职教育训练、临床处遇服务、儿童少年课业辅导和其他专业服务。

(3)第三层级的亲职教育应侧重于对问题少年的教育与矫正。这一层级的课程,是针对存在严重问题的家庭所做的努力,必要时还要对父母做强制性的辅导,其目的在于增强家庭的教育功能。接受这一层级亲职教育的父母多属于高危险的家庭,其子女可能已经违法犯罪或正在、已经遭受侵害,所以这些父母需要更多的协助与教育,以帮助已遭受侵害的少年重拾生活的希望、及时解决心理问题、预防再次被害或犯罪。对于刑释解教少年家长的亲职教育,司法机关应注重家长教育理念、教育方式、矫治方法及心理疏导与干预等方面知识的传授,以尽可能地改善该类少年的家庭环境。

---

①　台湾"内政部"儿童局:《高风险家庭服务策略与处遇模式之研究成果报告》,2006年,第424—429页。

（四）丰富亲职教育的实施方式

未成年人犯罪预防的社会环境包括家庭、学校、社区社会等方面。作为预防犯罪的一种重要方式，亲职教育也应着眼于家庭、学校及社会等不同层面，采取灵活多样的实施方式。

（1）家庭层面亲职教育的实施方式。首先，家长可以社区或行政区为单位成立家长联合会，聘请家庭教育知能高的家长、专家作为联合会的领导，由他们负责解决该单位内的家庭问题、组织亲职教育活动；其次，可以请家庭教育成功的家长以讲座或者个人报告的形式召开家长经验交流会，与其他家长分享成功的家庭教育经验；再次，可以制作家长联络簿，便于家长间交流、学习家庭教育知能；最后，推动家校合作，家长可以通过主动联系老师及参观教学的方式，及时了解子女的近况，主动向老师请教有关家庭教育的知识和技巧。

（2）学校层面亲职教育的实施方式。首先，学校可以将亲职教育课程融入高中、大学的课程体系中，切实做好预防性亲职教育；其次，可以建立家长培训学校，实现对急需亲职教育指导家长的全面、系统的指导；再次，可以聘请专家学者汇编亲职教育著作与亲职期刊研究论文；最后，多组织有关亲职教育的活动。如多请教育专业人员到学校给家长做帮助父母成长的亲职教育报告，畅通家长联系合作的管道，持续规划及办理系列性的亲职教育增能活动、加强教师亲职教育知能的活动等。

（3）社会层面亲职教育的实施方式。首先，司法机关工作人员可以联络居委会开设有关亲职教育的专门宣传栏，公布于家长经常路过且易于看到的地方，定期或不定期地更新资讯以吸引家长研习；还可以聘请亲职教育专家实行一对一的辅导，做到教学内容及方式的多样化。其次，建立家长资料中心。社区可以为家长提供一个可供借阅的资料中心或小型图书馆，向家长推荐优质书籍、发放学习资料。再次，通过媒体有效宣传亲职教育的重要性，司法机关也可建议政府在法治栏目或者开设专栏传授亲职教育知识，报道亲职教育的成功案例。最后，鼓励、支持企业参与亲职教育。亲职教育培训可以像英语、公务员、司法考试培训学校一样市场化，引入竞争机制。

综上，良好的家庭教育环境的构建，父母是实施者和引导者，其家庭教育观念、行为的正确与否直接影响到子女的健康成长。亲职教育有助于更新未成年人父母的教育理念及知识结构，提高其教育子女的科学性及有效性，很大程度上提升家庭预防未成年人犯罪的功能。发达国家的亲职教育呈现出立法完备、组织机构的健全、教育内容及方法多样等特点。与之相比，我国亲职教育尚处于初级探索阶段，仍有待进一步规范化、系统化及专业化。当前应进一步完善亲职教育的相关立法，扩展亲职教育的实施主体，充实亲职教育的内容，丰富亲职教育的实施方式，等等。

本节附录　海淀区亲职教育的部分实践

附录1

未审庭开设"亲职教育课堂"
丰富未成年人犯罪预防教育形式和内容

　　家庭教育是预防、减少未成年人犯罪的第一道防线,为进一步巩固对失足少年的挽救效果,普及家庭监护及教育知识,提高社会对亲职教育的认识,进而推动家庭教育立法,未审庭专门开设"亲职教育课堂",并于6月7日下午首次开讲。13位失足少年父母参加了活动。

　　未审庭庭长游涛首先介绍了开设"亲职教育课堂"的初衷和意义,强调了"合格父母不是天生的;家长好好学习,孩子才能天天向上"的亲职教育理念。刑二庭副庭长、法官妈妈尚秀云作为主讲人,以《培育家庭监护,为未成年人引领幸福之路》为题,介绍了未成年人的成长规律及有关家庭保护的法律规定,并针对当前家庭教育中普遍存在的误区,重点讲解了父母应如何培养孩子健全的人格和良好的品性。随后,游涛庭长及尚秀云、秦硕副庭长向参加活动的家长赠送了《未成年人保护法》《预防未成年人犯罪法》及《法官妈妈给父母的90个建议》等书籍,并带领他们参观了少年法庭教育展览室。此次活动内容丰富、形式新颖,不仅使家长们明确认识了法定监护义务,还向其传授了科学教子的方法,受到了家长们的一致好评。

　　未审庭在长期的审判实践中发现,"问题少年"是"问题父母"的产物,未成年人犯罪与其家庭监护缺失、父母教育方式不当有密切关系。据近期对100名在押未成年犯的调查问卷显示,未成年犯的家庭成长环境较差,57.9%的少年来自于单亲、继亲或婚姻动荡家庭,其中半数以上少年曾脱离监护单独居住;家庭教育方式方面,48%的家庭以溺爱、放任为主,另有23%的家庭以打骂体罚为主。父母与未成年子女朝夕相处,其对未成年人的教育影响是深入骨髓的。未成年犯被宣告非监禁刑或刑满释放后,能否重回人生正路与其父母能否认识到自身在履行教育、监护职责上的误区,进而转变错误的教育方式密切相关。

　　为履行《未成年人保护法》关于"有关国家机关和社会组织应当为未成年人的父母或者其他监护人提供家庭教育指导"的规定,提高家庭及社会对亲职教育重要性的认识,为家庭教育立法特别是"父母对未成年人的犯罪应负直接责任,对有过错者应予惩戒,责令学习"等规定入法提供实践支持,未审庭探索开设"亲职教育课堂",采取专家授课、影片观摩、亲子互动、读书会等多种形式推进亲职教育活动;在前期试点基础上,计划将亲职教育的对象进一步扩大至公安机关查处的有严重不良行为或未达刑事责任年龄的触法未成年人、被检察机关不起诉的未成年人、被法院判处非监禁刑的未成年人的监护人。"亲职教育课堂"是未审庭为教育挽救失足少年的又一项有益探索,将在培养失足少年父母家庭监护责任意识,加强家庭教育方法的指导,有效预防未成年人犯罪方面起到良好效果。

供稿:未审庭　张莹

(来源:《海淀法院信息》2013 年第 163 期,北京市海淀区人民法院编)

附录 2

未审庭联合海淀检察院继续推动对触法、涉诉少年父母的亲职教育

8 月 2 日下午,我院未成年人案件审判庭联合海淀检察院未检处,为 20 余位触法、涉诉少年的父母进行了亲职教育讲座。活动由未审庭游涛庭长主持,刑二庭副庭长、法官妈妈尚秀云主讲,人大代表孙英、冯婉桢、海淀检察院未检处副处长郑艳参加了活动。

尚法官为本次讲座精心制作了图文并茂的幻灯片课件,她从自己多年积累的有关家庭教育的感悟出发,针对当前家庭教育中存在的重智育轻德育、物质满足替代亲情关爱等误区,介绍了由于父母对孩子道德、法制教育薄弱甚至缺失,使孩子从小缺乏规则观念、自我约束意识及对法律的信仰和敬畏,导致孩子误入歧途甚至身陷囹圄的典型案例,向家长提出了如何对未成年人进行挫折教育、道德教育、法制教育和青春期教育的建议。

孙英、冯婉桢两位人大代表对活动给予高度评价,她们表示法院开展的亲职教育内容实用,形式新颖,是传递社会正能量的善举,建议将我院亲职教育的先进经验推广到学校和社区,呼吁全社会共同关注青少年家庭教育问题。

为进一步推动亲职教育工作,有效预防、减少未成年人犯罪,我院已与市公安局海淀分局、海淀检察院、海淀司法局达成共同开展亲职教育工作的意见,并就适用对象、合作方式、资源共享等问题进行了初步会商。此外,我院还采取"请进来与走出去相结合"方式,与海淀区司法局合作开展"亲职教育进社区"活动,

为海淀区多个社区的数百位家长进行了亲职教育讲座。

供稿：未成年人案件审判庭

（来源：《海淀法院政工简报》2013 年第 165 期，北京市海淀区人民法院编）

附录 3

海淀法院亲职教育工作被中央综治办、共青团中央等单位评为"未成年人健康成长法治保障制度创新"最佳事例

2014 年 1 月 20 日，由中央综治办、共青团中央、中国法学会共同举办的"未成年人健康成长法治保障"研讨会在京召开。来自法学理论和实践部门的领导、专家学者近 150 人参加了研讨会。我院报送的"开创违法犯罪未成年人家长亲职教育工作制度"被评选为"未成年人健康成长法治保障制度创新"最佳事例，我院党组书记、院长鲁为应邀出席研讨会，并做经验介绍。

"未成年人健康成长法治保障"大型系列活动，由中央综治办、共青团中央、中国法学会主办，由全国人大常委会法制工作委员会、最高人民法院、最高人民检察院、教育部、公安部、民政部、司法部、人力资源和社会保障部、全国妇联、全国律协作为支持单位。该活动旨在贯彻落实中央领导同志重要指示精神，促进我国未成年人法律体系的健全和完善，推动有关部门和责任主体全面严格落实法律义务，宣传未成年人法律制度。为及时总结中央和地方各部门、社会各界在未成年人健康成长法治保障方面已有的典型做法和先进经验，并使之制度化、规范化、法律化，主办单位特开展未成年人健康成长法治保障制度创新事例征集评选活动，共评选出"未成年人健康成长法治保障制度创新"最佳事例 25 件。我院申报的"开创违法犯罪未成年人家长亲职教育工作制度"从全国 661 件报送事例中脱颖而出，被评为最佳事例。据悉，全国法院系统仅 6 家单位获此殊荣。

组委会选取了 10 个最具创新性、实效性、典型性的获奖事例进行创新经验介绍，并由所属领域中央部门负责同志、著名专家学者交流研讨，我院是唯一受邀进行经验介绍的基层法院获奖代表。鲁为院长在介绍中指出，家庭教育不当引发的社会问题越来越成为人们关注的焦点，其中未成年人犯罪问题与家庭教育最为密切。我院针对违法犯罪未成年人家长开展亲职教育工作，正是试图从延伸司法职能的角度探索解决上述问题的方法。目前，我院已推动并联合中国预防青少年犯罪研究会、市公安局海淀分局、海淀检察院、海淀司法局、区教委达成《关于共同开展家庭教育指导工作的意见》，定期为触法、涉诉、犯罪少年的家长开设有针对性的亲职教育课，并将其融入"寓教于审"工作，取得了良好的社会

效果。鲁为院长还从未成年人健康成长法治保障的角度,提出如下建议:一是推动家庭教育立法,解决亲职教育路径问题;二是推动立法,让罪错少年的家长为其教养不当承担强制性法律责任。

鲁为院长的发言获得与会领导、专家的肯定及一致好评。最高人民法院的推荐评语为:"海淀法院针对犯罪少年家庭'生而不养、养而不教、教而不当'的现实,积极寻求从源头上预防和减少未成年人犯罪的良方,联合相关部门,率先探索对罪错少年父母进行'亲职教育'培训,取得了显著的成效。这一重要改革创新举措,对于丰富和发展我国少年司法制度具有开拓创新的意义,进一步完善了未成年人健康成长法治保障的内容,为将来家庭教育立法工作积累了宝贵的经验,值得认真总结和推广。"

原中共中央政治局委员、中国法学会会长王乐泉,第十届全国人大常委会副委员长、中国关心下一代工作委员会主任顾秀莲,中央政法委副秘书长、中央综治办主任陈训秋,共青团中央书记处书记汪鸿雁出席研讨会并讲话。

(来源:《海淀法院政工简报》2014年第8期,北京市海淀区人民法院编)

【本章小结】

前科是指一个人曾经被宣告犯有罪行或者被判处刑罚的历史记录。前科作为一种犯罪行为导致的法律事实状态,表明社会对行为人的否定性评价,会引发不同的法律后果,意味着某些权利的丧失或限制。未成年人前科消灭是对被判过刑罚或认定过有罪的未成年人,依法视为无刑事前科,或由法院依据一定的条件和程序宣布消除或封存其刑事污点,视为未受过刑事处分等。未成年人前科消灭制度有其哲学、犯罪学、刑法学基础。前科消灭制度发端于欧洲大陆,迄今为止,许多国家和地区都已经确立了该制度。我国未成年人犯罪记录消灭制度针对的是宣告刑为管制、拘役、单处罚金或免除刑罚,适用年龄是犯罪时已满14周岁、未满18周岁的未成年犯罪人;封存的内容为"犯罪记录"。在我国,通过法定的条件和程序,未成年人的犯罪记录被合法的封存后,他们在很多领域和行业中的合法权益就会得到恢复,可以和其他人一样享受到这些权益所带来的诸多实惠和利益。为保证未成年人犯罪记录封存的恰当运作,完善的监督不可或缺:其一是检察机关的监督。其二是上级法院的监督。帮教是依靠社会各方面的力量,对违法青少年进行帮助和教育,使其能够改掉不良的行为习惯,完成健康的社会化过程,顺利地融入社会生活。所谓帮教责任,指的是对于司法处遇下的未成年人,司法机关及其他有关社会机构应当本着教育为主、惩罚为辅的原则,对其进行帮助、教育,并尽可能提供机会帮助其重返社会的责任。在司法实践方面,我国法院系统已经设立了针对未成年人犯罪的少年法庭,检察院也有专门负责未成年人犯罪的监察科,一定程度上保障了针对未成年犯罪人帮教责任的落实。北京海淀法院在审判工作中探寻了参与社会调查、"寓教于审"、判后跟踪教育、心理危机干预、司法救助、指定辩护人等多元的帮教责任。英美等国法庭程序前的帮教，较为专业的司法帮教主体，法庭程序中的帮教均体现了先进的司法理念，法庭程序后的帮教注重矫正目标的顺利实现以及社会力量的参与等方面值得我国借鉴。目前，我国未成年犯罪人帮教责任制度中存在的立法可操作性尚存不足，帮教工作机构设置及人员配备不到位，司法帮教的内容及方法不尽统一，帮教相关工作制度和司法资源支持缺乏等方面还需完善。亲职教育，是指以家庭监护责任及教育方法为主要培训内容，以提高教育和监护未成年人的能力为目标，对未成年人的父母或者其他监护人实施的教育和影响。其教育内容主要涉及：帮助家长树立教育子女的信心；为家长提供关于孩子教养与发展方面的资讯；指导家长在思想观念、理论知识、方法能力以及教育技巧等方面学习、理解并接受现代家庭教育等。近年来海淀法院未成年人案件审判庭专门开设了"亲职教育课堂"，采取专家授课、影片观摩、亲子互动、读书会等多种形式推进亲职教育活动，收到了良好的效果。国(境)外亲职教育呈现出具备较为健全的亲职教育立法，拥有较为完善的亲职教育组织机构，具有充实具体的亲职教育内容，采取灵活多样的亲职教育方法等特点。我国尚需在立法、扩展实施主体、充实内容、丰富实施方式等方面完善亲职教育。

【关键术语】

　　前科消灭　未成年人前科消灭　犯罪记录封存　帮教　帮教责任　亲职教育　家庭教育　家庭犯罪预防　父母责任

【推荐阅读与学习资源】

　　1. 王连生：《亲职教育理论与应用》，台湾五南图书出版公司 1998 年版。

　　2. 王运生、严军兴：《英国刑事司法与替刑制度》，中国法制出版社 1999 年版。

　　3. 〔美〕罗森海姆：《少年司法的一个世纪》，高维俭译，商务印书馆 2008 年版。

　　4. 姚建龙：《超越刑事司法：美国少年司法史纲》，法律出版社 2009 年版。

　　5. 曹常仁：《亲职教育理念与实践》，台湾新文京开发出版股份有限公司 2010 年版。

　　6. 张鸿巍：《少年司法通论》(第 2 版)，人民出版社 2011 年。

　　7. 郝银钟：《遏制青少年犯罪新思维》，中国法制出版社 2012 年版。

　　8. 沈德咏主编：《中国少年司法》(总第 19 辑)，人民法院出版社 2014 年版。

　　9. 范君：《在帮教中司法》，载《预防未成年人犯罪研究》2013 年第 1 期。

【思考题】

1. 简述未成年人前科消灭的含义及其意义。
2. 论我国未成年人的犯罪记录封存制度。
3. 简述司法机关承担帮教责任的意义。
4. 论我国未成年犯罪人帮教责任制度。
5. 论国外亲职教育的实践经验及我国的启示意义。

【案例分析】

　　小雪因为属于超生,没断奶就被送走,9 岁才被接回家。人回来了,小雪的心却找不到归属。母亲的跪地哀求,父亲的麻绳鞭打,都难以驯服桀骜的小雪。又一次急风暴雨后,17 岁的小雪只身来到北京。因为缺乏谋生技能,她把手伸向了大学生放在自习室内的财物,终被抓获。

　　法官深知,与父母感情的隔阂是小雪犯罪的主要原因,如果简单地一判了之,她很可能会重蹈覆辙,所以决定把重新恢复亲情作为法庭教育的感化点。法官帮助小雪的父母准备了一封致歉信,在法庭上宣读。情真意切的话语有如润物细无声的春雨,滋润了小雪的心田。小雪痛哭着扑到了妈妈的怀抱。小雪的父母惊喜地说:"以前打得再狠都没见俺三妮儿掉过一滴泪,多亏了法官,让我们一家不光人团圆了,心也团圆了。"综合案件情节,法官对小雪依法宣告缓刑,还特意选择在她 18 岁生日时宣判,并为其举行成人仪式,以求进一步巩固教育挽救的成果。宣判时,法官为小雪送上了生日蛋糕和精心制作的法官寄语,小雪眼含热泪将切下的第一块生日蛋糕送到了法官手中。现在小雪已从职高毕业,成为了一名幼儿教师,她对法官说:自己的童年是不幸的,但她愿意帮助更多的孩子拥有一个幸福的童年。

　　问题:试分析本案例中的法官所采取的帮教形式,并列举和论述其他三类帮教形式。

第七章 少年司法组织制度

☞ **本章的任务**

- 理解和掌握少年司法组织制度的含义
- 理解和掌握少年司法组织的专门化和专业化、我国少年司法组织间的关系
- 了解我国少年司法组织的种类、我国少年警察、少年检察组织的受案范围、少年审判方式、少年审判人员的种类
- 理解和掌握少年警察组织和其及其工作模式、少年警察的职能
- 理解和掌握少年检察组织的构成和工作职责
- 理解和掌握"捕诉监防"一体化少年检察工作模式、少年检察的具体职能、少年检察帮教
- 理解和掌握少年法庭的基本模式、少年刑事案件审判中的特色机制

第一节 少年司法组织制度概述

引例

北京市建立办理未成年人刑事案件配套工作体系①

2012 年以来,首都综治委预防青少年违法犯罪专项组、北京市未成人保护委员会深入贯彻新《刑事诉讼法》精神,协调各相关成员单位,出台《北京市关于进一步建立和完善办理未成年人刑事案件配套工作体系的若干意见》(以下简称《北京市若干意见》)及相关配套文件,形成了办理未成年人刑事案件配套工作体系,有效提高了预防青少年违法犯罪和未成年人保护工作的力度和水平。

《北京市若干意见》共包括 4 章 33 条细则。第一章对办理未成年人案件的专门机构作出了规定,要求公安、检察院、法院、司法局都应设立办理未成年案件

---

① 《北京市建立办理未成年人刑事案件配套工作体系》,共青团北京市委网站,http://zhengwu. beijing.gov.cn/gzdt/bmdt/t1295931.htm,访问日期 2016 年 11 月 5 日;《〈北京市关于建立和完善未成年人刑事案件配套工作体系的若干意见〉及其配套文件解读》,中国经济网,http://www.ce.cn/xwzx/ fazhi/201301/29/t20130129_24073851.shtml,访问日期 2016 年 11 月 5 日。

的专门机构。目前,北京市的公检法司各家都在努力申请成立单独办理未成年人刑事案件的专门机构,其中市高级人民法院计划设立未成年人刑事案件综合审判厅;市公安局表示由于起步较晚,还未设立专门的办案机构,目前有专门人员对未成年人刑事案件进行审理,但编制还未完善。另外,十六区县检察院已经成立了未检处,法院也设立了少年法庭,机构设置及编制也得到了市编办的批复。而对于市司法局,也将加强对办理未成年人刑事案件配套工作的指导,并成立相关工作的指导小组,负责未成年人的矫正工作。本市各级公安机关、人民检察院、人民法院、司法行政机关应当选任政治、业务素质好,熟悉未成年人特点,具有犯罪学、社会学、心理学、教育学等方面知识的人员办理未成年人刑事案件,并注意通过加强培训、指导,提高相关人员的专业水平。

第三章规定要进一步加强公安机关、人民检察院、人民法院、司法行政机关、共青团的协调与配合。本市各级公安机关、人民检察院、人民法院、司法行政机关应当注意工作各环节的衔接和配合,进一步建立、健全配套工作制度。共青团要发挥首都综治委预防青少年违法犯罪专项组办公室的职责,积极协调和协助公检法司等相关部门做好未成年人合法权益保护和预防未成年人违法犯罪工作。

由此可见,少年司法的运行是各类组织分工合作的结果。

一、少年司法组织制度的含义

少年案件的处理需要专门的组织,这些组织无论从机构构成、职能、人员素质、设施的配备等方面,都有别于处理成人刑事案件的组织,在这些组织中,既有司法组织,又有非司法组织。为此,少年司法组织制度,是指由处理少年犯罪案件的各类组织、组织间的关系、职能、人员素质、设施所构成的系统。

联合国《北京规则》指出:“应努力在每个国家司法管辖权范围内制定一套专门适用于少年犯的法律、规则和规定,并建立授权实施少年司法的机构和机关。”“配备适合做少年司法工作的人员,并对少年司法人员进行多种形式的培训,使所有处理少年案件的人员,具备并保持必要的专业能力,其中包括最低的法律、社会学、心理学、犯罪学和行为科学的知识,对少年司法人员韵晋升应予以必要的关注。”《意见10》第92条规定:“完整的少年司法体制还需要在警察、司法机关、法院系统、检察官办公室,以及专门的辩护人或其他向儿童提供法律或其他适当援助的法律代表机关内建立专门的单位。”第94条:“专门的业务部门例如假释、咨询或监督应当与专门的设施一起设立,例如日间治疗中心以及必要时可设立对儿童囚犯的住院护理和治疗设施。在这一少年司法体制内,应当不断地鼓励所有上述专门单位、业务部门和设施之间的各项活动实现有效的协调。"第95条:"从许多缔约国的报告中可以明显看到,非政府组织不仅可以,也确实已经在防止少年犯罪方面本身、而且还可以在少年司法工作方面发挥重要的作用。因此,委员会建议缔约国争取非政府组织积极参与其全面的少年司法政策之制定和实施工作,并对这种参与提供必要的资源。"从联合国上述规定可以看出,联合国主张世界各国建立独立的少年司法组织,强调和重视人员的专业化,鼓励非政府组织参与各类少年司法活动,专门组织与非专门组织的结合;与此同时,也重视配备专门的设施。

二、少年司法组织的专门化和专业化

"专门化、专业化"是联合国少年司法的基本原则,其有关少年司法组织的内容包括:(1)建立专门的少年司法组织;(2)少年审判组织的专门化是少年司法组织专门化的核心体现;(3)建立专门的符合人道、人权需要,符合少年的生理、心理成长需要的设施;(4)处理少年犯罪的人员,尤其是少年司法人员应该具备并保持必要的专业能力,并接受定期培训。"专门化、专业化"同样也是我国少年司法的基本原则,其含义为公安机关、检察机关、审判机关、司法行政机关都应当设置处理少年犯罪案件的专门机构,或指定专人办理;办理少年犯罪案件的人员应当熟悉少年身心发展特点,具有相关专业背景知识并且定期接受培训或指导。《未成年人保护法》第55条规定:"公安机关、人民检察院、人民法院办理未成年人犯罪案件和涉及未成年人权益保护案件,应当照顾未成年人身心发展特点,尊重他们的人格尊严,保障他们的合法权益,并根据需要设立专门机构或者指定专人办理。"《六部委配套工作体系若干意见》在第1条"进一步建立、巩固和完善办理未成年人刑事案件专门机构"中,对此进行了专条规定,并对机构设置及其职能作出具体规定。在少年司法组织的建立上,目前我国已普遍设立了不同层次的少年矫正机构、少年审判组织和少年检察组织,但设立专门的少年警察组织还只是极少数地区的做法,尚未形成普遍性现象。另外,法律和实践重视的都是刑事少年司法组织,对于违法少年组织的建立有所提倡,但重视明显不够,这也与少年警察组织建设不足有关。

在少年司法人员的专业化要求上,我国《刑事诉讼法》指出:"人民法院、人民检察院和公安机关办理未成年人刑事案件,应当由熟悉未成年人身心特点的审判人员、检察人员、侦查人员承办。"《六部委配套工作体系若干意见》规定:"各级公安机关、人民检察院、人民法院、司法行政机关应当选任政治、业务素质好,熟悉未成年人特点,具有犯罪学、社会学、心理学、教育学等方面知识的人员办理未成年人刑事案件,并注意通过加强培训、指导,提高相关人员的专业水平。对办理未成年人刑事案件的专门人员应当根据具体工作内容采用不同于办理成年人

刑事案件的工作绩效指标进行考核。"对此,最高人民法院、最高人民检察院、司法部都作出了专门规定。

三、我国少年司法组织的种类

根据不同的标准,我国的少年司法组织可以有不同的分类:

(1) 根据该组织或人员是否属于司法机构,少年司法组织可分为司法组织和非司法组织。

司法组织就是指处理少年刑事犯罪或违法案件的公检法司等司法机构或人员。在我国有一类特殊的少年司法组织,即预防青少年违法犯罪工作领导小组,该领导小组的主要职责是,加强对预防青少年违法犯罪工作的领导和协调,建立多方配合、齐抓共管的工作机制,研究解决工作中的突出问题,加强督促检查,推动各项工作措施的落实。[①] 领导小组组长、副组长、组员分别由各级综治委、共青团组织、教育部、公检法司、民政部等有关部门的领导组成。领导小组下设办公室。根据《六部委配套工作体系若干意见》,其在少年司法中的职能有:第一,综合协调办理未成年人刑事案件的配套工作,应当定期主持召开未成年人司法工作联席会议,及时研究协调解决存在的问题和困难,总结推广成熟有效的工作经验。第二,协调有关部门和社会组织做好被帮教未成年人的就学、就业及生活保障等问题。第三,负责每年对公安机关、人民检察院、人民法院、司法行政机关执行《六部委配套工作体系若干意见》及未成年人司法制度建设的情况进行考评,考评结果纳入平安建设、社会治安综合治理目标考核体系。对于在办理未成年人刑事案件过程中涌现出的先进集体和个人予以表彰。

非司法组织,是指那些不属于司法机构但依据法律参与案件处理,在少年司法中发挥特殊作用的社会组织机构、民间团体或人员,如工读学校、共青团、妇联、社会志愿者组织或其工作人员等。

(2) 根据该组织所处理的犯罪少年的种类,少年司法组织可分为处理刑事犯罪少年的组织,如公安机关、检察院、法院、少年管教所、司法所等;处理违法少年的组织,主要是公安机关;处理不良少年的组织,如工读学校。共青团、妇联、社会志愿者组织、法律援助机构等非司法组织,在所有犯罪少年的处理中,都有可能参与。

四、我国少年司法组织间的关系

通过对《刑事诉讼法》《六部委配套工作体系若干意见》等一系列法律和司法

---

① 《中央综治委成立预防青少年违法犯罪工作领导小组》,新浪网,http://news.sina.com.cn/c/174108.html,访问日期 2016 年 12 月 15 日。

实践的总结,我国少年司法组织间的关系表现为既独立,又有共同性和联系。

(1)我国少年司法组织的共同性表现为遵循少年司法理念,遵守"教育、感化、挽救"的指导方针,"教育为主,惩罚为辅"的总原则及其他少年司法准则,体现"宽严相济"的刑事政策,加强对少年犯罪人合法权益的保护。

(2)我国少年司法组织的独立性体现于法律赋予少年司法组织不同的职能。公安机关履行侦查职能,少年检察组织实现批捕、起诉和监督职能,少年法庭执行少年犯罪案件的审判职能,少管所、司法所等机构履行矫正职能,非司法组织则参与社会调查、帮教等。2010年后随着少年司法制度改革的推进,少年司法组织的职能都有进一步扩展的趋势。如增加了公安机关在社区矫正中的协作、监管、惩戒和处理的职能。公检法司等司法组织在社会调查中都承担有相应的职责。再比如,《六部委配套工作体系若干意见》要求"公安机关、人民检察院、人民法院应当配合有关部门落实社会帮教、就学就业和生活保障等事宜,并适时进行回访考察"。为此,人民检察院,建立了"捕诉监防",一体化工作模式,其中"防"就是指预防帮教,将人民检察院的职能在"捕诉监"的基础上增添了"预防帮教"。

(3)我国少年司法组织间的联系体现为各组织间的相互协调和配合。部门、组织间的协调、配合,是指在处理少年犯罪案件中,各参与部门、组织之间应当互相协调、互相配合。该联系具体表现在:第一,预防青少年违法犯罪工作领导小组、公安机关、人民检察院、人民法院、司法行政机关等司法组织间的协调与配合。各级预防青少年违法犯罪工作领导小组是我国办理少年犯罪案件配套工作的综合协调机构,通过定期主持召开未成年人司法工作联席会议研究协调解决存在的问题和困难,总结推广成熟有效的工作经验。司法组织在独立履行法律所赋予的各自法定职能的同时,需要互相衔接、互相配合。少年刑事案件的完整程序要经过侦查、起诉、审判、执行四个过程,上一程序的完结是下一程序开始的前提,后一司法机关职能的履行依赖于前一程序中司法组织职能的完成,完整的少年司法程序依赖司法组织间的协调与配合。在逮捕、社会调查、社区矫正等工作、制度中,需要多部门共同参与,互相协调、互相配合才能完成。如社区矫正是由司法行政机关工作部门开展,但对未成年社区服刑人员的监督,对脱管、漏管等违反社区矫正管理规定的未成年社区服刑人员依法采取惩戒措施,对重新违法犯罪的未成年社区服刑人员及时依法处理则是公安机关的职能。人民检察院则依法对社区矫正活动实行监督。只有这些部门共同参与,才能顺利完成社区矫正工作。第二,预防青少年违法犯罪工作领导小组、司法组织与非司法组织的联系与协作。在少年案件的处理中,社会调查、附条件不起诉、审判、安置帮教等工作和制度的完成,仅靠司法组织很难完成,需要非司法组织的支持与配合,如附条件不起诉的未成年犯罪嫌疑人,在其考验期内,人民检察院对其的考察监督、跟踪帮教,需要监护人、所在学校、单位、居住地的村民委员会、居民委员会、未成年人保护组织等的有关人员的支持与配合,定期对未成年犯罪嫌疑人进行考察、教育。人民法院的人民陪审制度、社会调查、安置帮教等工作的开展,也需要加强同政府有关部门以及共青团、妇联、工会、未成年人保护组织等团体的联系。为此,最高人民检察院提出"促进未成年人权益保护和犯罪预防帮教社会化体系建设"的意见。最高人民法院要求"各级法院应当加强与有关职能部门、社会组织和团体的协调合作,积极建立和完善'社会一条龙'工作机制,努力调动社会力量,推动未成年罪犯的安置、帮教措施的落实"。《六部委配套工作体系若干意见》也指出:在未成年犯罪人的就学、就业、教育培训、生活保障、安置帮教工作中,各级预防青少年违法犯罪工作领导小组应当协调有关部门和社会组织,司法行政机关应加强与社区、劳动和社会保障、教育、民政、共青团等部门、组织的联系与协作。

第二节　少年警察组织

引例

影响未成年嫌疑人一生的预审

2015 年 1 月,17 岁的小宁(化名)因为盗窃被抓获,后被移交海淀公安分局预审大队未成年人中队,初次与警官接触时有着强烈的抵抗态度。于是前几次审讯的时候,承办人齐警官与他不谈案件本身,就是聊天,主要聊父母、家庭生活。后来齐警官与小宁的关系有点像姐弟,而不像警察和犯罪嫌疑人了。那年除夕夜春节,齐警官到看守所给小宁送去了饺子。在他过生日的时候,还专门准备了蛋糕。得知小宁爱看书,特地向他要了一份书单,给他带去《二十四史》《唐诗三百首》《高中数学练习册》等。后来齐警官和小宁聊得越来越多,可以从早上八点说到晚上九点。这种谈心式的提审不仅使小宁摆脱了恐惧心理,也逐步取得了他的信任。经过一系列的转化教育工作,终于小宁放下包袱,主动写出了厚厚一沓 A4 纸罪行总结,交代自己从 2013 年 8 月到 2015 年 2 月被抓期间的所有盗窃行为,并揭发了所在的盗窃团伙情况。公安机关通过对小宁的审理,破获一个组织层级清晰、分工明确、统一指挥、统一销赃、流窜全国多地的特大入室盗窃犯罪团伙,涉案金额高达四百多万。

原来在重案组的时候,齐警官有一道泾渭分明的线——我是警察你是犯人。不侵犯嫌疑人人身权益、不打不骂、不带着个人感情色彩,把案件调查清楚就可以了。到了未成年犯罪组,她深感一个案件背后不再只是这个案子,而是一个未成年人的一生。始终想着如果自己在审讯嫌疑人的时候多一点耐心、关爱,会不会这就是他人生轨迹的转折点? 正是出于这样的思考,她努力在未成年犯罪审查中做得更好,希望让这些迷途中的未成年人知道警察、执法人员、我们的国家是这样关心着他们,没有放弃他们。故整个案件齐警官共提讯小宁 26 次,提讯时间合计超过 100 个小时。[①]

公安机关是少年司法制度的起始环节,是少年罪错案件的甄别者,对于预防少年违法犯罪、保护少年合法权益的作用重大。但与少年审判和少年检察工作相比,我国的少年警察制度在立法和司法实践两个方面都处于较低的发展水平。从 1984 年第一个少年法庭建立至今,目前全国四级人民法院均已建立了少年审判专门机构或者指定专人办理。最高人民法院 2009 年还在研究室成立少年法庭工作办公室,加强对全国少年法庭的指导职能;最高人民检察院也在 2015 年底成立未成年人检察工作办公室,专门负责指导全国未成年人刑事检察工作,检察机关四级未检机构组织体系也基本构建完成。专职法官、未检人员均逾 7000人。"两高"还及时出台相关规定,提高少年审判、未检工作的专业化、规范化,形成了具有中国特色未成年人审判、检察制度和工作机制。而我国既缺少专门的少年警察机构,目前除上海市杨浦区、北京市海淀区公安分局、广西钦州钦南分局等少数地区,大多数地方的侦查机关都没有设立专门的少年警察机构,只是指定专人专门负责办理未成年人案件,或者指定专人侧重办理未成年人案件;又没有规范少年罪错案件的专门性法律,或者相关法律原则抽象,如对未成年人收容教育的标准、工读教育的标准不明等;在执法和诉讼环节,很多地方都没有进行实质分案,社会调查、合适成年人到场等制度不能有效落实,罪错少年仍在以报应刑理论为指导思想的刑事司法中挣扎。

一、少年警察组织概述

(一)少年警察制度的概念

随着少年司法制度改革的趋势,少年警察制度作为少年司法制度的一项重要内容,越来越被国内的学者和司法实务者所关注,但目前学术界和司法界并没有对少年警察制度给出明确的定义。

有的学者认为少年警察制度主要是指涉及少年权益保护与少年违法犯罪问题的预防、管辖、处置的功能与职责、机构与组织、标准与规范、程序与措施等少

---

① 参见刘瑜:《齐艳艳:走近"罪错"少年的预审警察》,http://www.mzyfz.com/cms/benwangzhuanfang/xinwenzhongxin/zuixinbaodao/html/1040/2016-07-01/content-1204936.html,访问日期 2015 年 12月 15 日。

年警务制度。①

有的认为少年警察制度是指少年警察根据罪错少年的身心特点,以保护少年健康成长为出发点,以预防少年再违法、犯罪为目的,采取针对性的处遇方式,以完全不同于成年人犯罪的实体法和程序法进行处理的特殊警察制度。②

本教材采用前一种说法。

(二) 少年警务的内容

少年警务主要分三大部分,治安管理、刑事案件处理、民事权利保护。其中治安管理的主要工作有:法制教育、对校园外部环境进行集中整治、少年不良行为的防治和治安处罚等。刑事案件处理的主要工作有立案、侦查、预审、执行。民事权益保护的主要工作有救助被虐待和遗弃的少年、关爱流浪乞讨、离家出走的少年、保护少年被害人、证人的合法权益和严厉惩处强迫少年乞讨等违法行为等。③

(三) 警察在办理少年刑事案件上的特点

比较一般刑事案件,警察在办理少年刑事案件上存在以下几点突出区别:

1. 讯问、取证、押解等执法环节上的特点

针对少年刑事案件,一是加强对法律手续、讯问询问笔录中,权利义务告知、法定代理人或合适成年人到场情况的检查审核;二是讯问询问录像必须确保同步进行,并制作随卷盘和备份盘留存;三是强化对未成年人身份信息的复核;四是提讯押解中,慎用戒具;五是未成年犯罪嫌疑人没有委托辩护人的,应当通知法律援助机构指派律师为其提供辩护;六是应当对违法犯罪未成年人进行法制宣传教育,主动向其提供法律咨询和帮助;七是告知犯罪嫌疑人有权委托辩护人,并告知其本人及其近亲属可以向法律援助机构申请法律援助;八是讯问未成年犯罪嫌疑人时,应当通知未成年犯罪嫌疑人的法定代理人或者合适成年人到场,讯问女性未成年犯罪嫌疑人,应当有女民警在场。

2. 提请逮捕及移送起诉等诉讼环节上的特点

一是严格把握提请批准逮捕未成年犯罪嫌疑人的条件,对于罪行较轻,具备有效监护条件或者社会帮教措施,能够保证诉讼正常进行,谨慎使用提请逮捕等羁押性强制措施;二是对未成年人违法犯罪案件办理终结的,应当对案情进行全面的分析,充分考虑未成年人的特点,从有利于教育、挽救未成年犯罪嫌疑人出发,依法提出处理意见;三是对被拘留、逮捕和执行刑罚的未成年人与成年人应当分别关押、分别管理、分别教育。

---

① 柯良栋、王大为、孙宏斌:《两岸四地少年警察制度初探》,载《青少年犯罪问题》2010 年第 3 期。
② 李垠:《少年警察制度研究》,2012 年西南政法大学硕士学位论文,第 3 页。
③ 柯良栋、王大为、孙宏斌:《两岸四地少年警察制度初探》,载《青少年犯罪问题》2010 年第 3 期。

3. 注重隐私权益

办理未成年人刑事案件过程中,严格要求注意保护未成年人的名誉,尊重未成年人的人格尊严,不得公开披露该未成年人的姓名、住所、照片、图像以及可能推断出该未成年人的资料。实行侦查不公开原则,不向社会公开,不让新闻界作公开报道。即使对未成年人犯罪案件进行报道时,也不能公开其姓名和住址等与犯罪嫌疑人有关的一切信息。

链接

湖南省不再公开卖淫嫖娼和未成年人案件

2013 年,湖南省公安厅率先在全国省级公安机关推行"执法办案查询系统",将案件办理状态通过互联网、手机短信终端向案件当事人公开。截至 2016 年 9 月 8 日 19 点,湖南阳光警务执法公开系统已公开了 9628 份行政执法决定书。当事人的姓名和出生年月信息公开,但并未公开家庭住址、身份证号等信息。9 月 8 日,湖南省公安厅法制总队执法信息化指导支队的负责人表示,经过多番调研论证,决定不公开涉及"性隐私"的相关案件,包括涉及猥亵、嫖娼、卖淫、拉客招嫖、进行淫秽表演、参与聚众淫乱的案件。而对于涉及未成年人违法犯罪的案件,也不会在网上公开。[①]

4. 社会调查及帮扶教育工作上的特点

未成年人的心智与认知程度较低,尤其是涉嫌犯罪的未成年人易感化性、不稳定性使开展帮扶工作成为可能和必需。故在办理未成年人案件时,由熟悉未成年人身心特点的侦查人员承办,坚持教育为主,惩罚为辅的原则,积极开展社会调查。对于因犯罪因为不满 16 周岁不予刑事处罚的未成年人,责令其家长或监护人严加管教。同时,公安机关应当配合有关部门落实社会帮教、就学就业和生活保障等事宜,并适时进行回访考察。共同做好未成年人的教育转化工作。

(四)我国少年警察受案范围

我国少年警察受理所有涉及未成年人的违法犯罪案件,具体包括:

(1)已满 14 岁不满 18 岁的人犯罪,需要追究刑事责任的案件;

(2)《刑法》第 17 条第 4 款规定由政府收容教养的案件;

---

① 《湖南省不再公开卖淫嫖娼和未成年人案件》,http://news.sohu.com/20150909/n4207046 20.shtml,访问日期 2016 年 4 月 23 日。

（3）已满 14 岁不满 18 岁的人违反治安管理规定，予以治安处罚的案件；

（4）18 岁以下未成年人的收容教育案件；

（5）18 岁以下未成年人强制戒毒案件。

二、少年警察组织及其工作模式

我国关于少年警察组织的规定主要存在于两个司法性文件中。1995 年《公安机关办理未成年人违法犯罪案件的规定》第 6 条规定："公安机关应当设置专门机构或者专职人员承办未成年人违法犯罪案件。办理未成年人违法犯罪案件的人员应当具有心理学、犯罪学、教育学等专业基本知识和有关法律知识，并具有一定的办案经验。"2010 年《六部委配套工作体系若干意见》，"公安部、省级和地市级公安机关应当指定相应机构负责指导办理未成年人刑事案件。区县级公安机关一般应当在派出所和刑侦部门设立办理未成年人刑事案件的专门小组，未成年人刑事案件数量较少的，可以指定专人办理"。

从实践来看，上海是我国较早探索建立少年警察组织的地区。1986 年，长宁区公安分局建立了上海第一个少年嫌疑犯专门预审组，吸取少年法庭的审判经验，将那些适合于少年犯生理心理特点的办案原则和审理方式，运用到预审程序中来，1994 年 3 月又成立了少年案件审理科，但在刑事侦查制度由侦审分开改革为侦审合一后撤销。① 之后又陆续有些地区建立了专门办理少年警察组织，主要有以下几种模式：

（一）杨浦模式

"杨浦模式"是指上海市杨浦区公安、检察双方为推动未成年人司法保护和犯罪预防，联手建立的办案配套机制，并以杨浦公安分局首创的全国第一个未成年人案件办案组为起点，探索、实践了近 3 年。该机制可用"分案、慎捕、快审、提高、全覆盖"五大关键词概括，而其成效则主要体现在五个"少"上。

1. 分案，减少"交叉感染"

杨浦区公安分局 2004 年 11 月在刑侦支队专门设立了一个未成年人办案小组，专职侦查、预审未成年人案件。办案组成立之初，对未成年人和成年人的共同犯罪，采取一并处理的方式，牵制了很多精力，也不利于承办人集中精力开展特殊帮教。对此，公检双方实行了分案审查的工作制度，原则上将未成年嫌疑人单独移送未检科审理，成年嫌疑人分别移送侦查监督或公诉部门审理。一般在公安环节即分案侦查，随后分案报捕、分案起诉，直到分案审理。分案减少了"交叉感染"，也有利于承办人集中精力开展工作，对未成年人进行合适成年人参与、法律援助、心理测试等，便于对未成年人实行全程化的帮助教育，从而办好未成

年人案件。

案例

　　犯罪嫌疑人朱凯等聚众斗殴案中有 2 人为未成年人,9 人为成年人。在批捕阶段,因为时间紧、涉案人员多、案情复杂,公安机关未予分案。在批准逮捕时,检察官发现该案是一起以成年人为主的持械聚众斗殴案件,案件事实已基本查清,未成年人在其中所起作用一般,并有从轻减轻情节,如果分案审理,可以缩短诉讼时效,有利于保护未成年人的权益,故在批捕的同时要求公安机关分案审查。公安机关采纳了这一意见,及时将案件分案移送审查起诉,2007 年 4 月,9 名成年人均被判处有期徒刑三年以上刑罚,未成年人被判处有期徒刑一年以下刑罚,其中一人还被判处缓刑。[①]

　　2. 慎捕,减少取保脱逃

　　"慎捕",就是实施非羁押措施可行性评估,减少对未成年人的羁押。办案人员准确把握未成年人逮捕条件,将取保候审风险评估工作提前到侦查阶段,由办案组对未成年人提请批捕进行评估,并与未检科进行捕前协商。对于采取取保候审风险较低的,尽量不捕。而对在校生、情节轻微、有监护条件的未成年人一般不提请逮捕。同时,引入社工对取保候审的未成年人进行帮教,避免重新犯罪和脱逃,保证诉讼顺利进行。

　　2005 年该院受理的未成年人案件中,有 5 名取保候审对象脱逃,5 人在取保候审期间重新犯罪。2006 年实施非羁押措施可行性评估后,取保候审的 88 人中无一人脱逃或重新犯罪。同时适用逮捕的也少了,取保候审直接起诉率由 38％上升到 47％。[②]

　　3. 快审,减少羁押时间

　　为了尽量减少涉罪未成年嫌疑人被羁押的时间,杨浦公检双方开辟了一条快速审理未成年人案件的"绿色通道",并将这条通道的终点延伸至法庭判决,明确对犯罪主体身份明确、犯罪事实清楚、证据确实充分、嫌疑人认罪悔罪的简单刑事案件,适用快速审理机制。在检察环节适用快速办理机制办理轻微刑事案件一般不退回侦查机关补充侦查,而由承办人引导侦查机关补充证据。2006 年

---

　　①　王彦钊、林中明、封雪东:《五大"关键词"构建"绿色通道"——上海杨浦办理未成年人案件公检配套机制解读》,载《检察日报》2007 年 11 月 3 日第 1 版。

　　②　同上。

办理的案件中,有 22 件案件适用了快速审理,从刑事拘留到提起公诉平均办案期限仅 48 天,比一般办案期限"提速"50％左右。从而减少了成年人对未成年人"交叉感染"和不良影响的渗透,也便于对未成年人进行引导和教育。[1]

4. 提高,减少退回补充侦查

为提高办案质量,公检双方制定了《关于加强引导侦查取证工作的协议》,运用捕前协商、诉前协商、提供法庭证据引导侦查取证等形式,对案件的定性处理达成一致。2005 年杨浦区检察院退回公安机关补充侦查的案件为 15 件,与 2004 年相比减少 37.5％。2006 年退回补充侦查 14 件,比 2005 年又下降 7％。[2]

他们还将在押未成年人被羁押期间的表现纳入量刑的酌定情节,加强对未成年在押人员的监管教育。看守所管教干警和驻所检察官根据日常考察,填写《未成年在押人员刑事诉讼阶段表现评定表》,作为被羁押的未成年人认罪态度酌定量刑情节,书面移送法院在量刑时酌情参考。该制度实行以来,先后有 30 余人被法院酌情从轻处理,在监区内起到了积极的教育引导作用。[3]

5. 全覆盖,减少重新犯罪

杨浦公检双方联手开展对未成年人的考察帮教,形成了不捕或取保候审直诉、提起公诉直至开庭后转介至社区矫正社工的考察教育的"全覆盖"过程。随着考察教育涵盖面的扩大,未成年人重新犯罪率大大降低。2005 年和 2006 年,杨浦区检察院办理的未成年人案件,重新犯罪率逐年递减 20％和 37％。经过两年的实践,杨浦区未成年人犯罪情况有所缓解,2006 年未检科受理审查起诉人数为 133 人,比 2005 年下降 21.8％,学生犯罪则下降了 47.6％。[4]

2007 年 6 月,上海市检察院和公安局联合召开"公检办理未成年人案件配套机制推进会",将杨浦模式推广到全市公检系统。由此建立起了从分案侦查、分案提请逮捕到分案起诉、分案审理的一条龙少年分案处理机制。杨浦模式在侦查阶段的分案处理是最彻底的,既保证了办案人员的专门化,也实现了未成年人和成年人共同犯罪案件的程序分离,有力保证了少年权益。

(二)海淀模式

海淀模式,是北京市公安局海淀分局所创立的处理未成年人犯罪的模式,该模式的特点是机构专门化和人员专业化以及充分发挥司法社工在办案过程中的作用。

---

[1] 陈轶珺:《上海公安将建绿色通道专门"办案组"侦办未成年人案》,http://news.qq.com/a/20070613/000333.htm,访问日期 2016 年 11 月 2 日。

[2] 封雪冬:《公检携手为孩子开启"绿色通道"》,http://www.sh.jcy.gov.cn/xwdt/yasf/4785.jhtml,访问日期 2016 年 10 月 17 日。

[3] 王彦钊、林中明、封雪东:《五大"关键词"构建"绿色通道"——上海杨浦办理未成年人案件公检配套机制解读》,载《检察日报》2007 年 11 月 3 日第 1 版。

[4]´ 同上。

1. 机构专门化和人员专业化

为进一步适应新时期未成年案件审查工作,使未成年人案件的审查工作迈向专业化、正规化,2013 年 4 月,北京市公安局海淀分局预审大队首先成立了 6 个专门的未成年犯罪嫌疑人案件审查室,选派责任心强的女民警开展未成年人预审工作。2014 年 7 月 1 日,未成年人刑事案件审查中队正式挂牌成立,这是北京市首个专门审理未成年人案件的预审队伍。

公安机关是第一个接触到未成年犯罪嫌疑人的机构。公安机关对他们进行审讯时,要就如何获知案件的真相、如何还原一个孩子最本来的面目、如何看到他们的成长轨迹,费尽心思,感化教育。或许,上述的"如何"可以不去用心做,简单的审讯一样可以将分内的工作完结。然而,海淀公安分局却没有将这些"罪错少年"草率处置,而是用更专业的机构、专门的人去挽救他们。在分析案情的基础上,充分运用审讯学、心理学和预审技巧,从未成年人渴望受到关护,渴望获得理解的心理特点出发,通过大量的审理实践总结出了未成年人案件预审工作的共通点,即预审员接手案件后的阅卷应从寻找案件特性的视角中跳出来,从作案人的人生轨迹和生活轨迹角度来分析案件,从而把握住案件的特征。对于未成年犯罪嫌疑人来讲,深挖他们背后的故事往往更容易了解他们,能更客观地进行裁判,进而对他们有针对性地进行帮教。

2. 主要负责未成年人违法犯罪案件审查工作

一是对未成年人违法犯罪案件(包括在校大学生违法犯罪案件)进行审查。二是对因违法问题初次裁决行政拘留不予执行的未成年人开展后续帮教,在未成年人案件审查中队设立专门的谈话室,由民警会同司法社工对未成年违法行为人进行后续法制教育。三是对发生典型案件的学校进行跟进授课,承担辅导员义务,预防未成年人犯罪,教育青少年遵纪守法,学会自我保护。

3. 司法社工评估结论成为警方"取保"重要依据

为保障未成年犯罪嫌疑人的相关权益,海淀分局自 2012 年 6 月开始与首都师范大学少年司法社会工作研究与服务中心合作,由后者经未成年人家属同意,对未成年犯罪嫌疑人的个体状况、犯罪及法律法规认知状况、家庭与社会交往状况、违法犯罪原因、回归社会的有利和不利因素进行综合分析,并形成羁押必要性评估结论,作为其被刑事拘留后下一步变更刑事强制措施的重要参考依据。

经海淀区团委未成年人权益保护部的协调,北京超越青少年社工事务所自 2013 年 1 月 1 日开始为预审大队提供未成年人社会调查和合适成年人两项服务工作,三方签署了《司法社工担任涉嫌犯罪未成年人合适成年人工作合作协议》《涉嫌犯罪未成年人侦查工作中开展社会调查工作合作协议》,截至 2015 年

6月30日该所共为在押未成年犯罪嫌疑人完成初步调查报告467人,作为合适成年人参与讯问工作1140次,并设立海淀区看守所青少年司法社工站,保证了未成年案件审查工作依法顺利进行。①

海淀分局在与北京超越青少年社工事务所合作的近三年时间里,相互配合,特别是由社工对未成年犯罪嫌疑人进行心理干预,有效化解了部分未成年犯罪嫌疑人的抵触和逆反心理,保证了讯问工作的顺利开展。在侦查阶段开展心理干预工作还可在最初阶段就有针对性地开展教育感化工作,稳定其情绪,促使其认罪悔罪,为以后各阶段的感化教育打好基础。同时,社会调查报告也已经成为海淀公安机关讯问未成年人和决定对未成年犯罪嫌疑人适用取保候审、监视居住等非羁押强制措施以及检察机关不予批准逮捕的重要依据。

现阶段,海淀分局与北京超越青少年社工事务所在办理未成年犯罪嫌疑人案件中的合作流程为:办案室在受理未成年案件首次讯问结束后一个工作日内通知社工并约定一周内社工与未成年嫌疑人见面的时间,社工由办案室工作人员带领社工进入监区,并将未成年嫌疑人提讯至未成年案件审查室(无物理隔离设施),待未成年嫌疑人坐上审讯椅后将审讯椅锁好离开,由社工在民警不在场情况下与未成年嫌疑人进行谈话交流,谈话结束后社工电话通知办案人由办案人将嫌疑人送还看守所,并送社工出监区,社工可就案件情况向办案人咨询。

见面谈话结束后,首都师范大学少年司法社会工作研究与服务中心在七日内对该犯作出初次社会调查报告,报告中对再犯风险进行初步评估,并将报告交由办案室民警,办案室将调查报告附卷,并根据报告中再犯风险进行初步评估及案件具体情况呈报下一步处理意见。未成年犯罪嫌疑人无法提供监护人到场参与讯问的,由驻所社工提供合适成年人服务,保证24小时均有社工参与审讯工作。

截至2015年6月30日,海淀分局预审大队未成年人案件审查中队共受理未成年犯罪嫌疑人295人,全部进行了社会调查风险评估,根据评估结论,对符合条件的未成年犯罪嫌疑人变更了强制措施,使其回归社会,特别是使多名未成年人回归校园继续完成学业,取得了良好的社会效果。②

---

① 来自北京市公安局海淀分局《落实〈刑事诉讼法〉关于未成年人权益保护的工作情况》的汇报材料。
② 来自北京市公安局海淀分局预审大队未成年人案件审查中队提供的内部资料。

链接

北京市公安局海淀分局预审大队探索创新管理格局,引入社会专业力量介入未成年人刑事案件审查过程,针对涉罪未成年人、违法未成年人、未成年被害人,开展了一系列教育矫正、支持服务,设立海淀区看守所青少年司法社工站。截至 2014 年年底,北京超越青少年社工事务所已经承担合适成年人服务 1100 余次。司法社工可在民警不在场的情况下,与未成年嫌疑人进行谈话交流。他们的羁押必要性评估结论,也成为警方"取保"的重要参考依据。①

（三）钦南模式

所谓"钦南模式",是指广西壮族自治区钦州市钦南区的公安机关、人民检察院、人民法院和共青团均设立专门机构和专职人员,公安机关与其专业办理未成年人刑事案件,形成了未成年人刑事司法一体化的模式。

2012 年 6 月 13 日,钦南区检察院获准成立广西首个具有独立编制未成年人刑事检察科。2013 年钦州市公安局钦南分局在全国公安机关首创少年警务工作室,对涉及未成年人的刑事案件进行专业指导和把关;钦南区法院也成立专门的少年法庭,与检察院的未检科对接,专职审理未成年人犯罪案件;钦南区司法局则组建社区矫正专业执法队伍,对判处缓、管、免的青少年罪犯进行结对帮教和定期教育。此外,钦南区还在共青团组织中成立了全国首家具有独立编制的"合适成年人工作办公室"。至此,钦南区分别负责未成年人犯罪案件侦查、起诉、审判及失足未成年人帮教等工作的专门机构已全部获得独立编制并组建完成。②

（四）其他地方做法

在机构设置方面,很多地方的侦查机关都没有设立专门的机构,只是指定专人专门负责办理未成年人案件,或者指定专人侧重办理未成年人案件;在程序分离方面,很多地方都没有进行实质分案,未成年人和成年人共同犯罪案件仍然是办案人员统一办理,只是分案提请逮捕,分案移送审查起诉。

三、少年警察的职能

少年警察的职能的体现在刑事案件的处理和治安管理两个方面:

---

① 庄庆鸿、翟濯、杨梦晨:《80 后女警如何温暖问题少年——北京市公安局海淀分局未成年人司法保护创新纪实》,http://www.jyb.cn/china/gnxw/201502/t20150225_613855.html,访问日期 2016 年 3 月 21 日。

② 蒋燕、阳秀琼:《"钦南模式"关切未成年人未来》,载《当代广西》2014 年第 12 期。

（一）刑事案件处理中的职能

在刑事案件的处理中包括案件受理、法律援助、社会调查、讯问、犯罪记录封存以及教育转化等方面的内容。

1. 案件受理

各分县局预审大(中)队应当设置专门的未成年人审讯室受理、承办未成年人刑事案件。办理未成年人案件的办案人员应具备多年的预审审讯工作经验；熟悉未成年人的心理、身体特点，善于做思想教育工作；具有心理学、犯罪学、教育学等专业基本知识和系统良好的法律知识。公安机关在办理未成年人刑事案件时，应当重点查清未成年犯罪嫌疑人实施犯罪行为时的临界年龄。

2. 法律援助

在对未成年犯罪嫌疑人依法进行第一次讯问或者采取强制措施的时候，公安机关应当告知未成年犯罪嫌疑人有权委托辩护人。未成年嫌疑人表示不委托律师事务所律师为其辩护的，应当在 24 小时内通知法律援助机构指派律师为其提供法律援助，同时通知未成年犯罪嫌疑人的法定代理人协助提供有关证件、证明等相关材料。无法通知未成年犯罪嫌疑人的法定代理人或者未成年犯罪嫌疑人法定代理人不明确的，应当在通知法律援助机构时一并告知。

通知辩护时，可先行口头通知并将相关公函传真至法律援助机构，书面原件应于 3 个工作日内送达法律援助机构。公安机关为未成年犯罪嫌疑人通知辩护的，应当将《法律援助通知辩护函》、犯罪嫌疑人刑事案件立案决定书复印件等法律文书送交法律援助机构。《法律援助通知辩护函》应一人一函，并载明案件性质、犯罪嫌疑人姓名、通知辩护的理由、羁押场所、案件承办人的姓名和联系方式等内容。

3. 社会调查

办理未成年人刑事案件，在提请批准逮捕、移送审查起诉前，有条件地区的公安机关可以对未成年犯罪嫌疑人的成长经历、犯罪原因、监护教育等情况开展调查。在提请批准逮捕、移送审查起诉时，将调查报告与案卷材料一并移送人民检察院。

社会调查报告采取本地与外省市人员"无差异化对待"原则，应逐案逐人建立。有条件的分(县)局应与团委、检察院、法院、司法局等组织积极协调，由有一定社会工作经验的组织承担社会调查工作。

4. 讯问

讯问未成年人，应当通知未成年人的法定代理人到场。无法通知、法定代理人不能到场的，也可以通知其他合适成年人到场，并将有关情况记录在案。

到场的法定代理人可以代为行使未成年犯罪嫌疑人的诉讼权利。讯问笔录应当交给在场的法定代理人或者其他人员阅读或者向他宣读；对笔录内容有异议的,应当核实清楚,准予更正或者补充。

讯问未成年犯罪嫌疑人应当采取适合未成年人的方式,耐心细致地听取其供述或者辩解,认真审核、查证与案件有关的证据和线索,并针对其思想顾虑、恐惧心理、抵触情绪进行疏导和教育。讯问女性未成年犯罪嫌疑人,应当有女工作人员在场。讯问未成年犯罪嫌疑人应全程录音录像,并随案移送检察院。

5. 犯罪记录封存

犯罪记录被封存的,除公安司法机关为侦办案件、发现线索、掌握前科等需要或者有关单位根据国家规定进行查询外,公安机关不得向其他任何单位和个人提供。

6. 教育转化

在讯问未成年犯罪嫌疑人时,办案人员要注意讯问的语气和方式,针对其思想顾虑、畏惧心理、抵触情绪进行疏导和教育。

对未成年犯罪嫌疑人应该开展专门的教育转化工作,并制作笔录,详细记录未成年犯罪嫌疑人对自身罪过的认识、认罪伏法、积极接受教育改造的态度等内容。[①]

(二) 治安管理中的职能

1. 由公安机关依法予以治安处罚、训诫

《预防未成年人犯罪法》第 37 条规定:“未成年人有本法规定严重不良行为,构成违反治安管理行为的,由公安机关依法予以治安处罚。因不满十四周岁或者情节特别轻微免予处罚的,可以予以训诫。”就是说,由于未成年人的许多严重不良行为,本身也是违反治安管理的行为,公安机关要依法予以治安处罚、训诫。

(1) 予以治安管理处罚

根据《治安管理处罚法》第三章的规定:

① 纠集他人结伙滋事,扰乱治安。处 5 日以上 10 日以下拘留,可以并处 500 元以下罚款;情节较重的,处 10 日以上 15 日以下拘留,可以并处 1000 元以下罚款。

② 携带管制刀具,屡教不改。处 5 日以下拘留,可以并处 500 元以下罚款;情节较轻的,处警告或者 200 元以下罚款。

③ 多次拦截殴打他人或者强行索要他人财物。处 10 日以上 15 日以下拘留,并处 500 元以上 1000 元以下罚款。

④ 传播淫秽的读物或者音像制品等。处 10 日以上 15 日以下拘留,可以并处 3000 元以下罚款;情节较轻的,处 5 日以下拘留或者 500 元以下罚款。

⑤ 进行淫乱或者色情、卖淫活动。卖淫、嫖娟的,处 10 日以上 15 日以下拘

---

① 　参考北京市公安局预审总队出台的《未成年人案件办理工作规范》。

留,可以并处 5000 元以下罚款;情节较轻的,处 5 日以下拘留或者 500 元以下罚款。在公共场所拉客招嫖的,处 5 日以下拘留或者 500 元以下罚款。进行淫秽表演的或参与聚众淫乱活动的,处 10 日以上 15 日以下拘留,并处 500 元以上 1000 元以下罚款。

⑥ 多次偷窃。处 5 日以上 10 日以下拘留,可以并处 500 元以下罚款;情节较重的,处 10 日以上 15 日以下拘留,可以并处 1000 元以下罚款。

⑦ 参与赌博,屡教不改。处 5 日以下拘留或者 500 元以下罚款;情节严重的,处 10 日以上 15 日以下拘留,并处 500 元以上 3000 元以下罚款。

⑧ 吸食、注射毒品。处 10 日以上 15 日以下拘留,可以并处 2000 元以下罚款;情节较轻的,处 5 日以下拘留或者 500 元以下罚款。

⑨ 其他严重危害社会的行为,也应给予相应的处罚。

（2）训诫

所谓训诫,是对免予治安管理处罚的未成年人给予口头的、公开的谴责和教育的方式。因不满 14 周岁或者情节特别轻微免予处罚的,可以予以训诫。

案例

2013 年 10 日上午,注册名为"济南市疾控中心"的微博发布信息称:"济南发现疑似 H7N9 禽流感病人。"该微博还细致描述了疑似病人的衣着特征,顿时引起了广大网友的关注。经过济南市公安局调查核实,该用户为未成年人张某（济南人、学生）。张某承认了因误信传言,盲目发布该虚假信息的行为,造成了不良的社会影响。因其认错态度较好,行为未产生恶劣的社会影响,民警已对其进行训诫教育。张某表示今后将不再发布此类信息。①

2.由政府收容教养

收容教养是根据刑法的规定,对那些因不满 16 周岁不予刑事处罚的未成年人而采取的强制性教育改造措施,是一种行政处罚措施。我国《刑法》第 17 条规定:"已满 14 周岁不满 16 周岁的人,犯故意杀人、故意伤害致人重伤或者死亡、强奸、抢劫、贩卖毒品、放火、爆炸、投毒罪的,应当负刑事责任。""因不满 16 周岁不予刑事处罚的,责令他的家长或者监护人加以管教;在必要的时候,也可以由政府收容教养。"公安部《关于少年犯管教所收押、收容范围的通知》（[82]公发

---

① 杜洪雷:《济南 H7N9 传谣者是未成年学生公安对其训诫教育》,http://www.dzwww.com/shandong/sdnews/201304/t20130412_8229347.htm,访问日期 2016 年 12 月 1 日。

[劳]52 号)规定:"对确有必要由政府收容教养的犯罪少年,应当由地区行政公署公安处或省辖市公安局审批,遇有犯罪少年不满 14 岁等特殊情况,须报请省、市、自治区公安厅、局审批。收容教养的期限,一般为 1 至 3 年。"《预防未成年人犯罪法》第 38 条也规定:"未成年人因不满 16 周岁不予刑事处罚的,责令他的父母或者其他监护人严加管教;在必要的时候,也可以由政府依法收容教养。"

尽管上述法律法规对于收容教养均有相关规定,但规定过于笼统,标准始终未能进行细化,导致办案部门在实践案件办理过程中对于未成年违法犯罪人员是否适用收容教养不明,无法保证对于未成年违法犯罪人员及时采取收容教养措施,还需出台实施细则对收容教养标准进行细化,如盗窃几次或案值多少可以收容教养,对未成年人的监护程度弱化到什么地步可以实施帮教等。

案例

> 2016 年 11 月 4 日,四川省德州市公安局德城分局车站街派出所接到报警,辖区一烤肉店内被盗现金 6500 元。通过调取监控视频,民警一眼就认出嫌疑人系惯偷田某。11 月 9 日 10 时许,民警在城区和平街一网吧内,将正在上网的田某抓获。今年 14 岁的田某是陵城区人,自 2014 年以来,多次采用撬盗沿街门市卷帘门的方式进行盗窃,至今已盗窃上百起,公安机关也曾多次将其抓获,田某自恃年龄小,认为公安机关无法处理他,胆子越来越大,作案从不躲避监控探头,对自己做的事也都承认,对民警的教育置之不理。鉴于其多次实施盗窃,且屡教不改,经市公安局批准,11 月 18 日,车站街派出所作出对田某执行收容教养三年的处罚。这是自取消劳动教养处罚以来,该市作出的第一起未成年收容教养处罚。①

收容教养由少年管教所执行。但在收容教养期间,执行机关应当保护保障未成年人接受文化知识、法律知识或者职业技术的学习。对没有完成义务教育的未成年人,执行机关应当保护其继续接受义务教育。解除收容教养的未成年人,在复学、升学、就业等方面与其他未成人享有同等权利,任何单位和个人不得歧视。

未成年人因为触犯法律造成严重危害社会的行为被收容教养,这是从有利于挽救、教育该未成人的目的出发所采取的必要措施,而不是为了惩罚未成年人,其目的是经过比较严格的教育和训练,使该未成年人形成正确的三观和法治

---

① 赵洋:《14 岁少年盗窃上百起被收容教养》,http://www.dezhoudaily.com/news/dezhou/folder135/2016/11/2016-11-251238690.html,访问日期 2016 年 5 月 22 日。

理念。

3. 强制戒毒

强制戒毒，是指对吸食、注射毒品成瘾人员，在一定时期内通过行政措施对其强制进行药物治疗、心理治疗和法制教育、道德教育，使其戒除毒瘾。我国《禁毒法》第 39 条规定："不满 16 周岁的未成年人吸毒成瘾的，可以不适用强制隔离戒毒。"对不适用强制隔离戒毒的吸毒成瘾人员，应进行社区戒毒。实践中云南、湖北、上海、福建、安徽等地相继成立未成年人强制隔离戒毒，或者在强制隔离戒毒所设立未成年人大队。

链接

> 云南省第一强制戒毒所未成年人大队自 2014 年 6 月成立以来，专门针对未成年人戒毒者进行集中管理教育。截至 2016 年 6 月，累计收治 520 人，目前在队的还有 285 人。这里的"教学"环境像学校一样，设有文体活动室、多媒体教室等教学娱乐区域，还设有职业技能培训课程。据了解，该大队未成年人戒毒者离开戒毒所后，复吸率不到 10%。[①]
>
> 2014 年以来，福建省未成年人司法强制隔离戒毒所秉承"执法就是服务"的理念，严格贯彻落实司法部《强制隔离戒毒人员教育矫治纲要》。针对未戒人员特点和吸毒成因，创新戒治方法，综合施教，凸显人文关怀；以九年制义务教学、康复教育、社会帮教工作和职业技能培训为突破口，努力打造和建设全省戒毒戒治新的品牌。
>
> 推进九年制义务教学。该所深化福州市与晋安区教育局的教学合作，协调安排晋安区教育局派出的中小学支教老师进行授课，开展德育教育、法制教育、科学自然教育和文史教育等。通过持续推动课堂化教学，提高未戒人员文化素质和道德水准，推进九年制义务教学在场所得到有效落实。
>
> 落实身心全面康复。该所聘请专业心理团队开展"心灵解码"自我成长团体心理辅导，引导学员认识自我、矫正自我。开设心理健康教育课，定期举办"心理健康日"主题活动，普及宣传心理健康常识和心理调节方法，促进学员身心健康。丰富康复教育内容，提升康复训练标准，邀请专业体育老师进行指导，加大训练力度，开展系统训练，增强学员体能体质，促进身体功能恢复。

---

① 任东：《探访云南未成年人强制戒毒"学校"》，http://finance.ifeng.com/a/20160906/14863234_0.shtml，访问日期 2016 年 4 月 3 日。

　　　拓展职业技能培训。该所以学员成功回归社会为出发点,坚持实用原则,与福州市启航职业培训学校合作,购买了相关培训设施设备,组织学员开展初级中西面点职业技能培训和汉堡包制作培训,培养学员一技之长。开展初级中式面点师技能鉴定工作,组织符合条件参考的未戒人员进行中式面点理论知识考试和中式面点实际操作考核,邀请专业评委进行评判鉴定。经过严格考核,首批共有 10 学员顺利通过技能鉴定,获得由省人社厅颁发的初级中式面点师职业技能证书。

　　　注重文体艺术熏陶。该所聘请专业老师开展音乐、美术教育,开展自由文体活动和体育竞赛,举办形式多样、丰富多彩的节日活动,丰富学员的业余生活和精神生活。组织集中观看爱国主义、感恩励志等影视作品,开展抗日战争胜利 70 周年优秀影片展播。与省妇女儿童发展基金会进行合作,开办了"爱心书屋",定期组织学员进行集中阅读,满足学员的文化需求,努力用科学、先进的文化占领学员的思想阵地。

　　　强化国学和励志教育。该所深入开展弟子规教育,组织每月读一本国学经典,举办国学经典知识讲座,普及宣传忠孝、礼仪等传统美德,引导学员学会善待他人、学会感恩社会。结合"中华魂"读书活动,设立学员"宣讲员",深入开展励志教育活动。邀请省家庭教育专家进行励志讲座,引导学员正确看待成功与失败,努力放飞梦想。

　　　积极探索社会化帮教工作。该所坚持"请进来"原则,搭建社会大帮教平台。开展"场所开放日"活动,组织家属与学员"面对面、心贴心"地交流,举办亲情聚餐,修补亲情裂痕,发挥亲情在教育矫治中的特殊作用;借助社会的力量,积极与省关工委、省妇联、农工党等有关单位联合开展慰问帮教活动,为学员送去慰问物品,让学员切身感受到社会各界的关心、关爱,激发他们积极戒治的动力。通过与广大中小学、工、青、妇等单位合作,开展亲情帮教和社会帮教,努力形成戒治合力,不断提升场所戒治工作的社会影响力。[①]

4. 收容教育

　　收容教育是指根据国务院《收容教育办法》,公安机关不经法庭调查审判,便可对卖淫嫖娼人员进行为期 6 个月至两年的强制教育、劳动等一系列限制人身

---

　　① 魏松清:《省未成年人强制隔离戒毒所科学戒治纪实》,http://news.163.com/15/1028/11/B70RN83A00014AEE.html,访问日期 2016 年 8 月 24 日。

自由的行政强制措施。也适用于未成年人,只是严格限制。

公安部《关于对未成年卖淫嫖娼人员能否收容教育问题的批复》(公复字[2010]7号):"你局《关于对未成年卖淫嫖娼人员能否执行收容教育的请示》(京公法字[2010]929号)收悉。现批复如下:公安机关办理未成年人卖淫嫖娼案件,应当贯彻教育、感化、挽救的方针,从严控制决定收容教育。凡是可以由其家长或者监护人负责管教的,不予决定收容教育。"且根据2000年3月30日公安部部长办公会议通过的《收容教育所管理办法》第10条第1项,年龄不满14周岁的卖淫、嫖娼人员可以不予接收。

自1984年6月27日,第一家收容教育机构在上海设立,收容教育在中国已经走过了逾30年的历史。1991年9月全国人大常委会通过《关于严禁卖淫嫖娼的决定》,其中明确提出"对卖淫、嫖娼的,可以由公安机关会同有关部门强制集中进行法律、道德教育和生产劳动,使之改掉恶习。期限为6个月至两年"。由此确立了收容教育的法律地位,最多时全国200多所。但在2005年《治安管理处罚法》通过前后,收容教育就开始萎缩。至2014年7月人员数较2000年减少七成,五省区未设。有的地区如山东就两个收教所:济南和青岛,其他地市都是执行《治安管理处罚法》,不作收容教育决定。①《辽宁省公安机关办理收容教育案件规定》明确,2006年11月10日起,不满18周岁等14类卖淫嫖娼人员将不予收容教育,以体现重教育,轻处罚。② 但也有的地区(如贵阳)从2013年开始就不再接收成年人,而只面向未成年人。③

5. 送工读学校教育矫治

我国《预防未成年人犯罪法》第35条规定:"对有严重不良行为的未成年人,其父母或者其他监护人和学校应当相互配合,采取措施严加管教,也可以送工读学校进行矫治和接受教育。对未成年人送工读学校进行矫治和接受教育,应当由其父母或者其他监护人,或者原所在学校提出申请,经教育行政部门批准。"

但对于未成年违法犯罪人员如何办理工读教育,没有相关的标准及相关程序。导致实践中公安机关在办理未成年人违法犯罪案过程中发现对未成年人违法犯罪人员采取训诫、行政拘留不执行不能防止再犯,但未达到收容教养标准,需要采取工读教育措施时,因目前对于工读教育办理方法尚未与公安机关办案程序进行衔接而受阻,严重影响了对于未成年人违法犯人员的后期帮教工作。

---

① 王星:《收容教育30年:学员数较2000年减少七成五省区未设》,http://news. ifeng. com/a/20140702/40987091_0. shtml,访问日期2016年5月15日。
② 钟欣:《辽宁规定　未成年人卖淫嫖娼不收容》,http://news. sina. com. cn/o/2006-11-15/025510497610s. shtml,访问日期2016年9月17日。
③ 王星:《收容教育30年:学员数较2000年减少七成五省区未设》,http://news. ifeng. com/a/20140702/40987091_0. shtml,访问日期2016年5月15日。

6. 缓处考察

上海市南汇公安分局领导发现对违法未成年人只注重治安处罚,有可能会激增他们的逆反心理,且影响其一生。为了帮助失足未成年人纠正偏差,南汇公安分局根据《未成年人保护法》《预防未成年人犯罪法》等法律法规,2003 年 4 月 28 日出台《南汇公安分局对未成年人违法犯罪行为实行缓处考察制度的试行办法》,走出了一条具有南汇特色的挽救未成年人的新路。

"缓处考察"制度是指公安机关对违反《治安管理处罚法》应给予治安管理处罚但违法情节较轻、有被监护和教育条件的未成年人,可以暂不裁决处理,给予 3 至 6 个月的时间进行考察,经过学校和社区帮教达到要求的,可免予治安管理处罚且污点记录不进档案。对在考察期内确有悔改或立功表现的,可以提前解除;对在考察期内违法犯罪或不服帮教的,撤销对其"缓处考察"决定,并由承办单位依法处理。

"缓处考察"对象为:年满 14 周岁、未满 16 周岁的未成年人,因违法犯罪情节轻微尚不足以刑事处罚,或违反《治安管理处罚条例》,符合治安管理处罚的,可暂缓裁决处理;年满 16 周岁、未满 18 周岁的未成年人,违反《治安管理处罚条例》,符合治安管理处罚的,可暂缓裁决处理。凡属暴力犯罪、经教育屡教不改、流窜作案、监护人和学校没有监护教育条件的对象,不得给予暂缓处理。

对缓处考察人员的报批由户籍地派出所负责。办案单位在办案过程中发现未成年人违法的,应当通知其监护人到场,并告知申请暂缓处理,由对象的监护人或学校出具书面申请;由对象撰写悔过书。"缓处考察"的审核部门为法制办,审批权由公安分局领导行使。由民警、学校老师、对象的监护人以及社区治保干部等组成联合帮教小组,对对象实行"考察"。

南汇公安分局还与教育、青保、综治、社区等部门共同制定了"四个一"的帮教措施:每周一次由民警对"缓处考察"对象进行面对面的教育;每半月一次由帮教小组分析对象悔过自新的情况;每月一次由青保办人员会同民警、学校老师、家长听取对象汇报思想、学习、生活的情况;每一名对象都由派出所立档建卡,对"缓处考察"期间表现好的,原有的违法材料另列,而不转入个人档案,不影响其将来的升学、就业。①

2003 年 4 月到 2005 年底,该局共对 138 人实施了"缓处"考察,除了 4 人因不思悔改重新处罚外,改好率达 97%。其中 2005 年对 55 人实施"缓处",7 人属非在校生,2 人为外区人员,结果只有 1 人重新处罚。后来他们又将"缓处考察"工作加以延伸,从本市户籍人员向外省市来沪人员延伸,再向 18 周岁以上在校

---

① 陈斌:《对违法未成年人实施"缓处考察"制——南汇区青少年违法犯罪同比下降百分之三十三》,载《解放日报》2005 年 4 月 3 日第 5 版。

生延伸,只要具备条件,就给予"缓处考察"机会。这需要依靠政府各相关职能部门齐抓共管,坚持下去形成长效机制。①

案例

> 2003 年 4 月,正在上初三的小邹和三个同学盗窃了一家文化用品商店,被上海市南汇公安分局东海派出所民警和联防队员当场查获。因为当时四人皆年满 14 周岁而未满 16 岁,本来可以按照《治安管理处罚条例》对其处罚,但南汇公安分局东海派出所民警了解到,四个孩子都是初犯,平时表现也不错,若实施处罚,可能会影响他们原本美好的前程。于是,派出所从教育挽救违法未成年人的角度出发,按照分局出台的对违法未成年人实行缓处考察制度的《实施细则》,经办理相关手续后,对小邹等四人缓处考察 3 个月。考察期间,四个孩子表现良好,其中小邹等三人考取了中专,成绩最差的小姚也"一路绿灯"顺利通过了考试。后四人均被提前解除缓处考察,他们重又回到了阳光下。②

2005 年初,上海市综治办等 8 家单位在总结了以往经验的基础上,共同下发了《关于对违法犯罪情节较轻的未成年人实行考察教育制度的意见》,并在全市范围内推进这项工作。

所谓考察教育制度是指对违法犯罪情节较轻的未成年人历经行政处罚或刑事诉讼阶段时,公安机关、人民检察院、人民法院与家庭、学校及社会组织密切配合开展的"缓处考察""诉前考察"和"社会服务令"的制度。目前缓处考察制度的适用范围比较小,尚处于局部试点阶段。继上海之后,安徽省芜湖市等地也实行了该制度。

第三节 少年检察组织

引例

2012 年 6 月 14 日,17 岁的黄明明到朋友家中做客,趁朋友午睡之际,窃得其家中苹果手机一部。据公安机关调查了解,明明自幼跟随沪籍父亲在外漂泊,母亲下落不明无法查找,两年前随父亲回到上海投奔祖父祖母。到上海不久,明

---

① 高红十:《胡顺康局长和"缓处考察"》,载《法制日报》2006 年 2 月 22 日第 9 版。
② 杨烨:《唤醒迷途的"羔羊"》,载《人民公安报》2005 年 4 月 8 日。

明父亲因故离世。明明的祖父祖母为明明申报上海户口多次被拒,导致明明因没有学籍无法正常就学和参加中考。自尊心受挫的明明负气离家出走,流浪在外几日后,花光了随身携带的现金,就实施了盗窃。因明明实施犯罪时系未成年人,有自首情节,认罪悔罪态度良好,原闸北区检察院对他作出附条件不起诉决定,并设置了6个月的考察期。鉴于明明在监督考察期间表现良好,检察机关最终对其作出不起诉决定。

承办检察官还积极开展检察帮教工作。在多次走访公安机关了解相关情况和户籍政策后,及时制发检察建议,将存在的问题和解决的初步方案通报公安机关,最终为明明落实了户籍,为他回归社会创造了条件。不仅如此,为了让明明能跟同龄人一样接受教育,检察机关还建议其借读中学和区教育局,结合明明教育改造和即将参加中考等情况为其解决学籍问题。经过多方努力,多家单位在对孩子挽救、帮教的社会责任上取得了共识,明明顺利地获得了学籍,得以重新回归校园。同时承办检察官在案件办理过程中还注意到,涉案前的明明因沉迷于黑网吧,对其成长产生了不少负面的影响。对此,检察官及时与区工商局和区文化执法大队联系,制发检察建议,促使相关部门及时取缔黑网吧,对非法经营人员作出处理。①

自1986年上海市长宁区人民检察院成立我国第一个"少年起诉组"以来,经历了30年的发展,我国未成年人检察工作从无到有、从小到大,日趋专业和规范。目前全国基本构建起四级未成年人检察工作专门机构。

一、少年检察概述

(一) 少年检察的概念

学界的观点。少年检察又称未成年人检察,是指未成年人犯罪的刑事检察与监所检察、身份过错的检察以及涉及未成年人合法权益的民事行政案件检察的工作制度总称,是少年司法制度的重要组成部分。②

实务部门的观点。未成年人案件检察是检察工作的重要组成部分,履行审查批捕、审查起诉、诉讼监督、犯罪预防等四项检察职能,在办理未成年人案件的基础上,履行立案监督、侦查监督、审判监督、刑罚执行监督等职能,并联合政府部门、社会机构开展法制宣传教育和青少年犯罪预防工作。③ 本书认同该观点。

---

① 参见李天琪:《上海:未检工作先行者》,http://www.mzyfz.com/cms/benwangzhuanfang/xin-wenzhongxin/zuixinbaodao/html/1040/2016-06-24/content-1203458.html,访问日期2016年10月14日。
② 张鸿巍:《少年司法通论》(第2版),人民出版社2011年版,第375页。
③ 王伟:《海淀区人民检察院〈关于未成年人案件检察工作的报告〉》,http://www.doc88.com/p-5823921168405.html,访问日期2016年9月22日。

（二）少年检察的特点

与成年人的刑事检察工作相比，未成年人检察工作具有以下特点：一是指导理念和工作目标不同。未检工作贯彻"教育、感化、挽救"方针，坚持"教育为主、惩罚为辅"和"少捕慎诉少监禁"的原则，而成年人刑检工作坚持以事实为依据、以法律为准绳，以惩罚犯罪、保护人民，维护社会秩序为主要目标和任务。二是对办案人员要求及工作职能不同。未检案件办理要由熟悉未成年人身心特点的检察人员承办，除要具备法律专业知识外，还要懂教育学、心理学、社会学等知识。未检部门履行"捕诉监防"一体化职能，而成年人犯罪案件捕、诉职能分别由侦监、公诉部门承担。未检机构专门化、办案一体化、队伍专业化三个方面紧密结合，形成迥异于成年人办案工作的新模式。三是法律依据不同。法律针对未成年人有不少特别规定，如《刑法》第 17 条对未成年人犯罪应当从轻、减轻处罚的规定。在诉讼权利保障方面，未成年人具有无条件获得法律援助的权利。在量刑方面，未成年人的主观恶性、认罪悔罪态度等酌定处罚情节会对量刑起重要作用。四是办案程序不同。未检案件在审查批捕、起诉、审理环节都有特殊制度规定，如社会调查、法律援助、司法救助、不公开审理、法定代理人参与诉讼、犯罪记录封存等，这些规定使未检案件办理程序更为复杂，法律文书格式、出庭语言等方面的要求也与成年人刑事案件有所不同。①

下面以简易案件处理为比照前提，分别就成年犯罪嫌疑人、未成年犯罪嫌疑人讯问、审查起诉的过程来进行比对，以体现未检工作特点。

链接

成年与未成年犯罪嫌疑人讯问步骤的差异

成年人讯问步骤

1. 送达权利义务告知书

检：这里是你的权利义务告知书，自己拿去看一下，不懂的你就问。

2. 讯问

检：在侦查机关的供述是否属实？犯：属实。

检：简单说一下犯罪经过？（核实案情）检：有无投诉申诉事项？（侦查监督核实）

---

① 岳慧青：《未检工作：方兴未艾大有可为》，http://news. sina. com. cn/o/2014-05-30/063130262132.shtml，访问日期 2016 年 7 月 26 日。

3. 制作笔录并由犯罪嫌疑人阅读签认

讯问环节合共需约时 30 分钟

未成年人讯问步骤

1. 依法联系法定代理人或合适成年人见证提审,保障未成年人权益

检:您是魏诚年的父亲的魏俭伴吗?

父:你谁啊?

检:(身份及工作职责说明 5 分钟)

父:我儿子犯什么罪啦?

检:(简要案情介绍、诉讼流程及法律说理 10 分钟)

父:人都抓了,你现在想干嘛?

检:根据法律规定我们讯问未成年人的时候要通知法定代理人到场见证提审,保障未成年人权益……(解释法律 5 分钟)

若经过详细的释说理,法定代理人仍表示拒不配合或者有正当理由无法到场的,那么根据法律规定,未检检察官就要另外多花时间去寻找及联系犯罪嫌疑人的其他近亲属、所在单位学校、村居委会工作人员或其他未成年人权益保护组织人员作为合适成年人到场见证提审。

2. 提前告知法定代理人见证提审的相关权利义务,了解未成年人成长经历(用时 15 分钟)

3. 情绪稳定工作

检:诚年,我们是检察官,今天你的父亲也在,你先不用紧张……(情绪稳定 5 分钟)

4. 送达、宣告并解释权利义务

检:(出示权利义务告知书)这里是法律规定你具有的相关权利及义务,我会对你进行逐条宣读并作出相应的解释,如果你或者你的法定代表人有不清楚的地方可以及时提出,……(宣读解释权利义务 10 分钟)

5. 核实未成年人辩护权落实情况

检:魏大叔,你有自行为你儿子请律师吗? 如果没有根据法律规定我们应当为你儿子指定一名辩护人保障你的权利。诚年,公安机关有帮你指定辩护律师吗? ……(解释指定辩护的相关法条 5 分钟)

6. 详细讯问,全面调查核实

检:诚年,你是什么时候出生的? 户籍登记上的出生年月是你真正出生时间吗?……(未成年人刑事责任年龄核实5分钟)

检:先说一下你的家庭情况?(家庭背景了解5分钟)

检:说一下你的成长经历及学习情况?(成长背景调查5分钟)

检:你是否有实施相关犯罪行为? 是否知道自己涉嫌什么犯罪?(行为认定及罪名解释5分钟)

检:说一下你的具体犯罪经过?(供述核实15分钟)

检:你当时为什么要犯罪呢?(犯罪原因调查10分钟)

检:你在侦查机关是否有受到不合理对待? 是否有投诉申诉事项?(侦查监督及权益保护调查5分钟)

检:目前在看守所里面生活情况如何?(接受帮教及改造情况调查5分钟)

7. 制作笔录,分别交由犯罪嫌疑人及法定代理人或合适成年人核对并签名确认

8. 帮教教育

检:诚年,我帮你分析一下你的行为吧……(法制教育10分钟)

检:魏大叔(合适成年人)是否有需要对小强进行交谈的?(亲情会见或合适成年人帮教10分钟)

讯问结束后与犯罪嫌疑人法定代理人进行沟通,剖析犯罪成因,引导亲子教育方式方法。(亲子关系修复及家庭管教教育10分钟)

讯问一个未成年人,未检检察官按照法律规定及上级机关工作指引所必须完成的工作流程,从见证提审制度的落实准备到整个权利义务告知、讯问、帮教、亲情会见过程耗时将近120分钟,用时是成年人案件的4倍。①

---

① 《未检人,你的时间去哪了?! ——讯问篇》,http://www. wsh0754. com/Article/201605/17/12797. html,访问日期2016年12月11日。

链接

成年与未成年犯罪嫌疑人审查起诉工作的差异

案情：犯罪嫌疑人入户盗窃，盗得人民币 3000 元。后因遗留指纹被公安机关排查抓获。到案后犯罪嫌疑人如实供述罪行，并缴回赃款。案件事实清楚、证据确实充分。

成年犯罪嫌疑人审查起诉工作

1. 制作并送达委托辩护人权利义务告知书及委托诉讼代理人告知书（用时 15 分钟）。

2. 讯问犯罪嫌疑人（约 30 分钟）。

3. 审查卷宗及制作简易版的审查报告（用时 60 分钟）。

4. 制作起诉书及量刑建议（用时 30 分钟）。

5. 填录案卡并送案（用时 15 分钟）。

除讯问外，合共用时 120 分钟。

未成年犯罪嫌疑人审查起诉工作

1. 制作并送达委托辩护人权利义务告知书及委托诉讼代理人告知书（用时 15 分钟）。

2. 讯问犯罪嫌疑人（将近 120 分钟）。

3. 为确保未成年人辩护权，发现未成年犯罪嫌疑人未自行委托辩护人的情况下，要联系司法部门对其指定辩护人（用时 15 分钟）。

4. 秉持既保护未成年人权益，又保护社会关系的"双向保护原则"，听取被害人对未成年人处理的意愿，居中促成双方刑事和解，修复社会关系，为从宽处理未成年犯罪嫌疑人打下基础（沟通时间约为 60 分钟）。

若双方同意和解，召开刑事和解圆桌会议，进行犯罪嫌疑人及法定代理人赔礼道歉，被害人对犯罪嫌疑人进行训诫，制作并签订和解协议等工作（用时 90 分钟）。

5. 为落实对未成年人"教育为主、惩罚为辅"的司法原则，进一步扩大非监禁刑的适用，核实卷宗证据后，发现无法反应未成年人成长经历、家庭情况、监外监管情况的，要委托有关单位及社工组织制作社会调查报告，论证对犯罪嫌疑人是否适用缓刑，沟通协调及后期审查核实（用时 60 分钟）。

若未检检察官决定自行走访未成年人所在家庭、学校、社区，进行社会调查并制作社会调查报告,时间长得无法计算。

6. 为保障未成年人犯罪嫌疑人的权利,限制监禁时间长度,起诉期间要进行羁押必要性审查工作并书面说明(用时 30 分钟)。

若发现被羁押的未成年人的羁押必要条件已经灭失或者明显判处缓刑,需要进行羁押必要性审查,制作相关审查报告,对犯罪嫌疑人变更强制措施为取保候审,并到看守所释放犯罪嫌疑人,不计算来回路程,沟通联系、制作文书及释放时间合共 60 分钟。

7. 依法当面听取犯罪嫌疑人法定代理人、辩护人对未成年犯罪嫌疑人案件处理的意见并记录在案(合共用时 30 分钟)。

8. 审查卷宗及制作简易版的审查报告(用时 60 分钟)。

9. 制作起诉书及量刑建议(用时 30 分钟)。

10. 填录案卡并送案(用时 15 分钟)。

除讯问外,合共用时最少 350 分钟,最多用时超过 500 分钟甚至难以估算。

一个简易未成年人犯罪案件的审查起诉工作用时是一个简易成年人犯罪案件的 3—5 倍以上! 这是最基础工作量的计算,还没有算未检检察官在这个过程中的跟踪帮教时间。

而根据《刑事诉讼法》第 271 条之规定,未成年人犯盗窃罪,可能判处 1 年有期徒刑以下刑罚,符合起诉条件,但有悔罪表现的,人民检察院可以作出附条件不起诉的决定。该案的工作时间更长……①

(三) 少年检察的特殊理念

少年检察组织作为少年司法制度的组成部分和少年犯罪法律的执行机构。其工作始终体现少年司法理念,如儿童利益最大化,教育、感化、挽救,少捕、慎诉、少监禁等,这些理念在少年检察工作中具体体现为:

1. 教育、感化、挽救

在办理未成年人案件时,批捕、起诉等惩罚措施并非未检工作的目的,在刑事诉讼全程开展针对性的教育、感化、挽救才是未检工作的核心。检察机关只有综合运用教育和惩罚两种手段,最大限度地挽救涉罪未成年人,促使其顺利回归社会,才能有效预防其重新违法犯罪,从源头上防控犯罪。我国《刑事诉讼法》明

---

① 《未检人,你的时间去哪了?! ——起诉篇》,http://mini. eastday. com/a/160523152748573. html? btype=listpage&idx=55&ishot=0&subtype=news,访问日期 2016 年 12 月 11 日。

确对犯罪的未成年人实行教育、感化、挽救的方针和教育为主、惩罚为辅的原则，因此未检工作应当坚持把"教育、感化、挽救"方针，"教育为主、惩罚为辅"原则和"两扩大、两减少"政策贯穿于办案始终。坚持在审查逮捕、审查起诉和出庭公诉等各个环节对涉罪未成年人进行教育、感化、挽救，寓教于审，并注重用科学的方式、方法提高帮教效果。

2. 少捕、慎诉、少监禁

联合国《2005 年世界青年报告》第 85 条指出："在初期采取措施是防止未成年人犯罪的最好方法，防范再次犯罪的最佳方法是通过恢复性司法予以实现的方式。"因此，新时期的少年司法刑事政策提出"少捕、慎诉、少监禁"，作为办理未成年人刑事案件的指导理念，通过轻缓化的处遇措施为涉罪未成年人接受矫正和帮教创造条件，从而达到预防未成年人再犯、使其顺利回归社会的目标。[1] 具体而言，即综合犯罪事实、情节及帮教条件等因素，进一步细化审查逮捕、审查起诉和诉讼监督标准，最大限度地降低对涉罪未成年人的批捕率、起诉率和监禁率。如对于罪行较轻，具备有效监护条件或者社会帮教措施，没有社会危险性或者社会危险性较小的，一律不捕；对于犯罪情节轻微的初犯、过失犯、未遂犯、被诱骗或者被教唆实施犯罪，确有悔罪表现的，可以依法不起诉。把诉讼监督的重点放在强化对涉罪未成年人刑事政策的贯彻落实上，防止和纠正侵犯未成年犯罪嫌疑人、被告人合法权益的违法诉讼行为和错误判决裁定。[2] 时至今日，少捕慎诉已经成为检察机关办理未成年人刑事案件的重要原则。统计显示，检察机关批准逮捕、提起公诉的未成年人数量以及占全部犯罪的比例明显下降。目前，未成年人不捕率达到 29% 以上，不起诉率为 11% 以上，处于持续上升态势，且明显高于刑事案件整体的不捕率、不诉率。未成年人重新犯罪人数在逐年递减。[3]

3. 对未成年犯罪嫌疑人特别保护

办理未成年人刑事案件要始终"按照最有利于未成年人和适合未成年人身心特点的方式进行"，保护未成年人不受刑事诉讼的负面影响，不要成为一个惯犯，不要因为被羁押、被判刑而造成交叉感染，不要因为被贴上罪犯的标签而不断犯罪，形成反社会人格。具体包括：必须保证未成年犯罪嫌疑人获得辩护，未成年犯罪嫌疑人没有委托辩护人的，人民检察院应当书面通知法律援助机构指派律师为其提供辩护；讯问时应当通知其法定代理人到场，无法通知、法定代理人不能到场或者法定代理人是共犯的，也可以通知其他合适成年人到场；但考虑到尊重其隐私和个人意愿，未成年人有权拒绝法定代理人以外的其他人员到场；

① 张寒玉、陆海萍、杨新娥：《未成年检察工作的回顾与展望》，中国检察出版社 2015 年版，第 10—11 页。

② 《全面贯彻修改后刑诉法　加强未检工作专业化制度化建设》，载《检察日报》2012 年 10 月 30 日。

③ 徐日丹：《未检工作 30 年：检察机关在不懈探索中坚定前行》，载《检察日报》2016 年 5 月 16 日。

讯问未成年犯罪嫌疑人一般不得使用械具;应当认真执行对未成年人的社会调查制度,把社会调查报告作为教育和办案的参考;应当根据未成年犯罪嫌疑人涉嫌犯罪的事实、主观恶性、有无监护与社会帮教条件等,综合衡量其社会危险性,严格限制适用逮捕措施;应当依法适用附条件不起诉制度,充分发挥这项制度在教育、感化、挽救未成年犯罪人方面的作用;应当严格执行犯罪记录封存制度,帮助失足未成年人尽快回归社会而不受歧视,预防其重新犯罪;必要时,经未成年犯罪嫌疑人及其法定代理人同意,才可以对未成年犯罪嫌疑人进行心理测评等等。

4. 注重矛盾化解坚持双向保护

在办理未成年人刑事案件时,要注重矛盾化解,坚持双向保护,既要保障未成年犯罪嫌疑人的合法权益,也要教育其认罪伏法,促其认罪悔罪,并注重对未成年被害人的同等保护,充分维护其合法权益。一是对未成年被害人或者其法定代理人提出聘请律师意向,但因经济困难或者其他原因没有委托诉讼代理人的,检察机关应当帮助其申请法律援助。二是对于符合条件的被害人,应当及时启动刑事被害人救助程序,对其进行救助。三是在作出附条件不起诉的决定以前,应当听取被害人的意见,被害人是未成年人的,还应当听取被害人的法定代理人、诉讼代理人的意见。四是被害人不服附条件不起诉决定,可以自收到附条件不起诉决定书后七日以内向上一级人民检察院申诉。五是公诉人一般不提请未成年被害人出庭作证。确有必要出庭作证的,应当建议人民法院采取相应的保护措施。① 人民检察院根据需要,可以对未成年犯罪嫌疑人、未成年被害人开展心理疏导。并在办案中注意方式和技巧,依法保护未成年被害人的名誉权、隐私权等合法权益,避免对其造成二次伤害。

案例

　　闵行区人民检察院未检科在办理贾某等 10 人组织卖淫案时,针对成年人与未成年人共同犯罪、未成年被害人多达 10 人的情况,依法落实特殊刑事政策。首先,严厉打击侵害未成年人的成年犯。通过及时、准确的司法鉴定,有效识破一名成年主犯伪装精神病人的伎俩;针对两名女性成年主犯分别因处于哺乳期和患妇科疾病而被取保候审,但拒不认罪且互相串供的情形,及时建议法院对二人决定逮捕,并提出严厉惩处的量刑建议,后二人被判处有期徒刑 14 年和 7 年。其次,对涉罪未成年人区别对待,宽严相济。对协助组织卖淫情节较轻的一名在校中学生,及时

---

① 《最高检有关负责人就〈人民检察院办理未成年人刑事案件的规定〉答记者问》,http://news.xinhuanet.com/legal/2014-01/06/c_118852495.htm,访问日期 2016 年 7 月 27 日。

变更强制措施,联合学校教师和社工开展帮教,建议适用缓刑获得采纳;对当庭翻供,提出办案人员未给其阅看笔录辩解的未成年被告人,通知当时在场的合适成年人出庭作证,有效驳斥其虚假辩解;对积极实施犯罪、情节严重的未成年主犯,提出作出严惩的量刑建议,促使三名未成年主犯被判处有期徒刑8年到9年6个月。最后,对未成年被害人予以特殊、优先司法保护。工作人员及时通知区法律援助中心,指派熟悉未成年人身心特点的律师提供法律咨询、代理附带民事诉讼;为避免二次伤害,谢绝媒体采访,并指派具有国家二级心理咨询师资格的检察官介入,采用沙盘疗法等心理疏导手段,缓解未成年被害人的恐惧、焦虑、自卑情绪,重拾生活信心;针对其中三名未成年被害人因家庭经济困难而无力根治性病,且无法及时获得民事赔偿,严重影响日常生活的情况,检察机关通过简化救助流程、提高救助标准、一次性办理等方法着力落实司法救助,帮助解决就医难题,同时为其今后生活提供一定的经济保障。

该案的办理实现了对未成年被害人予以"最高限度保护",对侵害未成年人的成年犯"最低限度容忍",对涉罪未成年人"宽严相济",较好地落实了双向保护原则,对未成年被害人利益、涉罪未成年人利益和社会公共利益予以均衡保护。①

二、少年检察组织的构成和工作职责

(一)少年检察组织的构成

少年检察组织的构成即少年检察机构的设置和人员配置。为了加强未检专业化建设,2013年《最高检办理未成年人案件的规定》第8条进行了两方面的重要修订:一是明确了办理未成年人刑事案件设立专门机构的层级要求;二是对办案人员的特殊要求予以细化,即专门机构与专人办理。下面我们将从专门机构与专人办理两方面阐述。

1. 少年检察的专门机构

我国少年检察机构的设置有一个从有到无,再由无到有,直至明确化、规范化的过程。

(1)专业组的建立。

"文革"结束后我国未成年人违法犯罪现象凸显,针对该情况,中共中央于

---

① 参见李天琪:《上海:未检工作先行者》,http://www.mzyfz.com/cms/benwangzhuanfang/xin-wenzhongxin/zuixinbaodao/html/1040/2016-06-24/content-1203458.html,访问日期2016年10月14日。

1979 年批转了中宣部、教育部等 8 个单位《关于提请全党重视解决青少年违法犯罪问题的报告》(中发[1979]58 号)，引起了全国上下对未成年人犯罪的广泛关注。1985 年，中共中央发布了《关于进一步加强青少年教育，预防青少年犯罪的通知》(中发[1985]20 号)。1985 年 11 月，《北京规则》在北京通过，其所倡导的"应建立适应少年司法的机构，以满足少年犯的不同需要，保护他们的基本权利"，对我国未成年人刑事司法理念与实践产生了重大影响。在这样的背景下，伴随着上海法院系统少年审判工作的改革，1986 年，上海市长宁区人民检察院率先在审查起诉科内设立了"少年刑事案件起诉组"，主要承担未成年刑事案件的审查起诉、出庭公诉等职责。少年起诉组的成立标志着未成年人刑事检察工作作为一项专门的业务，从普通刑事检察工作中分离，开始朝着专业化、规范化的方向发展。1987 年 6 月，上海市人大常委会通过的《上海市青少年保护条例》规定："公安机关、人民检察院和人民法院要分别组织专门的预审组、起诉组、合议庭，采取适合青少年特点的方式方法讯问、审查和审理青少年违法犯罪案件。"根据这一规定，至 1990 年底，上海市 20 个区县检察院相继在起诉科内设立了少年起诉组，共配备了 55 名专职干部，主要承担未成年人刑事案件的审查起诉、出庭公诉和预防犯罪等工作。北京市海淀区检察院也改变以往专人办理的制度，在公诉一处成立专业的未成年检察组，将所有未成年人犯罪案件放在未检组办理，并相继推出心理辅导、家长课堂、附条件不起诉等多项创新机制。

　　(2) 专门机构的建立。

　　1991 年 6 月，最高人民法院、最高人民检察院、公安部、司法部联合下发了《关于办理少年刑事案件互相配套工作体系的通知》，要求"公安、检察、法院、司法行政各部门应加强相互间的联系，并逐步建立办理少年刑事案件的相应机构，使各个环节相互衔接起来，以加强对少年犯罪的治理和防范工作"，并规定"人民检察院应根据办理少年刑事案件的特点和要求，逐步建立专门机构"。同年 9 月通过的《未成年人保护法》第 40 条规定："公安机关、人民检察院、人民法院办理未成年人犯罪案件，应当照顾未成年人身心发展特点并根据需要设立专门机构或者指定专人办理。"1992 年 5 月，上海市公、检、法、司四家共同会签了《关于贯彻〈未成年人保护法〉和〈关于办理刑事案件建立互相配套工作体系的通知〉》，其中规定"检察分院和区县检察院应进一步加强少年刑事案件的批捕、起诉工作，有条件的区县检察院可以设立少年刑事监察科"。据此，上海市检察机关在总结以往司法实践经验的基础上，要求各区县院逐步将原隶属于起诉部门的少年组改为独立建制的未成年人刑事检察科。1992 年 5 月，最高检在当时的刑事检察厅成立了少年犯罪检察工作指导处，同年 8 月，上海市虹口区人民检察院率先成立了集未成年人刑事案件的审查批捕、审查起诉等检察工作于一体的独立建制机构——未成年人刑事检察科，之后，各地纷纷酝酿建立未检专门机构。

（3）专门机构的撤销。

由于 1996 年在刑事诉讼法修正过程中,着重解决的是普通诉讼程序方面的问题。对于未成年人特殊主体方面的程序没有专门考虑,没有对实践中探索的办理未成年人刑事案件的一些特殊制度、程序予以专门规定和认可,因此,1997 年最高人民检察院和一些地方的检察机关在改革中取消了未检专门机构。

（4）专门机构再发展。

未成年人司法制度陷入低谷后经历了一个长期徘徊不前阶段,但实践中各级人民检察院一直在尝试推行各种改革措施。如四川省在 2005 年成立第一个未检机构。2006 年《最高检办理未成年人案件的规定》要求:"人民检察院一般应当设立专门机构或者专门工作小组办理未成年人刑事案件,不具备条件的应当指定专人办理。未成年人刑事案件一般应当由熟悉未成年人身心发展特点,善于作为成年人思想教育工作的检察人员承办。"哈尔滨市在 2008 年 4 月成立未成年人刑事案件检察处等。2009 年,上海市人民检察院成立未成年人刑事检察处,成为我国首个省级未成年人刑事检察部门。随后上海市人民检察院第一分院、第二分院相继成立未检处,标志着全国首个三级未检机构建设完备。2010 年 9 月,北京市海淀区人民检察院在全市率先成立独立建制的少年检察处,之后,北京、河北、天津等省市基层检察院陆续组建未检专门机构。另外,安徽、河南、辽宁、黑龙江等地的检察机关,还通过将辖区内的未成年人刑事案件统一指定一个基层检察院办理的方式,整合司法资源,促进专业化建设。2011 年底最高检在公诉厅成立了未成年人犯罪检察工作指导处,专门负责指导全国未成年人刑事检察工作。

由于 2010 年《六部委配套工作体系若干意见》第一部分第 2 条和 2012 年《加强未检工作的决定》第 7 条均提出设立专门机构和专人办理的要求,在司法实践中,不少地方检察机关也已经设立了专门的工作机构或者工作小组,提高了办理未成年人刑事案件的专门化和专业化水平。2013 年《最高检办理未成年人案件的规定》吸收上述文件的内容,结合司法实践,在第 8 条第 1 款规定:"省级、地市级人民检察院和未成年人刑事案件较多的基层人民检察院,应当设立独立的未成年人刑事检察机构。地市级人民检察院也可以根据当地实际,指定一个基层人民检察院设立独立机构,统一办理辖区范围内的未成年人刑事案件;条件暂不具备的,应当成立专门办案组或者指定专人办理。"截至 2013 年年底,全国三级检察机关共成立有独立编制的未检机构 807 个,在公诉部门下设未检工作办公室共 740 个,设专业办案组 1275 个。[①] 最高人民检察院未成年人检察工作

---

① 袁定波:《加强性侵案未成年被害人隐私保护》,http://news. sina. com. cn/o/2015-01-10/085931383467. shtml,访问日期 2016 年 8 月 19 日。

办公室 2015 年 12 月底的正式成立,则意味着检察机关四级未检机构组织体系基本构建完成,未成年人检察工作进入新的发展阶段。截至 2016 年 3 月,各地检察机关共成立有编制的未成年人检察专门机构 1027 个,在公诉部门下设未成年人检察工作办公室、专业办案组 1400 多个。[①]

2. 专人办理

关于未成年人刑事案件办案人员的素质要求,我国《刑事诉讼法》第 266 条第 2 款、《六部委配套工作体系若干意见》第一部分第 5 条均予以概括性规定,2013 年《最高检办理未成年人案件的规定》第 8 条第 2 款对上述要求进行细化,规定:"各级人民检察院应当选任经过专门培训,熟悉未成年人身心特点,具有犯罪学、社会学、心理学、教育学等方面知识的检察人员承办未成年人刑事案件,并加强对办案人员的培训和指导。"

如福建省泉州市检察机关加快未检机构和未检队伍建设,目前,两级院已全部设立未检科或未检办,配备的 52 名专兼职未检干警中,20 人具有国家三级心理咨询师资格,推进了未检工作专业化。[②]

总之,为了加强未检专业化建设,检察机关采取了三方面举措:一是各级检察院选任经过专门培训,熟悉未成年人身心特点,具有犯罪学、心理学、教育学等方面知识的检察人员承办未成年人刑事案件,并对办案人员定期开展培训和指导;二是通过建立未检工作联系点制度,树立各地未检工作典型并推广经验,形成地域辐射效应;三是研究制定独立的未检工作考评机制,以办案质量和帮教效果为核心,涵盖少捕慎诉、帮教挽救、开展犯罪预防等内容的考评机制,改变单纯以办案数量为标准的考核模式,更加科学全面地评价未检工作实绩。[③]

(二)各级少年检察组织的工作职责

最高检未检办的主要职责包括:负责全国未成年人检察工作的综合业务指导;未成年人涉嫌犯罪案件、侵害未成年人人身权利犯罪案件审查逮捕、审查起诉、出庭公诉以及涉及未成年人的刑事、民事、行政诉讼监督活动的个案指导;调查研究与未成年人检察工作有关的法律、法规、政策执行情况;研究提出完善未成年人检察工作规范和机制的意见;研究提出检察机关依法履行检察职能、参与青少年维权活动和预防未成年人犯罪的有效模式和意见等。

省检察院未成年人刑事检察处,专门负责办理重大疑难复杂未成年人刑事、民事、行政案件和对全省未检工作的组织指导,并从机构专门化、职能规范化和

---

① 郭彪:《未成年人犯罪案件数逐年下降》,http://news.sohu.com/20160528/n451826408.shtml,访问日期 2016 年 8 月 19 日。

② 张仁平、吴秀碧:《"四位一体"打造未检工作"泉州模式"》,载《检察日报》2015 年 3 月 16 日第 4 版。

③ 何璐鞲:《织密法网,呵护未成年人健康成长》,载《检察日报》2014 年 2 月 24 日第 5 版。

队伍专业化三个方面加强工作推动。

市检察院"未检处"(未成年人案件检察处)的职责为承办依法由其管辖的涉及未成年人的刑事、民事、行政案件,同时承担参与社会管理,做好未成年人犯罪的预防与矫治工作。

基层检察院未检处办理涉及未成年人的审查逮捕、审查起诉、出庭公诉、法律监督(包括立案、侦查、审判监督和刑事执行检察及民事行政检察等)、司法救助和犯罪预防等业务,试行捕、诉、防一体化未成年人犯罪检察模式。主要工作职责:(1)对公安机关提请批准逮捕的未成年人犯罪案件进行审查,提出是否批准逮捕的意见,报请检察长或检察委员会决定。(2)对公安机关移送审查起诉的未成年人犯罪案件进行审查,提出是否提起公诉或不起诉意见,报请检察长或检察委员会决定。(3)对办理案件中发现漏捕、漏诉的,提出追捕、追诉建议。(4)对提起公诉的未成年人犯罪案件,派员出庭支持公诉,并做好庭审教育。(5)对公安机关涉及未成年人犯罪案件的侦查活动,人民法院涉及未成年犯罪案件的审判活动依法进行监督。(6)对人民法院涉及未成年人犯罪案件所作的刑事判决、裁定进行审查,对确有错误的判决、裁定,提出审查意见,报请检察长或检察委员会决定后,依法提出抗诉。(7)对未成年被告人的刑事审判、裁定的执行以及对未成年犯罪嫌疑人、被告人的关押活动是否合法进行监督。(8)积极参与社会综合治理,开展法制宣传教育、社会帮教工作,预防和减少未成年人犯罪。(9)开展未成年人犯罪的调查研究,探索加强青少年法制教育和预防犯罪的方法和措施,不断完善未成年人犯罪检察工作制度。[①]

三、少年检察组织的受案范围和和工作模式

(一)少年检察组织的受案范围

未成年人检察部门由主要办理未成年人犯罪案件,发展到同时办理侵害未成年人犯罪案件,在此基础上又探索开展涉及未成年人的刑罚执行检察、民事行政检察业务,工作内容日趋丰富多元。

就刑事案件而言,根据2012年《加强未检工作的决定》第9条,犯罪嫌疑人是未成年人或者以未成年人为主的共同犯罪案件,由未成年人刑事检察部门或者专人办理。对不以未成年人为主的共同犯罪案件、被害人是未成年人的案件以及在校成年学生犯罪的案件,各地可根据自身的情况,在保证办案质量和效率,不影响特殊政策和制度落实的前提下,确定是否由未成年人刑事检察部门或者专人办理。

---

① 《未检职责》,http://wenku.baidu.com/view/3a0a9b8fd0d233d4b14e69a0.html,访问日期2016年9月3日。

因此多数地区未成年人刑事检察案件受案范围包括两类：犯罪嫌疑人、被告人实施涉嫌犯罪行为时已满 14 周岁、未满 18 周岁的刑事案件；共同犯罪中有未成年犯罪嫌疑人、被告人的刑事案件。少数地区少年检察处受案范围以未成年人犯罪案件为主，并延伸至未成年人和成年人共同犯罪案件，25 周岁以下在校学生犯罪案件和被害人为未成年人的性侵害、人身权利侵害案件。①

（二）少年检察组织的工作模式

1. "捕诉监防"一体化模式的形成和合理性

未检工作"捕诉监防"一体化模式系指检察机关对未成年人案件实行融合审查批捕、审查起诉、法律监督、犯罪预防多项职能于一体，并由同一承办人负责同一案件的批捕、起诉、诉讼监督和预防帮教等的工作模式。这种工作模式有利于全面掌握案件情况和未成年人思想状况，有针对性地开展教育、感化、挽救工作，切实提高工作质量和效果。

京沪地区，尤其是上海市未检机制的改革可以说是该模式形成历程的缩影。1986 年上海市长宁区人民检察院在全国率先在起诉科内设立"少年刑事案件起诉组"，在捕诉分离模式下，先行分离未成年人审查起诉案件。1992 年 8 月，上海市虹口区人民检察院率先建立全国首家集未成年人刑事案件审查批捕、审查起诉于一体的独立建制机构——未成年人刑事检察科。此后，犯罪预防职能逐步强化，1998 年，上海市长宁区人民检察院首次在审查案件中实行"捕诉防"一体化工作模式。2010 年 9 月，北京市海淀区人民检察院率先在全市成立专业未检机构，首次提出未检"捕诉监防"一体化业务模式。

对"捕、诉、监、防"一体化工作模式中"监"所涵盖的内容，一直存有不同的认识。在早期将这一制度定位于刑罚执行监督，包括对被适用缓刑、裁定假释的未成年人进行考验期内的帮教观护，与社区矫正制度互相衔接。在 2012 年 5 月召开的全国未成年人刑事检察工作会议上，高检将"监"的内容定位为"诉讼监督，但大墙内的监所检察除外"。这一定位既包含了之前探讨的刑罚执行监督的内容，又考虑到现阶段由未检部门全面开展监所检察工作的现实困难，可以说是一个折中的方案。2012 年 10 月 22 日，《加强未检工作的决定》将"监"定位于"法律监督"，似乎解决了上述争论，即紧接着文件又表述"由同一承办人负责同一案件的批捕、起诉、诉讼监督和预防帮教等工作"，这里对"监"的解释又对应成为了"诉讼监督"。

对未检工作"捕诉监防"一体化模式的形成过程也是各方激烈争论的博弈过程，反对观点认为捕、诉合一无法实现检察机关内部的有效监督，易使批捕权滥

---

① 《北京建首个少年检察处受案范围包括在校大学生》，http://news. sohu. com/20100917/n274993702. shtml,访问日期 2016 年 9 月 27 日。

用,使批捕成为起诉工具,影响其在保障人权中独立价值的体现,使未成年犯罪嫌疑人相较于检察机关,更处弱势地位,影响司法公正。但从各地多年的实践来看,未检"捕诉监防"一体化是突出未成年人权益,利大于弊的正确创新。既符合现行立法,也有利于保障检察引导侦查,提高诉讼效率。而且从综合程序而言,与实现有效监督、保障案件质量不仅无本质矛盾,且对案件整体质量的促进能通过内外兼顾,更好地实现法律效果与社会效果的有机统一。

2. "捕诉监防"一体化模式的实践状况及现存问题

截至 2014 年 10 月,已成立独立编制的未检机构多数均已根据《加强未检工作的决定》的要求,实行"捕诉监防"一体化工作模式,但少数未检机构虽有独立编制,目前仍未完全实现一体化目标,仅限于独立编制内各项职能的一体化,但承办人捕诉分离,或独立编制内的部分承办人各项职能一体化、部分承办人捕诉分离。对于尚未建立未检独立编制的地区,目前基本仍实行捕诉分离的传统办案模式。从各地已推行"捕诉监防"一体化模式的地区实践状况来看,一体化模式的运行主要存在以下问题:

(1)"捕诉监防"一体化地区差异明显,缺乏统一的制度规范与配套机制。

全国未检工作地区差异日益明显。从全国开展情况来看,地区发展极不平衡,部分如青海、内蒙古、黑龙江、兵团等地的多数地区尚未建立未检独立编制,全国有未检专人办案的地区受案亦不相同,未成年人平等保护难以落实。是否开展社会调查,何时开展社会调查等问题均由各地办案精力及财政支持力度决定,做法亦不相同,进而拉大了"捕诉监防"实施效果的地区差异。此外,"捕诉监防"过程,因帮教措施、轻重把握等因索导致同案不同罚的差异日益明显。相同案件在未检职能发展完善的地区对未成年人能进行更全面的身心矫治,助其重返社会,作出相对不起诉或附条件不起诉的比例较高。而落后地区,由于帮教、监管等配套措施尚未健全,矫治、考察工作开展困难,起诉率及再犯率普遍较高,二者罪与非罪有天壤之别。

(2)"捕诉监防"一体化衔接不畅。

"捕诉监防"一体化仍留有"捕""诉"分离的历史痕迹。未检"捕诉监防"一体化模式于 2012 年底正式由最高人民检察院决定在全国推行。但新模式的推广并未带动配套程序、考核机制等的同步更新,部分地区人合形离色彩浓厚。虽"捕诉监防"同人承担,但仍坚持捕、诉分离两套全然独立的程序、文书、考核机制等,未能有效统筹地区资源。甚至部分地区依然存在(不)捕后诉前的真空断档期。且考察帮教日趋社会化与地区社会化监督力度薄弱之间的矛盾日益明显。例如,如何开展对未成年人社会考察的监督,如何开展对帮教组织的监督等,法律监督在未检特色的诸多领域未能得到有效开展。[①]

（3）"捕""诉"环节现认识误区，"捕"后"诉"前有风险。

"捕诉监防"一体化要求承办人对诉讼全程要前置考量，这使其易陷入认识误区，而"捕"后"诉"前存在的现实风险亦也加剧错误更正的实践障碍。

一方面办案人员易陷逮捕工具主义[②]认识误区。由于承办人受案件后续处理影响，在审查批捕阶段易从起诉，甚至审判的角度考虑强制措施的适用。以能否保障诉讼为前提，能否保障不出现"刑期倒挂"[③]为基础，人为降低"应当予以逮捕"的判断标准。该种错误认识在实践中的典型表现主要是人为降低逮捕门槛，将是否能判处缓刑，作为是否逮捕的判断标准。另一方面，"捕"后"诉"前的现实风险是更正逮捕工具主义的重要阻碍。"捕诉监防"一体化下对必然起诉的案件，承办人追诉意识较强。取保候审易增加起诉风险，尤其现今强调"审判中心主义"，使公诉人不得不对非羁押措施的适用有所顾忌。另对于证据不够充分的案件，若对同案犯均取保候审，无疑会产生串供风险，增加补侦难度，而对防范串供在实践中尚缺乏有效措施等，这些都成为"捕诉监防"一体化下，承办人逮捕工具主义意识难以遏制的重要因素。

（4）"捕诉监防"限于检察机关自身职能的一体化，工作开展受到局限。

目前，"捕诉监防"一体化限于检察机关自身职能的合一，社会力量融入不足，致使工作开展受到限制。尤其系"监""防"职能的实现，必须依赖社会资源。但由于对于取保候审、附条件不起诉等未成年人非羁押措施下预防及考察帮教工作的开展仍缺乏有效的社会机制及资源支持，选择性开展在实践中仍时有出现。此外，社会化结论易受客观、公正性质疑。如部分司法机关委托社会上的社工组织对未成年人开展社会调查，进而引起公众包括当事人对于如何保证被调查人评估结果客观性、公正性的诸多质疑，又如附条件不起诉等在实行过程中，将对犯罪嫌疑人在外考察的多项评价交由社区、校方等出具，其意见是否会因出具人的顾虑等因素而避重就轻。[④]

四、少年检察的具体职能

我国检察机关的职能包括自行侦查、立案监督制度、侦查监督、公诉制度、审

[①] 杨新娥、邵烟雨：《未成年人检察工作捕诉监防一体化模式研究》，中国检察出版社2015年版，第36页。

[②] 同上。"法律工具主义"是指一种人治思维模式的法律观，当人们将法律定位为任何意义上的"工具"时，在现实中就难免被人为地、甚至任意地进行裁剪、取舍。该文中的"逮捕工具主义"并不通用，是指将有关逮捕的适用条件作为"工具"。

[③] "刑期倒挂"是指刑事案件在侦查、批捕、起诉、审判等环节虽未超过法定期限，但被告人判决前的羁押期限却超过了法院判处的刑期。

[④] 参见杨新娥、邵烟雨：《未成年人检察工作捕诉监防一体化模式研究》，中国检察出版社2015年版，第33—38页。

判监督与刑罚执行和监所监督制度。在上述基础上,2006 年《最高检办理未成年人案件的规定》增加了八项制度与措施:案件进展情况告知制度;专门办理制度;严格的审查逮捕制度;审查起诉中的亲情会见制度;明确了可以适用不起诉制度的各种情形;对未成年人与成年人共同犯罪案件,一般实行分案起诉制度;增加了社会调查制度;以及规定了诉讼监督的具体措施。而 2013 年修订后的《最高检办理未成年人案件的规定》①又增加专门机构和专人办理、对社会调查、未成年人逮捕的社会危险性判断标准、附条件不起诉程序等制定详细、具体的方法和标准,倡导对未成年犯罪嫌疑人进行心理疏导、心理测评等规定。这些具体制度与措施构成了未成年人检察机关职能的主要内容。

（一）审查批捕

1. 涉少案件审查批捕总体情况

2012 年,全国检察机关对涉罪未成年人的批捕率较 2008 年下降 5.31 个百分点,2013 年较 2012 年又分别下降 7.72 个百分点。② 其中上海市对涉罪未成年人少捕慎诉的力度不断加强,审查逮捕的涉罪未成年人人数从 2007 年最高峰的 2267 人,下降到 2015 年 650 人,下降了 71.3%。而 2007 年至 2015 年,未成年人的不捕率则从 8.4%上升到 29.4%。③

2. 审查逮捕的具体职能

在审查逮捕中,有关未成年犯罪嫌疑人的主要内容包括:

第一,在审查逮捕时严格遵循快速办理、严格限制适用原则,即人民检察院办理未成年人审查逮捕案件,应当在依照法定程序和保证办案质量的前提下,快速办理,减少刑事诉讼对未成年人的不利影响。根据未成年犯罪嫌疑人涉嫌犯罪的事实、主观恶性、有无监护与社会帮教条件等,综合衡量其社会危险性,严格限制适用逮捕措施。④

第二,针对未成年犯罪嫌疑人逮捕必要性,重点围绕以下内容,审查案卷材料:

一是年龄审查。重点是审查是否已满 14、16、18 周岁。

二是犯罪事实证据审查。重点审查犯罪的起因、时间、地点、对象、目的、动机、手段、过程以及犯罪行为造成的危害后果;共同犯罪中每名成员的分工、行

---

① 2013 年 12 月 19 日最高人民检察院第十二届检察委员会第十四次会议通过了修订后的《最高检办理未成年人案件的规定》,对未成年人刑事案件的办理程序予以进一步完善、细化。

② 《最高检召开检察机关未成年人刑事检察工作新闻发布会》,www. law-lib. com/fzdt/news...0853. htm-2014-5-30 9:07:50,访问日期 2016 年 3 月 23 日。

③ 李天琪:《上海:未检工作先行者》,http://www. mzyfz. com/cms/benwangzhuanfang/xin-wenzhongxin/zuixinbaodao/html/1040/2016-06-24/content-1203458. html,访问日期 2016 年 10 月 14 日。

④ 参见《人民检察院刑事诉讼规则(试行)》第 487 条,《最高检办理未成年人案件的规定》第 4、13 条。

为、作用和地位。

三是量性证据审查。重点审查其是否系防卫过当、避险过当,犯罪预备、中止、未遂,从犯、胁从犯、教唆犯;是否有自首、立功表现的法定量刑情节;以及悔罪表现,是否对被害人赔偿以及和解,前科劣迹方面的证据,如刑事判决书、裁定书、不起诉决定书、行政处罚决定书、释放证明、假释证明等酌定量刑情节。

四是身体健康情况审查。重点审查其入所体检证明材料,是否患有不适合羁押的疾病。

五是辩护意见审查。重点审查辩护人向公安机关提交的书面意见。

六是证明有无监护与社会帮教条件的材料。注重审查社会调查报告。其他有关逮捕必要性证据材料审查。①

第三,讯问未成年犯罪嫌疑人需满足通知法定代理人或合适成年人,出具提讯凭证或者《传唤证》②,告知其权利义务,采用个性化的讯问方式,核对讯问笔录等要求。

第四,讯问的重点内容包括:

(1)犯罪嫌疑人的基本情况。包括身份情况、家庭情况、成长经历,重点讯问犯罪嫌疑以确定其行为时是否已满 14、16、18 周岁。是否患有不宜羁押的严重疾病。

(2)犯罪嫌疑人被采取强制措施的具体时间和原因。如发现其供述与卷宗中法律文书记载不一致时,应当详细记载有关情况,以便进一步核实。

(3)犯罪嫌疑人的犯罪原因及认罪悔罪态度。

(4)犯罪嫌疑人在侦查阶段的供述是否真实,对侦查机关认定的罪名是否认可。对于犯罪嫌疑人在侦查阶段做有罪供述且前后一致的,核实主要犯罪事实;对于犯罪嫌疑人翻供、变供、拒不认罪的,让其说明理由,并结合犯罪构成要件,针对性地讯问其涉嫌犯罪的事实。

(5)侦查活动是否存在违法情形,即侦查机关是否依法为犯罪嫌疑人提供法律援助、讯问时其法定代理人或者合适成年人是否到场、是否存在刑讯逼供等违法行为、是否将其与成年人分别羁押。

(6)犯罪嫌疑人的监护与社会帮教条件。在本地是否有亲友、其居住地或者暂住地,是否有经济来源等。③

第五,听取辩护律师意见。

第六,审查公安移送的社会调查报告,或进行社会调查。办理审查逮捕案

---

① 参见首都综治委预防青少年违法犯罪专项组、北京市人民检察院、北京市公安局《关于未成年犯罪嫌疑人适用逮捕强制措施实施意见》第 4 条。

② 讯问未在押的犯罪嫌疑人,应当出具《传唤证》,在检察院专门的未成年人办案场所进行。

③ 参见最高人民检察院、公安部《关于审查逮捕阶段讯问犯罪嫌疑人的规定》第 7 条。

件,检察机关应当认真审查社会调查报告,将社会调查报告反映的犯罪嫌疑人的主观恶性、监护和帮教条件等情况作为捕与不捕和教育挽救的重要参考。

第七,对因情节显著轻微不构成犯罪不批准逮捕的犯罪嫌疑人,应当予以训诫,责令具结悔过、赔礼道歉、赔偿损失,并要求其法定代理人加强监管。同时,可以会同有关组织对犯罪嫌疑人人进行跟踪帮教,必要时,可以对其法定代理人进行亲职教育。

（二）审查起诉和出庭支持公诉

1.审查起诉

在此部分,需要特别指出的是:

第一,在确保案件质量和落实未成年刑事案件诉讼程序规定的前提下,应当严格控制补充侦查和延长审查起诉的次数和期限,尽可能快地办结案件,减少刑事诉讼对未成年人的不利影响。

第二,讯问未成年犯罪嫌疑人时,应当讯问其对行为原因、社会危害性及行为后果的认识,对其进行必要的法治教育。

第三,对于符合刑事和解条件的,要发挥检调对接①平台作用,积极促使双方当事人达成和解。在审查起诉阶段双方当事人达成和解协议的,人民检察院可以依法变更强制措施,且可以作为是否需要判处刑罚或者免除刑罚的因素予以考虑,符合法定不起诉条件的,可以决定不起诉。对于依法应当提起公诉的,人民检察院可以向人民法院提出从宽处罚的量刑建议。

第四,对未成年犯罪嫌疑人开展社会调查。

第五,进行羁押必要性审查。未成年犯罪嫌疑人被羁押的,人民检察院应当审查是否有必要继续羁押。对不需要继续羁押的,应当予以释放或者变更强制措施。

第六,审查起诉未成年犯罪嫌疑人,应当听取其父母或者其他法定代理人、辩护人、被害人及其法定代理人的意见。

第七,可以安排亲情会见。

由于亲情会见可以促使涉罪未成年人认罪悔过,促使涉罪未成年家长配合司法机关进行教育,故《最高检办理未成年人案件的规定》第24、25条规定,移送审查起诉的案件具备以下条件之一,且其法定代理人、近亲属等与本案无牵连的,经公安机关同意,检察人员可以安排在押的未成年犯罪嫌疑人与其法定代理人、近亲属等进行会见、通话,并将有关情况记录在案:

---

① 检调对接是指检察机关公诉部门在履行法律监督职能的同时,在刑事和解工作中,依托人民调解组织进行调解,被害人或其亲属自愿同犯罪嫌疑人就财产损失、人身伤害达成和解协议,并经公诉部门依法监督和认定,如确属犯罪嫌疑人认罪悔过、积极赔偿、被害人谅解、社会危害性不大的案件,可以依照法律规定对犯罪嫌疑人做出相关从轻处理,以求运用刑事和解努力化解矛盾纠纷。

（1）案件事实已基本查清，主要证据确实、充分，安排会见、通话不会影响诉讼活动正常进行；

（2）未成年犯罪嫌疑人有认罪、悔罪表现，或者虽尚未认罪、悔罪，但通过会见、通话有可能促使其转化，或者通过会见、通话有利于社会、家庭稳定；

（3）未成年犯罪嫌疑人的法定代理人、近亲属对其犯罪原因、社会危害性以及后果有一定的认识，并能配合司法机关进行教育。

会见、通话前，应当告知犯罪嫌疑人同其法定代理人、近亲属，进行会见、通话不得有串供或者其他妨碍诉讼的内容。会见、通话时检察人员可以在场。

2. 审查终结

（1）提起公诉

人民检察院对案件进行审查后，认为犯罪嫌疑人的犯罪事实已经查清，证据确实、充分，依法应当追究刑事责任的，应当作出起诉决定。其中审查未成年人与成年人共同犯罪案件，遵循以下原则：

一是未成年人与成年人共同犯罪案件分案起诉；

根据《最高检办理未成年人案件的规定》第51条，人民检察院审查未成年人与成年人共同犯罪案件，一般应当将未成年人与成年人分案起诉。但是具有下列情形之一的，可以不分案起诉：未成年人系犯罪集团的组织者或者其他共同犯罪中的主犯的；案件重大、疑难、复杂，分案起诉可能妨碍案件审理的；涉及刑事附带民事诉讼，分案起诉妨碍附带民事诉讼部分审理的；具有其他不宜分案起诉情形的。

二是可以制作一个审结报告，分别制作起诉书及出庭预案。

三是可以向法院提出量刑建议；涉罪少年被起诉后，检察官把开展社会调查和帮教后形成的书面报告作为品格证据提交法院，并以此为参考提出量刑建议，保障量刑均衡。

四是出现不宜分案情形，建议法院并案审理。

（2）不起诉

所谓不起诉，是人民检察院对公安机关侦查终结移送起诉的案件进行审查后，认为犯罪嫌疑人的行为不构成犯罪或依法不应追究刑事责任，或者其犯罪情节轻微，依照刑法规定不需要判处刑罚或者免除刑罚，以及对于补充侦查的案件，认为证据不足，不符合起诉条件，从而作出不将犯罪嫌疑人提交人民法院进行审判、追究刑事责任的一种处理决定。[①] 不起诉包括：法定不起诉，酌定不起诉，存疑不起诉。

---

① 陈光中：《刑事诉讼法》，北京大学出版社2002年版，第289页。

（3）附条件不起诉

附条件不起诉,是指检察机关对应当负刑事责任的犯罪嫌疑人,认为可以不立即追究刑事责任时,给其设立一定考察期,如其在考察期内积极履行相关社会义务,并完成与被害人及检察机关约定的相关义务,足以证实其悔罪表现的,检察机关将依法作出不起诉决定。该部分内容前文已有详细论述。

3.出庭公诉①

（1）庭前准备

对提起公诉的未成年人刑事案件,检察官应当认真做好下列出席法庭的准备工作：

掌握未成年被告人的心理状态,并对其进行接受审判的教育,必要时,可以再次讯问被告人；与未成年被告人的法定代理人、合适成年人、辩护人交换意见,共同做好教育、感化工作；进一步熟悉案情,深入研究本案的有关法律政策问题,根据案件性质,结合社会调查情况,拟定讯问提纲、询问被害人、证人、鉴定人提纲、举证提纲、答辩提纲、公诉意见书和针对未成年被告人进行法制教育的书面材料。

（2）庭审流程

公诉人在法庭上应当依法进行下列活动：一是宣读起诉书,代表国家指控犯罪。二是讯问被告人,询问证人、被害人、鉴定人；对确有必要出庭作的未成年证人、被害人,建议人民法院采取相应的保护措施。三是出示、宣读、播放证据。四是质证。五是适时进行法庭教育。六是对证据采信、法律适用和案件情况发表意见,提出量刑建议及理由,针对被告人、辩护人的辩护意见进行答辩,全面阐述公诉意见。七是对情绪严重不稳定,不宜继续接受审判的未成年被告人,建议法庭休庭。八是对审判活动进行监督。九是遇有 2013 年《人民检察院刑事诉讼规则（试行）》第 455 条规定的情形之一的,建议延期审理。②

（三）法律监督

1.法律监督概述

检察机关法律监督职能的完善是未成年人检察制度发展、改革的应有之义,是社会主义司法文明的必然要求,也是国际少年司法制度发展的大势所趋。广义的检察监督是检察机关依据法律授予的权力,按照法定程序,运用特定的职权,通过具体方式和措施,对包括刑事诉讼、民事审判和行政诉讼中有关法律适用情况进行检察督促的专门性活动。而狭义的检察监督仅指人民检察院对侦查

---

①　由于篇幅所限,本节内容略去二审案件办理的相关内容。

②　参见 2013 年《人民检察院刑事诉讼规则（试行）》第 434 条,《最高检办理未成年人案件的规定》第 57、58 条。

机关、审判机关以及监狱、看守所等执行机关进行刑事诉讼活动是否合法进行的监督。本节讨论的未成年人刑事检察监督是狭义检察监督，主要包括立案监督、侦查活动监督、审判活动监督、刑事判决、裁定监督和刑事执行检察监督。①

2. 侦查活动监督

侦查活动监督是指人民检察院对公安机关的侦查活动是否合法所进行的专门的法律监督。根据我国刑事诉讼法和人民检察院刑事诉讼规则的规定，人民检察院侦查活动监督的内容主要包括对侦查机关专门的调查活动以及采取的强制性侦查措施包括强制措施是否合法所进行的监督。

根据《最高检办理未成年人案件的规定》第 67 条，人民检察院审查批准逮捕、审查起诉未成年犯罪嫌疑人，应当同时依法监督侦查活动是否合法，发现有下列违法行为的，应当提出纠正意见；构成犯罪的，依法追究刑事责任：

一是违法对未成年犯罪嫌疑人采取强制措施或者采取强制措施不当的；

二是未依法实行对未成年犯罪嫌疑人与成年犯罪嫌疑人分别关押、管理的；

三是对未成年犯罪嫌疑人采取刑事拘留、逮捕措施后，在法定时限内未进行讯问，或者未通知其家属的；

四是讯问未成年犯罪嫌疑人或者询问未成年被害人、证人时，未依法通知其法定代理人或者合适成年人到场的；

五是讯问或者询问女性未成年人时，没有女性检察人员参加；

六是未依法告知未成年犯罪嫌疑人有权委托辩护人的；

七是未依法通知法律援助机构指派律师为未成年犯罪嫌疑人提供辩护的；

八是对未成年犯罪嫌疑人威胁、体罚、侮辱人格、游行示众，或者刑讯逼供、指供、诱供的；

九是利用未成年人认知能力低而故意制造冤、假、错案的；

十是对未成年被害人、证人以暴力、威胁、诱骗等非法手段收集证据或者侵害未成年被害人、证人的人格尊严及隐私权等合法权益的；

十一是违反羁押和办案期限规定的；

十二是已作出不批准逮捕、不起诉决定，公安机关不立即释放犯罪嫌疑人的；

十三是在侦查中有其他侵害未成年人合法权益行为的。

3. 审判活动监督

审判活动是司法公正的重要环节，加强对刑事审判活动的监督，对于维护实

---

① 尽管 2012 年《加强未检工作的决定》第 8 条规定："设立未成年人刑事检察独立机构的检察院，一般应实行捕、诉、监（法律监督）、防一体化工作模式，由同一承办人负责同一案件的批捕、起诉、诉讼监督和预防帮教等工作。"考虑到未检部门的力量和实践状况，对未成年犯管教所的法律监督仍由刑事执行检察科负责，本节在此不予论述。

体公正、程序公正、保障人权具有积极的意义。审判活动监督主要包括以下内容:

首先,对依法不应当公开审理的未成年人刑事案件公开审理的,人民检察院应当在开庭前提出纠正意见。

其次,公诉人出庭支持公诉时,发现法庭审判有下列违反法律规定的诉讼程序的情形之一的,应当在休庭后及时向本院检察长报告,由人民检察院向人民法院提出纠正意见:

一是开庭或者宣告判决时未通知未成年被告人的法定代理人、合适成年人到庭的;

二是人民法院没有给聋、哑或者不通晓当地通用的语言文字的未成年被告人聘请或者指定翻译人员的;

三是未成年被告人在审判时没有辩护人的;对未成年被告人及其法定代理人依照法律和有关规定拒绝辩护人为其辩护,合议庭未另行通知法律援助机构指派律师的;

四是法庭未告知未成年被告人及其法定代理人依法享有的申请回避、辩护、提出新的证据、申请重新鉴定或者勘验、最后陈述、提出上诉等诉讼权利的;

五是其他违反法律规定的诉讼程序的情形。

再次,在法庭审理中发现人民法院审判活动违反法律规定的程序或者剥夺、限制诉讼参与人诉讼权利的,应当记录在案,并在庭审后依法提出监督意见。

最后,发现人民法院审理案件违反法定期限的,应当及时告知本院监所检察部门。

4. 刑事执行检察监督

(1) 未成年人刑事执行检察监督的部门

一是由刑事执行检察机构进行未成年人监所检察、监外执行检察监督。虽然最高检在《加强未检工作的决定》将"捕诉监防"中的"监"定位于"法律监督",但未免使这一工作模式中四分之一的工作内容承载了过于繁重的任务①,即使已有独立编制的未检机构也难以有效开展,故实践中多数地区仍由刑事执行检察机构进行该项业务。

二是由未检部门进行未成年人监所检察、社区矫正检察监督。有的地区检察院将未成年人监所检察与社区矫正监督职能统归未检机构。如上海市长宁区检察院、浦东新区检察院先后出台"未成年人检察一体化"的相关规定,将未成年人监所检察作为未成年人刑事检察部门的工作范围,以未成年人社区矫正和刑

①　王拓:《未成年人"捕、诉、监、防"一体化工作模式初论》,载《预防青少年犯罪研究》2013 年第 4 期。

罚执行变更为重点,逐步建立有别于成年人的刑罚执行监督工作机制,以体现对未成年人的特殊保护。① 江苏省常州市各检察院、山东省菏泽市开发区检察院、天津市武清区检察院、甘肃省白银市检察院等地未检处(办)也对未成年人社区矫正工作开展检察监督。

三是未检处和本院刑事执行检察科建立联系制度。在监所部门安排专人负责少年工作,对于被羁押的涉罪少年从入所起就分押分管,由专人全程参与保护,对他们的信息进行单独管理。并跟踪判后少年的刑罚执行情况,参与社区矫正,既发挥检察职能保证刑罚的正确执行,又参与社会管理,做好判后少年的回归社会工作。

如海淀检察院未检处成立涉未刑事执行工作组,加强与本院监所处、海淀区看守所、海淀区司法局的合作与沟通,深化涉未刑事执行检察工作。一是建立未成年人监区巡视制度。每周更新《海淀看守所在押未成年人信息档案表》,了解在押人员表现。二是积极开展羁押必要性审查。三是进行心理辅导。未检处从强化心理矫治入手,2015 年 6 月至今,已委托专业心理咨询师入所为在押未成年人开展心理辅导 20 余次。② 四是社工介入。委托专业司法社工就犯罪原因等进行针对性介入。五是法制教育进监区,加强犯罪预防。未检处专职检察官走进未成年人监区,开展在押未成年人法律与思想道德教育工作,建立生理、心理和法理三位一体的犯罪预防模式。六是跟踪未成年人社区矫正管理。未检处专职检察官会同本院监所检察处检察官,走访社区矫正机构,对被判处管制、宣告缓刑、暂予监外执行、裁定假释在社会上服刑的未成年人情况进行跟踪。③

(2)未成年人监所检察工作的主要职责

未成年人监所检察重点有两个方面:一是保护在押未成年人的合法权益;二是保障刑事诉讼活动的顺利进行。具体包括以下内容:监督检察看守所依法收押和出所,防止当事人被错误关押,保障未成年人分押的权利;纠防超期羁押和久押不决,提高未成年人犯罪案件工作效率;监督看守所依法执法,科学、文明管理,依法保障在押未成年人的生活、卫生和健康权利;拓宽诉求表达渠道,设置检务公开栏、检察信箱等,确保在押未成年人合法权利的实现。尤其是对隐性超期羁押的监督。

---

① 顾文:《未成年人刑事检察制度检视——健全"捕诉监防"一体化工作模式的现实思考》,载《上海政法管理干部学院学报》2015 年第 5 期。

② 《你知道未成年人刑事执行检察是一种什么样的工作?》,http://www.aiweibang.com/yuedu/94987359.html,访问日期 2016 年 9 月 24 日。

③ 《我们来点暖心的:走近未成年人刑事执行检察》,http://www.360doc.com/content/16/0301/02/22998329_538425060,访问日期 2016 年 9 月 24 日。

（3）对未成年人社区矫正的检察监督

① 未成年人社区矫正检察监督对象

与成年犯社区矫正检察监督对象相比，除了被判处管制、缓刑以及监外执行和假释的未成年犯外，还包括附条件不起诉的未成年人。

② 未成年人社区矫正检查监督的内容

根据《最高检办理未成年人案件的规定》第73条，人民检察院依法对未成年人的社区矫正进行监督，发现有下列情形之一的，应当依法向公安机关、人民法院、监狱、社区矫正机构等有关部门提出纠正意见：

一是没有将未成年人的社区矫正与成年人分开进行的；

二是对实行社区矫正的未成年人脱管、漏管或者没有落实帮教措施的；

三是没有对未成年社区矫正人员给予身份保护，其矫正宣告公开进行，矫正档案未进行保密，公开或者传播其姓名、住所、照片等可能推断出该未成年人的其他资料以及矫正资料等情形的；

四是未成年社区矫正人员的矫正小组没有熟悉青少年成长特点的人员参加的；

五是没有针对未成年人的年龄、心理特点和身心发育需要等特殊情况采取相应的监督管理和教育矫正措施的；

六是其他违法情形。

③ 未成年人社区矫正检查监督的方式

对于未成年人社区矫正，刑事执行监察科采取定期和不定期巡查司法所的方式进行监督。巡回检察每周不得少于一次，参加人员不得少于两人。到司法所后一般采取座谈、查阅档案材料、约谈社矫人员等多种形式进行全面检察。针对检查发现的问题，采取"一份检察建议＋一堂社区矫正知识法制课"的模式进行纠正。这种模式，可以让司法人员有针对性的改正。每次巡回检察结束后，应当制作检察记录，报告重大事项，确保巡回检察扎实有效开展。① 除了加强监督刚性外，部分地区还关注未成年社区矫正人员内心需求，联合司法所进行心理测试和个别心理辅导，把结果记入矫正档案。联合"中途之家"②为社矫人员争取就业机会和法定补助。③

---

① 最高人民检察院《关于全面加强和规范刑事执行检察工作的决定》，载《检察日报》2015年12月17日。

② 中途之家的相关内容详见第八章。

③ 参见雷树根：《区检察院、区司法局联合举办未成年矫正心理辅导讲座》，http://www.qshnews.com/system/2013/08/13/012573502.shtml，访问日期2016年11月26日；卢金增《山东沂南检察院推行社区矫正法律监督机制获认可》，http://www.jcrb.com/procuratorate/jckx/201503/t20150327_1491366.html，访问日期2016年11月26日。

（4）对犯罪记录封存的检察监督

我国《刑事诉讼法》建立了未成年人犯罪记录封存制度。故加强对未成年人犯罪记录封存制度的检察监督，是检察机关履行法律监督职能的应有之义，也是依法维护未成年人合法权益的重要举措。

检察机关应当注意审查：（1）犯罪封存记录的适用是否符合法定条件，即适用对象是否属于犯罪时不满 18 周岁，被判处 5 年有期徒刑以下刑罚的未成年人。这两个条件缺一不可。（2）有关职能部门是否依照司法机关的决定及时封存了相关案卷、档案等材料，是否制定了专人保管、分类管理的工作制度，是否落实了相应的保密措施等。（3）查询的主体和事项是否符合法律规定，相关职能部门和单位是否严格履行了制度规定和审查程序，依法负有保密义务的单位和个人是否擅自公开未成年人犯罪记录。（4）发现有关机关对未成年人犯罪记录应当封存而未封存的，不应当允许查询而允许查询的或者不应当提供犯罪记录而提供的，应当依法提出纠正意见。

（四）少年检察预防

1. 少年检察预防的含义

少年检察预防是指检察机关运用少年检察理论与检察实践资源，采用有效方法和措施，控制和消除诱发犯罪与遭受犯罪侵害的因素和条件，防止个体发生犯罪行为与避免发生被害现象的活动。[①] 少年检察预防的内容既包括少年犯罪的预防，也包括少年被害的预防，本书仅指少年犯罪的预防。

2. 少年检察预防的现状

当前我国少年检察预防呈现以下特点：

（1）部门间未成年人犯罪考察、预防工作职能交叉冗余、各自为政。《预防未成年人犯罪法》第 3 条规定："预防未成年人犯罪，在各级人民政府组织领导下，实行综合治理。政府有关部门、司法机关、人民团体、有关社会团体、学校、家庭、城市居民委员会、农村村民委员会等各方面共同参与，各负其责，做好预防未成年人犯罪工作，为未成年人身心健康发展创造良好的社会环境。"但实践中，人民政府的领导作用成效甚微，开展未成年人犯罪预防成为人人有责，但职责不明，责权混乱，至因人人有责，反而人人无责，怠于行责，最终成为一盘散沙，缺乏犯罪预防的凝聚力，"教育、感化、挽救"的综合效果难以实现。检察机关在"捕诉监防"一体化模式中开展对未成年人犯罪预防职能的具体方式、在社会整体合力中的参与角色尚不明确，缺乏明确的管理、协调与制约机制，任意性色彩浓厚，彼此职能交叉、各自为政。

---

① 王振峰、席小华主编：《4＋1＋N：社会管理创新语境下的少年检察工作》，中国检察出版社 2011 年版，第 169 页。

（2）一般预防与特殊预防相结合，但特殊预防开展有限。部分地区面临未检办案压力大、人员紧的现实困境，犯罪预防仍主要限于一般预防。从部分地区的工作宣传中可明显看到，未检部门开展一般预防的比例占其预防职能的绝对多数。具体承办人受办案压力等限制开展特殊预防的力度极为有限，且因人而异。实践中存在预防职能重一般、轻特殊的倾向，且对特殊预防与一般预防何者为重、如何分配存在分歧。

3. 少年检察帮教

在司法实践中，巡回宣讲等一般预防虽受益人群广，但因缺乏针对性，很难得到直接的触动效果。而与此相比，犯罪少年本身即是未检工作的直接对象，且其又恰是最需要接受预防教育的重点人群，未检人员有熟悉案件、直接接触的先天优势。因此，在有限的人力、物力上，更能有效利用自身优势，积极开展对此类人群的特殊预防。但实践中特殊预防开展却很有限，目前主要以检察帮教为主要形式，本书就以北京地区做法为例，对此予以介绍。①

（1）少年检察帮教的概念

少年检察中的帮教，是指人民检察院为帮助所办理案件中的未成年人顺利回归社会及健康成长而采取的帮助、教育、扶助和矫治等福利性措施。② 这是当前我国少年检察特殊预防的主要形式。

（2）少年检察帮教的主体及权利义务

帮教工作由人民检察院案件承办人负责，可以邀请未成年人的法定代理人、所在学校、未成年人保护组织、居住地的村民委员会、居民委员会、社会调查员等相关单位共同参与。

根据案件情况，可以商请和委托社会组织承担帮教工作。委托社会组织进行帮教的，应当制发委托帮教函，提供相关资料，并帮助帮教机构、未成年人的法定代理人签订帮教协议。检察机关为帮教监督方，帮教机构为教育方，未成年人的法定代理人为配合方，三方共同开展帮教工作。

人民检察院对于符合帮教条件而拒不接受帮教的未成年人，以及因不满刑事责任年龄不予刑事处罚的未成年人，可以建议将其送入专门学校接受教育。同时，应当责令其法定代理人严加管教，并落实就学等相关事宜。必要时，可以由政府对其收容教养。

人民检察院开展帮教工作应当告知未成年人下列事项：帮教的意义和重要性；诉讼权利和义务；相关法律法规及司法政策。

---

① 参见北京市人民检察院未成年人案件检察处编：《检察机关未成年人刑事案件办案一书通》，中国检察出版社 2016 年版，第 268—272 页。

② 同上书，第 268 页。

（3）少年检察帮教的对象及义务

检察帮教的对象为下列未成年人：正在被检察机关审查逮捕或者审查起诉的；处于附条件不起诉考察期内的；附条件不起诉考察期满被作出不起诉决定的，或者根据《刑事诉讼法》第 173 条第 2 款的规定作出不起诉决定的；已经被不批准逮捕的，或者被判决免予刑事处罚的；尚未构成犯罪，但有违法行为或者严重不良行为的。此外，对于已经被人民法院作出生效判决的未成年人，人民检察院根据需要，可以配合人民法院、司法行政部门等开展帮教工作，由原承办人继续负责。

帮教期间，未成年人应当履行下列义务：遵守法律法规、服从监督；按照人民检察院的要求接受矫治和教育；按照人民检察院的规定以书面形式报告自己的活动情况和自身感受。

（4）少年检察帮教的原则

一是谁办案谁负责原则。

人民检察院开展帮教工作，应当按照谁办案、谁负责的要求，贯彻双向保护原则，依法保护未成年人的合法权益。

二是身份保护原则。

所谓"身份保护"，是指为了避免标签化的影响，对未成年人的检察帮教应当在不公开其身份的情况下进行。一方面，人民检察院及受委托的帮教机构到未成年人所在的社区、学校及未成年犯管教所对未成年人定期回访时，应当避免未成年人不良记录的扩散。另一方面，人民检察院应当在向参与帮教的人员提供相关资料时，要求其签署保密协议。参与帮教的人员应当对未成年人的资料予以保密，不得公开或者传播其姓名、住所、照片、图像及可能推断出该未成年人真实身份的其他资料。严禁向任何单位或者个人违法披露、提供、泄露未成年人的相关信息或者犯罪记录。

三是个别化原则。

每个未成年人都有其个性形成的自身特点，故对未成年人开展帮教，应当坚持个别化原则，制定详细的、有针对性的帮教方案，详细载明未成人的行为性质、危险程度、性格特点、帮教难易程度等情况，提出具体的帮教目标、帮教计划和帮教措施，并根据需要及时予以调整。帮教女性未成年人，应当以女性工作人员为主，除一般帮教措施外，还应当根据女性犯罪的特点，增设青春期情感陪护教育、生理知识教育等内容。

四是社会化原则。

未成年人犯罪预防帮教工作是一项系统的社会化工程，需要全社会齐抓共管，共同努力。

首先，在现有基础上进一步强化司法一条龙建设。未成年人案件公检法司一条龙发展是今后未检工作发展的必然趋势。一是检察机关可将犯罪预防与社会调查向前延伸,加强与侦查机关的业务合作,做好阶段性的衔接工作,以此克服审查批捕期限短、社会调查效果不佳等现实问题。二是注重与审判机关的帮教合作。除做好基本的帮教衔接外,合作重点应突出在"寓教于审"的庭审环节。提起公诉时应将全案帮教材料向法院移送,共享帮教资源,在庭审法庭教育环节,结合帮教经历帮助未成年人分析犯罪原因,回归社会的有利及不利因素,并提出针对性的矫治建议,以使考察帮教的评价在庭审环节有充分的体现。同时,公诉人结合帮教经历分析未成年人表现的过程,也是对考察结论客观公正性的"质证"。三是对于不起诉案件,考察帮教的结合分析应在不起诉训诫教育中充分开展。四是检察机关应加强与司法行政机关的合作。该合作突出体现在对非羁押的未成年人帮教工作的开展过程中。检察机关可尝试通过与司法行政机关的合作,充分利用社区矫正机构开展诉讼考察、羁押必要性评估及帮教工作等。

其次,进一步加强与司法机关外的其他政府及相关部门的合作。财政部门应加大对未成年人刑事司法领域的财政支持,保障司法社会调查、当事人心理疏导等工作的经济需求。检察机关应结合未成年人案件办理的实际,加大与人大、政协、共青团、民政、教委等部门的多元合作,由各部门领导组建未成年人司法领导小组,定期召开联席会议,结合具体案件共同寻求并拓展社会资源。例如,对于义务教育阶段辍学的未成年人,协调有关部门帮助落实复学事宜;对于生活困难或者需要紧急医疗救助的未成年人,协调有关部门向其提供司法救助;对于严重侵犯未成年人就学、就业权益的,建议主管部门予以纠正。

再次,进一步加强与社会力量的合作。加大与有利于未成年人发展,利于培养未成年人一技之长的学校、爱心企业、职业培训机构、社会公益组织等社会力量的合作,签订观护协议,建立适应各类未成年人发展的多元化考察帮教基地,配合犯罪预防的深入开展。例如,江苏省常州市天宁区检察院融入各方力量建立新希望社会实践基地的一些做法即值得借鉴。注重与社会现有专业化矫正资源如各地工读学校的合作。

最后,检察机关应加大对异地未成年人考察帮教方式的深入探索。实践中主要有两种方式:一是安排异地未成年人进入本地考察基地就近考察;二是允许异地未成年人回原籍由其父母监管,并定期根据检察机关要求回本地进行帮教。①

但目前对于取保候审、附条件不起诉等未被羁押的未成年人的预防及考察帮教工作的开展,仍缺乏有效的社会机制及资源支持;对于无监护条件的轻微案

---

① 参见杨新娥、邵烟雨:《未成年人检察工作捕诉监防一体化模式研究》,中国检察出版社 2015 年版,第 46 页。

件的未成年人,缺乏社会观护基地等落实考察帮教的物质基础。

五是督促履行监护职责原则。

所谓"督促履行监护职责",是指在未成年人的检察帮教中,要采取各种办法,督促法定代理人履行监护职责,承担起抚养、管教未成年人的义务。未成年人犯罪与法定代理人没有认真履行或者没有能力履行监护职责有关,而接受检察帮教的未成年人通常与法定代理人生活在一起,法定代理人的一言一行对未成年人的人生观、价值观、接受检察帮教的态度具有切身的影响;同时,法定代理人也是方便监督未成人帮教质量的主体。为此,督促法定代理人履行其应负的监护职责是保证未成年人顺利完成帮教任务的重要因素。

为此,在对未成年人开展帮教前,应当听取法定代理人的意见,并要求其签订保证书,督促其履行下列职责:履行监护职责,承担抚养、管教义务;配合人民检察院及帮教小组、帮教基地进行监督帮教,督促未在押的未成年人按时向人民检察院提交思想汇报;当附条件不起诉的未成年人被宣告禁止令时,应当与人民检察院签订禁止令规定,对未成年人加强监督和管理;对于不服从管教的未成年人,应当及时向人民检察院报告。

(5) 少年检察帮教的内容/程序

一是帮教期间,人民检察院及受委托的帮教机构应当对未成年人定期回访,并分别建立帮教档案。通过回访了解其日常表现,如实记录帮教工作的进度、效果等。帮教工作结束后,受委托的帮教机构应当将本单位帮教档案复印件移交未成年人案件检察部门。对于帮教过程中的下列情况应详细记录:帮教计划或方案;开展法治教育等方面的情况;开展志愿活动等方面的情况;进行心理辅导、网瘾治疗等方面的情况;未成年人向人民检察院提交的思想汇报、读书心得、获奖证书等方面的情况;对未成人的法定代理人开展亲职教育、心理辅导等方面的情况。

二是建立独立设置的全程帮教档案。人民检察院开展帮教,应当对每一名未成年人单独建立帮教档案。帮教档案包括未成年人基本情况、案件基本情况、帮教协议、帮教方案、帮教措施及帮教过程中涉及的各种记录、报告、处理意见等材料。

三是帮教结束时,人民检察院及受委托的帮教机构应当对未成人在帮教期间的表现进行评定,制作《帮教情况报告》并作为办案及体现教育、挽救效果的参考。

四是帮教结束后,人民检察院应当定期到未成年人的家庭、学校、单位、村民委员会、居民委员会等进行回访,了解、掌握未成年人复归社会情况。

(6) 少年检察帮教的方式

对未成年人开展帮教,可以采取下列方式:

一是视案件情况对未成年人予以训诫、责令具结悔过、赔礼道歉、赔偿损失等,并要求其法定代理人或者其他监护人加强监管。

二是对未成年人进行法治教育,培养其法治意识,提高其明辨是非的能力。

三是对未成年人进行道德教育,培养其社会责任感,帮助其树立正确的世界观、人生观、价值观。

四是根据需要对未成年人施行心理矫治,通过心理健康教育、心理疏导和心理干预,纠正认知偏差和心理问题;经未成年人及其法定代理人同意,可以对未成年人进行心理测评。对于需要多次矫治而未成年人已经被提起公诉或者被判处刑罚的,应当建议法院、监管机构、社区矫正等机构继续心理矫治。

五是对具有吸毒、酗酒、沉迷网络等行为的未成年人实施行为矫治,帮助其戒除或者缓解不良行为倾向。

六是对于被附条件不起诉的未成年人,可以禁止其进入特定场所、与特定的人员会见或者通信、从事特定的活动。

七是要求未成年人参加团体活动与公益劳动。

八是督促未成年人参加知识、技能培训。

九是针对未成年人常见犯罪原因,开展尊重生命教育、敬畏法律教育、矛盾纠纷应对教育、同龄群体辨识教育、择友价值矫正教育。

十是针对未成年人被羁押后存在的消极、冷漠心理,开展亲情感召、挫折应对、法律承担教育。

十一是对于符合条件的案件,人民检察院可以安排在押的未成年人与其法定代理人、近亲属会见。在安排会见前,应当对法定代理人、近亲属说明会见目的及注意事项。通过会见发现亲子关系存在问题的,应当及时化解。必要时,可以对未成年人及其法定代理人、近亲属进行双向心理干预。

十二是开展亲职教育辅导,建立与未成年人监护人的谈话制度。对于谈话中发现家庭监护缺失、教育方式不当或者亲子关系存在异常的,可以进行家庭教育方式综合测评。必要时,可以邀请专业人员对未成年人的监护人进行亲职教育辅导,形成家庭、司法、社会合力帮教未成年人的局面。

第四节 少年审判组织

引例

2010 年 7 月 23 日,最高人民法院颁布《加强少年法庭工作的意见》的通知,通知要求,各级人民法院应当把少年法庭工作摆到重要位置,加强组织领导,建立健全少年法庭机构。并对各级法院少年法庭的机构建设提出了具体要求:最高人民法院设"少年法庭指导小组",并在研究室设"少年法庭工作办公室",负责全国法院少年法庭的日常指导工作。

高级人民法院设"少年法庭指导小组",组长由副院长担任,小组成员应当包括涉及未成年人案件的各相关审判庭和行政部门负责人。高级人民法院少年法庭指导小组下设"少年法庭工作办公室",负责本辖区内少年法庭的日常指导工作。"少年法庭工作办公室"设在研究室或者审判庭内。高级人民法院可以在刑事审判庭和民事审判庭内分别设立未成年人案件合议庭。暂未设立合议庭的,应当指定专职办理未成年人案件的法官。

中级人民法院应当根据未成年人案件的审判需要,逐步完善未成年人案件审判机构建设。有条件的中级人民法院可以设独立建制的未成年人案件综合审判庭(以下简称少年审判庭)。暂未设独立建制少年审判庭的中级人民法院,应当在刑事审判庭和民事审判庭内分别设立未成年人案件合议庭,或者指定专职办理未成年人案件的法官。

有条件的基层人民法院可以设独立建制的少年审判庭,也可以根据中级人民法院指定管辖的要求,设立统一受理未成年人案件的审判庭。未设独立建制少年审判庭或者未设立统一受理未成年人案件审判庭的基层人民法院,应当在刑事审判庭和民事审判庭内分别设立未成年人案件合议庭,或者指定专职办理未成年人案件的法官。

高级人民法院少年法庭指导小组、少年法庭工作办公室及未成年人案件合议庭的设立、变更情况,应当报告最高人民法院少年法庭工作办公室。中级人民法院和基层人民法院未成年人案件审判机构的设立、变更情况,应当逐级报告高级人民法院少年法庭工作办公室。

少年刑事案件审判工作,被称为温情司法,被称为一块温馨的园地,一片希望的沃土,一面鲜艳的旗帜。它在审判理念、审判机构、审判制度等方面都呈现出异于普通刑事案件审判的特质。

一、少年刑事案件审判的基本原则和理念

基于未成年人生理、心理发展还不够成熟,具有可塑性及可改造性的特点,少年司法确定了"教育、感化、挽救"的基本方针,在未成年人刑事案件审判中,确定了"教育为主、惩罚为辅""寓教于审、惩教结合"的基本原则,即在办理未成年人刑事案件时,对刑罚处罚不能单纯的以报应为目的,为惩罚而惩罚,而是应当以教育、感化、挽救为目的。我国《未成年人保护法》第54条规定,对违法犯罪的未成年人应当从轻、减轻或者免除处罚。实践中,对未成年人犯罪,在刑罚适用

上,始终按照坚持"可判可不判的,以不判为主;可轻可重的,以轻为主;可缓可不缓的,以缓为主",不断提高非监禁刑和罚金刑适用率。

二、少年审判组织——少年法庭的基本模式

自 1984 年上海长宁区成立第一个少年审判庭(合议庭)之后,因其在教育、挽救未成年犯罪人中的突出成绩,被最高法院推广,之后,便在全国蓬勃发展,在数量和形式上不断壮大、丰富,逐步形成了少年审判合议庭、独立建制的未成年人刑事审判庭(少年刑庭)、未成年人案件综合审判庭(未审庭)、指定集中管辖等多种模式共存的少年审判组织。

(一)模式一:少年审判合议庭

1. 基本建制

这一模式的名称目前比较混乱。现有的名称有:少年庭、少年法庭、未成年人合议庭、少年审判合议庭、少年犯合议庭、青少年庭等,建议今后统一称为"少年合议庭"。其受案范围目前有两种情况,一种是单纯受理未成年人刑事案件,第二种是受理未成年人刑事、民事和行政案件,第二类类合议庭比例极小。少年审判合议庭非独立建制,设在法院刑事案件审判庭内部,属刑庭内部合议庭。少年审判合议庭的设立由本院审判委员会决定。

2. 特点

少年审判合议庭的优势之一是审批方便,无需同级人大批准等繁杂程序,仅由审判委员会即可决定设立。因此这种形式的少年法庭具有广泛适应能力,能够得以迅速推广。优势之二是专人负责未成年人案件审判,有利于未成年案件审判的专业化,有助于做好跟踪帮教等工作。

此种形式少年法庭的劣势是稳定性较差。一是人员流动比较随意,因此影响了少年审判工作的稳定性和持续性,造成同一地区未成年人案件量刑尺度把握不一,未成年被告人不能得到及时有效的挽救等情况。二是审判人员专业不专。由于设在刑庭内部,少年合议庭往往会被要求兼办其他类型的案件,特别是在当前基层法院普遍人手短缺、案件多、办案压力大的情况下更是如此,而且他们办理其他类型案件的数量往往要多于未成年人刑事案件的数量。这就造成审判人员的专业不专,忙于完成工作量,无暇从事未成年人犯罪研究,亦无精力去做未成年人刑事案件所特有的大量的庭前、庭审、庭后的调查、帮教工作,使这些程序流于形式,不能真正起到审理未成年人刑事案件所应做到的教育、感化和挽救功效,不能真正实现对未成年人刑事案件被告人合法权益的保护。

(二)模式二:未成年人刑事案件审判庭

1. 基本建制

未成年人刑事审判庭又称少年刑事案件审判庭、未成年人刑事案件审判庭,

简称"少年刑庭"。主要受理未成年人刑事案件。该法庭在本院内设机构,独立建制。其建立是由同级组织人事部门审批。

2. 特点

这种独立建制的少年法庭的优势是独立性较强,少年案件审判力量也相对固定,有利于少年审判工作的制度化和专业化,因此少年刑庭这一少年法庭模式在创设后即被全国各地法院所纷纷效仿。

独立建制的少年刑庭虽然有很多优势,但它的存在和发展与该地方少年犯罪案件数量、经济发展水平、审判力量大小等因素息息相关。少年刑庭在发展中所遇到的最大的问题是案源不足。这主要是因为尽管未成年人犯罪日益突出,但是未成年人犯罪案件在犯罪总量中所占的比重并不大。因此,有的地方虽然建立了少年刑庭,但实际并没有完全从刑庭中独立出来,而采取的是"两块牌子,一套班子"的做法。

（三）模式三：未成年人刑事指定管辖审判庭

指定管辖是由上级人民法院指定某一个区县法院受理不在地域管辖范围内其他区县的少年犯罪案件。

1. 基本建制

未成年人刑事案件指定集中管辖审判庭一般都正式挂名为未成年人刑事审判庭。现在带来的问题是与其他的独立建制的非指定管辖的未成年人刑事审判庭难以区分。建议统一称为"未成年人刑事指定管辖庭"简称少年指定管辖庭。该审判庭主要受理未成年人刑事案件,各法庭根据自身的情况调整案件的受案范围,如有的法院受案范围是被告人为 22 周岁以下的刑事案件;有的法院受理未成年人犯罪案件及未成年人与成人共同犯罪案件;有的是被害人系未成年人的案件;指定管辖辖区内的被告人系单纯未成年人的刑事案件等。该审判庭在本院内设机构,独立建制。也是由同级组织人事部门审批。

2. 特点

指定集中管辖的未成年人刑事审判庭的优势之一是审判组织机构、审判队伍的相对巩固稳定。指定管辖使案件数量增多,充足的案源保证了少审法官能够审理单一的未成年犯罪案件类型,有助于积累审判经验、提高综合素质,实现审判的专业化和审判队伍的专业化。

优势之二是量刑均衡。未成年人犯罪案件分散在不同的法院审理,由于案件数量多寡不一、审判工作方法各异、法官业务素质等诸方面的原因,易使各地区间未成年人犯罪案件的量刑出现不平衡。这种情况,不仅损害了未成年被告人的合法权益,而且不利于对其进行教育、感化和挽救,在一定程度上影响未成年犯的认罪服判及安心改造。实行指定管辖,将未成年人犯罪案件集中到有专门审判组织机构、审判力量较强、审判经验丰富的法院审理,能够有效地回避上述弊端,便于统一定罪量刑标准,促进司法公正,切实维护未成年人合法权益。

优势之三是专业的法官队伍能够保证未成年被告人在诉讼阶段充分享受到法律规定的司法待遇,并切实开展对未成年犯的庭前调查和庭后跟踪帮教工作,确保教育、感化、挽救的效果。

指定集中管辖的少年法庭模式目前运行良好。许多未成年人及其亲属得知被指定管辖到专门的未成年人刑事审判庭后,感觉受到了重视,而专门的圆桌审判法庭和专业、耐心、亲切的法官均使未成年被告人及其亲属感到信赖,审判效果好。

此类模式在实践中也存在一定的问题,主要有设置指定集中管辖需要市委、市府、公检法司的多方协调,较为繁琐。指定管辖后,可能造成当事人参加诉讼的交通不便。

（四）模式四:未成年人案件综合审判庭

2006 年,全国少年法庭工作迎来了飞速发展的大好时机。最高人民法院将"完善审理未成年人刑事案件和涉及未成年人权益保护的民事案件、行政案件的组织机构"作为人民法院"二五"改革的重要目标。2006 年 2 月,在全国法院第五次少年法庭工作会议上,沈德咏指出:"条件具备的人民法院,可以设置独立建制的未成年人案件综合审判庭,受理刑事及民事案件。"之后,全国各地法院纷纷探索建立未成年人综合案件审判庭。

1. 基本建制

根据最高人民法院文件,受理涉少刑事、民事、行政案件的少年法庭称为未成年人案件综合审判庭,简称少年审判庭。综合审判庭为本院内部科室,独立建制,由同级组织人事部门审批。

最高人民法院于 2006 年 12 月下发的少年审判庭受理案件的范围规定,少年审判庭应当受理以下案件:(1) 刑事案件:① 被告人为未成年人的。② 被害人为未成年人的刑事附带民事诉讼案件。③ 未成年人为首犯、主犯的共同犯罪案件。④ 共同犯罪案件中未成年被告人达到一半以上的刑事案件。(2) 民事案件:① 当事人一方或双方为未成年人的民事案件。② 婚姻家庭纠纷案件中涉及未成年人权益的案件,一般包括:抚养关系纠纷、抚育费纠纷、监护权纠纷、探视子女权纠纷、生身父母确认纠纷、确认收养关系纠纷、解除收养关系纠纷、继父母子女关系纠纷。③ 继承纠纷案件中涉及未成年人权益的案件。④ 申请指定监护人案件;申请撤销监护人资格案件。(3) 当事人为未成年人的行政诉讼案件。(4) 未成年罪犯的减刑、假释案件。上述案件,包括中级人民法院受理的第一审和第二审案件。其他涉及未成年人权益的案件,试点单位可以根据机构设置、人员配备及案件数量等实际情况自行确定。

2009 年 1 月,最高人民法院就试点中级人民法院少年审判庭受理民事案件的范围进行了调整,规定人民法院少年审判庭应当受理以下四类民事案件:(1)侵权人或者直接被侵权人是未成年人的人格权纠纷案件,包括生命权、健康权、身体权纠纷(如道路交通事故人身损害赔偿纠纷、医疗损害赔偿纠纷、工伤事故损害赔偿纠纷、触电人身损害赔偿纠纷等);姓名权纠纷;肖像权纠纷;名誉权纠纷;荣誉权纠纷;隐私权纠纷;人身自由权纠纷;一般人格纠纷。(2)婚姻家庭、继承纠纷案件,包括涉及子女抚养的同居关系析产、子女抚养纠纷;抚养纠纷(抚养费纠纷、变更抚养关系纠纷);监护权纠纷;探望权纠纷;收养关系纠纷(确认收养关系纠纷、解除收养关系纠纷);涉及未成年人继承权的继承纠纷。(3)侵权人或者直接被侵权人是未成年人的特殊类型侵权纠纷案件,包括产品质量损害赔偿纠纷;高度危险作业损害赔偿纠纷;环境污染侵权纠纷;饲养动物致人损害赔偿纠纷;雇员受害赔偿纠纷。(4)适用特殊程序案件,包括申请确定未成年人的监护人的案件;申请撤销未成年人的监护人资格案件。

另外,最高人民法院还规定,各试点法院还可以根据审判力量和案件数量情况,自行决定少年审判庭受理上述列举范围之外的其他涉及未成年人权益保护的民事案件。

2. 特点

未成年人案件综合审判庭的优势:

一是对未成年人的司法保护更加全面,充分体现了审判前移、预防为主的工作思路。少年审判庭除对受到刑事犯罪指控的未成年人进行各种司法维权、保护和帮教外,还包括对受犯罪侵害的未成年人司法保护、受到行政侵权的未成年人的司法保护及未成年人民事权利的司法保护。在审理民事案件的过程中,切实保护未成年人的合法权益能在一定程度上保证他们在比较良好的环境中成长,减少流浪儿童、失学少年的数量,从而降低未成年人犯罪的概率。通过行政案件的审判,法官利用开庭审理的机会对未成年人进行法律和道德的教育,可以提高未成年人遵纪守法的意识和觉悟。

二是使少年法庭的组织机构更加健全、稳固。综合审判庭的设置,使少年法庭法官真正走向了专业化,少审工作制度化。健全的机构,为少年法庭工作的进一步发展奠定了基础。

三是在案件的审判上,利用综合审判的优势,可进一步提高审判质量和效果。在综合审判庭,由刑事法官与民事法官共同组成合议庭,在审理刑事案件中,特别是刑事附带民事案件中,民事法官可以充分发挥其在民事审判方面的优势,弥补刑事法官在民事审判方面的不足。而在民事案件中,特别是抚养关系、抚养费纠纷、监护纠纷等案件中,刑事法官可以在调解中充分利用大量未成年人犯罪案件,教育未成年人的父母,有力地促进其履行法定监护、抚养责任,促进案件调解。如山东省综合合议庭运转以来,刑事附带民事案件及民事案件的调解率有明显上升。另外,少年审判庭案源充足,在现行以"量"为考核业务庭和法官主要指标的法院评价体系下,少年综合庭具有其他少年法庭模式难以具备的优势。

少年审判庭目前存在的问题主要是设置问题:一是"宽幅型"受案范围不适合我国法院的现行机构体制,存在少年法庭同其他审判庭在案件管辖上的冲突。二是受案范围不统一。各地在进行少年审判庭试点时,一方面不可能将所有涉及未成年人权益保护的案件(简称"涉少案件")全部纳入少年审判庭的受案范围;另一方面未能合理解释受案范围划分标准,而实际上主要根据的是少年综合庭审判力量的配备情况来决定受案范围,因而遭到了理论界一些学者的质疑。三是少年综合庭对于审判人员的素质要求高,这对于以刑事审判法官为主要力量而发展起来的少年法庭而言,在扩大受案范围时的确成为了一个现实性的挑战。在设置少年审判庭时,应注意到刑、民、行政审判人员搭配设置问题。四是受案范围设置不甚合理,主要体现在案件数量上。青岛中院近两年的实践表明,少年审判庭收案太多,审判人员为结案率而疲于应付,限制了调研、跟踪帮教等工作。

目前,未成年人案件综合审判庭已经成为少年法庭的主要模式。以山东省为例,全省目前共有独立建制的少年法庭(未成年人刑事审判庭、未成年人案件综合审判庭)118 个,包括中级法院 15 个,基层法院 103 个,其中未成年人案件综合审判庭占到 68.6%。①

三、少年审判方式——圆桌审判

少年法庭建设初期,未成年人审判庭与成年人审判庭是通用的,均为台式审判。如何更好地体现"寓教于审"理念,少年法庭的法官们在审判实践中不断探索适合未成年人的审判模式。1997 年,河北省石家庄市长安区人民法院在少年审判布局上率先试行圆桌审判,改法台式审理为圆桌式审理,开创了"圆桌审判模式"的先河。之后,各地法院纷纷效仿,为使未成年被告人在一种严肃和关怀并重的氛围中接受询问或审判、减少压抑和紧张而对少年法庭进行设置,逐渐形成了与审判成年人法庭不同的圆桌少年法庭文化。目前,圆桌审判主要有三种方式:

(一)圆桌式

审判法庭的设置为正圆形。审判组织、公诉人、被告人、辩护人、法定代理人围坐在圆桌前,进行气氛宽松又不失严肃的法庭审理,突出了少年审判制度对未成年人的人文关怀和被告人权利的保护。各级法院还积极创新少年法庭的设

---

① 资料来源于 2014 年本节作者参加山东省少年审判机构设置情况的调研。

计。如将圆桌审判桌由白色和黑色搭配而成,白色象征着人生如白纸般纯洁,可以自由地书写;黑色象征着未成年的被告人因年少无知,触犯刑律,将人生染墨;在圆桌两侧边嵌黑边,象征着在人生轨道上有着不能逾越的法律底线;在圆桌的被告人席被设计为下沉的缺口,象征着少年犯因犯罪偏离了人生的轨道,经过少年法庭的审判、帮教,他们能够尽快地回归社会,回到自己的人生轨道上。

（二）椭圆式

为充分维护未成人的合法权益,确保社会调查员、合适成年人、心理咨询师、帮教人员(学校老师)等社会角色及时有效地参与到诉讼中来,一些法院将正圆审判桌拉长为椭圆形,以增加席位(注:限于条件,采用方桌摆成方形审判桌的,其实质同上,归于一类)。从正圆形到椭圆形审判台的演变,不仅仅是外观的变化,更是我国少年司法制度进步和发展的见证。

（三）拥抱式

该审判格局为U字形,审判台占据圆桌中心位置,控辩双方分列两边,在辩护席旁还安排了法定监护人席和帮教席,U字形对面是被告席,有伸开双臂迎接浪子回归之意。另外,被告席的设置是课桌椅式,使被告人有回到课堂般受教育的感觉。这一模式的设计融入了对未成年被告人人性的无限关怀与爱。

四、多元化的参与审判的人员

参与未成年人案件审判的人员,大致有以下几类:

（1）少审法官。少年法庭的人员由法官(含法官助理)、书记员组成,法官负责少审案件实体的审理、裁判,法官助理、书记员负责法庭记录、归档、送达等事务性的工作。基于少年审判的特点,在选任少审法官时,多挑选有经验、有耐心、有爱心的法官担任。少审法官队伍有两个特点:一是鉴于女性体贴、温柔、慈爱的特点,少审女法官的比例较大,二是少审专业化要求高。不仅要求具备法律专业素养,还要求掌握犯罪学、心理学、社会学专业方面的内容,许多少审法官都考取了心理咨询师资格。心理学专业知识在少审工作的有效运用,大大提升了法官与未成年人的沟通深度及帮教效果。

（2）人民陪审员。人民陪审员由法定程序产生,代表人民群众在人民法院参加合议庭审判活动的人员,陪审员在陪审案件时,其职责等同于法官。未成年人案件的人民陪审员多是从团委、妇联、教师、关工委等从事儿童事业的单位中,从有热心、责任心强、关心未成年人成长,具有一定未成年人生理、心理知识的人中选取。

（3）法定代理人。法定代理人是全权代理未成年人进行诉讼活动的人,未成年人的法定代理人多是其父母或者其他监护人担任。在刑事案件中,如侦查人员或者法官对未成年人询问或者讯问时没有法定代理人在场,则该证据是非法证据,依法应予排除。在刑事案件开庭时,未成年人的法定代理人必须到庭参加诉讼。

(4)合适成年人,就是在未成年人没有法定代理人的时候,给他一个合适的成年人履行法定代理人的职责。实践中,法定代理人可能会遇到许多特殊情况,例如,未成年人没有父母、监护人、近亲属或者教师;无法通知未成年人的父母、监护人、近亲属或者教师;虽然能够通知,但父母、监护人、近亲属或者教师因经费、工作等原因不能到场,或者拒绝到场,或者不能在适当的时间到场等,这时候就需要有其他适当的人来承担适当成年人的职责。目前,我国的合适成年人有的从司法矫正人员中指定,有的城市如上海由专门的青少年社工,有的法官则建立合适成年人队伍,从共青团、妇联、居委会、村委会工作人员、高校学生、离退人员、专门的青少年工作人员中选取。

(5)辩护人。鉴于未成年被告人心理不成熟,大多不懂法的特点,为维护未成年被告人的合法权益,《刑事诉讼法》第267条未成年犯罪嫌疑人、被告人没有委托辩护人的,人民法院、人民检察院、公安机关应当通知法律援助机构指派律师为其提供辩护。

(6)社会调查员。指经公、检、法委派,对未成年人的家庭、社会关系、受教育情况、成长经历、犯罪原因、前科恶劣、生理心理健康情况等问题,进行专门调查,并制作“社会调查报告”的人员。该报告最终可以成为公安不批捕、检察不起诉,法官量刑的参考,也可以成为法院、矫正机构对少年犯罪人实施延伸帮教的依据。目前接受法院委托从事“社会调查”的主体大体有以下几类:一是未成年人保护组织的工作人员,如共青团、妇联、青少年保护委员会、关心下一代委员会等团体的工作人员,而是专职社会工作者或者青年志愿者,一般由共青团组织或者共青团所属的机构负责招募;二是社会矫正机构的工作人员,也就是司法行政机构在街道、乡镇派出的司法工作人员;三是法院内部的法官助理。

(7)心理咨询员。在少年案件中对未成年被告人、被害人、对涉少民事案件的当事人进行心理干预、矫治的人员。心理咨询员的心理干预可以为法官提供量刑参考、预防重新犯罪及有效开展法庭教育。目前,心理咨询员都是由具有执业资格的心理咨询师担任。我们在实践中掌握的范围是对有以下情形的涉少案件当事人进行心理干预:未成年被告人有自杀、自残或他杀、严重伤害他人的倾向或行为的;未成年被告人的犯罪动机或行为有违正常逻辑的;未成年被告人或被害人存在严重心理障碍,可能影响庭审顺利进行的;家暴、性侵案件中的未成年被害人;需要进行心理辅导、干预的其他情形。

五、少年刑事案件审判中的特色机制

（一）教育、挽救贯穿审判始终

未成年人刑事案件的审判，除严格保障未成年人的实体、程序权利外，还具有自身的审判特色——法庭教育贯穿始终。

工作中，少年法庭法官紧紧围绕审判这一中心，采取多种形式在庭前、庭中、庭后对未成年罪犯进行教育和感化。开庭审理前，法官通过未成年人、法定代理人、同学老师亲友"庭前三见面制度"，了解未成年被告人的性格特点、家庭情况、社会交往、成长经历、犯罪原因等情况，为庭审教育打下坚实的基础。庭审时，合议庭把对未成年人的教育贯穿始终，在庭审用语上，做到和蔼可亲，循循善诱，创造良好的帮教氛围，找准其"感化点"和"闪光点"，促使未成年被告人的心理转变。法庭调查阶段，社会调查员宣读社会调查报告，就未成年被告人的成长经历和犯罪原因进行剖析，对其进行教育；法庭辩论终结后，合议庭根据案件审理情况，引导公诉人和辩护人及法定代理人对未成年被告人进行法制教育；宣告判决时，对做出有罪判决的未成年犯，合议庭组织公诉人、被害人、辩护人及其法定代理人对未成年犯共同进行法庭教育。有的法院还坚持在每份判决书的后面附上"法官寄语"寓情于法，针对个案析法明理，唤醒其良知，促使其悔悟，并给予被告人适时的鼓励，重新鼓起其生活的信心。法官寄语进一步增强裁判文书的说服力和亲和力，使少年司法更加人性化、温情化，对未成年被告人的感化具有积极的作用，达到审判与教育的良好目的。随着未成年人综合案件审判庭的成立，我省法官寄语的形式和内容也不断丰富，从刑事案件扩展到民事案件，从对未成年被告人的期待发展到对未成年父母的要求。各级法院不断探索和创新的这些法庭教育经验和做法，为挽救未成年被告人，避免其重新犯罪起到了积极作用。

（二）特色少审制度保障未成年人合法权益

根据未成年人的特点，少年法庭的法官在实践中不断完善少审机制，除《未成年人保护法》《预防未成年人犯罪法》以外，我国还有许多保护未成年人权益的法律和法规，但这些规定大都过于抽象和原则，缺乏操作性。近年来，各地法院结合审判实践，在诉讼规则、诉讼程序、法庭设置、案件审判等各个方面制定、修订配套的规章、制度，对未成年人合法权益的保护做到环环有制度，步步有依据。一是强化了少年法庭审判工作规范。如制定和修改了适用"圆桌式"审理方式审判涉及未成年人案件的实施办法，对圆桌审判的适用条件、排除条件、程序和方式、法官人员组成及在庭审中的语气、重点、态度等作了详细规定。制定《关于在妇女、共青团干部中选拔特邀陪审员的通知》《关于对未成年当事人加强诉讼指导的意见》《少年审判庭工作规则》《案件质量管理办法》《与未成年人谈话"十不准"》《少年法庭案件审理规则》等规范性文件，对少年法庭的工作职责、工作程序

作了全面规范。二是细化未成年人案件审判工作制度。相继出台了《未成年人刑事案件办案规范》《关于未成年人案件合适成年人制度的实施意见》《未成年人法律援助和司法救助工作的意见》《关于实施社会调查员制度的意见》等制度,使未成年人合法权益的保护工作有章可循。三是针对具体问题进行专项的制度建设,如针对未成年人失学、复学难、就业难的问题开展的《关于落实被判处缓刑、管制、免刑、单处罚金等非监禁刑的未成年人复学、升学问题的意见》《关于对判处非监禁刑失足未成年人复学安置的实施意见》《关于解决被判缓、管、免的在校学生返校复读及其升学不受歧视问题的协议》以及《未成年犯罪人前科封存实施意见(试行)》《关于建立失足未成年人"前科消灭制度"的实施意见》等实现对失足未成年人不留痕迹教育挽救的局面。

(三) 视频保护

我国修订的《刑事诉讼法》的实施,为开启运用科技手段全方位保护未成年人的合法权益提供了新的机遇和可能。《刑事诉讼法》第 209 条规定,对于审判期间,证人、鉴定人、被害人提出保护申请,人民法院应当立即审查;认为确有保护必要的,应当及时决定采取相应保护措施。可采取不暴露外貌、真实声音等。司法解释规定,"确有必要通知未成年被害人、证人出庭作证的,人民法院应当根据案件情况采取相应的保护措施。有条件的,可以采取视频等方式对其陈述、证言进行质证"。

案例

> 某日凌晨,朱某、谢某酒后回家途中,感觉迎面走来的 16 岁少女小芳无礼盯视二人,遂上前殴打小芳,致其手臂及牙齿受伤,经法医鉴定构成轻微伤。
>
> 朱某、谢某寻衅滋事一案审理过程中,法官经询问得知小芳要求出庭参与诉讼。考虑到小芳系女性未成年人,为了保护其合法权益,避免其心理受到二次伤害,也避免加深被告人对她的印象,法院严格贯彻落实新刑诉法对未成年被害人出庭的视频保护特别程序,采用在两个法庭间进行视频连线及变声处理方式,通过技术手段确保小芳在不被暴露真实面容和声音、不直接面对被告人的情况下,通过视频方式参与了法庭调查、辩论、调解等全部诉讼过程。在法庭主持下,小芳与朱某、谢某就民事赔偿达成和解,庭审进展顺利,取得良好效果。小芳对视频保护体现出的司法人文关怀,表达了衷心感谢。

（四）前申后延,跟踪帮教

近年来,全国各地少年法庭以满足社会司法需求为出发点,以落实少年审判特色机制为立足点,主动与检察、公安、司法及团委、妇联、教育、财政等部门协调沟通,在创新社会管理、跟踪帮教未成年犯过程中探索出许多具有时代特点、富有实效的少审帮教工作机制,成为预防青少年违法犯罪社会网络体系中的重要组成部分。如以农村少年为主的"黄丝带"感召行动,以城市少年为对象的"法治动漫"教育,以在校中小学生为依托的学校"法制监督员"形式,以问题少年为矫正目标的社区无缝隙覆盖机制等。有的少审法官还充分利用 QQ 视频、微博等网络媒体,随时关注、关心他们的生活、学习和工作。这种法院搭台、多方参与、内外互动、源头治理的互动模式,很大程度上解决了基层少年法庭人员短缺、

少审法官不仅立足审判,更对审判后的未成年犯倾注了大量的心血。设立"阳光学校""光明法律业余学校""新生学校"向未成年人系统地传授法律知识,进行情感道德教育;建立社区帮教基地参与对被判处非监禁刑未成年犯的社区矫正,重塑其健康人格和心灵;积极协商有关单位落实未成年人复学、安置,缓解失足少年的"复学难"现象。开展"法制进校园"活动,创办"青少年法制教育基地",开展法制教育积极预防未成年人犯罪。

【本章小结】

少年司法组织制度,是指由处理少年犯罪案件的各类组织、组织间的关系、职能、人员素质、设施所构成的系统。少年司法组织的专门化和专业化是联合国和我国少年司法的基本原则。根据该组织或人员是否属于司法机构,少年司法组织可分为司法组织和非司法组织;根据该组织所处理的犯罪少年的种类,少年司法组织可分为处理刑事犯罪少年的组织,处理违法少年的组织和处理不良少年的组织;许多非司法组织,在所有犯罪少年的处理中,都有可能参与。我国少年司法组织间的关系表现为既独立,又有共同性和联系。少年警察制度主要是指涉及少年权益保护与少年违法犯罪问题的预防、管辖、处置的功能与职责、机构与组织、标准与规范、程序与措施等少年警务制度。警察在办理少年刑事案件上具有突出的特点。当前,我国少年警察组织主要有杨浦、海淀、钦南三种模式。少年警察的职能体现为刑事案件处理和治安管理中两个方面。少年检察是检察工作的重要组成部分,履行审查批捕、审查起诉、诉讼监督、犯罪预防等四项检察职能,在办理未成年人案件的基础上,履行立案监督、侦查监督、审判监督、刑罚执行监督等职能,并联合政府部门、社会机构开展法制宣传教育和少年犯罪预防工作。少年检察在指导理念和工作目标,对办案人员要求及工作职能,法律依据,办案程序上与成年人的刑事检察工作相比有很大的不同。当前,我国四级未检机构组织体系已基本构建完成,每一级有其独有的职责。并且,法律要求各级

人民检察院应当选任经过专门培训,熟悉未成年人身心特点,具有犯罪学、社会学、心理学、教育学等方面知识的检察人员承办未成年人刑事案件,并加强对办案人员的培训和指导。最高人民检察院提出"捕诉监防"一体化,即检察机关对未成年人案件实行融合审查批捕、审查起诉、法律监督、犯罪预防多项职能于一体,并由同一承办人负责同一案件的批捕、起诉、诉讼监督和预防帮教等的工作模式。少年检察的职能具体体现在审查批捕,审查起诉和出庭支持公诉,法律监督和少年检察预防四个方面。少年检察预防分为一般预防和特殊预防,当前少年检察实践主要偏重于特殊预防,而特殊预防则主要体现为少年检察帮教。我国少年审判组织分为少年审判合议庭、独立建制的未成年人刑事审判庭(少年刑庭)、未成年人案件综合审判庭(未审庭)、指定集中管辖等多种模式。审判方式有圆桌式、椭圆式和拥抱式,统称为圆桌审判。参与审判的人员有少审法官、人民陪审员、法定代理人、合适成年人、辩护人、社会调查员、心理咨询员等。教育、挽救贯穿始终,特色少审制度,视频保护,前申后延,跟踪帮教等体现了当前我国少年刑事案件审判中的特色机制。

【关键术语】

少年司法组织制度　少年司法组织　专门化和专业化　少年警察制度　杨浦模式　海淀模式　"捕诉监防"一体化　少年警察的职能　少年检察组织的职能　少年检察帮教　少年审判组织　圆桌审判

【推荐阅读与学习资源】

1. 张鸿巍《少年司法通论》(第 2 版),人民出版社 2011 年版。

2. 张寒玉、陆海萍、杨新娥:《未成年检察工作的回顾与展望》,中国检察出版社 2015 年版。

3. 姚建龙主编:《中国少年司法研究综述》,中国检察出版社 2009 年版。

4. 赵国玲主编:《刑事法律论丛:未成年人司法制度改革研究》,北京大学出版社 2011 年版。

5. 北京市人民检察院未成年人案件检察处编:《检察机关未成年人刑事案件办案一书通》,中国检察出版社 2016 年版。

6. 王拓:《未成年人"捕、诉、监、防"一体化工作模式初论》,载《预防青少年犯罪研究》2013 年第 4 期。

7. 徐日丹:《未检工作 30 年:检察机关在不懈探索中坚定前行》,《检察日报》,2016 年 5 月 16 日。

【思考题】

1. 论述我国少年司法组织间的关系。

2. 简述少年警察在治安管理中的职能。

3. 简述各级少年检察组织的工作职责。

4. 简述我国少年审判组织形式。

5. 结合当前我国少年司法组织的实际状况论少年司法组织的专门化和专业化。

【案例分析】

某市被告人董某某、宋某某(时年均 17 周岁)迷恋网络游戏,平时经常结伴到网吧上网,时常彻夜不归。2015 年 7 月 27 日 11 时许,因在网吧上网的网费用完,二被告人即伙同王某(作案时未达到刑事责任年龄)持刀对被害人张某某和王某某实施抢劫,抢走张某某手机一部。后将所抢的手机卖掉,所得赃款用于上网。经调查,董某某、宋某某父母长期在外打工,两人已辍学在家两年。

试运用少年检察帮教的相关知识,制订对董某某、宋某某的帮教计划。

第八章　犯罪少年矫正制度

☞ **本章的任务**

- 了解犯罪少年矫正制度的概念与分类
- 熟悉未成年犯管教所的管理制度、教育制度和考核奖惩制度
- 理解和掌握对少年犯适用社区矫正的必要性
- 了解和掌握美国、英国、德国少年犯的社区矫正制度
- 熟悉和掌握我国未成年犯社区矫正组织机构的主要类型及其职责
- 理解和掌握我国未成年犯社区矫正专职人员的工作职责和基本素质
- 熟悉和掌握我国未成年犯社区矫正志愿者的招募、管理及其工作内容
- 理解和掌握未成年社区服刑人员的分类矫正、教育矫正及其心理矫治
- 理解和掌握我国未成年犯矫正制度中的问题与对策

第一节　犯罪少年矫正制度概述

引例

犯罪少年矫正机构的创立

19 世纪 20 年代,被投入监狱的少年往往从成年罪犯那里学到了更多的犯罪技能而不是获得矫治,这种现象引起了纽约防止贫困协会的注意。这个协会所做的一项著名调查发现,在 1822 年间违警罪法庭所审理的人数共 450 人,年龄全部在 25 岁以下。其中相当一部分是 9 岁到 16 岁之间的孩子。这些孩子仅仅是由于没有家而被迫"自谋生路",流浪街头而受到控告。纽约防止贫困协会认为,为了挽救这些孩子,必须将他们与堕落的监狱、不合适的家庭和其他不健康的环境隔离开来,将他们安置在更加人道和健康的环境中。1823 年,该协会提出了模仿监狱建立一个专门的少年庇护所的建议。

纽约州议会很快同意在 1824 年为少年建立一个专门的庇护所。1825 年 1 月 1 日,纽约庇护所正式开始运作。在此后的 35 年间,纽约宣判有罪的孩子都被送入庇护所关押。为少年建立专门庇护所的做法很快传播到美国东部其他一些人口较多的城市,例如波士顿和费城分别于 1826 年和 1828 年设置了庇护所。

在南方,新奥尔良于 1847 年,巴尔的摩于 1849 年,辛辛那提于 1850 年,匹兹堡和圣路易斯于 1854 年,也先后设置了庇护所。到 1860 年,全美国已经设置了 60 个类似的庇护所。[①]

少年矫正制度发展至今,已经成为监禁矫正与非监禁矫正,司法矫正与非司法矫正并存的多元矫正体系。

一、犯罪少年矫正制度的概念与分类

犯罪少年矫正制度,是少年司法制度的重要组成部分,指通过对已作出处理决定的犯罪少年的监管、教育、生理和心理治疗等措施,使其适应社会生活,成为合格社会人而建构的制度。由于犯罪少年和少年犯罪有着不同于成人和成人犯罪的特殊性,少年身心尚处于成长、发育阶段,其犯罪也与成长密切相关,世界上绝大多数国家都建立了独立的犯罪少年矫正制度,该制度基于人道主义精神,尊重犯罪少年的身心特点,帮助犯罪少年再社会化,重新融入社会生活。

依据不同的标准,犯罪少年矫正制度有不同的分类。根据矫正组织的不同,犯罪少年矫正可分为司法矫正和非司法矫正。司法矫正,是指根据合法程序的处理决定,由司法机关组织开展的针对犯罪少年的矫正活动,如监禁、社区矫正;非司法矫正,是指由非司法机关对不需经司法处理,但具有不良行为的犯罪少年开展的矫正活动,如送工读学校。根据矫正对象的不同,犯罪少年矫正可分为犯罪人矫正和非犯罪人矫正。犯罪人矫正,是对其行为已构成刑事犯罪的少年开展的矫正活动;非犯罪人矫正,是指针对触犯治安管理处罚法和具有不良行为的少年开展的矫正活动。根据是否在矫正机构内矫正,犯罪少年矫正可分为机构内矫正和机构外矫正。机构内矫正,是指将犯罪少年安置在机构内所开展的矫正活动,对此,又可进一步分为监禁矫正和社会机构矫正,后者如送工读学校矫正;机构外矫正,如社区矫正。

二、我国犯罪少年矫正制度概述

与世界大多数国家一样,我国犯罪少年矫正制度的创立是我国少年司法制度建立的开端,始于机构矫正,时间在 20 世纪 50 年代。1954 年根据政务部发

---

① 姚建龙:《少年司法的起源:美国少年矫正机构运动的兴起》,法制网,http://www.legaldaily.com.cn/fxy/content/2010-11/05/content_2341622.htm,访问日期 2016 年 3 月 22 日。

布的《劳动改造条例》,我国建立了少年犯管教所,收容管教 13 周岁以上未满 18 周岁的少年犯。[①] 1955 年,在北京市海淀区温泉村诞生了第一所工读学校。[②] 1957 年根据国务院《关于劳动教养问题的决定》,我国建立了少年劳动教养制度,1960 年又确立了少年收容教养制度。[③] 1996 年开始,劳动教养和收容教养的少年都统一关押在少年教养所。[④] 2013 年,劳动教养制度废除。由机构设置可见,我国犯罪少年矫正制度一开始就认识到司法矫正的弊端,区分了司法矫正和非司法矫正两种类型。为了减少监禁矫正的弊端,充分利用司法资源,调动社会力量参与罪犯矫正工作,2003 年最高人民法院、最高人民检察院、公安部和司法部又下达了《社区矫正试点通知》,在全国试点推广社区矫正,其中犯罪未成年人是社区矫正的重点,从而开始建立未成年人社区矫正制度。

目前,我国适用于犯罪未成年人矫正制度的法律法规主要有《未成年人保护法》《预防未成年人犯罪法》《监狱法》《刑法》《少年教养工作管理办法(试行)》《未成年犯管教所管理规定》《治安管理处罚法》以及公安部《关于对不满十四岁的少年犯罪人员收容教养问题的通知》《公安机关办理劳动教养案件规定》《社区矫正试点通知》《社区矫正实施办法》等。

在我国,参与犯罪少年矫正的组织有公安机关、未成年人管教所、少年教养所、社区矫正组织、共青团、妇联、社工组织等社会组织、社区戒毒工作小组[⑤]、工读学校等。公安机关负责对违反《治安管理处罚法》的未成年人的警告、罚款、行政拘留等行政处罚。如未成年人违反了《收容教育办法》或者属于刑法所规定的收容教养对象,则由少年教养所收容教育或收容教养。被判处监禁刑的犯罪未成年人由未成年人管教所矫正;被判处社区矫正的犯罪未成年人交由社区矫正组织矫正,共青团、妇联、社工组织等社会组织参与相关工作。实施不良行为的少年由工读学校矫正。

①　姚建龙:《长大成人:少年司法制度的建构》,中国人民公安大学出版社 2003 年版,第 108 页。
②　鞠青主编:《中国工读教育研究报告》,中国人民公安大学出版社 2007 年版,第 2 页。
③　姚建龙:《长大成人:少年司法制度的建构》,中国人民公安大学出版社 2003 年版,第 110 页。
④　司法部《关于将政府收容教养的犯罪少年移至劳动教养场所收容教养的通知》(1996 年 1 月 22 日司发通[1996]012 号)。
⑤　根据《戒毒条例》第 17 条规定:社区戒毒工作小组由社区戒毒专职工作人员、社区民警、社区医务人员、社区戒毒人员的家庭成员以及禁毒志愿者共同组成。

第二节　我国未成年犯的监禁矫正

北京市未成年犯管教所[①]

　　北京市未成年犯管教所是北京市唯一一所关押改造未成年犯的刑罚执行机关。始建于 1955 年 9 月 7 日,实行两级管理体制,下设 12 个科室,3 个监区,12 个管区(分监区)。教育改造未成年犯的改好率达 96% 以上。经过多年的努力,一个集花园化、智能化、人性化和现代化于一体,公用设施配套、警戒设施严密、生活设施完善、管理水平较高的新型现代化文明未管所已基本形成。

　　北京市未成年犯管教所本着"惩罚与改造相结合,以改造人为宗旨"的工作方针,在依法严格执行刑罚的前提下,以改造人为中心,积极探索适合未成年罪犯特点的科学矫治方法,帮助未成年罪犯健康顺利回归社会。北京市未成年犯管教所特别注重文化教育与技术教育的实效性。先后采取安排专职干警教师、邀请社会志愿者授课、开通安康远程教室、面向社会聘请专业教师等教育方法,对未成年犯进行基础文化教育,并鼓励他们参加高等教育自学考试,对于有学习基础的学员,还积极建议其假释就学。根据未成年犯释放后就业的实际需要,对他们进行劳动技能培训,开办了服装裁剪、视频维修、电机加工、电脑录入、制冷、美容美发等技术培训班,还与社会企业合作,为未成年犯的技术教育提供实践操作场所,为他们出监就业打下了坚实基础。针对未成年犯普遍存在的思想道德素质低,世界观尚未定型,可塑性强等特点,采取灵活多样的形式开展思想品德教育。如开办各种主题的"实话实说"节目,由所领导、专职教师、普通干警和未成年学员共同探讨有关人生、改造、生活等方面的问题,引导未成年人走出人生的误区。又如,让未成年犯把日常生活中不文明的言行自编成小短剧,定期演出,自己教育自己,使他们逐步养成讲文明、讲礼貌的好习惯。此外,北京市未成年犯管教所还精心挑选各种健康有益的影视作品、科普作品,在规定的时间连续播放,陶冶情操,使他们在潜移默化中受到教育。

　　我国未成年犯监禁组织包括未成年犯管教所和少年教养所,未成年犯管教所关押的是被判处监禁刑的刑事犯罪未成年人,少年教养所则羁押收容教育、强

　　① 《北京市未成年犯管教所》,中国警察网,http://www.cpd.com.cn/n2689562/n2698300/c397240/content.html,访问日期 2016 年 03 月 24 日。

制戒毒或收容教养的未成年人。

一、未成年犯管教所

未成年犯管教所，简称未管所，又称少年管教所或少年犯管教所，是监狱的一种类型，国家的刑罚执行机关，是被判处监禁的未成年犯的矫正机构。未成年犯管教所创建于1954年，时称"少年犯管教所"。1994年《监狱法》颁布后改称为"未成年犯管教所"。其组织机构及其各项制度的依据是司法部颁布的《未成年犯管教所管理规定》。

（一）未成年犯管教所的组织机构及经费

未成年犯管教所"一般是一个省（自治区、直辖市）设置一所，个别人口多的大省设置两所"①，其设置由司法部批准。所内设管理、教育、劳动、生活卫生、政治工作等机构，实行所、管区两级管理。为保证未成年犯的居住、生活条件，管区押犯不超过150名。人民警察配备比例高于成年犯监狱，而且须具备大专以上文化程度。其中具有法学、教育学、心理学等相关专业学历的应达到40%。

未成年犯管教所所需经费由国家保障，费用高于成年犯。

（二）未成年犯管教所的管理制度

未成年犯管教所通常的收押对象是，由人民法院依法判处有期徒刑，或者无期徒刑未满18周岁的罪犯。但也有两种特殊情形：第一，刑期或者余刑在1年以下的未成年犯在看守所内执行完刑罚；第二，对于年满18周岁，余刑不满2年的罪犯继续留在未成年犯管教所服刑。

未成年犯管教所中的管理制度包括：（1）未成年犯收监后的5日内通知其监护人。（2）男犯、女犯分别关押和管理，女犯由女性人民警察管理。如果少数民族未成年犯较多，可单独关押和管理。（3）按照刑期、犯罪类型，实行分别关押和管理。根据未成年犯的改造表现，在活动范围、通信、会见、收受物品、离所探亲、考核奖惩等方面给予不同的处遇。（4）采取必要的警戒措施，包括建立警卫机构，负责警戒、看押工作；监管区的围墙，可以安装电网；在重要部位安装监控、报警装置；对未成年犯原则上不使用戒具，但当未成年犯有脱逃、暴力行为，正在押解途中和有其他危险行为需要采取防范措施的情形除外。（5）未成年犯与其亲属或者其他监护人通电话须经批准，必要时由人民警察监听。（6）未成年犯会见亲属的时间和次数，可以比照成年犯适当放宽。对改造表现突出的，可准许其与亲属一同用餐或者延长会见时间，最长不超过24小时。（7）未成年犯遇有直系亲属病重、死亡以及家庭发生其他重大变故时，经所长批准，可以准许其回家探望及处理，在家期限最多不超过7天，必要时由人民警察护送。（8）对

---

① 姚建龙：《长大成人：少年司法制度的建构》，中国人民公安大学出版社2003年版，第108页。

未成年犯的档案材料应当严格管理，不得公开和传播，不得向与管理教育或办案无关的人员泄漏。对未成年犯的采访、报道，须经省、自治区、直辖市监狱管理局批准，且不得披露其姓名、住所、照片及可能推断出该未成年犯的资料。任何组织和个人不得披露未成年犯的隐私。(9)未成年犯管教所应当依法保障未成年犯的申诉、控告、检举权利。(10)未成年犯服刑期满，未成年犯管教所应当按期释放，发给释放证明书及路费，通知其亲属接回或者由人民警察送回。(11)刑满释放的犯罪少年具备复学、就业条件的，未成年犯管教所应当积极向有关部门介绍情况，提出建议。

(三)未成年犯管教所的教育制度

教育未成年犯，未成年犯管教所采取的是集体教育与个别教育相结合，课堂教育与辅助教育相结合，所内教育与社会教育相结合的方法。

教育内容和形式包括思想教育、文化教育、技术教育、生理、心理健康教育、生活常识教育、入所、出所教育、劳动教育和社会教育等方面。具体内容包括，(1)思想教育包括法律常识、所规纪律、形势政策、道德修养、人生观、爱国主义、劳动常识等。(2)文化教育分为义务阶段教育和非义务阶段教育。义务阶段教育包括扫盲教育、小学教育、初中教育;非义务阶段教育有高中教育和自学考试。对于有条件的管教所可以进行高中教育，鼓励未成年犯参加各类自学考试。文化教育列入当地教育发展的总体规划。(3)技术教育的重点是职业技术教育和技能培训。文化、技术教育是未成年犯所接受的主要教育内容，《未成年犯管教所管理规定》第33条规定:"文化、技术教育时间不低于总课时数的70%。"(4)对参加文化、技术学习的未成年犯，经考试合格的，由当地教育、劳动行政部门发给相应的毕业或者结业证书及技术证书。(5)思想、文化、技术教育的课堂化教学时间，每周不少于20课时，每年不少于1000课时。(6)入所教育内容包括认罪伏法、行为规范和所规纪律教育等;出所教育包括社会形势、政策、遵纪守法等方面，并在就业、复学等方面给予指导，提供必要的技能培训。入所、出所教育时间各不得少于两个月。(7)社会教育采取到社会上参观或者参加公益活动，邀请社会各界人士及未成年犯的父母或者其他监护人来所帮教的方法;还可以聘请社会知名人士或者有影响的社会志愿者担任辅导员。(8)定期举行升国旗仪式，开展成人宣誓活动。开展文化、娱乐、体育活动，办好报刊、黑板报、广播站、闭路电视等。

未成年犯管教所的教育配套组织与设施有教学楼、实验室、图书室、运动场馆、教学仪器、图书资料和文艺、体育器材、各管区的谈话室、阅览室、活动室、适合未成年犯特点的习艺劳动场所及其设施以及心理矫治机构。

担任未成年犯管教所教育任务的教师是符合国家规定学历的人民警察，其配备比例为押犯数的4%。罪犯不得担任教师。

对于组织未成年犯劳动，《未成年犯管教所管理规定》有如下限定：在工种、劳动强度和保护措施等方面严格执行国家有关规定，不得安排从事过重的劳动或者危险作业，不得组织未成年犯从事外役劳动。未满 16 周岁的未成年犯不参加生产劳动。劳动时间，每天不超过 4 小时，每周不超过 24 小时。

（四）未成年犯管教所的生活卫生制度

未成年犯管教所的生活卫生制度包括：(1) 未成年犯生活水平的最低标准是保证其身体健康发育。(2) 合理配膳，保证未成年犯吃饱、吃得卫生。对有特殊饮食习惯的少数民族罪犯，单独设灶配膳；对生病者，在伙食上给予照顾。(3) 被服，依照规定按时发放；以班组为单位住宿，不得睡通铺；人均居住面积不得少于 3 平方米。合理安排作息时间，保证未成年犯每天的睡眠时间不少于 8 小时。(4) 定期安排未成年犯洗澡、理发、洗晒被服。禁止未成年犯吸烟、喝酒。(5) 经检查批准，未成年犯可以收受学习、生活用品以及钱款，现金由未成年犯管教所登记保管；对未成年犯的私人财物，未成年犯管教所应当登记、造册，并发给本人收据。(6) 管教所设立医疗机构，保证未成年犯有病得到及时治疗，按照"预防为主，防治结合"的要求，做好未成年犯的防疫保健工作，每年进行一次健康检查。(7) 未成年犯管教所设立生活物资供应站，由人民警察负责管理，保证未成年犯日常生活用品的供应。供应站所得收入，用于改善未成年犯的生活。

（五）未成年犯的考核奖惩制度

未成年犯的考核奖惩制度包括，(1) 对其的减刑、假释，可以比照成年犯依法适度放宽。(2) 减刑规定：对被判处无期徒刑确有悔改表现的未成年犯，一般在执行 1 年 6 个月以上即可提出减刑建议。对被判处有期徒刑确有悔改表现的未成年犯，一般在执行 1 年以上即可提出减刑建议。两次减刑的间隔时间应在 6 个月以上。具有如下重大立功表现的，可不受上述时间限制，及时提出减刑建议：第一，阻止他人重大犯罪活动的；第二，检举监狱内外重大犯罪活动，经查证属实的；第三，有发明创造或者重大技术革新的；第四，在日常生产、生活中舍己救人的；第五，在抗御自然灾害或者排除重大事故中，有突出表现的；第六，对国家和社会有其他重大贡献的。(3) 对未成年犯的日常考核，采用日记载、周评议、月小结的方法，由人民警察直接考核。考核的结果应当作为对未成年犯奖惩的依据。(4) 表扬、物质奖励或者记功。当具有如下情形时，给予表扬、物质奖励或者记功：第一，遵守监规纪律，努力学习，积极劳动，有认罪伏法表现的；第二，阻止违法犯罪活动的；第三，超额完成生产任务的；第四，节约原材料或者爱护公物，有成绩的；第五，进行技术革新或者传授生产技术，有一定成效的；第六，在防止或者消除灾害事故中作出一定贡献的；第七，对国家和社会有其他贡献的。(5) 探亲奖励。对被判处有期徒刑的未成年犯在执行原判刑期 1/3 以上，服刑期间一贯表现良好，离所后不致再危害社会的，可以根据情况准其离所探亲。离所探亲的时间为 5 至 7 天(不包括在途时间),两次探亲的间隔时间至少在 6 个月以上。离所探亲的未成年犯必须由其父母或者其他监护人接送。(6)惩罚规定。未成年犯有以下破坏监管秩序情形之一的,可以给予警告、记过或者禁闭处分;构成犯罪的,依法追究刑事责任:第一,聚众哄闹监狱,扰乱正常秩序的;第二,辱骂或者殴打人民警察的;第三,欺压其他罪犯的;第四,偷窃、赌博、打架斗殴、寻衅滋事的;第五,有劳动能力拒不参加劳动或者消极怠工,经教育不改的;第六,以自伤、自残手段逃避劳动的;第七,在生产劳动中故意违反操作规程,或者有意损坏生产工具的;第八,有违反监规纪律的其他行为的。对未成年犯实行禁闭的期限为 3 至 7 天。未成年犯禁闭期间,每天放风两次,每次不少于 1 小时。

二、少年教养所

少年教养所,全称少年教养管理所或少年教养管理队,原来是关押劳动教养未成年人、收容教育未成年人、强制戒毒未成年人和收容教养未成年人的场所,是对未成年教养人员实行强制性教育的机关。2013 年,劳动教养制度废除后,少年教养所仅作为收容教育未成年人、强制戒毒未成年人和收容教养未成年人的场所。少年收容教养制度建立于 20 世纪 60 年代。[①] 少年教养所一般实行半日学习、半口习艺性劳动的制度。其主要的法律依据有《刑法》《收容教育办法》《禁毒法》以及《戒毒条例》。

(一)少年教养所的收押对象

少年教养所的收押对象被称为少年教养人员,包括未成年收容教养人员、未成年收容教育人员、强制戒毒未成年人。少年收容教养人员是指《刑法》第 17 条第 4 款规定的,因不满 16 周岁不予刑事处罚,由政府收容教养的未成年人。根据 1982 年 3 月公安部发布的《关于未成年人犯管教所收押、收容范围的通知》,未成年人收容教养的期限一般为 1—3 年。根据《收容教育办法》的规定,收容教育的对象为尚不够实行劳动教养的卖淫、嫖娼人员,但以下人员可以不予收容教育:(1)年龄不满 14 周岁的;(2)患有性病以外其他急性传染病的;(3)怀孕或者哺乳本人所生 1 周岁以内婴儿的;(4)被拐骗、强迫卖淫的。收容教育的期限是 6 个月至 2 年。根据《戒毒条例》的规定,强制隔离戒毒的期限为 2 年。强制隔离戒毒的对象为以下人员:第一,有下列情形之一的吸毒成瘾人员:(1)拒绝接受社区戒毒的;(2)在社区戒毒期间吸食、注射毒品的;(3)严重违反社区戒毒协议的;(4)经社区戒毒、强制隔离戒毒后再次吸食、注射毒品的。第二,吸毒成瘾严重,通过社区戒毒难以戒除毒瘾的人员。第三,吸毒成瘾人员自愿接受强

---

① 姚建龙:《长大成人:少年司法制度的建构》,中国人民公安大学出版社 2003 年版,第 113 页。

制隔离戒毒,经公安机关同意的。不满 16 周岁的未成年人吸毒成瘾人员的,可以不适用强制隔离戒毒。

(二)少年教养所的场所和机构设置

根据收押的未成年教养人员是否达到 100 人以上,少年教养所分为少年教养管理所或少年教养管理队,管理所的收押人数超过 100 人。少年教养管理所的设置、迁移、撤销,由省、自治区、直辖市劳动教养管理局提出意见,经省级司法行政部门报省级人民政府批准后报司法部备案。少年教养队的设置、迁移、撤销由省、自治区、直辖市劳动教养管理局批准,报司法部劳动教养管理局备案。少年教养所由省、自治区、直辖市劳动教养管理局领导,执法活动受人民检察院的监督。

少年教养所设所长、政委各 1 人,干警人数应占设计收容未成年教养人数的25%,其中专职教师不低于设计收容未成年教养人数的 8%,大(中)队的干警应占干警总数的 60%以上。未成年教养工作人民警察应具有大专以上文化程度及相应的专业知识。

(三)少年教养所的管理制度

少年教养所的管理制度包括:(1)男女未成年教养人员分开编队,女未成年教养人员由女干警管理。(2)未成年教养人员入所时应进行 2 个月的入所教育,解教前应进行 20 天的出所教育。(3)严禁未成年教养人员吸烟、饮酒。(4)严禁打骂、体罚、虐待未成年教养人员,对未成年教养人员一般不使用戒具;对有逃跑或其他严重违法违纪行为的未成年教养人员,可送隔离反省室。反省期限一般 3—5 天,最长不得超过 7 天。(5)未成年教养人员的亲属或其他监护人每半个月可以到少年教养管理所看望一次。未成年教养人员直系亲属病危、死亡,凭有关医疗单位的诊断证明和当地公安机关的证明材料,家庭发生其他重大变故,凭原单位或街道(乡、镇)的证明材料和当地公安机关的证明材料,由其亲属或其他监护人接送,可以准假回家看望。准假时间不超过 7 天(不含路途)。

(四)少年教养所的教育制度

少年教养所的教育制度包括:(1)未成年教养人员的教育经费每人每月不少于 15 元,教育经费由教育部门统一管理使用。(2)少年教养所所长兼任未成年教养学校校长,下设教务处及政治、文化、技术教研室;专兼职教师均应由劳动教养人民警察或外聘教师担任,以专职教师为主,不得使用教养人员担任教师。(3)未成年教养所的教育内容,包括入所教育、出所教育、政治基础教育、分类教育、职业技术教育、文化教育和美育教育、劳动教育以及社会生活常识教育;形式以课堂教育为主,实行课时制(一课时为 45 分钟),全年授课时间为 45 周,每周不少于 20 课时,全年不少于 900 课时。(4)政治教育应着重进行法制教育、理想教育、道德教育、禁毒教育、纪律和爱国主义教育。政治教育的总课时为每年

280 课时,其中政治基础教育 220 课时,分类教育 60 课时。职业技能培训应着重进行初等或中等职业技术教育,使每个未成年教养人员都能掌握一技之长。已完成九年义务教育的未成年教养人员,每年参加职业技能培训的时间不少于420 课时,未完成九年义务教育的未成年教养人员,每年参加职业技能培训的时间不少于 120 课时。根据未成年教养人员的文化程度,分别开设初小班(包括扫盲)、高小班和初中班。未完成九年义务教育的未成年教养人员均应参加文化教育,文化教育的时间为每年不少于 300 课时。有条件的少年教养管理所可以开办高中班。有接收学校的未成年教养人员可以办理所外试学。鼓励未成年教养人员参加各种函授教育和高等教育自学考试。每名未成年教养人员每月至少接受 2 次个别谈话教育,积极开展对未成年教养人员的心理测试、心理咨询和心理治疗工作。(5)文化、职业技术教育受当地教育和劳动行政部门的指导。(6)按设计收容未成年教养人数每人不少于 0.5 平方米设立专用教室,每人 1套课桌椅。以大(中)队为单位设立图书室、阅览室、文化活动室和心理咨询室。充分利用广播、电视、电影、录像等手段,对未成年教养人员进行辅助教育,活跃场所的文化生活。少年教养管理所可以成立文艺宣传队,自编自演反映教养生活的文艺节目。应开展经常性的体育活动和文化娱乐活动,每年举办 1 次体育运动会。(7)积极开展社会帮教工作,加强同当地党、政、军、工、青、妇和社会各界的联系,有目的、有计划地邀请各级领导、英模、先进人物、知名人士到少年教养管理所、队视察、作报告或聘请为辅导员,帮助指导工作。加强同当地普通院校的联系,通过座谈会、演讲或联谊会等形式,帮助做好未成年教养人员的思想转化工作。加强同未成年教养人员的亲属或其他监护人的联系,动员他们到少年教养管理所进行规劝教育。少年教养所每年应组织未成年教养人员参观学习,参加社会公益活动,增强他们的社会责任感。每年对未成年教养人员解除教养后的表现进行跟踪考察,研究、改进教育方法,努力提高教养工作质量。协助有关部门做好未成年教养人员的安置帮教工作。(8)开展预防和控制艾滋病的宣传教育工作。

第三节 犯罪少年的社区矫正

引例

在美国,约翰·奥古斯(John Augustus)被公认为是第一个使用"缓刑"一词并将之付诸实践的人。他按照 1841 年波士顿治安法庭的规定,对一个未成年犯的行为实施了监督和管教,目标就是最终使他免予送至矫正机构。他对这个少年犯的监管取得了很好的成效。奥古斯用他的一生来研究和监督犯罪人,并向法官报告他们的情况。在临终前,他一共监督了 2000 个成人和几千个少年犯。[1]

一、犯罪少年社区矫正概述

(一)犯罪少年社区矫正的概念

犯罪少年的社区矫正是社区矫正制度的组成部分,也是少年矫正制度的重要内容。社区矫正具体是指将符合法定条件的少年犯置于社区内,由专门的国家机关在相关社会团体、民间组织和社会志愿者的协助下,在判决、裁定或决定确定的期限内,矫正其犯罪心理和行为恶习,促进其顺利回归社会的非监禁刑罚执行活动。从世界范围来看,社区矫正不一定都是机构外执行,如美国的少年犯社区矫正分为居住式社区矫正和非居住式社区矫正。居住式社区矫正是指少年犯在一定期间内居住在由法院指定的社区矫正机构内接受矫正。

在我国适用社区矫正的未成年人是指已满 14 周岁未满 18 周岁、满足社区矫正条件的人群。其中,满足社区矫正条件的人群是指被判处管制、被宣告缓刑、被暂予监外执行、被裁定假释以及被剥夺政治权利并在社会上服刑的五种人,但由于对于未成年犯不存在独立适用剥夺政治权利的情形,为此,仅指被判处管制、被宣告缓刑、被暂予监外执行以及被裁定假释的四种人。

(二)对少年犯适用社区矫正的必要性

西方国家的社区矫正通常始于少年犯,例如美国最早使用"缓刑"一词并将之付诸实践的奥古斯的第一个矫正对象就是一个少年犯。[2] 2003 年我国第一次确立社区矫正试点工作时,就将未成年犯列为社区矫正的重点对象。2012 年"两高两部"颁布的《社区矫正实施办法》又列专条对未成年犯的社区矫正作出专门规定。由此可见,各国以及我国政府对少年犯社区矫正工作的重视,一致认可社区矫正对少年犯教育改造的重要作用。之所以对少年犯强调使用社区矫正,是因为社区矫正不仅具有避免交叉感染、节省司法资源的价值,而且对少年犯还有着更为特殊的意义。

1. 对少年犯适用社区矫正满足了少年成长的需要

少年犯尚处于成长期,是人的一生中身心发育、文化知识的学习和能力提高的黄金时期。为满足成长的需求,要求个体与社会有着密切的接触。社区矫正是一种将罪犯放置在社会中、不与社会隔离的刑罚执行方法,基本上不阻断少年

---

① 〔美〕卡特考斯基等著:《青少年犯罪行为分析与矫治》,叶希善等译,中国轻工业出版社 2009 年版,第 279 页。

② 同上。

与社会、与他人的交往和接触,有利于少年犯的正常成长。

2. 对少年犯适用社区矫正尊重了少年犯罪的规律

前文已述,在一定程度上,绝大多数少年犯罪可以说是成长的后果。这一阶段他们还难以像成人一样对其行为后果承担完全的责任,同样的犯罪行为要求其承担与成人同样严重的后果,不仅勉为其难,无助于其行为矫正,还会造成更大的不良结果,是不符合人道的。为此我国确定了"宽严相济"的刑事政策,所谓"宽"的内容之一就是对少年犯罪案件依法从宽处理,为此,要对少年犯多适用比监禁处罚宽缓的社区矫正。

与此同时,对于犯罪少年,又要有适度的干预。这不仅因为犯罪少年应当为其犯罪行为承担适度的责任,一定的惩罚让其学习到实施伤害行为就要承担相应的后果。还因为研究表明,少年犯通常是恶劣成长环境的产物,这些环境包括不良的家庭环境、被学校排斥、开除、就业困难,与不良伙伴混迹于容易违法犯罪的街头或娱乐场所等。如果对生活其中的少年听之任之,不加干预,他们最终极有可能成为真正的犯罪人。

为此,这便需要社会寻找到一种既让他承担犯罪责任,又不影响其成长与发展的方法,社区矫正便是同时满足这两类需要的合适制度:它既不是严厉的、脱离社会的监禁刑;又有相应的监管规则和教育措施。

3. 对少年犯适用社区矫正符合国际惯例

由于监禁矫正存在诸多弊端,不符合少年的身心发展规律,为此,世界各国均将社区矫正作为适用于少年的主要矫正形式,在联合国有关少年司法的各类文件中,均将"监禁为最后手段"列为少年司法制度的基本原则,并要求时间要尽可能短,尽可能多使用假释。

二、国外少年犯社区矫正制度

(一)美国少年犯的社区矫正制度

1. 美国少年犯社区矫正的组织制度

美国少年犯的社区矫正由法院判决,矫正官执行。总体而言,美国的矫正官需要完成两项工作:调查和监管。调查是指少年法庭在作出社区矫正判决前,矫正官要对少年犯的人身危险性、可行性、少年犯的需求等内容进行调查,为少年法庭的判决提供依据。监管,是指矫正官对接受社区矫正项目的少年犯进行的咨询、监督、管理以及帮助等工作。在少年犯的社区矫正执行中,通常会有志愿者的加入,他们被称为志愿矫正官。

美国的少年犯假释决定通常有 5 种模式:州机构模式、青少年监禁机构决定模式、假释委员会模式、独立委员会模式以及负责法院模式。① 执行人员被称为少年假释执行官,其职责和其他种类的矫正官相似,但由于其监管对象的犯罪行为更为严重,其监管职责相应会被强化。

2. 美国少年犯社区矫正的主要措施

在美国,除案件被驳回、被判处监禁的少年犯罪人外,其他的少年犯都会被判处社区矫正,执行了一定刑期的被假释的少年犯也将接受社区矫正项目;在社区矫正机构内被监管了一段时间的少年犯也可能会被调整社区矫正项目,由机构内的社区矫正调整为机构外的社区矫正。为此,美国少年犯的社区矫正可分为缓刑、假释以及其他社区矫正项目;也可分为机构内社区矫正和机构外社区矫正。

(1) 缓刑。

在美国,缓刑有两种形式,第一种是指暂缓判决;第二种是由法官颁发“缓刑令”。② 暂缓判决是指对少年犯作出判决,但被暂缓执行,对其宣告一定的期限,在此期限内要求其遵守一定的规定,如未违反相关规定,其判决不再执行的刑罚制度。“缓刑令”是指少年法庭向少年犯颁发的要求其在社区矫正中接受监管的法令。“缓刑令”可能会有确定的期限,也可能无确定期限,直到少年犯到了少年法庭管辖的上限。

为了加强对少年犯的监管,也为了满足社会希望对少年犯加强惩罚的需求,美国从 20 世纪 90 年代开始强化了对被执行缓刑的少年犯的监督,其措施也被称为“中间强度的制裁”③,具体包括赔偿、社区服务、家中监禁、电子监控。

对一些特定类型的少年犯,缓刑期间也可能要求其参与特定的社区矫正项目,如对家庭关系,尤其是父母子女关系存在问题的家庭要求其接受家庭治疗;对有酒精、药物成瘾行为的少年人要求其接受戒瘾治疗;对实施了性犯罪的少年犯,要求其接受性犯罪的矫正治疗。

(2) 假释。

在美国,为了将少年犯的假释与成年人的假释相区分,将少年犯的假释专门称为“少年假释”。

为了让因监禁而脱离社会生活一定时期的少年犯,在进入社会之前有所准备,更好地适应监外生活,释放前的准备是假释的必备程序。这一程序中的措施有:被安排到活动更加自由灵活的“释放前牢房”“光荣牢房”中服刑;让少年犯了解家庭的现有情况,对不适宜回家的少年犯安排其在寄养家庭、居住中心中,并

---

① 吴宗宪:《社区矫正比较研究》,中国人民大学出版社 2011 年版,第 673—674 页。

② 〔美〕卡特考斯基等著:《青少年犯罪行为分析与矫治》,叶希善等译,中国轻工业出版社 2009 年版,第 333 页。

③ 刘强编著:《美国犯罪少年人的矫正制度概要》,中国人民公安大学出版社 2005 年版,第 36 页。

就相关情况和安排与之沟通;把教育重点放在释放准备的矫正治疗或职业培训上;将需要就学的少年犯先放置在特殊的过渡学校,而非直接送到正规学校。另外,在少年犯被释放前,需要针对每个少年犯制定矫正治疗方案。[1]

美国少年犯在假释中要遵守的规定分为一般规定和特殊规定。一般规定通常包括遵守宵禁令、按时上学、不吸毒或酗酒、遵守本州或联邦法律以及定期汇报等内容。特殊规定包括禁止接触某些罪犯、禁止进入特定场所、参加治疗或者就业安排等。[2]

(3) 其他社区矫正项目。

除了缓刑和假释外,美国还有一些其他的少年犯社区矫正项目:少年人犯罪的预防;为离家出走的少年人专设机构、养育之家;对少年人团伙的调解处理;日处遇项目;小组之家以及拓展训练等。[3]

案例

> 一名 17 岁黑人女孩因抢劫、非法卖淫而遭指控,处以缓刑。缓刑官见到她的第一件事,就是让其到医院检查,并要求其采取避孕措施,但发现其已怀孕。缓刑官随之做了以下工作:安排其工作、教育、准备照料孩子和培养她独立的生活技能。缓刑官经常与她在一起,帮她做好未来准备工作。该女孩的家庭情况是:母亲过世、父亲因精神问题在机构中接受治疗,几个姐姐均因犯罪而在矫正机构中。这个女孩将缓刑官作为了她的依靠,她快要生产时,缓刑官陪她到医院,分娩时一直陪伴她。此后,她非常积极极热情地对待生活,做她力所能及的事情。[4]

(二)英国少年犯的社区矫正制度

1. 英国少年犯社区矫正的法律规定

虽然英国是个老牌的判例法国家,但近年来也加快了成文法的步伐,2000年英国制定了《刑事法院权力(判决)法》[5],在其第四编"社区令和补偿令"和第五编"监禁刑及其他"中集中规定了社区矫正制度中的社区令、补偿令以及暂缓

---

① 〔美〕Peter C. Kratcoski & Lucille Dunn Kratcoski:《青少年犯罪行为分析与矫治》,叶希善等译,中国轻工业出版社 2009 年版,第 334—335 页。

② 同上书,第 336 页。

③ 刘强编著《美国犯罪少年人的矫正制度概要》,中国人民公安大学出版社 2005 年版,第 80 页。

④ 同上书,第 25 页。

⑤ 刘强主编:《各国(地区)社区矫正法规选编及评价》,中国人民公安大学出版社 2004 年版,第 183 页。

执行制度,与少年犯相关的社区矫正内容也包括其中。另外,少年犯的假释制度规定在《英国监狱法》中。可见,英国并没有独立的少年犯社区矫正立法,而是散见于相关法律之中。

2. 英国少年犯社区矫正的组织制度

在英国,少年犯的假释由假释委员会作出,国务大臣批准;其他社区矫正判决由法院作出,执行机关主要是缓刑局,对于少年犯还可能是地方执行机关所建立的少年犯帮教队、社会服务部门的社会工作者;具体执行人员被称为责任官。必要的时候还有具有资质的其他机构,如管护中心、专业治疗人员以及志愿者执行和参与社区矫正项目。

3. 英国少年犯社区矫正的主要措施[①]

英国少年犯的社区矫正措施分为社区令、适用于少年犯的补偿令、缓刑(暂缓执行)和假释四大类,其中社区令包括宵禁令、缓刑令、社区服务令、结合令、毒品治疗和测试令、管护中心令、监督令、行动计划令。不同的年龄段适用不同的社区令,就此社区令又分为三种:(1) 适用于所有年龄段罪犯的社区令:宵禁令;(2) 仅适用于已满 16 周岁以上(含 16 周岁)的罪犯的社区令,这包括:缓刑令、社区服务令、结合令、毒品治疗和测试令;(3) 适用于未满 21 周岁的罪犯的社区令,对于少年犯而言,该社区令的上限年龄就是 18 周岁:管护中心令;(4) 适用于未满 18 周岁的罪犯的社区令:监督令、行动计划令。与社区令相对应的一个概念是社区刑判决,是指单独由一个或多个社区令组成,或者包括一个或多个社区令的判决。

(1) 宵禁令。

宵禁令是指法院对少年犯作出的要求其在一定时间内待在特定范围的地点内的法令。

审判时未满 16 周岁的少年犯宵禁令期限不得超过 3 个月,已满 16 周岁的少年犯宵禁令期限不得超过 6 个月;每日的宵禁时间在 2—12 小时之间。宵禁令可附带使用电子监控。

对审判时未满 16 周岁的少年犯作出宵禁令之前,法院应当了解和考虑少年犯的家庭情况及其可能对家庭的影响。

(2) 缓刑令。

缓刑令是指法院对已满 16 周岁(含 16 周岁)的少年犯作出的要求其在特定期限内接受监督的法令。该期限不得少于 6 个月,不得多于 3 年。少年犯应随时与责任官联系,接受他的指导,变化地址应向对方报告。

---

① 　该部分内容总结于刘强主编:《各国(地区)社区矫正法规选编及讼诉》,中国人民公安大学出版社 2004 年版,第 183—236 页。

（3）社区服务令。

社区服务令是指法院对根据法律规定犯有应予监禁之罪，已满 16 周岁（含 16 周岁）的少年犯作出的要求其完成一定时数社区劳动的法令。社区服务的时间总量不少于 40 小时，不多于 240 小时，即使对同一罪犯发出多个社区服务令，总时间数也不得超过 240 小时。期间少年犯应随时与责任官联系，接受他的指导，变化地址应向对方报告。社区服务应在在法令生效后一年之内完成。

英国还对少年犯社区服务令的判决条件作出了规定，具体内容是：

① 根据法律规定犯有应予监禁之罪，已满 16 周岁（含 16 周岁）的少年犯。

② 判决前应听取缓刑官、地方执行机关社会服务部门的社会工作者或者青少年罪犯帮教队队员的意见。

③ 罪犯的司法管辖区有条件安排服务令所规定的劳动。

（4）结合令。

结合令是指法院对根据法律规定犯有应予监禁之罪，已满 16 周岁（含 16 周岁）的少年犯作出的要求其接受一定期限的监督并完成一定时数社区劳动的法令。接受监督的期限不少于 12 个月，不多于 3 年；社区劳动的时数在 40 小时到 100 小时之间。

（5）毒品治疗和检测令。

毒品治疗和检测令是指法院对已满 16 周岁（含 16 周岁），对吸食毒品成瘾或有成瘾倾向，但其成瘾行为可以被有效治疗的少年犯，发出的要求其接受一定期限的毒品治疗和检测的法令。期限在 6 个月和 3 年之间。

（6）管护中心令。

管护中心是指少年犯在其监管下参加工作，或受其指导的场所。管护中心令是指法院对根据法律规定犯有应予监禁之罪的少年犯，因其未能偿还应偿还的金钱，或没有履行其应尽的其他义务而发出的要求其接受管护中心一定期间监管的法令。

参加管护中心的总时数因年龄不同而有所区别：未满 14 周岁的少年人，不得超过 12 小时；已满 14 周岁，未满 16 周岁的不得少于 12 小时，不超过 24 小时；已满 16 周岁的少年犯，最多不得超过 36 小时。对于总计小时数的底线，法院也可根据一定的情况降低。少年犯一天不可多次参加管护中心的监管，每次不得超过 3 小时。

（7）监督令。

监督令是指法院对少年犯发出的要求其在一定期限内接受特定人员监管的法令。此处的特定人员是指地方执行机关、缓刑官或少年犯帮教队成员。

（8）行动计划令。

行动计划令是指法院对少年犯发出的要求其在一定期限内依特定要求行事

并接受责任官的监管的法令。此处的责任官包括缓刑官、地方执行机关社会服务部门的社会工作者或者青少年罪犯帮教对成员。期限为法令生效后的 3 个月内。

（9）补偿令。

补偿令是指法院对符合条件的少年犯要求其对被害人或社区予以补偿的法令。此处的条件是指，该少年犯未被判处监禁；也未被作出社区服务令、结合令、监督令、行动计划令或者治疗令，并征得少年犯的同意。被害人可能是 1 个，也可能是数个。

补偿令作出之前，必须开展调查并向法院提交调查报告。调查由缓刑官、地方执行机关社会服务部门的社会工作者或者青少年罪犯帮教队成员进行，报告要说明少年犯适合的劳动类型以及被害人对补偿令的态度。补偿令由缓刑官、地方执行机关社会服务部门的社会工作者或者青少年罪犯帮教队成员监督执行。补偿应在法令发出后 3 个月内执行完毕，所规定的劳动时间总数不得超过24 小时。

（10）暂缓判决。

在英国，暂缓判决是指对于被判处 2 年以下监禁刑的少年犯，原判决暂不执行，对其确定一定的考验期，在此期间该罪犯没有再犯监禁之罪，考验期结束时不再执行原判决的刑罚制度。暂缓判决的考验期为 1 年以上 2 年以下。暂缓判决与我国的缓刑和前文社区令中的缓刑令均有所不同。我国的缓刑是指刑罚的暂缓执行，即在特定期间内被判缓刑的罪犯遵守了缓刑规定，原判刑罚不再执行的刑罚制度；但有罪判决仍然有效。而暂缓判决的有罪判决在期间结束后也不再有效。缓刑令是要求罪犯在特定期限内接受监督的法令；同时，缓刑令适用于已满 16 周岁（含 16 周岁）的少年犯，暂缓判决没有年龄限制。

4. 英国少年犯社区矫正制度中的其他特色

（1）尊重少年犯的宗教信仰和社会发展。

社区矫正的目的是少年犯的改过自新，实现其再社会化。为此，一切有利于少年犯社会适应，有利其成长和发展的措施都应当被尊重和采纳。在英国的少年犯社区矫正中，充分尊重了社会既有的有利于少年犯矫正和社会发展的资源，如宗教信仰、就学、就业和培训。为此，英国 2000 年《刑事法院权力（判决）法》规定几乎所有的社区令不得与少年犯的宗教信仰、正常的工作、上学或接受的其他教育相冲突。这样的规定也体现了英国少年犯社区矫正制度的人道化精神。

（2）社区矫正判决以判决前的调查报告为前提。

在英国少年犯社区矫正中，任何一种社区矫正判决，判决前的调查报告都是必经程序。2000 年《刑事法院权力（判决）法》对此进行了特别强调。如该法第

36 条共计 10 款对社区令的调查报告进行了规定；其中，第 4 款规定："法庭在作出对罪犯适用的法令之前，应得到并考虑判决前报告。"

（3）作出判决的法院具有向少年犯告知的义务。

清晰了解判决中的权利和义务，是罪犯维护自身权利，接受和遵守判决的前提。在英国，法院在对少年犯作出社区矫正判决后，必须就以下内容向少年犯告知：法令的影响和作用、违反法令的后果以及法院具有检查法令执行的权利。告知时应使用通俗的语言。判决作出后应向少年犯、监管机构和责任官提供法令副本。

（4）法院对社区令的执行具有监督检查权。

判决作出后的执行效果以及由此出现的问题，需要有关机构予以监督检查。在英国，社区令的监督检查并非由执行机构的上级组织进行，而是由作出判决的法院行使。绝大多数社区令的检查是在罪犯或责任官的申请下进行，而毒品治疗和检测令则是在作出判决时同时规定定期检查的间隔期。

（三）德国少年犯的社区矫正制度

在德国，少年犯罪人案件由专门的《少年法院法》处理。根据《少年法院法》的规定：少年犯罪人是指犯罪时已满 14 周岁未满 18 周岁的人，但《少年法院法》还适用于犯罪时已满 18 周岁，未满 21 周岁的少年青年。《少年法院法》于 1974 年颁布，此后经多次修订，少年犯社区矫正的措施、组织制度等内容即规定在这部法律中。

德国对少年犯的处罚分为教育处分、接受治疗、惩戒措施、少年刑罚；社区矫正措施散见于这些处罚之中。

1. 教育处分中的社区矫正

教育处分中有关社区矫正的内容包括：遵守居住地的规定、在某一家庭或教养院居住、参加培训或劳动、置于特定之人（照料帮助人）的照料和监督之下、参加社会训练、不与特定之人交往、不得光顾酒馆或其他娱乐场所。

2. 接受治疗

接受治疗，是指法院发出指示规定少年犯应当接受专家的教育治疗或收容于戒除瘾癖的机构接受治疗。该措施的实行须经少年监护人和法定代理人同意，少年犯如已满 16 周岁，则须经其本人同意。戒除瘾癖的机构是能够为治疗有瘾癖的少年犯提供所需要的特殊治疗方法和社会帮助的机构。

教育处分和接受治疗的执行均须以法官发出指示为前提，这些措施的履行期限通常不得超过 2 年，其中，置于特定之人（照料帮助人）的照料和监督之下的期限不得超过 1 年，参加社会训练的期限不得超过 6 个月。因少年犯自身过失未履行指示的，少年犯可被处以禁闭。

　　3. 惩戒措施中的社区矫正

　　惩戒措施中有关社区矫正的内容有：从事一定的工作和未成犯禁闭。少年犯的禁闭分为业余时间禁闭、短期禁闭和长期禁闭。业余时间禁闭是指判处少年人1周内的业余时间禁闭，禁闭次数为1次或2次。2日之短期禁闭时间相当于1次业余时间禁闭。长期禁闭最短为1周，最长为4周。《少年法院法》规定："少年禁闭的执行，应激发少年的荣誉感，使其心悦诚服地认识到其行为的非法性。少年禁闭的执行要具有教育功能。它应当帮助少年克服促使其实施犯罪行为的障碍。"少年禁闭的执行机构是各州司法行政部门所属的少年禁闭所或业余时间禁闭室。执行地的少年法官为执行负责人。

　　4. 少年刑罚中的社区矫正

　　少年刑罚中的缓刑、缓科以及假释与社区矫正相关。被判处缓刑、缓科以及假释的少年犯要在社区中矫正其行为。

　　（1）缓刑。

　　被判处1年以下刑罚，判决可能已对少年起到警告作用，缓刑期间的教育功能即可实现法律规定之品行，而无需执行刑罚的；或者少年犯罪行为和人格具有特殊情况，且符合前述情形，如所判刑罚在1年以上2年以下的少年，法官应宣告缓刑。宣告缓刑应考虑到少年人的人格、经历、犯罪情况、事后态度、生活关系及刑罚效果。缓刑期限为2年以上3年以下，缓刑期间可将期限缩至1年，或延长至4年。

　　缓刑考验期内有专职缓刑官或名誉缓刑官对少年犯予以监督和指导。缓刑官的权利和义务为：为缓刑少年人提供帮助和监管；监管少年犯履行法官所作出的缓刑规定情况。对少年人的教育提供帮助，与其监护人和法定代理人精诚合作。执行公务时，有权进入该少年人的住所。可向少年人之监护人、法定代理人、学校、教师了解该少年人的情况。缓刑官由法官聘任，期间应就少年人的缓刑规定执行情况向法官报告，如出现严重或屡次违反缓刑规定的情况，应告知法官。

　　（2）缓科。

　　缓科，即英美法系的暂缓判决，是指无法确定少年人犯罪行为的危险倾向程度，判处刑罚又属必要，法官可先判其有罪，暂缓刑罚执行，规定一定的考验期以决定有罪判决是否执行的制度。缓科与缓刑的核心区别在于，被裁定缓科的少年犯如果在考验期内遵守了规定，考验期结束后，有罪判决即告消灭；被判决缓刑的少年犯如果在考验期内遵守了规定，考验期结束后，所判刑罚不再执行，但有罪判决并未消灭。缓科的考验期为1年以下2年以上，执行期间可缩短至1年或延长至2年。考验期内有专职缓刑官或名誉缓刑官对少年犯予以监督和指导。

　　（3）假释。

　　在德国假释决定由监狱长作出，但应当听取检察官的意见，应给予少年犯口头陈述的机会。被假释的少年犯适用缓刑的监管规定。

第四节 我国未成年犯的社区矫正

引例

社工帮扶过的边缘青少年 没有一个重新犯罪

家住广州的 16 岁少女小莉卷入了一起斗殴杀人案件,被法院判了 3 年有期徒刑缓期 4 年执行,之后广州市司法局将她转至社区进行矫正。因为得到了一位社工叔叔的帮助,这个昔日的"问题少女"走出了阴霾,还考上了大学。记者昨日参加广州市尚善社会服务中心揭牌仪式时,获悉这个真实故事。作为全省首个非营利司法社工组织,该中心的正式挂牌标志着将会有更多的"边缘少年"得到专业社工的帮助。

85％矫正对象是职中技校生

尚善中心的调查显示,91％的未成年小区矫正对象犯罪时是在校学生,其中85％为职业中学或技术学校学生,其余 9％则在犯罪时已辍学。

这些未成年矫正对象在学校读书时,成绩和表现比较一般,其中 54.8％有被学校开除的经历。44.3％表示平时空闲时间较多,但是缺少社交活动,觉得时间难以打发。

"问题少女"获新生读大学

16 岁的中学生小莉,和同学在北京路逛街的时候,和另一群人发生了冲突。小莉的同学叫来了几个同学,对方也喊来了一些帮手,引发了群殴,两个少年失去了生命。小莉虽然没有动手,但被法院判处了 3 年有期徒刑缓期 4 年执行。

被判刑后,小莉因综合表现还不错,被转介到社区接受矫正。在这里,她遇到了社工温叔叔。一开始,小莉很抗拒,她觉得前途已毁,非常自卑,在家、在学校都不愿意说话。在温叔叔的耐心帮教下,她终于打开了心扉,学习也进步了。两年后,她顺利考上了大学。如今,读大二的她还经常和温叔叔在 QQ 上聊天。

温社工告诉记者,在从事社工工作的 8 年里,他一共帮扶了 420 多个边缘青少年。他骄傲地说,这些孩子没有一个重新犯罪。

学香港政府购买服务

据广州市司法局介绍,市司法局学习香港经验,通过政府购买服务的方式,聘请社工协助开展社区矫正工作,设立了广州市尚善社会服务中心,组建了市、区、司法所三级社区矫正社工网络。截至 2011 年 5 月底,累计接收社区服刑人员 2978 人,其中在册 2016 人,解除矫正 962 人,脱管率为 0.09％,重新犯罪率为0.06％,脱管率和重新犯罪率均低于全国平均水平,矫正效果获得社会广泛认同。

据尚善中心主任介绍,因为犯罪青少年绝大多数是技校学生,所以该中心与广州市公用事业高级技工学校合作,开办了公用技校社工站,运用社会工作专业手法,协助学生增强法制意识,提高自觉识别和防范各种犯罪的能力,避免校园犯罪发生。[1]

一、我国未成年犯社区矫正制度概述

我国未成年犯的社区矫正制度始于 2003 年最高人民法院、最高人民检察院、公安部和司法部下达的《社区矫正试点通知》,此通知决定在 9 个省市试点推广社区矫正,其中未成年犯是社区矫正的重点对象,从而开始了未成年犯社区矫正制度建构与发展的历程。2012 年 1 月 10 日,"两院两部"又联合制定、发布了《社区矫正实施办法》,第 33 条专门对未成年犯的社区矫正作出规定,清晰地表明开展未成年犯社区矫正的方针、基本原则以及相关措施。

社区矫正是一种刑罚执行方法,从理念到措施,法院判决到执行,是一套完整的流程,需要全面的实体性和程序性规范,为此,适用于未成年人社区矫正制度的法律法规不仅包括社区矫正的专门性规范,还包括包含相关内容的《未成年人保护法》《未成年犯管教所管理规定》等规范,具体来说主要有《未成年人保护法》《预防未成年人犯罪法》《刑法》《刑事诉讼法》《监狱法》《未成年犯管教所管理规定》《治安管理处罚法》《公安机关办理劳动教养案件规定》《社区矫正试点通知》以及《社区矫正实施办法》。

在我国未成年犯社区矫正制度基本原则的确立上,《社区矫正实施办法》规定除了要遵循与成人分别矫正、身份保护、尊重身心规律等原则外,还规定了提供帮助和督促履行监护职责的原则。

1. 提供帮助的原则

所谓"提供帮助",是指为了保证接受社区矫正的未成年犯的再社会化,在其就学、就业上协调各有关部门为其提供帮助。犯罪学的研究表明,未成年犯罪人缺乏适应社会、融入社会的条件和能力。他们通常不能顺利完成学业,很难找到正常的职业,家境困难或者父母关系不和、甚至家庭结构不完整,父母缺乏管教能力。而接受一定程度的教育、从事一份合法的职业是他们顺利地再社会化的必要条件。然而,学校、单位出于自身考虑一般不愿意接收有过违法犯罪经历的人,这便需要有关部门予以协调,并考虑到学校和单位的实际困难,从政策上给

---

[1] 薛江华、李丽容:《社工帮扶过的边缘青少年没有一个重新犯罪》,http://big5. xinhuanet. com/gate/big5/www. gd. xinhuanet. com/newscenter/2011-06/09/content_22966174. htm,访问日期 2016 年 1 月 16 日。

予愿意接受未成年犯的学校和单位支持,使未成年犯能顺利地就学、就业,为其再社会化提供条件。

2. 督促履行监护职责的原则

所谓"督促履行监护职责",是指在未成年犯的社区矫正中,要采取各种办法,督促监护人履行监护职责,承担起抚养、管教未成年犯的义务。未成年人犯罪与监护人没有认真履行或者没有能力履行监护职责有关,而接受社区矫正的未成年犯通常与监护人生活在一起,监护人的一言一行对未成年犯的人生观、价值观、接受社区矫正的态度具有切身的影响;同时,监护人也是方便监督未成年犯社区矫正质量的主体。为此,督促监护人履行其应负的监护职责是保证未成年犯顺利完成社区矫正任务的重要因素。在我国许多地区,未成年犯的社区矫正小组会吸收未成年犯的监护人或亲属参加。

链接

2012 年 1 月 10 日最高人民法院、最高人民检察院、公安部、司法部联合颁布了《社区矫正实施办法》,对未成年犯的社区矫正作出了专条规定:

第三十三条 对未成年人实施社区矫正,应当遵循教育、感化、挽救的方针,按照下列规定执行:

(一)对未成年人的社区矫正应当与成年人分开进行;

(二)对未成年社区矫正人员给予身份保护,其矫正宣告不公开进行,其矫正档案应当保密;

(三)未成年社区矫正人员的矫正小组应当有熟悉青少年成长特点的人员参加;

(四)针对未成年人的年龄、心理特点和身心发育需要等特殊情况,采取有益于其身心健康发展的监督管理措施;

(五)采用易为未成年人接受的方式,开展思想、法制、道德教育和心理辅导;

(六)协调有关部门为未成年社区矫正人员就学、就业等提供帮助;

(七)督促未成年社区矫正人员的监护人履行监护职责,承担抚养、管教等义务;

(八)采取其他有利于未成年社区矫正人员改过自新、融入正常社会生活的必要措施。

犯罪的时候不满18周岁被判处五年有期徒刑以下刑罚的社区矫正人员,适用前款规定。

二、我国未成年犯社区矫正的组织机构及人员

（一）我国未成年犯社区矫正组织机构的主要类型及其职责

我国未成年犯社区矫正组织机构并未与成年犯的相区分，一般可以分为两类，一类是领导组织社区矫正工作的管理机构，另一类是具体从事社区矫正的工作机构。

1. 社区矫正管理机构

社区矫正管理机构是在整体上对社区矫正进行管理、组织与协调的机构，2010 年司法部正式成立社区矫正管理局，成为我国在国家级层面，专门管理、指导社区矫正工作的机构，标志着我国社区矫正工作开始逐步进入正轨。根据中央机构编制委员会《关于设立司法部社区矫正管理局的批复》（中央编办复字〔2012〕4 号），司法部社区矫正管理局具有以下工作职能：负责监督检查社区矫正法律法规和政策的执行工作；拟定全国社区矫正工作发展规划、管理制度和相关政策并组织实施；监督管理对社区服刑人员的刑罚执行、管理教育和帮扶工作；指导开展社区矫正社会工作和志愿服务。[①] 地方层面的管理机构分为三级，即省（自治区、直辖市）司法厅、市司法局和区司法局下属的社区矫正工作部门。各地称谓有所不同，如北京市司法局称为社区矫正和帮教安置工作处，海淀区的称为矫正帮教科。江苏省司法厅称为社区矫正工作局。该局的主要职责是贯彻执行社区矫正的法律法规和相关政策；研究制定全省社区矫正工作规划和管理制度；指导监督全省社区矫正工作的刑罚执行和管理教育；指导社区矫正社会工作者、社会志愿者的聘用、管理和考核工作；组织指导社区矫正工作的宣传、培训和理论研究工作。[②] 南京市称为社区矫正管理局，负责指导管理全市社区矫正工作；负责社区矫正对象减刑、收监及行政处罚的考核和申报工作；制定市社区矫正工作规章制度。[③] 鼓楼区司法局称为社区矫正中心。鼓楼区司法局社区矫正中心下设四部三室及十三个司法所。四部即教育部、服务部、管理部、安置帮教部，三室即宣告训诫室、心理矫治室、教育培训室。教育部主要职责是：负责制订全区的教育矫正计划，对全区的社区服刑人员进行集中教育，对在矫正期内有思想转化的服刑人员进行个别谈话教育，对有心理需求的服刑人员进行心理疏导。服务部主要职责是：对矫正期内生活比较困难的社区服刑人员进行就业指导，并将符合低保条件的社区服刑人员纳入低保户以解决他们最基本的生活

---

① 《社区矫正管理局的职能》，司法部网站，http://www.moj.gov.cn/sqjzbgs/content/2015-01/08/content_5919752.htm? node=30090，访问日期 2016 年 4 月 2 日。

② 《社区矫正工作局》，江苏省司法厅网站，http://www.jssf.gov.cn/pub/jssf/xxgk/jgsz/nsjg/201505/t20150504_62930.html，访问日期 2016 年 4 月 2 日。

③ 《南京市司法局内设机构与职能分工》，南京市司法局网站，http://www.nanjing.gov.cn/njszf/bm/sfj/200801/t20080122_1183843.html，访问日期 2016 年 4 月 2 日。

保障。管理部主要职责是：负责制订全区的社区矫正工作计划，督促全区的社区矫正日常工作，负责审前调查和假释评估工作，协调相关部门和单位落实社区矫正工作措施，解决社区矫正工作中的重点、难点。配合相关部门对罪犯或犯罪嫌疑人进行环境评估，对重点服刑人员进行监督管理。①

2. 社区矫正工作机构

社区矫正工作机构目前在我国主要是指诸如司法所、阳光中途之家等具体负责社区矫正事务的工作机构。

依据《社区矫正实施办法》，司法所承担社区矫正日常工作，并依据司法部《社区矫正暂行办法》履行以下职责：贯彻落实国家有关非监禁刑罚的法律法规，对社区服刑人员实施管理，会同公安机关对社区服刑人员进行监督考察；对社区服刑人员进行考核等。由此不难看出，司法所是我国开展社区矫正工作的最基层单位，是社区矫正事业的基石。

在我国，阳光中途之家最早于 2007 年创建于北京市朝阳区，是朝阳司法局借鉴国外社区矫正经验建立的集安置帮教为一体的社区矫正基地，目前北京市各区县均已建立阳光中途之家，实现了阳光中途之家的全覆盖。② 各中途之家由所在区县司法局负责建设和管理，阳光中途之家集食宿、教育、培训和救助于一体，其经费也由各区县政府财政给予全额保障。阳光中途之家弥补了街道、乡镇司法所人员力量不足的现状，提高了社区矫正刑罚执行的效能，丰富了社区矫正工作的手段，是推进社区矫正工作的科学创新。

链接

海淀区阳光中途之家③

海淀区阳光中途之家是海淀区司法局直属全额拨款事业单位。其功能设置主要包括三项基本功能和三项辅助功能。

基本功能：对社区服刑人员进行集中教育；为有需求的社区服刑人员和刑释解教人员（以下简称"两类"人员）提供社会适应指导；为有需求的"两类"人员提供心理咨询和心理辅导。辅助功能：为"三无"人员提供临时安置；为"两类"人员提供就业帮助；为社区服刑人员提供社区服务项目。

---

① 《矫正机构与职能》，江苏省南京市鼓楼区司法局网站，http://sfj. njgl. gov. cn/art/2015/5/14/art_11754_2238895.html，访问日期 2016 年 4 月 2 日。

② 参见赖臻：《北京社区矫正机构实现全覆盖》，http://news.163.com，访问日期 2016 年 4 月 2 日。

③ 《中途之家简介》，海淀区司法局网站，http://hdsfj. bjhd. gov. cn/zwgk/zsdw/ztzj/，访问日期 2016 年 4 月 2 日。

（二）我国未成年犯社区矫正的专职人员

1. 未成年犯社区矫正专职人员的概念

未成年犯社区矫正专职人员是社区矫正工作的中坚力量，是社区矫正工作最主要的承担者、执行者，是社区矫正工作能否落到实处的关键。因此，明确社区矫正专职人员的工作职责以及社区矫正专职人员的素质要求就显得十分必要。

社区矫正专职人员是指具有一定专业知识背景，专门从事社区服刑人员管理、矫正工作的专职工作人员。

依据《社区矫正实施办法》，街道、乡镇司法所的正式工作人员就是社区矫正工作的专职人员，其承担着社区矫正的日常工作。但当前我国社区矫正并没有一个统一的模式，在不同地区，社区矫正专职人员仍有许多不同。

链接

京沪社区矫正的人员构成存在差异

在社区矫正工作先行先试的上海，社区矫正专职人员最初从公安、监狱机关中的干警和社区、街道招聘的人员中选任，其不仅具有一定的法律知识，而且善于做思想教育工作。当前，上海通过政法选聘与社会招聘两种方式招募社区矫正专职人员，社会招聘的工作人员按 1:50 的比例配置，招聘的人员大约 12% 左右的专业为社会工作与法律。[①] 北京的社区矫正专职人员由监狱、劳教抽调的干警组成，并且达到了一街、一乡、一镇一警的目标。[②] 同时北京还组建了协管员队伍，并覆盖全市各区县，以强化对社区矫正人员的监管力度。

2. 我国未成年犯社区矫正专职人员的工作职责

社区矫正专职人员毫无疑问是社区矫正工作的主心骨，是社区矫正主要工作的承担者。从性质上看，社区矫正专职人员是从事非监禁刑罚的执法人员；从其从属关系来看，社区矫正专职人员是国家公务人员，是公权力的象征；从其地位来看，相较于社区矫正的志愿者，社区矫正专职人员也是社区矫正的组织者、领导者。因此，可以将社区矫正专职工作人员的主要工作职能概况为以下几个

[①] 参见王李娜：《上海社区矫正的实践与思考》，民政部政策研究中心，2007 年 12 月 25 日。

[②] 参见林仲书：《北京市社区矫正试点工作情况》，载《法治论丛（上海政法学院学报）》2007 年第 1 期。

方面：

　　（1）管理职能。

　　社区矫正专职人员作为社区矫正工作中国家公权力的代表，其从整体上肩负着社区矫正工作，对基层整体的社区矫正工作具有领导、管理的职能。社区矫正专职人员管理社区矫正工作的日常开展，一般而言具体包括：指导社区矫正志愿者的工作，制定未成年社区矫正服刑人员日常活动规则，办理有关社区矫正人员的法律手续，组织社区服刑人员近亲属、社区矫正志愿者、居（村）委会对社区服刑人员开展教育矫治工作，组织有劳动能力的社区服刑人员参加公益劳动，组织开展对社区服刑人员的心理咨询和心理矫治活动等相关工作。

　　（2）矫正职能。

　　社区矫正的工作成效关键体现在对社区矫正人员的矫正、教育工作上。社区矫正专职人员要负责实施对社区服刑人员的认罪、守法、劳动和学习等情况的具体考核工作，承办对社区服刑人员的考核评议事宜，依照规定做好社区服刑人员行政奖励、司法奖励的材料整理工作，并且应当利用多种形式、手段来促进社区矫正人员的改造，促使其改恶从善。当然对于社区服刑人员错误、违规的行为，社区矫正专职人员依法具有处罚的权力，对于情节轻微的，可以给予批判警告，对于情节严重、违法犯罪的，可以决定将其收监执行。

　　（3）帮助职能。

　　不同于监狱完全封闭的环境，社区矫正虽然在社区之中服刑，但仍有许多限制，而社区矫正人员自身或其家庭或多或少地存在着各种现实的困难，身在社区服刑之中，其难免有许多顾虑，难以安心矫正。因此，社区矫正专职人员应当给予未成年社区矫正服刑人员适当的扶助，可以充分发挥社区、街道以及志愿者的力量，多方面地为其提供支持，最大限度地减少其顾虑，使其安心矫正，积极改造。

　　（4）评估职能。

　　依据未成年社区矫正服刑人员在社区矫正之中的表现对其作出奖励或处罚是社区矫正管理以及矫正工作的基本内容，通过奖励、处罚来引导未成年社区矫正服刑人员积极接受教育改造也是教育矫正的重要手段。因此，社区矫正专职人员应当记录社区矫正人员日常表现，并依据相关法规定期对其作出评价，以便明确接下来对社区矫正人员采取的措施。

　　3. 未成年犯社区矫正专职人员的基本素质

　　社区矫正专职工作人员的素质要求显然要与社区矫正工作的性质、特点符合，依据2003年最高人民法院、最高人民检察院、公安部、司法部下发的《社区矫正试点通知》中关于社区矫正的规定，"社区矫正是与监禁矫正相对的行刑方式，是指将符合社区矫正条件的罪犯置于社区内，由专门的国家机关在相关社会团体和民间组织以及社会志愿者的协助下，在判决、裁定或决定确定的期限内，矫正其犯罪心理和行为恶习,并促进其顺利回归社会的非监禁刑罚执行活动。"从中不难看出,社区矫正是刑罚执行活动,其目的在于矫正犯罪心理和行为恶习,并促进其顺利回归。另一方面,《社区矫正实施办法》第 13 条第 3 款规定:未成年社区矫正人员的矫正小组应当有熟悉青少年成长特点的人员参加。我们认为,熟悉青少年成长特点是未成年犯社区矫正专职人员的必要素质,对此的理由前文已多处论述,在此不再重复。除此之外,未成年犯社区矫正专职人员还应当具备以下基本素质:

第一,扎实的法律业务功底。

社区矫正专职工作者要有丰富的法律知识,特别是对于与社区矫正相关的刑事法律法规更是要十分熟悉。首先社区矫正是刑罚执行方式的一种,是严肃的执法活动,自然与法律法规密切相关。社区矫正专职人员要掌握社区矫正的基本内容和要求,明确社区矫正的对象包括适用缓刑、假释、监外执行、管制、剥夺政治权利等刑罚方法和相关刑事措施的犯罪当事人,并对于以上刑罚方法和相关刑事措施有清楚的把握。其次,在社区矫正工作中,无论是社区矫正人员的接收,还是对社区矫正人员的评价,提出减刑或是给予处罚无不与相关法律及法律文书密切相关,没有这些法律知识难以使工作顺利有效地开展。更为重要的是,深厚的法律功底还在于其法治理念,只有将社区矫正工作纳入到我国整体法治框架中,才能明确社区矫正工作的地位,才能正确认识社区矫正工作,合法、合理地做好社区矫正工作。

第二,较强的矫正工作能力。

社区矫正归根结底是要达到让矫正人员改过自新并顺利回归正常社会的目的。因此,作为社区矫正工作中的主力军,社区矫正专职人员必须要切实起到帮扶、改造社区矫正人员的目的,这就要求社区矫正专职人员具有较强的矫正改造工作能力。一方面,要把握罪犯改造和矫治的特点和规律。虽然不同于监狱中封闭的环境,但社区矫正也是罪犯改造矫正的一种方式,能否有效地控制和预防罪犯在社区中重新犯罪,在很大程度上取决于对罪犯个体情况的具体分析,从而有针对性地采取一定的对策和措施。因此,社区矫正专职人员必须要把握好各个社区矫正人员的不同情况,科学地依据矫正改造的客观规律来制定教育矫正对策和措施。另一方面,社区矫正专职人员要掌握教育矫正的方式和方法。在掌握社区矫正人员背景和科学分析其特点的基础上,社区矫正专职人员需要运用社会学、犯罪学、心理学和有关学科的基本理论和知识针对社区服刑人员设计教育、矫正方案,在日常的教育、矫正工作中,社区矫正专职人员更是需要将各理论知识具体运用于实践,以达让矫正人员改过自新并顺利回归正常社会的目的。

第三,精湛的社会工作能力。

社区矫正离不开对社区矫正人员的帮助与扶持,社区矫正专职人员必须有精湛的社会工作能力,充分掌握社区建设的发展与现状,了解社区的文化建设、人口特点、资源配置、环境状况、管理体制等等,充分利用社区资源有效地帮扶、教育社区矫正人员,通过个案社会工作、社区社会工作,调动全社区的居民一起参与到对未成年社区矫正服刑人员的矫正、教育上来,并通过持续地开展互助帮扶工作,来让社区矫正人员真正感受到来自社区的关爱和温暖,解决未成年社区矫正服刑人员现实的家庭、自身问题,让其安心改造,更快、更好地回归、融入社会,成为社区中的守法公民。

第四,爱岗敬业的奉献精神。

社区矫正专职人员还要具有爱岗敬业的奉献精神。社区矫正的对象是社区服刑人员,对其进行矫正工作不仅需要知识、经验,更需要耐心与爱心,要积极主动与未成年社区矫正服刑人员建立良好的互动关系,通过各种交流、教育使其在思想上转变,行动上改正,没有爱岗敬业的奉献精神,难以做到与未成年社区矫正服刑人员建立和谐、积极的互动关系,更难以保证与其长期的交流与引导,社区矫正的巨大、细致的工作量,就要求社区矫正专职人员具有爱岗敬业的奉献精神,持之以恒的耐心。

(三)我国未成年犯社区矫正的社会志愿者

社区矫正志愿者是未成年犯社区矫正工作力量的重要组成部分,甚至社区矫正自身的诞生、发展都离不开社会志愿者的巨大贡献。社区矫正志愿者的招募管理工作十分重要,直接关系到社区矫正工作者的组织、工作成效,而明确社区矫正志愿者的工作内容则是社区矫正志愿者工作的前提。

1. 社会志愿者参与未成年犯社区矫正的意义

社区矫正毫无疑问是一项庞大的社会系统工程,其涉及社会的方方面面,仅仅依靠政府的力量不仅难以面面俱到,而且将消耗大量的司法资源。社区志愿者参与社区矫正工作具有自愿性、无偿性的特点,志愿者的加入可以提高社区矫正的效力,减少司法资源的消耗,并且能够扩大社区矫正在居民间的认识度,增强社区矫正工作的效果。具体来说,社区矫正工作在社区矫正工作中能够起到以下难以代替的积极作用:

第一,社区矫正志愿者能为社区矫正人员提供多样、专业的服务。

社区矫正工作的基层单位司法所,一方面,任务繁重,不仅要负责社区矫正对象的接收、思想教育、奖惩考核等项工作,还承担着安置帮教、人民调解等职能。另一方面,社区矫正专职人员虽法律、矫正业务知识丰富,但毕竟能力有限,而社区矫正志愿者来自各行各业,社会的各个阶层,包括专家学者、大专院校学生、离退休人士、社区居民、社区矫正人员近亲属或其所在单位人员等等。相较于官方的社区矫正工作者,他们或者具有深厚的理论知识,或者具有丰富的实践经验,或者具有高昂的服务精神,他们参与到社区矫正工作中,不仅能够大大减轻基层司法所的工作压力,提高社区矫正工作效率,更能够极大地丰富社区矫正的工作内容,为社区矫正人员提供更多样的支持与服务。

第二,志愿者有利于减轻矫正对象的抵触情绪,帮助其顺利回归社会。

首先,不同于从监狱抽调的干警,也不同于社区矫正的专职工作人员,社区矫正志愿者就是热心的社会公民,社会居民中的普通一份子,社区矫正人员在心理上更容易接受社区矫正志愿者的教导,能够更好地与社区矫正志愿者交流。其次,社区矫正志愿者有的就是社区矫正人员所在社区的居民,或者是心理工作者、教育工作者,他们不仅具有心理、教育矫正的理论知识,并且具有丰富的矫正经验,在方法上更加亲近社区矫正人员,更容易得到他们的接受。因此,由于社区矫正志愿者更加普通的身份,在矫正社区服刑人员中有着不可替代的作用。

第三,志愿者的加入有利于宣传社区矫正工作,让更多的人参与、支持社区矫正工作。

社区矫正志愿者来自社会的各行各业,有些就是服刑人员所在社区的居民,他们的参与不仅能够提高社区矫正工作的效率,而且大大提高了社区矫正工作的认知度。特别是在服刑人员所在社区的认知度,有利于人们特别是社区居民正确认识、看待社区矫正工作,更能帮助其正确认识社区服刑人员,让社区居民、社会大众更多地参与到社区矫正工作中来,认同、支持社区矫正工作。

2. 未成年犯社区矫正志愿者的招募

我国目前未成年犯社区矫正志愿者的招募主要采取两种方式,一种是社会招募,即直接面向社会公众发布招募社区矫正志愿者的相关公告,告知相关信息,由社会公众直接去指定报名点报名,再通过笔试、面试等环节进行筛选。另一种是组织招募,即通过各基层组织向司法所推荐相关人员成为社区矫正志愿者,如共青团组织、工会、妇联、学校和行业协会等向各司法所推荐相关人士,成为社区矫正志愿者。

链接

各地志愿者的招募方式

江苏省东台市采取的方式是社会招募与组织招募相结合的方式,市司法局是其社区矫正志愿者报名登记机构。一方面,公民可以直接报名成为社区矫正志愿者,即先由报名者本人提出申请,填写统一的《注册登记表》,并提交个人身份证明、学历证明及相关资格证明等材料;另一方面,通过有关组织推荐的人员,由负责推荐的组织或单位将被推荐人的个人资料报各司法所,最后由其市司法局、团市委、市志愿者协会对登记申请人进行筛选、审核,符合条件的,吸收为社区矫正志愿者,发给《江苏省社区矫正志愿者证》。① 杭州市采取的是直接招募的方式,年满 20 周岁,具备良好的政治素质,热心社区矫正工作,具有一定的组织协调、语言表达和沟通交往能力,具有相关专业知识,有相关的资质证书或证明,掌握一定的法律知识和思想教育方法的社会公民均可报名成为社区矫正志愿者。

对于社区志愿者的待遇,我国可借鉴国外的做法,对于社区矫正志愿者应当给予适当的补助、津贴。但要明确志愿者从事社区矫正工作是志愿工作,津贴、补助不是薪金,而是为其顺利工作提供一定的便利,主要是餐费补助、交通补助以及相应的办公补助。

3. 未成年犯社区矫正志愿者的管理

当前社区矫正工作在全国各地开展的模式不尽统一,但建立相对统一的社区矫正志愿者准入制度势在必行。首先,要合理、科学地规定志愿者的准入条件、资格,一般而言,为吸引更多的志愿者参与到社区矫正中来,对于社区矫正志愿者的准入条件并不高,但社区矫正志愿者具备服务社区矫正的热情,必要的社区矫正法律知识与矫正技能,有参与社区矫正志愿工作的时间是各地在招募志愿者实践中普遍采取的基本标准。

其次,要通过规范性文件明确社区矫正志愿者在社区矫正工作中的权责、地位,给予志愿者必要的权利,并明确其相应的义务。明确志愿者权利是为了使志愿者能够更好地开展社区矫正志愿工作,能够更充分地利用社区资源,例如授予对矫正对象服刑和必要资料的调查权、获得表彰权、参加行业协会权等。但同时没有不附义务的权力,明确社区矫正志愿者的义务就是规范社区矫正工作,严肃矫正执法的必然要求。志愿者必须在国家相关法律规定内开展社区矫正工作,不得滥用职权,假公济私;不得有非法侵害社区矫正对象身体,侮辱其人格,剥夺社区矫正对象的人身自由,搜查社区矫正对象的身体、物品或住所,利用公益劳动实施变相体罚,殴打或者纵容他人殴打社区矫正对象等严重违法行为;同时不得利用社区矫正对象从事营利性的活动或者牟取其他私利或者向社区矫正对象

---

① 参见《关于招募社区矫正志愿者的通知》,http://www.dongtai.gov.cn,访问日期 2016 年 4 月 10 日。

及其亲属索取、收受财物等利用公权力贪贿的行为。

最后,建立志愿者服务记录档案,对志愿者进行考核。社区矫正志愿者在志愿服务期内从事与矫正有关的事务需加以必要记录,一方面,对于其优秀事迹、先进的行为要给予表彰,同时结合群众和矫正对象等群体的反馈意见对其作出评价,并对业绩突出的志愿者应该授予荣誉和给予有关公务工作录用的特别倾斜。另一方面,对于社区矫正志愿者在志愿服务期内,有犯罪违法行为,违反社区矫正志愿者相关规定与记录的行为也要予以记录,建立起社区矫正志愿者的退出机制。对于违法犯罪、违反纪律、不符合招聘条件、提出辞职并获批准的志愿者应当及时解聘并向社区矫正人员以及社区公告。

链接

北京市社会志愿者的聘用机制

北京市在社区矫正志愿者管理方面先行先试,对于聘用的社区矫正协管员的管理建立的明确的制度。一方面健全规章制度。北京市司法局对社区矫正协管员作出了专门的管理规定,明确了岗位目标责任,建立了考核制度、奖励机制。同时,建立了社区矫正协管员动态管理机制,其聘用期一般不超过两年。另一方面是对社区矫正社会志愿者依据有关政策与本人签订用工合同,同时,加强考核,落实相关制度。在聘用期内,认真履行工作职责,未出现严重违反规定和工作纪律且考核合格的,可以续聘;凡严重违反规定和工作纪律或出现工作失误造成严重后果的,或者考核不合格的,予以解聘。

4. 社会志愿者的工作内容

虽然社会志愿者不是社区矫正工作的主要承担者,是社区矫正的辅助人员,但在社区矫正工作中起到了十分广泛而重要的作用,其工作内容主要是为社区矫正人员提供支持和帮助。例如,在美国宾夕法尼亚州,社区矫正志愿者主要有:在技能培训中担任教师,帮助犯罪人准备普通同学学历证书考试;在犯罪人住宿中心为参与社区矫正计划的犯罪人提供交通服务;向女性犯罪人教授手工技能;在职业技能培训中心教授计算机技能;在圣诞节时向女性犯罪人及其小孩提供礼物。[①] 我国山东省莱芜市社区矫正志愿者的工作内容也体现了这一特

---

① 参见吴宗宪:《社区矫正比较研究(上)》,中国人民公安大学出版社 2011 年版,第 302 页。

点,其主要包括:一是参与制定矫正对象的矫正方案;二是为矫正对象提供法律及心理咨询;三是与矫正对象结成对子,帮助教育矫正对象;四是对社区矫正工作提出意见和建议;五是承办社区矫正组织指派的其他工作。① 浙江平阳也明确规定社区矫正志愿者是社区矫正工作的辅助人员,其主要工作是辅助街道、司法所等开展社区矫正工作,其具体的社区矫正志愿者的工作内容有:协助街道、社区矫正机构,组织有劳动能力的矫正对象参加社区公益劳动;协助街道、社区矫正机构,组织矫正对象参加学习、教育活动;协助街道、社区矫正机构,对矫正对象进行心理矫正,结合其犯罪原因、心理类型、现实表现等制定心理矫正方案;社区矫正志愿者协助街道、社区矫正机构,开展多种形式的帮教活动,参与对矫正对象的监督、管理和教育工作,促进矫正对象的改造。②

社区矫正志愿者应当是在社区矫正专职人员的组织、领导下开展工作的,天津市的社区矫正辅助人员就是在社区矫正执法人员的组织下,根据工作职能的划分,对社区服刑人员开展某些方面的工作。社区矫正辅助人员的任务主要是协助社区矫正执法人员履行其帮助职能,即协助社区矫正执法人员解决社区服刑人员存在的生活困难和就业问题、心理与行为问题、家庭与人际关系问题等。同时,社区矫正辅助人员也可以根据需要,担负部分履行改造职能的工作,对服刑人员开展某些方面的改造活动。③ 社区矫正志愿者有时也承担着对社区矫正人员评价的职责,如在南京市下关区,社区矫正志愿须每月与社区矫正对象以及社区矫正工作者保持沟通,并参与对社区矫正对象的行政、司法奖惩和矫正期满的评议。④

三、未成年社区服刑人员的矫正方法

2003年7月,"两院两部"联合下发了《社区矫正试点通知》,要求各地区积极探索对罪行较轻的罪犯进行社区矫正,推进中国特色的刑罚执行制度改革,从根本上提高对罪犯的教育改造质量,预防和减少重新犯罪,实现国家的长治久安。《社区矫正试点通知》指出:"社区矫正要根据服刑人员的不同特点,实施分类管理和教育,矫正其不良行为和心理,突出教育改造的针对性和实际效果,并且帮助解决社区服刑人员在就业、生活、法律和心理等方面遇到的困难和问题,以利于他们顺利适应社会生活,重新回归社会。"2012年《社区矫正实施办法》又进一步指出:针对未成年人的年龄、心理特点和身心发育需要等特殊情况,采取

---

① 参见汤道刚:《社区矫正制度分析》,中国社会出版社2010年版。
② 参见《社区矫正志愿者工作岗位职责》,http://www.pyfz.gov.cn,访问日期2016年5月3日。
③ 参见庄春英:《关于社区矫正队伍建设的调研报告》,http://www.moj.gov.cn,访问日期2016年5月3日。
④ 参见《社区矫正志愿者工作职责》,http://mfs.njxgqsfj.gov.cn,访问日期2016年5月3日。

有益于其身心健康发展的监督管理措施；采用易为未成年人接受的方式，开展思想、法制、道德教育和心理辅导。这些规定充分体现了我国对未成年社区服刑人员的尊重其身心规律及个别化处遇的原则。

根据我国的相关法律规定和社区矫正的实践，未成年社区服刑人员的矫正方法有分类矫正、教育矫正、心理矫治等方法。

（一）未成年社区服刑人员的分类矫正

1. 分类矫正的含义

关于分类矫正的定义表述不一。1950 年海牙召开的第十二届国际刑法和刑务会议上，这样表述分类矫正的定义："分类矫正这一用语，在欧洲语言中，意味着首先按年龄、性别、前科、精神状态等因素的不同将犯罪人分别集中关押在特殊监狱，然后再在各监狱内将犯人分成各种小组。"[1]美国矫正协会将分类矫正定义为：是一种给予服刑人员不同的矫正活动分配，以提供最有效的、适应服刑人员需要的矫正活动的方式。

未成年社区服刑人员的分类矫正，是指将依据一定的标准对未成年社区服刑人员进行分类，并在此基础上针对不同的矫正对象进行分类管理和分类矫正的措施和方案。

2. 未成年社区服刑人员的主要分类标准

我国大多地区对未成年社区服刑人员进行分类管理的主要依据为：社区服刑人员的犯罪类型、犯罪性质、主观恶性、社会危害性、心理情况分析、现实表现等，在此基础上进行综合评估，区分类别，实施个性化的、有针对性的矫正。

（1）根据犯罪类型进行分类。

依据这一标准，一般将未成年社区服刑人员分为三类：一是被判处管制和缓刑的罪犯。此类罪犯一般罪行较轻，社会危害性较小，相应的人身危险性也较小。二是被暂予监外执行的罪犯。该类人员是基于其生理上的病患，而非在监狱中改造良好，其主观上的人身危险程度较管制和缓刑人员要大。三是被假释的罪犯，包括被判处有期徒刑和无期徒刑的罪犯。这类罪犯经过监狱改造，因为表现良好，不具有社会危险性，才获假释。[2]

（2）根据人身危险性进行分类。

尽管未成年社区服刑人员是一些危险性较小的犯罪人，但他们仍存在不同程度的社会危险性。因此，应对其危险性进行评价后分门别类施以矫正。比如，江苏连云港市根据社区服刑人员社会危险性、回归社会的趋向程度，通过细化的20 项考核指标，对社区服刑人员进行评分，将社区服刑人员分为 A、B、C 三类，

---

① 中华人民共和国司法部编：《外国监狱资料选编（下册）》，群众出版社 1988 年版，第 385 页。

② 参见蔡芹、孙月春：《对社区矫正对象分类矫治的思考》，载《经济研究导刊》2010 年第 36 期。

也称低危、中危、高危三类人员,其中 A 类为人身危险险小、再社会化程度高的人员;B 类为人身危险性和再社会化程度一般的人员;C 类为人身危险性大、再社会化程度低的人员。分类矫治的重点是高、中危等级矫正对象,其犯罪类型具有较大的社会危害性,其主观恶性程度较高。

除上述分类外,在实践中对社区服刑人员的分类标准,还可以有:性别、刑期长短、身体状况及社会状况等。

3. 未成年社区服刑人员的分类矫正措施

社区服刑人员所犯罪行不同,其社会经历、犯罪历史、家庭状况及性格特征也各有差异。因此,针对不同服刑人员,要因人而异进行分类指导教育,采用不同的矫正手段和方法,施以不同的矫正内容。

(1) 对被执行不同刑罚方法的服刑人员的矫正。

根据刑罚执行方法进行分类,即根据犯罪人被判处的不同刑罚方法,采取区别对待、分类矫正措施。如上海、北京等地,都分别针对被判处管制或宣告缓刑的、被裁定假释的及被暂予监外执行的社区服刑人员,规定了他们在思想汇报、个别教育、集中学习、公益劳动、监督考察等方面的差异化措施。

(2) 对不同危险性的服刑人员的矫正。

一些地区按照社区服刑人员的人身危险性(即再犯罪可能性)大小为标准,结合其回归社会的趋向程度(即再社会化程度),将其分为 A、B、C 三类,或红黄绿三类,分别实施低、中、高三种不同强度的管理。对于处于中危及高危的社区服刑人员施以重点监管矫正。一是掌握高、中危险等级矫正对象的生活经历、家庭关系、社会关系、心理特征等情况,制定并落实具体而严密的矫正方案,做到对症下药;二是实行累进处遇制,强化对高、中危险等级矫正对象的动态激励;三是采取切实措施,将高危社区服刑人员行踪加以严密监视,最大限度地防止脱管现象发生。

(3) 对未成年犯施以个案矫正方法。

根据未成年人自身情况、家庭情况,有针对性地制定个案矫正方案,采取个案工作方法实施矫正。例如:在矫正原则方面,应强调以教育为主、惩罚为辅。在教育矫正方面,主要开展制度化、规范化、经常化的思想道德教育、文化知识教育等。在矫正方法上,一是针对未成年犯易于感化的特点,侧重于教育感化,加强亲情教育;二是针对其违法犯罪的心理原因,开展心理咨询与治疗,进行心理疏导,帮助其顺利生活信心,实现再社会化的目标。

（二）未成年社区服刑人员的教育矫正

案例

人性化的教育矫正使张某重拾希望

山西省太原市社区服刑人员张某，由于母亲常年患病，父亲开出租车经常不在家，幼年时起张某就承担起照顾母亲的责任，2009 年因一次出于意气帮助同学要钱而犯了抢劫罪被判处有期徒刑 2 年缓刑 3 年，这对张某的打击很大。进入社区服刑之初，张某情绪沮丧，不出门，不与他人沟通。社区矫正工作人员了解其情况后，多次表扬他孝顺，并为其病重的母亲联系专家，同时反复讲解社区矫正知识，真诚关怀消除了其担心自己因犯罪而受歧视的顾虑，张某逐渐开始认同矫正机构的教育和关怀。在张某情绪稳定、心理压力缓解后，司法所人员帮助其办理了失业证，并先找了一份加油站的工作。此外，还帮他联系了驾校学习，并考取了驾照，使其有了经济来源。这样，张某逐渐消除了对社区矫正的抵触，经常主动与工作人员谈心，司法所鼓励他要做一个对社会有用的人。之后，王某努力工作、学习，不但自己生活困境有所缓解，还主动帮助他人，如义务献血、主动捐款，在积极主动中接受社区矫正。

1. 教育矫正的概念

所谓教育矫正，即指社区矫正机构依法对社区服刑人员适用的，通过实施社会化的教育、引导和帮助，结合法律法规等规定的教育内容，转变其犯罪思想和行为，以最终实现其顺利回归社会为目标的教育活动的总称。

对这一概念，可从以下方面理解：

（1）教育矫正的主体多样。社区教育矫正的力量更多来自于社会，除社区矫正机关组织外，社会团体、民间组织、社会工作者和社会志愿者等是不可或缺的力量。

（2）教育矫正的方法方式灵活。教育方法主要包括经常性的个别教育和集体教育；教育方式包括个别谈话、培训、讲座、参加社会活动等多种形式。

（3）教育矫正的目的明确。教育矫正的目标是矫正社区服刑人员的心理和行为，从而最终使其复归社会。

2. 教育矫正的主要内容

以未成年社区服刑人员接受矫正的时间为基础，结合其心理、行为特点和需求变化,可将教育矫正过程分为入矫教育、常规教育和解矫前教育三个阶段。一般而言,服刑人员接受矫正后两个月内为入矫教育阶段,解除矫正前一个月为解矫前教育阶段,中间时段为常规教育阶段。具体教育内容如下:

(1) 入矫教育。

入矫教育是针对新接收的未成年社区服刑人员进行的社区矫正常识教育、服刑指导等教育活动,目的在于使其尽快熟悉并适应社区矫正生活。

在入矫教育中,一方面,要全面了解社区服刑人员的基本情况,初步掌握其思想、行为和心理特点,把握其对犯罪和矫正的态度,为社区矫正的开展奠定基础;另一方面,要组织开展教育学习,使他们顺利进入转化思想、矫正行为的阶段。入矫教育内容主要有:

第一,认罪伏法教育。首先,使其了解国家法律的性质,知晓刑事法律的基本原则,认识到有罪有罚、罪刑法定、罚当其罪。其次,明确告知其法律赋予的权利及其应承担的刑事义务,端正认罪服判的态度,自觉服从管理,接受教育和矫正。

第二,纪律教育。要向社区服刑人员进行各项纪律教育,强化其守纪意识,帮助他们养成自觉遵守纪律的习惯。此外,针对不服从管理、拒绝履行刑事义务的人员,应强化纪律教育,通过行为训练等,增强集体意识和纪律观念。①

第三,基本常识教育。应以刑事法律、社区矫正工作政策法规为依据,全面介绍社区矫正的相关知识及矫正的基本方法。

(2) 常规教育。

社区矫正常规教育是指社区矫正执行过程中针对服刑人员进行的一系列教育,此阶段的教育内容更加丰富、针对性更强、历时时间更长、效果也更为明显。

根据《社区矫正暂行办法》第 28 条规定,司法所应当采用培训、讲座、参观、参加社会活动等多种方式,对社区服刑人员进行公民道德教育、法制教育及其他方面的教育。

第一,思想道德教育。

思想道德教育是教育矫正的重要组成部分,是建立个体适应社会生活需要的理想信念、价值体系、行为规则等思想意识的社会实践活动。思想道德教育是其他教育活动的先导,贯穿教育矫正的全过程,是社区矫正取得实效的基础。因此,必须在社区矫正场所开设灵活多样、内容丰富的思想道德教育课程。依据2001 年中共中央印发的《公民道德建设实施纲要》的要求,道德教育"要坚持以为人民服务为核心,以集体主义为原则,以爱祖国、爱人民、爱劳动、爱科学、爱社

---

① 参见王磊:《我国社区矫正教育的模式探索》,2009 年曲阜师范大学硕士学位论文。

会主义为基本要求,以社会公德、职业道德、家庭美德为着力点"。此外,针对社区服刑人员的思想道德教育,还要进行关于国家形势、国家政策、社会发展趋势与前途等内容的教育。目前,我国许多地区都结合本地区的特色,开展了灵活多样的思想道德教育。

第二,法制教育。

违法犯罪行为的发生本身就是行为人法制观念淡薄或法律常识缺乏所致。因此法制教育应成为社区服刑人员教育内容的重要方面。通过向其宣传法律知识、现行主要法律及矫正方针、政策等,使其增强法制观念,逐步做到知法、懂法、自觉守法。法制教育的主要内容包括:国家现行主要法律的系统化教育;法律基础知识教育;社区矫正规章制度教育等。如湖南省在"六五"普法中,重点即解决社区服刑人员等特殊群体的法制教育覆盖问题,规定通过采取面对面、心换心、一对一的工作形式强化对社区服刑人员的帮教和法制教育,减少重新违法犯罪率,促进社会治安平稳。此外,针对不同类型的社区服刑人员,法制教育也应体现差异性。再如,2006年3月,上海市出台的《关于加强和规范社区矫正教育学习工作的意见》指出,对缓刑、管制人员应当注重《刑法》《刑事诉讼法》等刑事法制教育,强调社区矫正的刑罚执行工作性质,增强在刑意识;对于假释、暂予监外执行和剥夺政治权利人员,侧重社区矫正工作规定教育和实用民事法律教育,增强遵纪守法的法律意识。

第三,文化教育。

文化是人类社会进步和文明的成果,文化教育在教育矫正中的作用不可忽视。有调查数据显示,文化程度的低下、知识的贫乏,是造成部分个体犯罪的重要原因之一。通过文化知识的传授与教育,及时弥补服刑人员的文化空白,是顺利开展社区矫正的条件之一。在文化教育方面,我国社区矫正试点地区纷纷采取措施,探索灵活多样的方式。如《江苏省社区矫正教育工作规定》第20条规定:矫正教育对象未成年且没有完成国家规定的义务教育内容的,司法行政机关应当协调相关部门并督促其法定监护人,帮助他们完成国家规定的义务教育内容。还如山东省日照市,开展了专门针对文化程度较低的服刑人员的科学文化教育活动,以便提高其知识水平。再如江苏省如皋市司法局依托本地"红色资源",利用"红色文化",教育感化社区服刑人员,促进他们珍惜改造机会,服从监督管理,争取早日回归社会。

链接

天津市针对未成年社区服刑人员进行传统文化教育取得良效

针对未成年社区服刑人员易教育、易感化、易矫正的特点,天津市宝坻区人民检察院干警通过认真熟悉司法所制定的矫正个案、仔细查阅派出所和司法所卷宗反映的矫正情况、详细了解犯罪后和捕诉阶段悔罪情节、深入细致地同服刑人员谈话,并适时将《弟子规》等传统文化教育引入其中,释以法、明以理、动以情、晓以义。本次活动形式新颖,收到了良好的社会效果和法律效果。

第四,职业技能培训教育。

对社区服刑人员进行职业技能培训,是世界各国矫正工作的重要内容。有效的专业技能培训,既可以使服刑人员产生获得社会认同的社会心理,获得经济收入,避免因生存危机而重新犯罪;还能增强社会责任意识,从而激发其配合矫正的积极性。新时期职业技能培训的具体要求如下:

首先,职业技能培训教育应适应社会发展的需要。一要考虑社会经济的发展程度及社会结构的变化,结合新职业的特点,适当增加就业培训的项目。二要结合当代产业结构特点,在分析和预测本地人才需求与就业的发展趋势的基础上,开展有针对性的职业训练。

其次,可依托社会资源联合办学。社区矫正教育机构受师资、资金等条件限制,与社会专业培训机构尚存差距。因此,可积极借助社会资源,实现社区矫正机构与职业培训机构联合办学,从而增强职业技能教育的培训效果,有力推动职业技术教育的发展。

最后,职业技能培训教育要考虑服刑人员的个体差异。社区服刑人员的身体状况、受教育程度、兴趣爱好等存在差异,这些都会成为影响其未来就业及选择技术教育的因素。因此,在进行职业教育时,应做好调查工作,力争开展形式多样的职业技术培训。

(3)解矫前教育。

解矫前教育是针对处于即将结束矫正生活的未成年社区服刑人员进行的一项总结性教育,既是全面检查矫正质量的步骤,也是进一步使服刑人员适应社会的专门教育,其目的在于增强社区矫正人员的自律意识,巩固教育矫正成果。一般而言,解矫前教育的内容主要如下:

第一,总结教育。总结教育的目的是教育引导社区服刑人员对过去矫正生活进行全面回顾,指明其解除矫正后应注意的问题和努力方向,以巩固教育矫正成果,查找存在的不足。此间的教育重点为:法制观念、思想道德和文化技术等方面。

第二,补课教育。主要针对矫正总结中查出的教育中的不足,进行有侧重点的专项教育复习和补课,重点是思想政治补课和职业素养补课,如正确的人生观、常用法规知识、以诚实劳动为核心的义务观、以服务人民为目标的价值观等方面。

第三,适应社会教育。主要基于社区服刑人员在当前社会环境下,如何顺利实现社会角色的转变。具体包括形势政策、就业安置和理想前途等方面的内容。形势政策教育的重点为:当前国际关系的发展状况和我国的对外政策;当前国内改革和建设的状况和趋势;党和国家现阶段的主要方针政策;当前社会热点、难点问题剖析等。就业安置教育的重点为:了解我国法律与国务院及各省市对刑释人员就业安置的具体规定;市场经济的本质是法制经济、平等竞争经济等。理想前途教育的重点为:帮助他们树立符合自身实际的理想;教育他们正确看待生活中的挫折;学会处理人际关系紧张等社会排斥现象。

（三）对未成年社区服刑人员的心理矫治

1. 未成年社区服刑人员心理矫治的含义

社区服刑人员心理矫治,是指在社区矫正工作中,运用心理学与精神医学的理论与技术,通过对罪犯进行心理测量、心理评估和心理咨询与治疗等一系列活动,达到消除其不良心理及其他心理障碍,矫正其不良认知模式,重塑其健康人格,提高其适应社会能力之目的一种工作方式。

罪犯个体的不良心理状态是发生犯罪行为的重要原因,其心理健康状况也明显低于社会正常人群,因此关注罪犯心理问题,对其进行必要的心理矫治是社区矫正的工作重点之一。为了达到服刑人员顺利复归社会的目的,必须帮助其消除不良心理,重塑健全的人格。目前罪犯心理矫治已成为我国罪犯矫正的一项重要措施。自 20 世纪 70、80 年代以来,我国的罪犯心理矫治工作逐渐在监狱系统开展,如今监狱在此方面已积累了丰富经验。我国社区矫正心理矫治还处于起步阶段,但一些地区也在积极进行探索。

社区服刑人员心理矫治是罪犯心理矫治体系的重要组成部分。其主要作用为:对法制教育与思想政治教育起到辅助作用;帮助社区服刑人员适应社区监管环境;引导矫正对象调整认知,提高其自我认知能力;帮助社区服刑人员进行情绪管理,改善人际关系;矫正社区服刑人员的非健全人格与不当的行为习惯;为社区服刑人员提供就业指导与职业生涯规划;提升自信,开发社区服刑人员的心理潜能。

2. 未成年社区服刑人员心理矫治的主要内容

(1) 心理评估。

指利用一些人格量表来测评罪犯的个性特征、认知能力、心理健康状况等。目前在矫正机构运用的主要量表有艾森克个性问卷(EPQ)、卡塔尔十六种个性因素问卷(16PF)、明尼苏达多项个性问卷(MMPI)、瑞文标准推理测验、克劳福小部件灵巧测验、明尼苏达操作速度测验、症状自评量表(SCL-90)、抑郁自评量表(SDS)、焦虑自评量表(SAS)等。这一评定能够帮助矫正机构发现一些掩盖在罪犯外表下的心理问题,进而更好地判断出罪犯的内在心理状态。这是一项全面深入了解服刑人员存在的心理和行为问题并作出准确诊断的活动,是开展有效心理矫治的前提之一。

(2) 心理健康教育。

指通过向未成年社区服刑人员进行心理学、心理卫生及心理健康方面的基本知识的宣传,使其学会认识自己、剖析自己,从而自觉调整心理状态,积极面对矫正生活。对社区服刑人员进行心理健康教育,是开展心理矫治的重要步骤。心理健康教育的内容一般包括:心理健康基本知识教育;认知模式教育、积极情感教育、意志力优化教育;人格健全教育;自我意识教育;人际和谐教育;有关心理测量、心理咨询与心理治疗知识的教育。[①] 这些内容在分阶段实施时,要针对不同对象调整侧重点,以期取得良好效果。心理健康教育的主要目的为:增强健康意识,促进自觉参与;形成良好心态,促进矫正效果;提高调试能力,促进自我矫正。

(3) 心理咨询与心理治疗。

通过心理健康教育,有些服刑人员仍不能很好地调整自己,或者存在各种心理疾病,可通过专业的心理咨询和心理治疗来帮助他们渡过难关,这是心理健康教育的一个必要的补充手段。

心理咨询,指运用心理学的知识和原理,通过双方谈话及交流,帮助社区服刑人员发现自己的问题及其根源,从而发挥其自身潜力,改变原有的认知结构和行为模式,从而解决其在日常生活中的一些困惑,改善矫正对象的心理状态,恢复心理健康。心理咨询主要针对的对象是具有轻微心理问题的人。

心理治疗,即运用临床心理学和精神医学的理论和方法,由专业人员(主要为心理学家、精神病学家和医生)通过语言、文字、动作等媒介,缓解社区服刑人员的各种心理障碍和异常行为,从而达到对社区服刑人员人格重塑的目标。心理治疗针对的目标群体主要是有心理或精神障碍的人,在这类治疗中,专业人员需要重建目标群体的人格,在治疗中要触及病人无意识的心理现象,并进行长期

---

① 参见章恩友、姜祖桢:《矫治心理学》,教育科学出版社2008年版,第201页。

的跟踪治疗。

（4）心理危机干预。

心理危机是个体内部的一种心理稳定的破坏。而心理危机干预就是指对处于心理危机状态中的服刑人员，由矫正人员给予必要的帮助，进而从心理上解决当事人迫在眉睫的心理危机，使其症状得以立即缓解，使其心理功能恢复到危机发生前的水平。服刑人员在遇到危机时，有可能会引起危险的后果，也可能引起积极的变化，当服刑人员发生心理危机时，对服刑人员进行干预，也是社区矫正心理矫治的不可或缺的部分。通过危机干预，可有效处理服刑人员的情绪紊乱和过激行为。心理危机干预的方式可以包括：面对面干预、电话干预、家庭和社会参与干预等。

链接

北京阳光服务中心开展心理矫治工作

2005年2月，北京市东城区成立了首家民间社区矫正机构——阳光社区矫正服务中心。该中心是受区司法局的业务指导的民办非企业性质的社会团体，以"政府出资，团体运作，面向社会招聘，购买专业服务，实行资源共享"为模式，面向东城区社区服刑人员开展回归社会辅导、心理矫治等工作。近年来，矫正中心以专业心理矫治为突破口，与具有丰富经验的民间机构——惠泽人心理咨询中心合作建立心理矫治工作室，以民间机构向政府提供服务的形式，开展专业的心理矫治服务。

第五节　我国未成年犯矫正制度中的问题与对策

一、我国未成年犯罪人矫正制度中的问题

通过上文的阐述我们发现，我国政府在开展未成年犯罪人矫正工作中作出了巨大的努力，也一直在践行对《北京规则》等国际规则的承诺，始终体现"教育、感化和挽救"方针，突出教育和保护，为预防未成年人重新犯罪作出了突出贡献。与此同时，我们也需要看到该制度在理念指导、法律制定、组织机构、具体措施等方面还存在着诸多问题，需要予以进一步调整。

（一）未成年犯罪人矫正制度的独立性尚待完善

未成年犯罪人矫正制度是我国少年司法制度中发展最早的部分，早在20世

纪 50 年代即建立了少管所和工读学校,先后制定了一些相关的法律法规,尽管如此,未成年犯罪人矫正制度的专门化还很不完善,具体表现有:第一,缺乏独立的未成年犯罪人矫正立法,此部分内容在法律体系一章中已有论述,在此不再重复。第二,缺乏独立的未成年犯罪人矫正管理机构。目前,我国未成年犯罪人矫正的管理工作分别由不同部委的不同厅局开展,未成年人管教工作由司法部监狱管理局管理,少教工作由司法部劳动教养司管理,社区矫正和社会帮教由司法部基层工作指导司管理,工读学校由教育部管理。从现有的管理体制来看,未成年犯罪人的矫正管理工作附属于成年矫正管理机构,没有独立的管理部门,这显然与未成年犯罪人矫正独立化的理念与准则是不相符的;同时,不同矫正制度的管理又分属不同部门,使得未成年人矫正规划与部署缺乏统一性,不便于矫正资源的整合,增大了矫正成本,也不便于对具体矫正工作的监督。第三,还没有建立独立的未成年人社区矫正制度。由于社区矫正制度的开展时间不长,目前,还没有将未成年人的社区矫正从成年人的社区矫正中分离出来,这种状况没有尊重未成年人犯罪的特殊性和未成年犯罪人的矫正原理。根据国内外的法律规定和实践经验,社区矫正的主要对象是未成年犯罪人,而且,在我国必然有扩大之趋势,为此,需要尽快建立独立的未成年人社区矫正制度。

(二) 未成年犯罪人矫正的专业化程度尚需加强

未成年犯罪人矫正的专业化是指在开展未成年犯罪人矫正工作中,能够遵循专业化规律,由具有合格专业化知识的矫正人员从事,以保证专业化质量。未成年犯罪人矫正的目的,是使未成年犯罪人改过自新,成为符合社会需要的人。其矫正过程就是一个未成年犯罪人再社会化的过程,在这一过程中,不仅需要从法律上对其予以惩罚和保护他们的权利,而且,需要了解其违法犯罪的原因和不适应社会的心理、行为问题,从而对症下药。这就要求,在开展这项工作中,不仅需要具有法律专业知识的人员,而且需要能够分析犯罪原因、心理和行为问题的犯罪学家、社会工作者和心理学家;同时,未成年人的教育是其矫正中的重点内容,教育人员的专业化水平是保证教育质量的核心条件。虽然,在我国未成年犯罪人矫正中,教育、社会调查、心理和行为矫正等内容都程度不同地存在着,但均存在着专业化程度不高的问题,主要表现为两个方面:第一,矫正内容不科学。许多矫正机构矫正内容不全面,有的根本不开展心理矫正工作,或者仅将心理矫正理解为传统的政治思想工作,行为矫正多采取军事化或半军事化模式,内容仅限于起居作息和劳动,不对未成年犯罪人的成长环境和违法犯罪原因展开调查,职业教育内容陈旧而不实用。第二,矫正人员非专业化。目前,从事未成年犯罪人的矫正工作的主要是狱警,少量少管所、少教所会聘请一些专业人员参与,但往往也限于偶然来所中开个讲座或做个个案,不具有长期性和系统化。狱警主要有两种来源,一是军转干部,二是各省公安警校毕业的学生。前者有些会接受短期的法律专业培训,有的未经培训就上岗了;后者所具有的也主要是法律专业知识。二者均缺乏所需的犯罪学、社会工作、心理学等方面的知识和能力,作为一名专业的矫正人员,这些知识和能力仅靠短期的培训也是很难掌握的,我们不否认狱警通过长期的工作会积累一些朴素的、有利于未成年犯罪人矫正的实践经验,但由于缺乏专业训练,矫正的专业化水平将很难得到保证。其实,目前我国要求矫正人员成为各种矫正内容的全才,是不可能实现的,尤其是现在犯罪和犯罪人员愈加复杂化,没有专业矫正人员实施矫正,将很难保证矫正质量。全才要求也成为工作人员的心理负荷,职能要求太多,压力过大。有人也许会说,吸纳专业人员进入矫正队伍,将进一步提高司法成本,我们认为这并非必然,如果我们能够更加开放,采取整合社会资源、政府购买等形式,不仅不会增加成本,还可能会在现有基础上降低成本;另外,如果保持现有的非专业化状态,矫正质量不高,国家的投入也可能被白白浪费。

（三）社会化处遇尚需强化

所谓社会化处遇就是在未成年犯罪人的矫正中,将犯罪人放置在社会中予以矫正,或者加强被监禁未成年犯罪人与社会的接触。前文已述,由于未成年犯罪人的特殊性和监禁刑的弊端,对未成年犯罪人的矫正更适宜在社会环境中开展,严格限制监禁也是联合国所确立的未成年人矫正的重要准则。虽然,这几年来我国已经加强了未成年犯罪人处遇的社会化,如少管所、少教所在对未成年犯罪人的矫正中,组织未成年犯罪人到社会上参观,邀请社会人士到所中讲座、座谈,最突出的表现就是确立了社区矫正制度;然而,与严格限制监禁准则的要求相比,我国的社会化处遇仍然不足,有些理应进行社区矫正的监禁对象还未纳入社区矫正的范畴,这主要表现在被收容教养的未成年犯罪人中。根据相关法律规定,收容教养的对象是因不满 16 周岁不予刑事处罚的由政府收容教养的少年。被收容教养少年的行为严重程度也未必会比刑事犯罪少年重,刑事犯罪少年却可能因缓刑、假释、非刑罚处罚等原因而未遭监禁;相反,收容教养少年却可能失去 1—3 年的自由。这显然违背了罪责刑相适应原则和严格限制监禁的联合国少年矫正准则。

（四）对特定未成年犯罪人缺乏有效的矫正制度

监禁在我国未成年犯罪人矫正中适用比例过大的同时,一些未成年犯罪人又因没有采取任何矫正或有效的矫正措施而可能成为真正的犯罪人或再次违法犯罪,这些犯罪人包括:(1) 未达刑事(行政)责任年龄的未成年人,即未满 14 周岁、没有被收容教养和接受工读教育的刑事犯罪和违法少年;(2) 不予起诉的未成年犯罪人;(3) 予以非刑罚处理和行政警告、罚款处理的未成年犯罪人。对于未达刑事(行政)责任年龄的未成年人,即未满 14 周岁、没有被收容教养和接受工读教育的刑事犯罪和违法少年,我国法律规定的处理措施是"责令家长严加管教"，我们不否认其中有些孩子的家长因此而加大对子女的管教，就此防止了子女不良行为的恶化，但实践中更多情形是，公安机关虽然要求家长严加管教，但家长往往是无力管教，只得批评几句，或者罚款了事，无法采取任何进一步的措施。这就使得其中许多未成年人在违法犯罪的道路上越陷越深，最终成为真正的犯罪人。在少管所的调查中我们发现，在此关押的未成年人中有很多人在达到刑事责任年龄前是公安机关的常客，因为我国缺乏有效的针未满刑事责任年龄的未成年犯罪人的矫正制度，他们在达到刑事责任年龄后便成了少管所的关押对象。许多受访少年犯也感慨，如果他们第一次被公安机关抓获时，不是叫来家长，交了罚款，一走了之；而是像现在被关上一段时间，也许就不会发展到今天。这表明对某些未成年人仅采取"家长严加管教"的措施还不足以矫正其犯罪行为。与此类似，对未成年犯罪人所采取的不予起诉或予以非刑罚处理和行政警告、罚款处理是否能起到矫正效果，恐怕也得因人而异；实践表明，对于失学失管的未成年犯罪人，仅采取上述举措尚不足以使其走上正途，应当采取进一步的专业化矫正措施。

（五）未成年犯罪人的社会安置亟待发展

社会安置是实现未成年犯罪人社会回归的基础，是预防未成年人重新犯罪的重要保障。然而，目前在未成年犯罪人的社会安置上还存在诸多问题，如学校不愿接受入学、家庭生活困难、就业或创业困难等，造成上述问题的原因主要有：第一，保障未成年犯罪人的社会安置立法几近空白。目前，我国有关未成年犯罪人社会安置的法律规定有《未成年人保护法》第57条："解除羁押、服刑期满的未成年人的复学、升学、就业不受歧视。"《预防未成年人犯罪法》第48条："依法免予刑事处罚、判处非监禁刑罚、判处刑罚宣告缓刑、假释或者刑罚执行完毕的未成年人，在复学、升学、就业等方面与其他未成年人享有同等权利，任何单位和个人不得歧视。"以及1984年，国务院办公厅《关于做好犯人刑满释放后落户和安置工作的通知》（以下简称《落户和安置工作的通知》）、1999年中央社会治安综合治理委员会、司法部、公安部、民政部《关于进一步做好服刑、在教人员刑满释放、解除劳教时衔接工作的意见》（以下简称《衔接工作的意见》）。其中，《未成年人保护法》和《预防未成年人犯罪法》作出的是原则性规定，1999年的《衔接工作的意见》是一部有关司法部、公安部、民政部等部门在刑满释放、解教人员的工作衔接中的职责的规定，所涉及的社会安置内容也多以原则性规定居多，相比较而言，国务院办公厅1984年的《落户和安置工作的通知》对社会安置规定得较为详尽，但鉴于社会形势的发展，许多规定已不符合社会现实，无法在实践中应用，例如，《落户和安置工作的通知》规定：原系在校学生，凡符合学龄规定，现实表现好，经考试合格的，应允许他们复学。那么，犯罪前失学的未成年人，在矫正结束后或接受社区矫正期间希望上学的该由哪所学校接收，父母是流动人口，希望在父母工作城市就学的未成年犯罪人的上学问题该如何解决等,该《落户和安置工作的通知》均未作出规定。另外,如果有关职能部门和单位在未成年犯罪人的就学、升学和就业中存在歧视,没有任何一部法律作出具体的罚责性规定。第二,缺乏未成年犯罪人安置的社会化、市场化配套机制。从未成年犯罪人社会安置的现状来看,就学、就业,尤其是就业是社会安置的核心也是难点,市场经济的发展,各个经济实体都是独立的利益主体,政府已经很难再强行安排刑释解教人员到这些企事业单位就业,未成年犯罪人的就业只能走市场化的道路;而由于学历低、综合素质差,再加上社会歧视,未成年犯罪人往往无法依靠自身力量解决就业问题。为此,我们的矫正和安置思路要遵循市场化的规律,提高矫正和安置对象适应市场的能力,为他们的创业和就业扫清障碍。然而,现实是矫正组织对未成年犯罪人的职业培训重视不够或碍于资金所限,培训内容落后于市场需要;回到社会中的未成年犯罪人希望自主创业,却因管理、尤其是资金限制无法开展;国家没有给接纳未成年犯罪人的企业提供切实政策优惠措施以及还没有制定有关消除未成年犯罪人违法犯罪经历的政策。

（六）在未成年犯罪人矫正中没有重视被害人的真实需要

对未成年犯罪人的惩罚,是保护被害人和社会利益的体现,但惩罚还不足以,甚至并非是被害人的真实需要,赔偿和尊严的恢复才是他们最大的需要。然而,目前在我国的未成年人矫正制度中,无论是监禁处罚,还是非监禁处理,都严重忽视了被害人的真实需要。具体表现有,第一,当出现未成年犯罪人及其家人无力赔偿的情形时,矫正过程中没有采取任何补救性的措施,如将未成年人在矫正中的劳动所得优先赔偿被害人,社区矫正中由未成年犯罪人向被害人提供服务等;第二,没有采取任何鼓励赔偿的措施,如"以赔折刑";第三,被害人尊严的恢复依赖于未成年犯罪人向被害人的真诚悔过和赔礼道歉,但现有矫正制度中,未成年犯罪人的真诚悔过和赔礼道歉并没有成为普遍性措施,赔礼道歉只是非刑事处罚的一种类型。

在未成年人犯罪防控中,我们一直遵循社会治安综合治理的指导思想,希望发动包括民力在内的社会各方面的力量参与到未成年人犯罪防控中来,在未成年犯罪人矫正中也体现出这一指导思想,例如,在未成年犯罪人矫正中除了司法矫正组织外,还有教育部门、民政部门、社会劳动和保障部门、团组织、妇联、社区组织等机构。然而,虽然参与矫正的力量很多,但从总体来看,力量集中体现在政府组织,民间力量的参与明显不足,政府从法律法规的制定、组织的建构到各种矫正措施的实施几乎是在唱独角戏。这种状况造成政府投入过多、负担过重、许多措施无法落实到位、矫正质量大打折扣。

二、完善我国未成年犯罪人矫正制度的对策

针对上述问题,我们可以从以下几个方面来完善我国未成年犯罪人矫正制度:

1. 设立独立的未成年犯罪人矫正管理机构

从而可以改变未成年犯罪人矫正的附属地位。具体做法是,将现有的未成年犯罪人矫正管理工作分别从司法部监狱管理局管理、劳动教养司、基层工作指导司、教育部独立出来,在司法部成立未成年犯罪人矫正局,管理、指导、统筹、监督全国未成年犯罪人矫正工作,各省市区逐级建立相应部门。

2. 扩大社区矫正对象的范围

基于社区矫正的优势与特点,社区矫正应成为适用于未成年犯罪人的最主要的矫正方法,其对象应不仅限于两高、公安部、司法部所发的《社区矫正试点通知》中的 5 种人,即被判处管制、宣告缓刑、裁定假释、保外就医以及被剥夺政治权利,在社会上服刑的未成年犯。还应包括,(1)"三缓对象",即予以"暂缓处罚""附条件不起诉"和"暂缓判决"处理的未成年犯罪人。所谓"暂缓处罚",是指公安机关对违反《治安管理处罚法》,符合治安处罚条件,但系初犯偶犯且违法情节较轻的未成年人,经监护人申请,可先暂缓处罚,由社工开展 3—6 个月的考察教育,公安机关根据考察教育过程中该未成年人的表现,依法决定是否作出治安处罚的一项工作机制。所谓"暂缓判决",是指人民法院未成年人案件法庭在刑事诉讼中,经过开庭审理,对构成犯罪并符合一定条件的未成年被告人,先定罪名,暂不判处刑罚,设置适当的考察期,让其在社会中继续学习和生活,不离开监护人的监管,依靠社会力量进行帮教矫治,再结合悔罪及考察期表现予以判决的一种探索性的审判方法。"三缓"制度是某些地区司法机关正在探索的未成年犯罪人处理方法,为未成年犯罪人提供一次避免接受正式处罚,改过自新的机会。实践中,采取"三缓"制度的地区,往往有配套的社区矫正措施,如作出"三缓"决定的同时,颁发监管令①或社区服务令。② (2) 不起诉、免予刑事处分、接受刑事和解③的未成年犯罪人。(3) 予以非刑罚处理和行政警告、罚款处理的未成年犯罪人。(4) 原社会帮教对象。(5) 未达刑事(行政)责任年龄,即未满 14 周岁、没

---

① 监管令,是指少年法庭在刑事案件判决或暂缓判决的决定生效后,对符合条件的少年犯及其监护人发出的,要求他们在一定期限内必须遵守和履行某些限制性规定的书面命令。适用对象是:免予刑事处分、暂缓判决、单处罚金、缓刑和管制、刑期与关押期相同而可立即释放的。

② 社区服务令,是指对已经构成犯罪的少年被告人,责令其到某一指定场所,完成一定期限且为无偿社会服务劳动的书面指令。适用对象是:暂缓判决、免刑和缓刑的少年被告人。

③ 刑事和解,是指对于社会危害不大,未成年被告人认真悔罪,家长积极赔偿被害人损失并得到被害人谅解的未成年犯罪案件,法院对未成年被告人免予刑事处罚的制度。该制度也是某些地区法院在少年司法改革中的尝试性措施。

有被收容教养和接受工读教育的刑事犯罪和违法少年。

　　3. 提高未成年犯罪人矫正的专业化程度

　　对此需要从队伍素质和矫正内容两个角度开展,具体措施包括:第一,对未成年犯罪人矫正管理人员和狱警进行专业化的系统培训,培训内容包括法律知识、未成年人犯罪的犯罪学解释,尤其是其犯罪的特殊性、未成年犯罪人的矫正理念和内容,树立科学的未成年犯罪人矫正观,保证未成年犯罪人矫正法的顺利实施;培训形式包括岗前培训、定期轮训以及学术讲座等。第二,吸纳专业人员开展科学矫正,具体包括犯罪学家、被害人学家、心理咨询师、专业基础教育和职业教育人员。第三,建立专业的社工队伍,为未成年犯罪人矫正提供专业服务。第四,重视社会调查、心理矫治和行为矫正、职业教育的作用,提高矫正的科学性和实用性。

　　4. 为未成年犯罪人的社会安置提供保障条件

　　未成年犯罪人的社会安置要从以下几方面开展工作:第一,将未成年犯罪人的社会安置工作纳入未成年犯罪人矫正法中,明确符合社会安置条件的未成年犯罪人在基本生活保障、就学、就业中的权利,确定相关组织的责任,以及出现歧视现象的可操作性处罚条款。第二,严格实行未成年犯罪人的记录封存制度,有条件地实行前科消灭。记录封存和前科消灭制度是为了给予未成年犯罪人重新做人的机会,从法律上承认、保证该未成年人没有罪了,从而具备与其他未成年人同样的发展资格,在就学、就业中也不会因此而受歧视。第三,提高未成年犯罪人的职业教育水平,职业培训符合社会发展需要,使其掌握的技术确实能为企业所需,只有这样才会增大未成年犯罪人的就业几率。

　　5. 在未成年犯罪人矫正中重视被害人的需要

　　在未成年犯罪人矫正中,我们可以采取以下方法满足被害人关于赔偿和恢复尊严的需要:第一,重视赔偿在未成年犯罪人矫正和处罚中的实现。具体办法包括鼓励未成年犯和家长积极赔偿,如果他们主动、积极赔偿被害人的经济损失,认罪态度好,量刑时可从轻、减轻、免除处罚;未成年犯和家长都无力赔偿的,可将未成年犯的劳动所得优先用以赔偿被害人;矫正中家长主动、积极赔偿被害人的,可作为未成年犯减刑和假释的情节;社区矫正中的未成年犯在征得被害人同意的情况下可通过向被害人提供服务折抵赔偿。第二,在未成年犯罪人矫正中引入恢复性司法,邀请被害人参与到矫正之中,听取被害人的意见,提供未成年犯—被害人双方沟通与和解的机会。

　　6. 发动社会各方力量参与未成年犯罪人矫正工作

　　此处的社会各方力量,除了政府组织外,更多的是指民间的社会力量。对此,党和政府要解放思想,只要是在遵守我国法律的前提下,鼓励、支持社会各种组织、各界人士以各种形式参与到未成年犯罪人矫正工作之中来。参与主体可以是非政府组织、企业,也可以是群体、个人;可以是国内组织,也可以是国外组织;可以是我国公民,也可以是国外友人。采用的形式可以是直接开办未成年犯罪人矫正的组织,吸纳有不良行为的未成年人,对之予以心理或行为矫正,如有别于工读学校的特殊学校;可以是企业、公司或社会组织参与其中的部分工作,如心理咨询机构在社区、少管所对需要帮助的未成年犯罪人长期开展心理辅导,再如企业接受服刑期满后,或者接受社区矫正的未成年犯就业;也可以是接受基金捐助等;政府也可以采用外包购买服务的形式,将某些工作委托给社会组织,在保证了工作质量的前提下,付给对方一定的报酬,从国外的实践经验来看,这种形式既保证工作质量,又节省政府开支。总之,形式可以多种多样,凡是有利于未成年犯罪人矫正的均可采用,不拘一格。性质可以是盈利的,也可以是非盈利的,当然,从实践经验来看,该类工作绝大多数为非盈利性质。我们认为,民间组织参与此项工作至少有两点好处:第一,民间组织和政府开展此项工作,具有不同的工作思路,双方可互相借鉴对方的经验,尤其是一些国际非政府的慈善组织,有着百年的历史,在未成年犯罪人矫正中积累了丰富的经验,他们的参与可使官方机构进一步打开思路,以多元化的视角看待和推进流动未成年犯罪人的矫正工作。同时,民间组织和官方机构还可通过互相的监督、比较来彼此促进成效。第二,如果未成年犯罪人矫正工作,只有政府一家承担,势必使政府负担越来越重,路子越来越窄,为此,鼓励民间组织的参与,可以降低政府工作成本,提高现有工作质量和效果。对于民间组织的参与,政府部门可能也有一些顾虑,如侵犯个人利益,甚至别有企图,对此,政府部门可以通过建立完善的监督机制,减少风险的发生。

【本章小结】

犯罪少年矫正制度,是少年司法制度的重要组成部分,指通过对已作出处理决定的犯罪少年的监管、教育、生理和心理治疗等措施,使其适应社会生活,成为合格社会人而建构的制度。根据矫正组织的不同,犯罪少年矫正可分为司法矫正和非司法矫正。根据是否在矫正机构内矫正,犯罪少年矫正可分为机构内矫正和机构外矫正。未成年犯管教所,简称未管所,又称少年管教所或少年犯管教所,是监狱的一种类型,国家的刑罚执行机关,是被判处监禁的未成年犯的矫正机构。未成年犯管教所的组织机构及经费、管理制度、教育制度、生活卫生制度和考核奖惩制度都有着不同于成人监狱的规定。犯罪少年的社区矫正具体是指将符合法定条件的少年犯置于社区内,由专门的国家机关在相关社会团体、民间组织和社会志愿者的协助下,在判决、裁定或决定确定的期限内,矫正其犯罪心理和行为恶习,促进其顺利回归社会的非监禁刑罚执行活动。美国、英国、德国有着各具特色的少年犯社区矫正制度。良好的社区矫正组织机构模式及工作队伍是实施社区矫正工作的必要前提。社区矫正机构方面可分为两类,一类是领导组织社区矫正工作的管理机构,另一类是具体从事社区矫正的工作机构。社区矫正专职人员是社区矫正工作的中坚力量,是社区矫正工作最主要的承担者、执行者,是社区矫正工作能否落到实处的关键。社区矫正志愿者是社区矫正工作力量的重要组成部分,其招募与管理工作十分重要,直接关系到社区矫正工作者的组织、工作成效,而明确社区矫正志愿者的工作内容则是社区矫正志愿者工作的前提。近年来,我国社区矫正志愿者队伍日益壮大,其中既有各个大专院校的在校学生,也有各单位、组织的离退休职工干部和社区矫正社区中的居民。在社区服刑人员接受社区矫正期间,要根据服刑人员的不同特点,实施分类管理和教育,矫正其不良行为和心理,突出教育改造的针对性和实际效果,并且帮助解决社区服刑人员在就业、生活、法律和心理等方面遇到的困难和问题。目前,我国未成年犯罪人矫正制度的独立性、专业化程度、社会化处遇、社会安置、重视被害人的需要、民间力量的作用等方面存在问题,应予以完善。

【关键术语】

犯罪少年矫正制度　未成年犯管教所　社区矫正　教育矫正　心理矫治社会志愿者

【推荐阅读与学习资源】

1.〔美〕克莱门斯·巴特勒斯:《罪犯矫正概述》,龙学群译,群众出版社1987年版。

2.刘强:《美国犯罪未成年人的矫正制度概要》,中国人民公安大学出版社2005年版。

3.但未丽:《社区矫正:立论基础与制度构建》,法律出版社2006年版。

4.林茂荣、杨士隆:《监狱学——犯罪矫正原理与实务》,台湾五南图书出版股份有限公司2008年版。

5.吴宗宪:《社区矫正比较研究(上下)》,中国人民大学出版社2011年版。

6.朱久伟、姚建龙:《上海市青少年社区服刑人员教育矫正的理论与实践》,法律出版社2012年版。

【思考题】

1.论我国未成年犯管教所。

2.简述对少年犯适用社区矫正的必要性。

3.国外少年犯的社区矫正制度对我国的借鉴意义。

4.论我国未成年犯矫正制度中的问题与对策。

【案例分析】

安徽省金寨县司法局采取三种方法对社区矫正
未成年服刑人员进行个性化的心理矫治

一是谈心减压法,通过与矫正对象交流谈心,拉家常,拉近社区矫正工作者与矫正对象的心理距离,矫正对象愿意向矫正责任人诉说心里的苦闷,使心中积压的怨气得到释放,从而得到心理减压的效果。二是"红加黑法",即先唱红脸,工作人员首先对矫正对象某些行为或遭遇表示理解和同情,消除矫正对象对责任人心理戒备,消除双方之间的心理隔阂,使矫正对象在心理上产生对责任人的信任,然后再唱黑脸,指出矫正对象的犯罪事实,使其接受现实,并告知如不遵守社区矫正相关管理制度的严重后果。三是疏导法,即针对矫正对象的合理要求,宜疏不宜堵,在政策法规允许范围内尽量满足,使他们的利益最大化,从而使他们放下思想包袱,以积极的心态面对生活,服从管理,接受改造。有针对性的罪犯心理矫治方法对于服刑人员的矫正起到了良好的效果。

问题:结合材料,分析我国未成年犯社区矫正中罪犯心理矫治的重要性。

第九章　少年非司法组织

☞ **本章的任务**
- 了解工读学校作为非司法性少年组织的职能
- 了解共青团作为非司法性少年组织的职能
- 了解妇联作为非司法性少年组织的职能
- 了解社会志愿者组织作为非司法性少年组织的职能

少年司法是一项系统工程,是一项全社会性的工作。[1] 少年司法制度的建设与发展不仅需要发挥少年司法组织的中流砥柱作用,而且也需要非司法性少年组织的积极参与,为少年提供保护性、帮教性、预防性以及发展性的少年服务。所谓非司法组织是相对于少年司法组织而言的,是指那些虽然不属于少年司法组织但是在少年司法中发挥特殊作用的社会组织机构、民间团体,如工读学校、共青团、妇联、社会志愿者组织等。

第一节　工　读　学　校

引言

中国工读教育是我国教育、矫治和拯救"问题学生"的一大创举,也被誉为预防少年违法犯罪的最后一道屏障,对预防少年违法犯罪有着重要的作用。[2] 工读学校是中国工读教育的主要形式与载体。工读学校虽然不属于少年司法组织,但是在少年司法中发挥着重要作用,是重要的非司法性少年组织。

一、工读学校的概述

所谓工读学校是指对有违法、轻微犯罪行为和品行偏常的未成年中学生进行有针对性教育的半工半读学校,是普通教育中的特殊形式。[3] 工读学校最早

---

[1]　康树华:《新中国少年司法制度的发展与完善》,载《江西警察学院学报》2012年第2期。
[2]　石军:《中国工读教育研究三十年:回顾与反思》,载《当代教育与文化》2015年第2期。
[3]　向帮华、孙宵兵:《中国大陆工读学校现状及对策研究》,载《中国特殊教育》2009年第7期。

起源于 18 世纪中叶瑞士教育家裴斯泰洛齐曾创办的孤儿院,院里教学生一边识字计算,一边劳动,被视为近代工读教育之先驱。原苏联教育家马卡连柯自 20 世纪 20 年代起曾先后创办高尔基工学团和捷尔仁斯基儿童劳动公社,其带有收容性质,主要收容第二次世界大战产生的苏联孤儿,在当时起到良好的、积极的预防和矫正青少年违法犯罪行为的作用。① 新中国成立初期,在时任北京市委第一书记彭真的大力倡导下,工读学校被引入中国后演变成管教"坏孩子"的专门学校。我国第一所工读学校于 1955 年 7 月在北京海淀区开办,至今已经六十多年。目前,我国尚没有一部专门的法律来规范工读教育制度,只有两个法规性文件即 1981 年 4 月 21 日国务院批转教育部、公安部、共青团中央《关于办好工读学校的试行方案的通知》和 1987 年 6 月 17 日国务院办公厅发布的《办好工读学校的通知》,对工读学校的性质、任务、办学指导思想及办学体制等方面进行了规定。② 根据《办好工读学校的通知》的规定,工读学校的性质是对有违法和轻微犯罪行为的中学生进行特殊教育的半工半读学校,是普通教育中的一种特殊形式,也是实施九年义务教育的一种不可缺少的教育形式。工读学校的任务是全面贯彻执行教育方针,把有违法和轻微犯罪行为的学生教育、挽救成为有理想、有道德、有文化、有纪律并掌握一定生产劳动技术和职业技能的社会主义公民。工读学校的办学指导思想是要坚持"立足教育,挽救孩子,科学育人,造就人才"的指导思想,要关心、爱护、尊重学生,不能歧视、厌弃他们。

工读学校自创办以来,大致经历了两个阶段。第一个阶段(1955—1995 年)的培养目标是把因有轻微违法犯罪行为而进入工读学校的学生,通过半工半读转变成为"自食其力的社会主义劳动者"。曾获得极高收视率的电视剧《寻找回来的世界》,讲述的就是这一阶段发生在工读学校的故事。第二阶段(1995 年至今)的工读学校被定位为义务教育的补充,主要职责是为家庭、学校、社会服务,接纳的是厌学和行为偏常的"问题学生"。③ 六十多年来,工读学校为维护社会秩序,挽救孩子培育人才,中小学教育、教学秩序的健全与德育环境的优化建设作出了不可磨灭的贡献。不过,目前工读学校面临着发展的困境,原因是多方面,其中包括生源不足、标签效应④、教育矫治模式单一、缺乏教育转化学生的有效手段和方法等。面对严峻的办学形势,专家学者、实务工作人员都在积极探索,寻求出路,提出了扩大招生对象、适当强制入学、加强教学改革与完善等对策。在社会各界的重视和支持下,工读学校的发展才会走上康庄大路。

---

① 石军:《我国工读教育发展的历史,现状与未来发展》,载《教育史研究》2013 年第 3 期。
② 刘世恩:《对我国工读学校立法的思考》,载《法学杂志》2005 年第 6 期。
③ 向帮华、孙霄兵:《中国大陆工读学校现状及对策研究》,载《中国特殊教育》2009 年第 7 期。
④ 吕徐辉:《中国工读教育的未来——由一次心理测量实践引发的思考》,载《考试周刊》2009 年第 49 期。

　　工读学校不能混同于少年管教所,二者虽然具有相似的地方,但存在根本的不同。少年犯管教所,是对已满 14 周岁、未满 18 周岁的少年犯进行教育、挽救、改造的场所,简称少管所,是我国劳动改造机关之一。少年管教所与工读学校存在三个主要区别:一是性质不同。少年犯管教所属于广泛意义上的监狱,是国家行刑机构设施的一种形式,它是针对少年的特点而设立的。而工读学校在性质上属于特殊学校,不属于广义的监狱系统。二是对象不同。在我国,少年犯管教所管教依法被判处徒刑或拘役的已满 14 周岁、不满 18 周岁的犯罪少年。工读学校招收对象为 12—17 岁、具有严重不良行为但并未达到违法犯罪程度的少年。这些人从常规的中小学退学、被开除,或者被学校认为不宜留校学习,但不足以送少年管教所,故进入工读学校学习。三是教育目的与内容不同。少年管教所根据少年期的特点,对少年犯采取特殊的教育和改造方式,着重进行政治、道德、文化、技术方面的教育,并组织他们进行适宜的轻微劳动,保障其思想改造和身心的正常发展。而工读学校的教育内容为常规学校教育、职业教育以及相应的法律道德教育。

　　英美等国及我国台湾地区均设有类似于我国大陆地区工读学校的一些特殊教育制度。例如,美国为解决不能完成常规学校学习任务的未成年人的教育问题,在正规学校体制之外成立所谓的"另类学校"(alternative school),作为一种处理危机中或中途辍学学生的有效方法。这种学校规模比一般中学小,结构较松散,不像传统学校般阶层化,课程设计上更具弹性。另类教育的对象主要是在常规教育体制中不适应的学生,这类学生在常规学校中,可能会体验到人际关系不良、被边缘化以及心理危机等,在行为方面,可能表现为学习差、留级、逃学等问题。[1] 另类学校设置的课程,主要着眼于培养中途辍学或危机中的学生适应未来社会生活的能力。英国为教育和转化行为不良学生设立的特殊教育体系与我国工读学校比较相近。以伯明翰的特殊教育体系为例,该特殊教育体系由林德沃夫学校和学生行为帮扶中心构成。林德沃夫学校管理基本实施"管""教"分离的教育模式。教师主要负责教学及课堂管理,专职管理员主要负责住宿、课间和"静坐室"的管理。学生管理主要采取住宿和走读相结合的管理办法,绝大多数学生每天回家。林德沃夫学校的教育转化效果很好,虽然达不到 100%,但是绝大多数学生从该校毕业走上工作岗位或考入高等学校,没有再回原学校。[2] 我国台湾地区也设立与工读学校相近的特殊教育制度。例如台湾地区国民中小学慈辉项目,在各县市设置十所慈辉班学校,主要是收容及辅导国中小学因家庭

---

　　① R. E. Morley, *Alternative Education: Dropout Prevention Research Reports*, Clemson, South Carolina: National Dropout Prevention Center, 1991, pp. 7—8.

　　② 胡俊崎、尹章伟:《英国伯明翰市预防青少年违法犯罪的特殊教育体系及作用》,载《青少年犯罪问题》2007 年第 3 期。

变故而中途辍学,经追踪辅导返校而无法适应就学环境,并经家长或监护人同意授受辅导的学生。除此之外,慈辉班学校也会招收有违法犯罪行为的学生以及那些遭遇不幸的少女和有行为偏差现象的学生。为避免标签效应,慈辉班学校对外界不强调辅导教育,避免在公众中形成"慈辉班学校招收坏孩子"的不良印象。[①]

二、工读学校的基本制度

根据国务院办公厅发布的《办好工读学校的通知》及《预防未成年人犯罪法》的相关规定,结合我国工读学校现状,工读学校的基本制度包括以下几个方面:

(一)领导管理

工读学校由所在地的人民政府一位领导干部分管,建立由公安、司法、教育、共青团、妇联、劳动、财政等有关部门负责人和工读学校校长组成的工读学校管理委员会。管理委员会负责组织和协调各有关部门之间的工作,落实办好工读学校的各项措施。工读学校的日常工作由所在地教育部门领导管理,公安部门和共青团要大力协助。教育部门负责调配工读学校的领导班子和教师,领导日常的教育、教学和行政业务。凡学生人数达到 100 人以上的工读学校,应按完全中学对待;由于办学条件限制,虽不足 100 人,但不少于 60 人的工读学校,在教育、挽救青少年工作中发挥了较大作用,确有成绩的,也可按完全中学对待。办学成绩突出,贡献较大的工读学校可按省、自治区、直辖市的重点中学对待。各地教育部门要选派能够正确贯彻执行党的路线、方针、政策,懂得教学业务和教育规律,并具有一定教育工作经验的干部担任工读学校的校长。工读学校校长由当地教育部门提请地方人民政府任命,副校长由校长提名并提请当地教育部门任命。社会各界应当重视、关心和支持工读学校的工作。尤其是共青团、工会、妇联、街道办事处、公安派出所要共同配合做好家长的工作,搞好校外管理和教育;宣传、文化、经济、财政、劳动、商业等有关部门应积极配合。

(二)机构设置、人员编制及经费

工读学校的规模一般不少于 100 人,每个教学班以 25 人左右为宜。工读学校一般设教导处、总务处、办公室。规模较大的学校,可设生产处,负责管理校办工厂、农场和服务行业。教师编制可高于普通中学,每个教学班一般不少于 4 人。职工编制,各地可从实际出发确定。开办工读学校所需的基建投资和事业费(包括工读学校办职业技术班的开办费)由省、自治区、直辖市人民政府统筹安排,分别纳入地方基本建设投资计划和教育事业费预算,开支标准由各省、自治区、直辖市教育、财政部门研究制定。对工读学校所需要的特殊教育经费,如工

---

① 赵国玲主编:《未成年人司法制度改革研究》,北京大学出版社 2011 年版,第 284—285 页。

作人员津贴、学生助学金、职业技术教育经费以及生活设备方面的必须开支,要统筹安排,予以保证。

（三）教师队伍

工读学校的教师必须能够认真贯彻执行党的路线、方针、政策,热爱工读教育,品德优良,作风正派,具有一定的业务水平和较强的管理能力,身体健康,能够胜任工读教育工作。各地教育部门要采取多种渠道解决工读学校的师资来源。要认真选调具备条件的中学教师、师范院校应届毕业生到工读学校工作,并要有计划地配备一定数量的优秀教师作为骨干。对于因道德品质问题不适宜从事工读教育的教师要坚决调离。高等师范院校教育、心理、政教等专业,应当承担定向培养和培训工读学校师资的任务。各地要有计划地对在职的工读学校教师和干部进行培训,请有经验的教育学、心理学、社会学和法学专家讲课,并交流办学经验。要大力加强教师队伍的思想政治工作,不断提高教师的思想水平和业务水平,努力建设一个具有正确的教育思想、团结一致、朝气蓬勃、带领学生前进的教师队伍。对工读学校校长、教师和职工(包括公安部门派到工读学校工作的人员),应当分别给予一定的岗位津贴。津贴标准由各省、自治区、直辖市教育部门商同劳动、财政部门,从本地区实际情况出发提出意见,报请省、自治区、直辖市人民政府批准。担任班主任工作的,应按照国家有关规定另发班主任津贴。其他待遇和普通中学一样。考虑到工读教育的特点,要切实解决好工读学校教职工的住房、两地分居、子女升学和就业等问题。教职工的业务考核和职称评定,要考虑工读教育的特点。评模选优时应当有工读学校的名额。对在教育、挽救有违法和轻微犯罪行为学生的工作中作出贡献的教职工,应当大力表彰,予以奖励。对于从事工读教育年限比较长的优秀教职工,在退休时地方人民政府应当给予适当照顾。

（四）招生制度

工读学校的招生对象为 13—17 周岁的未成年人。具体来说,按照我国《预防未成年人犯罪法》第 35 条的规定:"对有本法规定严重不良行为的未成年人,其父母或者其他监护人和学校应当相互配合,采取措施严加管教,也可以送工读学校进行矫治和接受教育。"至于何为"严重不良行为",该法第 34 条进行了界定:本法所称"严重不良行为",是指下列严重危害社会,尚不够刑事处罚的违法行为:(1) 纠集他人结伙滋事,扰乱治安;(2) 携带管制刀具,屡教不改;(3) 多次拦截殴打他人或者强行索要他人财物;(4) 传播淫秽读物或者音像制品等;(5) 进行淫乱或者色情、卖淫活动;(6) 多次偷窃;(7) 参与赌博,屡教不改;吸食、注射毒品;(8) 其他严重危害社会的行为。我国《预防未成年人犯罪法》第 35 条中还规定了招生的程序与条件:对未成年人送工读学校进行矫治和接受教育,应当由其父母或者其他监护人,或者原所在学校提出申请,经教育行政部门批准。有学者建议工读学校的招生程序应当进一步细化,分情况区别对待:(1)对于不适应普通教育的问题在校生:学校自行发现或经由公安机关发现问题学生后,如果认为该学生已经不适宜留在学校就读的,可以与监护人和工读学校取得联系,安排对其进行鉴定和评估。如果评估结果认为该学生需要进入工读学校接受教育,学校征求监护人的意见。监护人同意的,报教育行政部门备案后,学生转到工读学校就读。(2)对于有犯罪倾向的非就读的少年:公安机关发现后,可以与监护人和工读学校取得联系,安排对其进行鉴定和评估。如果评估结果认为该少年需要进入工读学校接受教育,公安机关征求监护人的意见。监护人同意的,报教育行政部门备案后,少年进入工读学校就读;公安机关可以提请教育行政部门决定。①

（五）思想政治教育和学生管理

工读学校以转变学生的思想为首要任务,把思想政治教育渗透到学校的各项具体工作中。每个教职工都负有教育学生的责任。要紧密结合学生思想实际,切实加强爱国主义教育,社会主义道德教育,社会主义民主、法制教育和理想、前途、人生观教育。认真贯彻学生守则,帮助学生明辨是非,认识并改正错误,树立上进的思想,养成良好的品德和行为习惯,成为对社会主义现代化建设有用的人。要坚持正面教育为主的原则。深入了解学生违法犯罪的原因,随时掌握他们的思想动态和心理特点,做艰苦、细致的思想转化工作。对学生要热情关怀,严格要求,启发诱导,耐心教育。要注意调动学生的积极因素,表扬和鼓励先进。防止简单粗暴,严禁体罚和变相体罚。学生坦白交代了违法犯罪行为,应当从宽或免予处理;揭发检举了坏人坏事,应当给予鼓励和保护。要根据工读学生特点开展多种形式的教育活动,把思想品德教育寓于各项集体活动之中,逐步建立起有正确舆论、良好作风和共同奋斗目标的集体。要建立严格的科学管理制度。工读学校的学生应当集中食宿,集中管理。对学生要提出严格的要求,组织学生过有纪律的生活。要区别学生的不同情况,分层次地进行管理教育。对极少数经反复教育仍不服从管理继续犯罪的学生,应当依法送交公安、司法部门处理。工读学校应实行男、女生分别编班或男、女生分别建校。每班配备一至二名得力的班主任。女生班要配备女教师担任班主任。工读学校应建立学生会、班委会等群众组织,也可以建立共青团组织,并充分发挥他们的作用。对于确有转变,具备共青团员条件的学生,应发展为团员。

（六）教学工作

提高工读学校学生的文化科学知识水平,是实行九年义务教育的要求,也是

---

① "青少年权益保护与犯罪预防"课题组:《中国工读教育研究报告》,载《中国青年研究》2007年第3期。

促使学生明辨是非、转变思想的重要途径。工读学校的学习年限,根据学生原有文化程度和接受教育的表现,一般可确定为 2 至 3 年。工读学校主要开设思想政治、语文、数学、历史、地理、体育、音乐、美术和职业技术教育等课程,以及生理卫生常识等讲座。其他课程可从实际出发酌情开设。每周授课时数不得少于24 课时。思想政治课以道德教育和法制教育为主。文化课根据学生的实际程度制订教学计划和进度,选用普通中学的教材或自编教材和补充教材。语文、数学等主要课程应该达到初中(含初等职业技术学校)毕业水平。对于少数文化程度较高的学生,根据其实际文化水平编班上课。要有计划地开设职业技术教育课程。

（七）职业技术教育和生产劳动

工读学校的思想、文化教育,一定要同职业技术教育相结合,办学形式因地因校制宜。可以办职业技术教育班,也可以办职业技术教育分部,还可以有其他形式。要把工读学校的职业技术教育纳入地方职业技术教育事业发展的统一规划。要组织学生定期参加生产劳动,并将生产劳动和职业技术教育纳入教学计划。学校要办好校办工厂、农场或服务行业,为学生提供必要的劳动和职业技术训练场所。每周参加劳动的时间不少于 12 小时,劳动强度要适当。要切实注意安全,对女学生和年幼体弱的学生应当给予必要的照顾。这样有利于学生改造思想,培养劳动观点,养成劳动习惯,并掌握一门生产劳动技术或职业技能,为毕业后就业打下基础。校办工厂、农场等校办企业勤工俭学的纯收入,除扩大再生产外,主要用于改善办学条件和师生参加劳动期间的补贴。各级人民政府要组织计委、经委、财政、税收等部门,帮助工读学校开办并办好校办工厂、农场等企业,从多方面予以扶植,解决好供、产、销问题。有关工读学校校办工厂、农场等企业征税的优惠问题,按现行的税收规定执行。已经办起来的校办工厂、农场等企业各地不得任意收并。

三、工读学校在少年司法制度中的作用

工读学校主要是针对行为偏差和心理偏常的"问题学生"进行教育转化的专门学校,在少年司法制度中的具体作用主要包括以下五个方面:

（一）弥补家庭教育的缺陷

绝大多数工读学生的家庭结构、家庭关系和家庭教育等方面存在问题,给他们的成长带来诸多不利影响。从整体上看,工读学生家庭中不良因素比例最高的是家庭教育问题,即"父母教育方法有问题"和"父母忙于工作,没有时间管孩子";其次是"父母离异""家庭贫困"均达到两成以上。工读学生中有 63.3% 的孩子有过离家出走的经历,经常离家出走的有 33%,而普校学生有过离家出走经历的有 10.8%,经常离家出走的只有 0.8%。工读学校针对上述问题,首先为

监护缺失的孩子支起了"保护伞"。学校集中住宿,老师对学生的全方位照顾,在一定程度上弥补了一些学生家庭监护的缺陷。[①] 其次,工读学校陪伴式的教育是对家庭情感的一种弥补,在陪伴孩子的成长过程中及时纠正孩子的不良行为,通过住宿、同伴关系进行社会学修补。最后,为家庭教育困难的家长提供针对性指导。在对学生进行适合他们特点的特殊教育的同时,对于那些在教育孩子方面无能为力的家长提供教育也成为工读学校的一大特色。

（二）对"问题学生"的教育矫治

我国《预防未成年人犯罪法》第 36 条规定:"工读学校对就读的未成年人应当严格管理和教育。工读学校除按照《义务教育法》的要求,在课程设置上与普通学校相同外,应当加强法制教育的内容,针对未成年人严重不良行为产生的原因以及有严重不良行为的未成年人的心理特点,开展矫治工作。"工读学校设立的初衷就是为了教育矫治"问题学生",通过对他们行为与心理的矫正,帮助他们顺利完成社会化过程。处于初高中阶段的未成年人,基于学校、社会、家族以及特定年龄阶段生理心理特点的影响,易产生各种行为问题及心理问题。在初高中阶段,学校一般为追求升学率,较为重视文化课程的教育,而忽略一些能够满足这一年龄段的学生心理与生理需求的文体活动,学生一方面学习任务重,心理压力大;另一方面因生活单调而心理上压抑感、枯燥感强烈。在家庭方面,未成年人的父母基于各种各样的原因,有的不能给孩子提供正确的行为引导,有的漠视孩子的心理需求,有的家庭及父母本身存在这样那样的问题。在社会方面,对未成年人的影响因素更为复杂,网络、电子游戏以及毒品等对未成人具有极大的诱惑力。除了这些外界因素外,此阶段未成年人自身的生理、心理方面的特殊性也是造成"问题学生"的重要原因。处于青春期的少年,常常表现出敏感自尊、好斗好胜、思维偏激的特点,容易产生诸如摇摆不定、易于激动和兴奋等情绪状态。这一时期,儿童期的安定和均衡状态被打破,易产生一些反抗、胡闹、攻击和破坏行为,所以青春期又被称为第二反抗期,或"心理断乳期"。[②] 处于这一阶段的未成年人易受到外界不良因素的影响与诱惑而产生实施相应不良行为的动机与欲望,进而成为"问题学生""问题少年"。

对于有严重不良行为的未成年人来说,良好的教育集体更具有特殊的意义。一些未成年人的严重不良行为与他们脱离了学校教育集体的环境而置身于特定的不良群体或个体环境有直接的关系,因此,只有使他们重归教育集体的环境,才能实现思想转化,矫治心理和行为的偏常。工读学校实行寄宿制管理方式切

---

① "青少年权益保护与犯罪预防"课题组:《中国工读教育研究报告》,载《中国青年研究》2007 年第 3 期。

② 胡崇德:《发展心理学》,浙江教育出版社 2002 年版,第 391 页。

断和控制工读学生与社会不良诱因的联系,从而更有利于学生的教育管理和矫治工作。[①] 此外,工读学校作为正规教育的补充,有灵活的教育形式和特殊教育经验丰富的师资力量,可以通过加强学生行为方式、心理习性的引导与矫正,来解决在正规教育中适应不良的未成年人的学习与社会化需要。[②]

（三）预防未成年人犯罪

工读学校是预防未成年人犯罪的重要防线,是矫正教育违法或轻微犯罪和品行偏常学生的中心,是把有问题的未成年人教育培养成为社会主义建设人才的摇篮。预防犯罪的一个重要方面是预防未成年人犯罪,而预防未成年人犯罪的关键,在于早期预防。对有违法犯罪倾向或有危险的"问题孩子"实施早期干预、矫正和教育,乃是预防少年犯罪的重要环节。工读学校正是实施此种早期预防和教育矫正的重要场所。以上海市为例,设有工读学校 15 所,每年平均帮教品行有毛病的学生 7000 多人,使 90％以上的未成年人停止了违纪行为,避免了重新违法犯罪,有效地保障了普通学校秩序的稳定。据调查统计,经工读学校帮教的中小学"双差生"、免刑或缓刑被学校开除的未成年学生、少教期满继续求学的学生、危害中小学秩序的"社会恶少"共计有 9896 人,从而使全市未成年学生刑事发案率一直控制在 4％以下。上海市青少年保护委员会办公室经过调研后认为,工读学校为全市的社会治安和精神文明建设作出了巨大的贡献,办好工读学校既是使"上海三年大变样"的重要内容,也是一项重要措施。现在工读学校已成为上海市矫治未成年人违法犯罪和对问题学生进行特殊教育和保护挽救的中心和基地。[③]

（四）帮助学生就业

不少工读学校不仅对学生进行行为与心理方面的教育矫治与引导,而且还会为学生提供职业技能培训教育。职业技能的教育,一方面可以提高学生学习的积极性,激发学生学习的动力;另一方面职业技能的学习为学生毕业后的就业做好相对充分的准备,有利于学生顺利就业,而就业问题的解决具有重要的意义。一方面,"问题学生"顺利就业,完成了从被教育矫治对象向自食其力、服务他人的有用之人的转变,成为社会需要的人才;另一方面,"问题学生"的就业有利于切断其可能走上的犯罪生涯[④],融入正常的社会生活,产生更多的依恋关系,提高对工作的奉献和对合法的社会活动的参与度,降低其犯罪可能性。[⑤]

---

① 鲁礼堂:《谈工读教育的重要性与对策》,载《湖南公安高等专科学校学报》2004 年第 6 期。
② 赵国玲主编:《未成年人司法制度改革研究》,北京大学出版社 2011 年版,第 286 页。
③ 鲁礼堂:《谈工读教育的重要性与对策》,载《湖南公安高等专科学校学报》2004 年第 6 期。
④ 〔美〕罗伯特·J．桑普森、约翰·H．劳布:《犯罪之形成——人生道路及其转折点》,汪明亮等译,北京大学出版社 2006 年版,第 172—178 页。
⑤ 〔英〕布莱克本:《犯罪行为心理学:理论、研究和实践》,吴宗宪等译,中国轻工业出版社 2000 年版,第 80 页。

（五）服务社会

在新的形势下，工读学校不仅要做好传统工作，而且应该成为一个地区社会适应存在问题的未成年人的专业教育和保护中心，是该地区特殊教育和预防少年违法犯罪的资源基地。工读学校在做好校内教育的同时，辐射该地区家庭、普校和社区，具体职能包括教育、科研、咨询和培训等。[①] 工读学校在做好校内教育的同时，也要做好校外教育，包括问题学生的前期干预以及校内教育结束后少年的跟踪帮教；前者包括普校个别学生的辅导、普校特教班级的授课等。科研是通过专门的教育和矫正工作，对有情绪和行为障碍的未成年人进行专门研究，跟踪其动态发展变化，对于未来发展趋势作出预测，深入分析其背后的原因，提出预防的方案和对策，通过实践经验摸索科学有效的辅导和矫正方法等。咨询和培训主要是工读学校通过其教学实践和科学研究，面向未成年人监护人、普校教师、社区青少年工作者、公众、政府决策者等提供专业辅导和服务。[②] 20世纪90年代开始，很多工读学校开始摸索新的办学模式，成立了家长教育中心、法制教育中心、心理健康教育中心、德育研究中心、班主任教育培训中心等。北京海淀寄读学校成立了为全区普校服务的心理咨询中心，上海育华学校形成综合立体的办学集团，成都五十二中学提出了"工读教育也是优质教育"的教育理念，深圳育新学校已发展成为当地的拓展训练和中小学德育基地，形成独具特色的"育新模式"。这些个案都表明工读学校教育在发展的过程中功能得到了有效地拓展和辐射。[③]

总之，工读教育作为中国特色的社会主义教育体系的组成部分，在教育挽救失足少年、稳定社会秩序、保证这部分少年的家庭幸福、推进和谐社会建设等方面发挥了重要作用，工读教育的实践和研究为丰富我国社会主义教育理论作出了极大贡献，在国际教育研究领域，我国的工读教育因其唯一而占有独特的地位。[④]

第二节　中国共产主义青年团

引言

中国共产主义青年团（以下简称共青团）是中国共产党领导的先进青年的群

---

① 杨安定、江晨清：《世纪之交的工读教育》，上海教育出版社1996年版，第211页。

② "青少年权益保护与犯罪预防"课题组：《中国工读教育研究报告》，载《中国青年研究》2007年第3期。

③ 石军：《我国工读教育发展的历史，现状与未来发展》，载《教育史研究》2013年第3期。

④ 高妙根：《我国工读教育的历史地位及展望——写在我国工读教育创立50周年之际》，载《教育发展研究》2005年第11期。

众组织,是广大青年在实践中学习中国特色社会主义和共产主义的学校,是中国共产党联系青年群众的桥梁和纽带,是中华人民共和国的重要社会支柱之一,也是中国共产党的助手和后备军。共青团作为青少年自己的组织,在保护青少年、预防青少年犯罪中责任重大,在少年司法制度中发挥着重要作用。

一、共青团作为非司法性少年组织概述

共青团作为非司法性少年组织不仅是由其性质与职能所决定的,而且是由法律法规性文件加以明确规定的。共青团是中国共产党领导的先进青年的群众组织,是中国共产党的助手和后备军,理应承担三大基本职能:一是政治职能,即团结、教育、引导青年为实现党的奋斗目标和各个时期的中心任务而奋斗;二是行政职能,即组织青年参与社会主义民主政治建设,积极参与民主管理和民主监督,承担政府委托的有关青少年工作事务;三是社会职能,即代表和维护青少年的具体利益,竭诚为青少年服务。这三大基本职能决定了共青团有团结教育青少年、代表和维护青少年合法权益、协助政府管理青少年事务的职能,其中就包括青少年的保护与犯罪预防职能。因此,共青团作为非司法性少年组织顺理成章,合情合理。

1979 年 8 月,党中央转发了中央宣传部等八个单位《关于提请全党重视解决青少年违法犯罪问题的报告》(中央 58 号文件),"要求提请全党高度重视解决青少年违法犯罪问题,高度重视青少年教育问题,要求全党把对青少年的教育培养当做关系到我们党和国家的前途,关系到民族兴衰的大事来抓,要求各级党委都要把加强对青少年的教育培养包括解决其中极少数人的违法犯罪问题,放到重要议事日程上来,要求在党委领导下,把宣传、教育、劳动、公安、文化等部门及工会、共青团、妇联等各方面的力量统一组织起来,通力合作,着眼于预防、教育、挽救和改造,积极解决青少年违法犯罪的问题"。在这个文件中,共青团就作为参与"积极解决青少年违法犯罪问题"的重要力量被明确规定下来。1985 年 10 月中共中央发布的《关于进一步加强青少年教育预防青少年违法犯罪的通知》中也明确要求:"各级妇联、工会、共青团组织和教育部门,要勇于维护儿童、妇女的正当权益,敢于为儿童、妇女说话,同各种凌辱妇女、残害儿童的现象作斗争。"

1991 年 9 月 4 日通过、公布的《未成年人保护法》是我国第一部专门针对未成年人的立法,对少年司法制度意义重大。该法的第 6 条第 3 款明确规定:"共产主义青年团、妇女联合会、工会、青年联合会、学生联合会、少年先锋队及其他有关的社会团体,协助各级人民政府做好未成年人保护工作,维护未成年人的合法权益。"2006 年修订后的《未成年人保护法》将这款规定单独成条,作为第 8

条。1991 年最高人民法院颁布的《关于办理少年刑事案件的若干规定》第 8 条规定:"人民法院要取得工会、妇联、共青团、少年保护组织、教育等有关部门的协助,以共同做好少年被告人的教育和挽救工作。" 1999 年《预防未成年人犯罪法》第 8 条规定:"司法行政部门、教育行政部门、共产主义青年团、少年先锋队应当结合实际,组织、举办展览会、报告会、演讲会等多种形式的预防未成年人犯罪的法制宣传活动。" 2010 年《六部委配套工作体系若干意见》明确要求,加强司法机关与社区、劳动和社会保障、教育、民政、共青团等部门、组织的联系与协作,进一步完善"两条龙"工作体系。所谓的"两条龙",一条龙是指公、检、法、司于一体的"少年司法一条龙";另"一条龙"是指工会、共青团、妇联、教育系统、街道、乡镇管理部门等在内的,对失足少年实行帮教的"社会帮教一条龙"。

以上这些法律法规性文件明确规定了共青团在青少年保护和犯罪预防中的职责,确立了共青团作为非司法性少年组织的地位。

二、共青团在少年司法制度中的职能

我国的法律法规性文件已经明确规定了共青团在少年司法制度中的职能与作用,主要包括以下三个方面:

(一)维护青少年合法权益,为青少年成长创造良好环境

青少年合法权益遭受侵害的现象普遍存在,农村地区尤为严重。侵害青少年权益行为主要表现在几个方面:(1)家庭暴力在农村仍然司空见惯,在城市也呈多发趋势;(2)拐卖儿童的犯罪行为和非法使用童工的违法行为依然存在;(3)大批青年农民工的合法权益得不到保障,在绝大多数私营企业中,他们较难享有国家法律和政策规定的按时领取劳动报酬,每天八小时工作制,法定假期休息以及安全生产与特殊工种必须具备的劳动保护等权利;(4)众多国营、个体企业破产拍卖或重组改制为私营企业,大批青年职工下岗待业或重新上岗成为私营企业的招聘工人,失去了在原企业中的主人翁地位和法律与政策规定的社会保障利益与劳保福利待遇;(5)青年农民工和私营企业员工的政治参与权利没有保障,很少有对关系到自己切身利益问题的知情权、话语权。[①] 虽然青少年的合法权益屡遭侵害,但是很多青少年不知道自身享有哪些权益,不知道如何维权,甚至不敢维权。长此以往,青少年的身心发展必须受到影响,其负面作用不可估计,甚至会因此产生对社会的不满,最终堕落为违法犯罪分子。因此,对青少年合法权益的维护,为青少年成长创造良好的社会环境不仅是对青少年的关爱,而且还是预防青少年违法犯罪的重要途径。

---

① 谢超峰、廖仲明:《维护青少年合法权益工作机制研究》,载《广西青年干部学院学报》2011 年第 5 期。

共青团作为青年群众组织,要反映青少年意愿,代表青少年利益,维护青少年权益,必须运用符合自身特性的社会化工作方式,联合和借助社会有关方面力量来履行自己的职责。团中央十六大报告把"如何从青少年普遍性的维权诉求入手,更好地维护青少年的合法权益"作为当前共青团工作和建设面临的重大挑战之一,强调指出"共青团必须在维护全国人民总体利益的同时,代表和维护好青少年的具体利益"。[1] 共青团在维护青少年合法权益,为青少年成长创造良好环境方面应当坚持四个原则:(1) 依法维权,要严格、准确、有效地依据有关法律法规特别是《未成年人保护法》和《预防未成年人犯罪法》,与侵害青少年权益的违法犯罪行为作坚决斗争,依法开展法律监督和执法监督,维护好青少年具体的合法权益。(2) 有序维权,维护青少年权益在认同现有政治制度前提下,通过合法、合理的途径和制度化的渠道,按照法定的组织程序有层次地代表和维护青少年权益。(3) 有效维权,将维权工作落到实际效果上,将维权工作的有效性原则体现在工作效果上,达到维权工作的预期目的,切切实实维护青少年权益。(4) 全面维权,青少年各个方面的权益是互相联系的,在实现的过程中有时会表现出一定的阶段性和侧重点,但总体上讲是一个整体,这就要求我们在促进青少年权益实现的过程中做到统筹考虑,不能顾此失彼。[2] 共青团维护青少年合法权益制度安排包括组织化维权的制度性安排和社会化维权的制度性安排两个方面:组织化维权,就是在党委、政府的统一领导下,以团的组织网络和工作体系为基础,依托相关部门的组织体系和工作力量,逐级满足青少年的权益需求,解决青少年的权益问题。社会化维权,就是以不同层级的共青团组织为核心,引导、动员社会各方力量,运用、吸引各类社会资源,直接面向青少年提供针对性的维权服务,在维权工作中,组织化维权是基础和根本,社会化维权是重要组成,二者是紧密联系、相互促进的统一体系。[3]

(二) 开展法制宣传教育和思想道德建设,预防青少年违法犯罪

青少年是祖国的未来,青少年健康成长,与家庭幸福、社会稳定息息相关。青少年违法犯罪是一个严重的社会问题,直接关系到国家未来、党的未来。从当前的形势来看,青少年违法犯罪现象十分严峻,预防青少年违法犯罪已经成为一个刻不容缓的政治任务。据有关统计数据显示,低于 18 周岁的青少年犯罪案件逐渐增多,其所占罪犯总体的比例自 1997 年起开始增长,如 1998 年到 2007 年这 10 年间所占的比例分别是 6.35%、6.64%、6.52%、6.68%、7.13%、7.88%、

---

[1]　陆昊:在中国共产主义青年团第十六次全国代表大会上的报告,2008 年 6 月 10 日。

[2]　张传慧、孟芳兵、何晓阳:《中国特色维护青少年权益工作体系研究》,载《中国青年研究》2009 年第 8 期。

[3]　同上。

9.17%、9.81%、9.41%、9.39%。① 共青团作为青少年群众组织,党的助手与后备军,理应承担预防青少年犯罪的任务,在党委的领导下,积极参与预防青少年犯罪工作。自 2001 年 1 月起,中央社会治安综合治理委员会成立预防青少年违法犯罪工作领导小组,领导小组下设办公室,办公室设在共青团中央。同时,有 26 个省级团委和全部地市级团委设立了未成年人保护委员会办公室。共青团组织承担了预防和减少青少年违法犯罪相关工作。共青团在预防和减少青少年犯罪中的工作主要包括两个方面:一是事前预防,二是事后预防。事前预防主要是通过维护青少年合法权益、开展法制宣传教育和思想道德教育,从外在客观环境和内在主观意识两个方向,预防和减少青少年犯罪。事后预防主要是通过协助司法机关对违法犯罪青少年的帮教达到预防青少年再犯的目的。关于违法犯罪青少年的帮教工作在下文再详细展开。由于前文中已经详述了维护青少年合法权益,为青少年成长创造良好的环境方面的工作,这里只就对青少年开展法制宣传教育和思想道德教育展开论述。

从目前违法犯罪青少年的情况来看,很多青少年不懂法、不敬法、不守法,也不知道运用法律手段维护自己的合法权益。这种情况的出现与我国当前教育的取向有很大关系,学校过于重视升学率而忽视了青少年的法制教育。可以说,法制教育的缺失是青少年违法犯罪的重要原因之一。因此,加强对青少年法制宣传教育,培养青少年的法制意识,帮助青少年知法、守法、用法,有利于预防和减少青少年违法犯罪。我国的《预防未成年人犯罪法》第 8 条明确规定:“司法行政部门、教育行政部门、共产主义青年团、少年先锋队应当结合实际,组织、举办展览会、报告会、演讲会等多种形式的预防未成年人犯罪的法制宣传活动。”该法的规定表明了法制宣传教育在预防青少年犯罪中的重要作用,同时指明了共青团在法制宣传教育中的责任,即“负有组织、举办展览会、报告会、演讲会等多种形式的预防未成年人犯罪的法制宣传活动”。共青团在开展法制宣传活动中,应当结合当代青少年的特点,充分发挥组织优势,采取各种灵活、有效的形式,如加强法制副校长队伍和青春红丝带志愿者、禁毒志愿者等队伍建设,针对各类重点青少年群体开展专项法制宣传教育活动,在广大青少年中大力宣传“两法”,普及《刑法》《治安处罚法》《民法》等相关法律常识,同时不断提升青少年法制意识。

青少年思想道德建设在青少年犯罪预防中发挥着重要作用。思想道德建设是青少年抵御外界不良因素影响和诱惑的重要武器。2004 年 2 月 26 日,中共中央、国务院发布的《关于进一步加强和改进未成年人思想道德建设的若干意见》(以下简称《思想道德建设若干意见》)提出,加强和改进未成年人思想道德建

---

① 马良:《青少年社区矫治的本土模式和社会工作的介入空间》,载《华东理工大学学报(社会科学版)》2006 年第 2 期。

设是一项重大而紧迫的战略任务,关系到青少年的健康成长,关系到中华民族整体素质的提高,关系到国家前途和民族命运。《思想道德建设若干意见》把共青团、少先队组织作为整个未成年人思想道德建设体系中的重要方面,对共青团和少先队在未成年人思想道德建设中充分发挥作用提出了明确要求。共青团、少先队组织要立足优势,在未成年人思想道德建设中发挥重要作用。一是发挥教育引导作用;二是发挥实践育人作用;三是发挥服务育人作用;四是发挥文化育人作用。① 共青团要促进学校教育、家庭教育、社会教育的衔接配合,形成共同推进未成年人思想道德建设机制,帮助未成年人树立正确的世界观、人生观和理想信念,自觉抵制歪风邪气的影响,避免走上违法犯罪的道路。

(三)配合司法机关,做好违法犯罪青少年的帮教工作

2010年《六部委配套工作体系若干意见》明确要求,进一步完善"两条龙"工作体系,其中"一条龙"就是指工会、共青团、妇联、教育系统、街道、乡镇管理部门等在内的,对失足少年实行帮教的"社会帮教一条龙"。"社会帮教一条龙"是"少年司法一条龙"的重要补充,也属于少年司法的工作范畴。我国《未成年人保护法》第38条规定:"对违法犯罪的未成年人,实行教育、感化、挽救的方针,坚持教育为主,惩罚为辅的原则。"《刑法》第17条规定:"已满14周岁不满18周岁的人犯罪,应当从轻或者减轻处罚。因不满16周岁不予刑事处罚的,责令他的家长或者监护人加以管教;在必要的时候,也可以由政府收容教养。"因此,在司法实践中相当数量未成年人或者未被追究刑事责任,或者在原社区中接受教育矫正,又或者被判决后不久即陆续被释放,这些未成年人当然需要接受教育和帮助。这种司法处置现状表明,不仅是专门化的少年监管机构要承担对未成年犯罪人的矫正与教育,社会对正在成长中的问题少年,也应当承担相应的责任,参与到社会帮教工作中来。共青团当然要在"社会帮教一条龙"中承担相应的责任,这是共青团作为青少年群众组织的职责所在。共青团应当利用自身优势,积极配合司法机关,采取各种方式参与未成年人的社会教教工作。例如,上海共青团开展的针对违法犯罪青少年群体的管理服务项目主要是依托青少年事务社工这一载体,开展社会帮教工作,内容主要包括四个方面:(1)考察教育工作;(2)取保候审未成年人的保护、教育工作;(3)合适成年人参与工作;(4)社会调查工作。② 这些工作取得了良好效果,值得借鉴。

除了上述职能外,共青团在少年司法中还承担着其他职能,例如共青团干部还可以作为"合适成年人"、审前社会调查员参与刑事诉讼。早在2004年,上海

---

① 周强:《充分发挥共青团和少先队在未成年人思想道德建设中的重要作用》,载《求是》2004年第9期。

② "共青团参与预防青少年违法犯罪工作对策研究"课题组:《上海共青团参与青少年违法犯罪预防研究——以介入青少年再犯预防为中心》,载《青少年犯罪问题》2008年第1期。

长宁、浦东等区检察院通过与综治部门、青保部门、团委等沟通协调,聘请由学校教师、共青团干部、青保干部以及"关心下一代工作委员会"工作人员或专业社工等人员组成"合适成年人"队伍参与刑事诉讼。总之,随着少年司法范围的扩大,共青团在少年司法中发挥越来越重要的作用。

第三节　中华全国妇女联合会

引言

中华全国妇女联合会(以下简称"妇联")是全国各族各界妇女在中国共产党领导下,为争取进一步解放而联合起来的社会群众团体,具有广泛的代表性、群众性和社会性。妇联实行地方组织和团体会员相结合的组织制度。妇联作为保护妇女儿童权益的重要组织,在少年司法中发挥着重要作用。

一、妇联作为非司法性少年组织概述

妇联成立于 1949 年 4 月 3 日,是全国各族各界妇女为争取进一步解放与发展而联合起来的群众组织。妇联的基本职能是代表、捍卫妇女权益、促进男女平等,亦同时维护少年儿童权益,以及在全国女性中组织对中国共产党和中华人民共和国政府、政策的支持。主要任务包括:(1) 团结、动员妇女投身改革开放和社会主义经济建设、政治建设、文化建设、社会建设和生态文明建设,在中国特色社会主义伟大实践中发挥积极作用。(2) 代表妇女参与国家和社会事务的民主决策、民主管理、民主监督,参与有关法律、法规、规章和政策的制定,参与社会管理和公共服务,推动保障妇女权益法律政策和妇女、儿童发展纲要的实施。(3) 维护妇女儿童合法权益,倾听妇女意见,反映妇女诉求,向各级国家机关提出有关建议,要求并协助有关部门或单位查处侵害妇女儿童权益的行为,为受侵害的妇女儿童提供帮助。(4) 教育和引导广大妇女践行社会主义核心价值观,发扬自尊、自信、自立、自强的精神,提高综合素质,实现全面发展。宣传马克思主义妇女观,推动落实男女平等基本国策,营造有利于妇女全面发展的社会环境。宣传表彰优秀妇女典型,培养、推荐女性人才。(5) 关心妇女工作生活,拓宽服务渠道,建设服务阵地,发展公益事业,壮大巾帼志愿者队伍,加强妇女之家建设。加强与女性社会组织和社会各界的联系,推动全社会为妇女儿童和家庭服务。(6) 巩固和扩大各族各界妇女的大团结。加强同香港特别行政区、澳门特别行政区、台湾地区及海外华侨华人妇女、妇女组织的联谊,促进祖国和平统一大业。(7) 积极发展同世界各国妇女和妇女组织的友好交往,加深了解、增进

友谊、促进合作,为维护世界和平作贡献。妇女联合会实行全国组织、地方组织、基层组织和团体会员相结合的组织制度。妇女联合会的最高领导机构是全国妇女代表大会和它所产生的中华全国妇女联合会执行委员会。全国妇女代表大会每五年举行一次。

从上述妇联的性质及其承担的职能与任务来看,妇联具有维护妇女儿童权益的重要职能与任务,而维护妇女儿童权益与维护未成年人的合法权益有交叉和重叠的部分。从全社会范围来看待少年司法,所涉及的方面十分繁杂,几乎所有与儿童和少年权益相关的活动、机构、组织、功能都与此相关。[①] 因此,妇联应当作为非司法性的少年组织,参与到少年司法工作中来。

我国的一些法律法规性文件中也明确要求妇联参与少年司法工作,在少年司法工作中承担起相应的职责。如1979年8月党中央转发的中央宣传部等八个单位《关于提请全党重视解决青少年违法犯罪问题的报告》(中央58号文件),"要求在党委领导下,把宣传、教育、劳动、公安、文化等部门及工会、共青团、妇联等各方面的力量统一组织起来,通力合作,着眼于预防、教育、挽救和改造,积极解决青少年违法犯罪的问题"。1985年10月中共中央发布的《关于进一步加强青少年教育预防青少年违法犯罪的通知》中也明确要求:"各级妇联、工会、共青团组织和教育部门,要勇于维护儿童、妇女的正当权益,敢于为儿童、妇女说话,同各种凌辱妇女、残害儿童的现象作斗争。"1991年9月4日通过、公布的《未成年人保护法》第6条第3款明确规定:"共产主义青年团、妇女联合会、工会、青年联合会、学生联合会、少年先锋队及其他有关的社会团体,协助各级人民政府做好未成年人保护工作,维护未成年人的合法权益。"1991年最高人民法院颁布的《关于办理少年刑事案件的若干规定》第8条规定:"人民法院要取得工会、妇联、共青团、少年保护组织、教育等有关部门的协助,以共同做好少年被告人的教育和挽救工作。"2010年《六部委配套工作体系若干意见》明确要求,加强司法机关与社区、劳动和社会保障、教育、民政、共青团等部门、组织的联系与协作,进一步完善"两条龙"工作体系。

二、妇联在少年司法制度中的职能

根据妇联的性质、职能和任务以及相关法律法规性文件的规定,妇联在少年司法中主要承担两方面的职责与工作:一是通过同各种凌辱妇女、残害儿童的现象作斗争,维护未成年人的合法权益;二是通过各种途径采取多种形式,预防未成年人违法犯罪。

---

① 皮艺军:《中国少年司法制度的一体化》,载《法学杂志》2005年第3期。

（一）通过同各种凌辱妇女、残害儿童的现象作斗争，维护未成年人合法权益

与成人司法相比，少年司法制度的权能无论是广度还是深度上都要广泛。为了实现对未成年人权益的真正保护和失足未成年人的顺利回归社会，少年司法机关需要与社会相关组织合作，协助解决其就业、就学、救助等方面存在的实际问题。妇联就是"社会相关组织"中的重要一员。1985 年 10 月中共中央发布的《关于进一步加强青少年教育预防青少年违法犯罪的通知》以及 1991 年 9 月 4 日通过、公布的《未成年人保护法》以及 2006 年修订后的《未成年人保护法》都明确要求妇联与其他相关群众性组织、机构要敢于同各种凌辱妇女、残害儿童的现象作斗争，共同担负起保护未成年人合法权益的重任。

为充分发挥未成年人保护职能，妇联主要采取如下工作：（1）通过调研、制度的研究、培训、地方试点，推动社会各方面共同做好儿童保护工作。全国妇联针对留守儿童推出了"共享蓝天"留守儿童关爱行动，通过组织志愿者，利用家长学校为留守儿童提供代理家长、代理妈妈等关爱服务，帮助他们弥补亲情缺失，构筑一个安全的网络。（2）积极地推进"妇女之家"的建设，目前已在全国建立了 73 万个，通过"妇女之家"开展一些宣传、培训、咨询、疏导，也通过一些文艺活动将法律的知识送到社区妇女的身边。以就近就便、自愿互助的原则探索建立农村留守妇女互助组，目前已建立了 28 万多个互助组，留守妇女通过互助组在生产上相互帮助、生活上相互扶持、情感上相互依靠、安全上相互关照。（3）全国妇联从 2008 年开始就积极地推进反家庭暴力专门立法，开展了大量的调研和论证研讨，通过问卷调查了解公众对立法的态度。2015 年 12 月 27 日第十二届全国人民代表大会常务委员会第十八次会议通过《反家庭暴力法》。（4）开展受暴力侵害和拐卖被解救儿童临时监护制度的专题研究，通过提案、报告等不同的渠道提出了关于废除嫖宿幼女罪、修改《刑法》以及综合治理拐卖犯罪买方市场的对策建议，提交给相关的部门，也得到了有关领导的批示和相关部门的重视。（5）探索建立家庭暴力危机干预中心、儿童保护社区试点等，探索为受暴伤害的妇女儿童提供直接服务的工作机制。①

（二）通过各种途径采取多种形式，预防未成年人违法犯罪

预防和控制未成年人违法犯罪工作是一项复杂的社会系统工程，也是一项长期艰巨的任务，仅凭司法机关的力量是不够的。预防未成年人犯罪必须坚持社会治安综合治理方针，在党委和政府的统一领导下，依靠国家政权、社会团体和广大人民群众的力量，各部门协调一致，齐抓共管，形成合力。妇联是一个在

① 全国妇联权益部部长蒋月娥于 2013 年 6 月 20 日参加人民网强国论坛"健全机制 加强未成年人权益保护"的发言，http://live.people.com.cn/bbs/note.php? id＝57130619140131_ctdzb_062，访问日期 2016 年 4 月 5 日。

中国共产党的领导下,以团结和联合全国各民族、各阶层妇女,积极参与国家各项事业为手段,以争取、保护妇女(儿童)的权益和地位,实现妇女(儿童)发展和男女平等为根本宗旨和任务,具有中国特色的群众性社会团体组织。妇联在预防未成年人犯罪中承担重要责任,发挥重要作用。《六部委配套工作体系若干意见》明确要求妇联参与对失足少年帮教工作,预防再犯。妇联履行预防未成年人犯罪的职能,主要包括三个方面的工作:第一,通过维护未成年人的合法权益,优化未成年人成长的社会环境,为未成年人保驾护航,避免未成年人因合法权益遭受侵害、成长环境恶劣、受不良因素影响而走上违法犯罪道路。第二,通过法制宣传教育和思想道德建设,帮助未成年人树立正确理想信念,进而达到预防犯罪的效果。除了加强《未成年人保护法》《预防未成年人犯罪法》等相关法律宣传教育,培养未成年人的法律意识,还可以开展主题明确积极、内容正面阳光、形式丰富多彩的主题活动,向青少年、儿童传播正确价值观及社会正能量,从思想意识领域降低青少年违法犯罪的几率。第三,配合司法机关,积极参与问题少年和违法犯罪未成年人的社会帮教工作。为此,各级妇联建立健全违法犯罪未成年人帮教工作网络,提供可靠的组织保证;落实未成年人帮教规章制度,不断探索开展这一工作行之有效的途径和方法;积极开展各项活动,不断推进违法犯罪未成年人帮教工作向纵深发展。

妇联在少年司法制度中发挥着特殊作用,是少年司法组织的重要辅助力量。除了上述职能外,妇联同共青团一样,妇联干部还可以作为"合适成年人"、审前社会调查员参与刑事诉讼。例如,2009年,苏州吴中区法院与区妇联联合成立"爱心妈妈团",下设合适成年人管理办公室,负责以下工作:合适成年人的遴选、培训、监督,合适成年人("爱心妈妈")介入少年刑事审判程序,开展审前社会调查,在庭审中对未成年被告人进行"全程保护"和感化教育,以社会调查员的身份接受质询,并在判决后适当介入未成年犯罪人的帮扶矫正。

第四节　社会志愿者组织

引言

在少年司法制度中,除了司法性少年组织以及上述具有官方色彩的工读学校、共青团、妇联等组织外,社会志愿者组织也是重要的参与主体,在少年司法制度中发挥重要的作用。中国少年司法制度的改革与完善离不开专业社会力量的参与和介入,而社会工作专业尤其是司法社会工作的快速发展为其介入少年司法制度提供了可能。

一、社会志愿者组织概述

社会志愿者组织是公民在不计报酬、自愿奉献自己的时间与精力为他人服务的过程中自发组织起来的民间组织。在国外,它被归为"第三部门""非营利性组织"或"非政府组织"的研究行列。在中国则被归为"社会中介组织"或"民间组织"的行列。① 不管名称如何,一般来说志愿者组织具有几个方面的特点:一是志愿性,无论是志愿者参与志愿者组织,还是组织开展志愿服务,都是出于人们的自愿选择,而非受迫于任何外界强制,是人们主动承担起对他人、对社会的责任。这种自愿心理的产生首先来源于一种使命感——觉得对自己所从事的事业有义不容辞的责任,这种使命感使人们充满了奉献精神;引发自愿的另一动机在于表达参与诉求,即公民自主要求参与社会事务,追求社会民主价值的愿望。二是非营利性,所谓"非营利性"并不是说志愿者组织在运作过程中不可以营利,而是指一种非利润分配性,即不为组织的"拥有者"积累和分配利润。志愿者组织可以在一定时期内积累一定的利润,但这些利润不能在团体内部以任何形式分发,必须返回团体使命所规定的工作中去。要将积累返还社会,这是志愿者组织区别于私营企业的最大特点。② 三是自主性,自主性则是指相对于政府的独立性,志愿者组织能够独立地筹措自己的资金,独立地确定自己的方向,独立地实施和完成自己的计划。但是这种独立性是相对的、有限的,发达国家的多数社会志愿者组织实际上很大程度要靠政府资助,发展中国家的志愿者组织除了要靠本国政府外,有的还得依赖外国政府和外国非政府组织。这些牵制因素都会在一定程度上影响其自主性。四是灵活多样性,政府提供的服务太过整齐划一难以满足所有人的偏好,就需要其他社会组织来填补空白。一般的私人物品可以由市场组织来提供,而公共物品提供方面的缺口就得由非营利组织来承担。这么多年来,社会志愿者组织的服务领域涉及广泛,活动内容丰富多样,活动形式也具有很大的灵活性,能够从多方面保证为不同层次的人提供帮助。五是专业性,就某一个具体的社会志愿者组织来说他们的服务是很专业化的,绝大多数组织的目标明确,他们要么关心某个社会群体并努力去帮助它,要么关注某个社会问题并努力去解决它,集中活动于某个特定的领域使社会志愿者组织在这方面能够积累丰富的经验,而丰富的经验有利于提高服务的效率和质量,还可能起某种协调作用。六是参与性,志愿者组织之所以被冠以这种名称就是因为它具有参与性,几乎所有的社会志愿者组织都直接或间接地依赖人们的志愿参与行为,

---

① 祝灵君:《志愿者组织、志愿精神与政党领导》,载《中共中央党校学报》2005 年第 3 期。

② 金晶:《中国志愿者组织的发展现状和功能的研究》,2007 年上海师范大学硕士学位论文,第 7 页。

这些行为可能采取捐款的形式也可能采取义务贡献时间和技能的方式,成员的这种参与行为构成了组织活动能够得以开展的基础和来源,人们的参与不仅对受惠组织而且对参与者本人和社会都是有利的。[1]

志愿服务最早可以说起源于 19 世纪初西方国家宗教性的慈善服务。一大批怀有慈善之心的各阶层人士是最早的志愿服务人员,较早的组织有为协调政府与民间各种慈善组织的活动在英国伦敦成立的"慈善组织会社"。到 19 世纪末 20 世纪初,欧美等国先后通过的一系列有关社会福利方面的法律法规,除了要有专职社会工作者去实施之外,也需要动员和征募大量的志愿人员投身于有关的各项服务工作之中,志愿服务开始受到政府的重视和鼓励。志愿者组织形成雏形。至今,全世界已经建立了许多大大小小的国际志愿者组织。志愿服务活动已由战争救护、重建家园、安置孤儿等与战争相关的救助服务转向了经济建设、环境保护、社会进步、扶助弱者等领域。志愿者组织的数量与规模也在日益壮大。据统计,丹麦 80% 的青年参加过志愿服务;英国和日本每年有 50% 的公民参加志愿服务活动;加拿大每年有 1/3 的公民参加志愿服务;在美国,成年人平均每星期从事 4.2 小时的志愿服务,而青少年平均志愿服务的时间为 3.5 小时;在以色列,20% 以上的人参加过志愿活动,平均每个月服务 16 个小时。[2]

志愿者组织是世界各国蓬勃兴起的事业,也是当代中国方兴未艾的事业。伴随着改革开放一系列进程的展开,蕴涵在中国社会各个层面的巨大的能量和多样的需求得以释放,原有的政治化、行政化、一体化的社会走向了市场化、开放化和多元化,正是这种变革的大环境催生了中国的志愿者组织。20 世纪 90 年代以后,志愿者组织更是出现了增长的高峰,这从一组侧面数据中可见一斑:"到 1997 年,在全国民政部门登记的非政府组织达到 181318 个。20 世纪 90 年代末到 21 世纪初,经过清理和整顿,我国各类非政府组织的数量有增有减,但发展更为活跃。据国家民政部网站公布的统计数据,截至 2005 年年底,全国共登记社会团体 171150 个,民办非企业单位共 147637 个,基金会共 975 个。"[3]随着志愿者组织数量和类型的不断发展壮大,它已成为政府、市场之外的一股新兴力量和有力补充,在经济、政治、社会、文化等领域发挥着一系列独特而重要的功能。

二、社会志愿者组织作为非司法性少年组织的必然性

在发达国家少年司法制度构建的过程中,社会志愿者组织的介入深入而全

---

[1]　杜文燕:《中国社会志愿者组织的政治功能分析》,2003 年上海师范大学硕士学位论文,第 10—11 页。

[2]　中国青少年发展基金会 非营利组织研究委员会编:《中国第三部门研究年鉴(2001):扩展中的公共空间》,天津人民出版社 2002 年版,第 136—137、145—146、162 页。

[3]　陈熙春等:《略论中国非政府组织的发展和管理》,载《上海行政学院学报》2006 年第 6 期。

面,然而在我国,社会志愿者组织进入少年司法领域仅限于几个发达城市的尝试与探索,尚未形成成熟经验。社会志愿服务工作与少年司法制度的衔接,既不是二者的偶然相遇,也不是少部分人的先知先觉,而是历史的必然选择。[①] 主要体现在以下几个方面:

(一) 社会志愿者作为非司法性少年组织是少年司法制度发展与完善的必然要求

少年司法制度的发展是一个不断完善的过程。最初,少年司法制度局限在司法领域中,随着少年司法制度的发展与完善,越来越多的内容被纳入少年司法制度中。现如今,少年司法制度已经发展成为一个十分庞大、复杂的系统。从内容上说,少年司法制度规定了对少年的不良行为和违法行为给予保护处理,对少年的犯罪行为进行检控、审理、处罚、矫正以及教育的原则、方法和程序等等。从对违法犯罪少年所采取的处罚措施及矫正方法来看,更是形式多样,不拘一格。既有刑事处分,也有各类民事的、行政的制裁以及各种保护处分和帮助、培养、教养措施。因此,少年司法主体不仅包括警察、检察、法院、矫正机构的司法工作人员,而且还包括有关方面(如社会学、心理学、精神病学、教育学等)的专家学者和社会工作者,甚至各种私营机构、宗教团体、慈善组织的人员及广大的志愿人员也包括其中。总之,少年司法制度的最突出的特点,就在于它的综合性、多维性。少年司法是一项系统工程,是一项全社会性的工作。[②] 社会志愿者组织作为少年司法组织的有益补充在少年司法制度中发挥越来越重要的作用,促进了少年司法制度的发展与完善。

(二) 我国社会志愿者组织的蓬勃发展为其介入少年司法工作创造了条件

改革开放前,我国实行计划经济体制,政府成为包揽一切社会事务的"全能政府",社会志愿者组织根本没有生存的空间。改革开放后,我国由计划经济向市场经济体制转变,政府也由"全能政府"转变为宏观调控社会事务、保障公共物品的"小政府"。在此过程中,政府将大量直接经营性、操作性、中介性的事务与职能转移出来,交还市场,交还社会。这客观上要求在国家退出的经济和社会空间中发育出一个自主的市场和自治的社会。如此一来,在政府职能限度之外急需一种新的社会合力来支持政府有效地处理这些公共事务,加之经济体制的变化使人们获得了大量可自由支配的资源与活动空间,这就从根本上为志愿者组织的兴起提供了条件。"志愿者组织开展的动员公民和社会各方力量主动参与社会各项公益事业的活动,就是发育一个配合'小政府'之政治体制改革的'大社

---

① 席小华:《社会工作介入少年司法制度之探究》,载《青少年犯罪问题》2009 年第 4 期。
② 康树华:《新中国少年司法制度的发展与完善》,载《江西警察学院学报》2012 年第 2 期。

会'的社会重组的必然途径。"①市场经济确立、政府职能转变与社区境况演变的需要促使中国出现了真正意义上的本土志愿者组织。此后,我国志愿者组织开始蓬勃发展,并在经济、政治、社会、文化等领域发挥越来越重要的作用。正是在这样的背景下,社会志愿者组织参与少年司法工作成为可能,成为少年司法制度中发挥重要作用的社会力量。

（三）社会志愿者的性质和特点决定了其在少年司法中不可替代的地位与作用

司法机关由于其职能定位的特点,决定了其在少年违法犯罪中的重心是再犯预防,通常的形式如对违法犯罪少年的训诫,"检察官妈妈"和"法官妈妈"的关护体系、违法犯罪少年的社区矫正等,都是长期司法实践的品牌。但是,不可否认的是,司法机关在从事这些工作中遇到了诸多不适:(1)法律上的角色不适合。司法机关的主职是执法,把过多的精力投入少年教育与犯罪预防,显然分散了办案的精力,尤其目前在少年案件高发、专职工作人员缺乏的情况下,对案件办理的效率和成效的负面影响都是巨大的。(2)专业上的不适合。司法工作人员以法学专业为主,对少年的心理、情绪的掌握,对少年教育和发展的了解和运用,显然是不系统和浅层次的,很难真正深入地做好少年工作。(3)执法上的不适合。法律追求的是公平公正,司法人员过多地与案件当事人接触,或多或少会受到当事人一定影响,从而对当事人产生正面或负面的情绪,这将直接影响司法工作人员作出处理决定的公正性,直接影响决定的可信服性和执行力度。② 社会志愿者组织正好可以弥补少年司法组织的不足。社会志愿者组织所具有的公益性(非营利性)、灵活多样性可以弥补少年司法组织"法律上的角色不适合"问题;社会志愿者组织所具有的专业性可以弥补少年司法组织"专业上不适合"的问题;社会志愿者所具有的志愿性、自主性可以弥补少年司法组织"执法上的不适合"的问题。

三、社会志愿者组织在少年司法中的职能

目前,我国的社会志愿者组织类型繁多,提供的志愿服务多种多样,其中一些志愿者组织积极地参与到少年司法工作中,为少年司法工作的发展与完善作出了重大贡献。典型的如上海市阳光社区青少年事务中心,是经上海市社团管理局批准注册成立的民办非企业社团,主管单位为共青团上海市委员会。中心承担政府委托 16—25 周岁的社区青少年教育、管理和服务相关事务,负责对全

---

① 于海:《志愿运动、志愿行为和志愿组织》,载《学术月刊》1998 年第 11 期。

② "共青团参与预防青少年违法犯罪工作对策研究"课题组:《上海共青团参与青少年违法犯罪预防研究——以介入青少年再犯预防为中心》,载《青少年犯罪问题》2008 年第 1 期。

市青少年事务社工进行业务指导、专业培训、绩效考核和日常管理,支持其参加资格认证、职业培训等。[1] 上海市阳光社区青少年事务中心在预防青少年违法犯罪工作方面发挥了重要作用。总的来看,社会志愿者组织在少年司法中主要发挥以下几个方面的职能[2]:

(一)负责审前的社会调查工作

在我国,社会调查制度与我国少年司法制度的发展相伴相生,2011 年 4 月 4 日,最高人民法院《关于审理未成年人刑事案件的若干规定》明确规定了司法社会调查制度是少年司法过程中的必要环节,这一规定目的在于最大限度地实现儿童利益最大化原则,也体现了全社会尊重、关爱犯罪少年的胸怀与境界。其第 21 条中规定:社会调查的内容包括未成年被告人的性格特征、家庭情况、社会交往、成长经历以及犯罪前后的表现。以上工作内容决定了社会调查工作具有社会性、科学性、专业性、中立性等特点。由于社会调查工作具有的这些特点,导致法官、司法行政人员等具有官方背景的人员并不适合担当这一任务。具有专业优势的社会志愿者组织及其人员无疑是最好的选择,理由为三个方面:首先,社会工作专业的基本价值观所决定的社会志愿者组织的工作态度有利于社会调查工作的开展;其次,社会工作以一系列科学知识和理论为专业基础,可以保障社会调查工作更具科学性和规范性;第三,社会工作的专业方法可以帮助社会调查员收集的相关资料更加翔实、客观。专业社会志愿者组织及其人员担任涉嫌犯罪少年的社会调查员是西方发达国家的普遍做法,在我国的上海市也有一些法院使用这种模式。专业的社会工作者服务于社区矫正或青少年服务机构,法院与这些机构建立合作关系,当法院发出调查申请后,社会工作者利用自己的专业知识,围绕涉案少年的生活背景展开细致的调查,调查结束后,向法院提交社会调查报告,作为法官审判的参考依据。专业社会志愿者担任社会调查工作具有明显的专业优势,社工的参与也是完善社会调查制度的必要途径。[3]

(二)作为"合适成年人"在讯问违法犯罪少年时到场,维护少年权益及提供其他支持

2003 年以来,我国各地在办案中试行合适成年人到场制度,形成了多种模式,积累了实践经验,并在相关法律、部门规章、司法解释、中央和地方规范性文件中予以固化。2010 年《六部委配套工作体系若干意见》,明确了法定代理人无法或不宜到场的,可以经未成年犯罪嫌疑人、被告人同意或按其意愿通知其他关

---

① http://www.scyc.org.cn/Article/jgsummary/201001/72.html,访问日期 2016 年 4 月 12 日。
② 姚建龙:《少年司法与社会工作的整合——以少年法庭法官的"非审判事务"为论证中心》,载《法学杂志》2007 年第 6 期。
③ 席小华:《论社工介入未成年人犯罪审前社会调查制度的必要性》,载《社会工作》2010 年第 12 期下。

系密切的亲属朋友、社会工作者、教师、律师等合适成年人到场。2012 年修订的《刑事诉讼法》及其配套制度首次在法律层面确立了合适成年人到场制度。[①] 在合适成年人到场制度中，一般来说，父母无疑是最好的合适成年人，因为在了解未成年人性格、平常表现以及如何与未成年人沟通等方面，父母都有很大的优势。但是，父母作为案件利害关系人，很难做到公平理性地维护未成年人的合法权益；并且，有些父母可能并不具备合适成年人的条件。合适成年人应当具备六个方面的条件：(1) 品德良好，为人正派；(2) 富有爱心，乐于助人；(3) 熟悉法律，学识渊博；(4) 善于表达，思路清楚；(5) 年龄合适，性格搭配；(6) 身体健康，身份合适。[②] 在父母不适应担任合适成年人案件中，社会志愿者组织中的社会工作者可以承担这个责任。社会工作者比较容易满足上述合适成年人的条件，而且社会工作者在专业、中立、公正等方面具有优势，能够在维护未成年人合法权益的同时，保障司法的公平公正。

（三）对采取非羁押措施的违法犯罪未成年人进行考察帮教

近年来，随着少年司法理念的传播，少年司法制度的不断完善，在司法实践中，对违法犯罪的未成年人施行的"教育、感化、挽救"方针与"教育为主、惩罚为辅"原则得到进一步的贯彻与落实，大大减少了对违法犯罪未成年人的羁押，对大量的违法犯罪未成年人采取的是非羁押措施。据江苏省法院对未成年人犯罪情况的统计，涉罪未成年人判处 3 年以下有期徒刑、拘役、管制、单处附加刑的，已从 2006 年的 85.6% 上升到 2012 年的 90% 以上，其中适用非监禁刑和免予刑事处分的，占全部犯罪未成年人的 62.3%。[③] 这些未被采取羁押措施的违法犯罪未成年人仍然需要回归社会接受教育矫正。面对这么多需要帮教的违法犯罪未成年人，光靠专门机构的力量显然是不足的，需要引进社会力量参与帮教工作。并且，未成年人走上违法犯罪道路的原因是多方面的，既有未成年人自身的生理及心理特征的影响，也有包括家庭因素在内的社会环境因素的影响，并且，未成年人有利于犯罪倾向形成的心理因素，在很大程度上与其社会化过程中的环境因素有着密切联系。基于犯罪原因的综合性，在对未成年违法犯罪人进行教育矫正时，也需要全社会力量的参与，才能收到良好的效果。[④]

对于未成年人犯罪的矫治和预防，在国家力量一时难以奏效的情况下，引入社会力量，共同推进社会帮教的深入开展已是国际社会的大势所趋。[⑤] 虽然我

---

① 赵旭辉：《合适成年人到场的制度设计与实现路径》，载《公安研究》2013 年第 11 期。

② 田相夏、赖毅敏：《"合适成年人参与未成年人刑事诉讼的理论与实践研讨会"会议综述》，载《青少年犯罪问题》2009 年第 2 期。

③ 王庆和：《失足未成年人帮教一体化机制的构建》，载《法学教育》2013 年第 4 期。

④ 赵国玲主编：《未成年人司法制度改革研究》，北京大学出版社 2011 年版，第 293 页。

⑤ 杜万先、李艳：《突然与必然：新刑事诉讼法适用下的未成年人检察工作检讨与展望》，载《中国刑事法杂志》2013 年第 7 期。

国较早就确立了社会帮教制度,但由于各种原因一直以来没能形成一支专业化、规范化的帮教工作队伍。社会帮教的"短板"抑制了未成年人特别程序功能的发挥。社会志愿者组织作为重要的社会力量,不仅具有完整的组织结构而且具有专业性、多样灵活性等特点,可以在专业机构的指导下承担起违法犯罪未成年人考察帮教工作。社会志愿者组织可以将具备一定教育工作或社会工作能力、能适应帮教工作的连续性,具有一定的时间保证,而又热心公益事业、有良好道德修养和一定的文化素养和法律常识的人吸收为志愿者,并对其进行培训,由志愿者对涉罪未成年人进行帮教。同时,由于社会帮教的专业性强,社会志愿者组织还可以积极利用社会人力资源,聘请社会上的教育专家、心理矫治专家、犯罪学专家、社会学专家作为成员,建立帮教专家库,长期合作,通过专业力量的支持,更好地帮教违法犯罪未成年人。[①]

(四)参与未成年人矫正机构内违法犯罪未成年人的教育矫正

社会志愿者组织不仅应当参与对采取非羁押措施的违法犯罪未成年人的考察帮教工作,而且应当积极参与到未成年人矫正机构内违法犯罪未成年人的教育矫正。虽然未成年人矫正机构在某些方面对违法犯罪未成年人的教育矫正有其优势,但是也有其自身的局限,会影响到教育矫正工作的效果。例如,未成年人矫正机构的人员编制不足,机构人员的知识结构不全面,机构的工作内容不全面,机构为维持机构的运行所牵涉的精力大,等等。因此,未成年人矫正机构开展教育矫正工作也需要社会力量的参与,以弥补其不足。专业的社会志愿者组织社会资源丰富、人力充足、专业领域广泛,可以为未成年人矫正机构提供多方面的援助与支持。专业的社会志愿者组织可以通过设立监狱、看守所、戒毒治疗等专业志愿服务站,有序发挥社会志愿者队伍的功能作用,有针对性地组织开展物质帮扶、法律援助和心理干预等志愿服务。[②]

(五)对回归社会的失足未成年人提供辅导与支持

失足未成年人是社会中的少数群体,弱势群体,更是不稳定群体。如果政府和社会不能帮助失足未成年人走出过去的阴影,那么这些未成年人很可能"破罐子破摔",从此走上犯罪生涯,又或者从此一蹶不振,成为一个生活的失败者。不管是哪一种结果,对于其个人、家庭甚至整个国家与社会来说都不是一个好的、可以接受的结果。因此,整合社会的各方力量,关爱、帮助失足未成年人,为失足未成年人提供必要的辅导与支持,帮助他们重新回归社会,具有重要的意义。社会志愿者组织可以利用自身的优势,发挥特长,针对回归社会的失足未成年人的

① 李慧织、储昭节:《涉罪未成年人社会帮教工作存在的问题及对策》,载《河南社会科学》2014年第4期。

② 共青团浙江省委青少年偏差行为研究课题组:《发挥社会教育作用完善青少年偏差行为预防帮教体系》,载《预防青少年犯罪研究》2013年第3期。

具体需要提供相应的辅导与支持。例如,可以为生活困难的失足未成年人提供必要的物质援助,为缺少家庭关爱的失足未成年人提供心理支持,对有心理问题的失足未成年人提供心理辅导与治疗,为学龄失足未成年人积极联系教育机构使其复归学校,为面临就业压力的失足未成年人提供工作培训并帮助其就业,等等。社会志愿者组织可以采取灵活多样的方式为回归社会的失足未成年人提供辅导与支持,这是政府机构与组织所不能比拟的。

除了上述主要职能外,社会志愿者组织还在未成年人的法制宣传教育、思想道德建设以及对不良行为、持续失学、失业或比较严重的心理问题的社区未成年人教育矫正等方面发挥重要作用。社会志愿者组织应当并且能够广泛而深入地参与少年司法工作。

本章主要介绍了作为非司法性少年组织的工读学校、共青团、妇联、社会志愿者组织,因为这四类组织在少年司法制度中具有广泛的代表性。其实,除了这些组织外,还有很多其他社会组织可以参与到少年司法工作中来,也可以称为非司法性少年组织,比如工会、教育系统、街道、乡镇管理部门以及律师组织等。在《六部委配套工作体系若干意见》中提到的"社会帮教一条龙"工作的主体除了共青团、妇联外,还包括工会、教育系统、街道、乡镇管理部门等在内。工会、教育系统、街道、乡镇管理部门的性质与共青团、妇联相近,参与少年司法的途径与方式类似。律师组织的性质则与社会志愿者组织相似,参与少年司法的途径与方式也类似。2003 年,全国律协成立了未成年人保护专业委员会,属于公益性委员会,其宗旨为尽最大限度维护未成年人合法权益,推动未成年人领域的立法与研究,加强未成年人保护的普法宣传,以推进中国民主法制化建设的进程。[①] 截至2014 年 6 月,全国已有 24 个省级律师协会和 90 个地市级律师协会成立未成年人保护专业委员会,5 个省律师协会将未成年人保护专业委员会纳入到公益委员会中,参加"中国律师未成年人保护志愿协作网"的律师已经超过 9300 人。[②] 律师组织通过成立公益性委员会与律师志愿者的方式积极参与少年司法,采取多种形式与方法保护未成年人合法权益以及预防未成年人违法犯罪,取得了良好的效果,获得了社会各界的认同。

【本章小结】

工读学校是指对有违法、轻微犯罪行为和品行偏常的未成年中学生进行有针对性教育的半工半读学校,是普通教育中的特殊形式。工读学校在少年司法制度中的功能包括:弥补家庭教育的缺陷、对"问题学生"的教育矫治、预防未成

---

① 参见 http://www.chinachild.org/b/wm/2975.html,访问日期 2016 年 4 月 14 日。
② 周斌:《第四届"全国保护未成年人特殊贡献律师"表彰大会举行 未成年人保护志愿律师逾 9300人》,载《法制日报》2014 年 6 月 28 日第 2 版。

年人犯罪、帮助学生就业和服务社会。

中国共产主义青年团是中国共产党领导的先进青年的群众组织,是广大青年在实践中学习中国特色社会主义和共产主义的学校,是中国共产党联系青年群众的桥梁和纽带,是中华人民共和国的重要社会支柱之一,也是中国共产党的助手和后备军。共青团作为青少年自己的组织,在保护青少年、预防青少年犯罪中责任重大,在少年司法制度中发挥着重要作用,主要包括:维护青少年合法权益,为青少年成长创造良好环境;开展法制宣传教育和思想道德建设,预防青少年违法犯罪;配合司法机关,做好违法犯罪青少年的帮教工作。

中华全国妇女联合会是全国各族各界妇女在中国共产党领导下,为争取进一步解放而联合起来的社会群众团体,具有广泛的代表性、群众性和社会性。妇联实行地方组织和团体会员相结合的组织制度。妇联作为保护妇女儿童权益的重要组织,在少年司法中发挥着重要作用,主要包括:通过同各种凌辱妇女、残害儿童的现象作斗争,维护未成年人合法权益;通过各种途径采取多种形式,预防未成年人违法犯罪。

社会志愿者组织是公民在不计报酬、自愿奉献自己的时间与精力为他人服务的过程中自发组织起来的民间组织。社会志愿者组织是参与少年司法工作的重要力量。社会志愿者组织参与少年司法制度的主要方式包括:负责审前的社会调查工作;作为"合适成年人"在讯问违法犯罪少年时到场,维护少年权益及提供其他支持;对采取非羁押措施的违法犯罪未成年人进行考察帮教;参与未成年人矫正机构内违法犯罪未成年人的教育矫正;对回归社会的失足未成年人提供辅导与支持。

【关键术语】

非司法性少年组织　工读学校　共青团　妇联　社会志愿者组织

【推荐阅读与学习资源】

1. 赵国玲主编:《未成年人司法制度改革研究》,北京大学出版社 2011年版。

2. "青少年权益保护与犯罪预防"课题组:《中国工读教育研究报告》,载《中国青年研究》2007 年第 3 期。

3. "共青团参与预防青少年违法犯罪工作对策研究"课题组:《上海共青团参与青少年违法犯罪预防研究——以介入青少年再犯预防为中心》,载《青少年犯罪问题》2008 年第 1 期。

4. 席小华:《论社工介入未成年人犯罪审前社会调查制度的必要性》,载《社会工作》2010 年第 12 期下。

5. 周斌:《第四届"全国保护未成年人特殊贡献律师"表彰大会举行 未成年

人保护志愿律师逾 9300 人》,载《法制日报》2014 年 6 月 28 日第 2 版。

【思考题】

1. 简述少年非司法性组织的含义。
2. 简述工读学校在少年司法工作中的作用。
3. 简述共青团在少年司法工作中的作用。
4. 简述妇联在少年司法工作中的作用。
5. 简述社会志愿者组织在少年司法工作中的作用。

第十章　恢复性司法与少年案件处理

☞ **本章的任务**
- 掌握恢复性司法的基本含义
- 理解和掌握恢复性司法的特征以及恢复性司法的基本理念
- 理解和掌握恢复性司法理念下少年犯罪案件的刑事和解制度
- 理解和掌握恢复性司法理念下的诉前教育考察制度

第一节　恢复性司法概述

引言

　　20世纪中后期,西方国家兴起了一场新的刑事司法改革运动——恢复性司法(Restorative Justice)运动,并深刻地影响着西方国家的刑事司法的走向和犯罪预防的模式。恢复性司法是社会对犯罪的反应方式之一,它力求通过恢复性程序来达到被害人、犯罪人和社区复原的恢复性结果。在恢复性司法理念的影响下,刑事司法中对少年犯罪案件的处理也发生了很大的变化,对少年犯罪人的社区矫正、犯罪记录封存、刑事和解、附条件不起诉、帮教等制度逐步确立和完善,这些制度力求为犯罪少年"架起一座后退的黄金桥",践行矫正司法理念,使其能顺利回归社会。

　　众所周知,犯罪行为具有非正义性,它不仅违反了法律,而且在绝大多数情况下会给受害人和社区造成实际的损害。犯罪行为不仅与犯罪人关系密切,而且与被害人、社区的关系也极为密切。因此,要维护社会正义,除可对犯罪人惩罚外,还要恢复犯罪行为对被害人和社区造成的损害。同时,要节约刑事司法的成本、提高刑事司法的效益和刑事司法的效果,也要重视被害人和社区的作用。各国在这些理念的基础上,不断对传统的刑事司法进行改革,恢复性司法的观念和实践也在不断发展。

一、恢复性司法的含义

最早使用"修复性司法"这一术语的被认为是美国学者巴内特（Barnett）。他在 1977 年发表了一篇题为《赔偿——刑事司法中的一种新范式》的文章,论述了早期在美国被害人与犯罪人调解试验中产生的一些新原则。[①] 此后,一些相关概念相继出现。

（一）联合国有关恢复性司法含义的规定

（1）2000 年 4 月 10 日,在维也纳举行的第十届联合国预防犯罪和罪犯待遇大会讨论通过了《关于犯罪与司法:迎接二十一世纪的挑战的维也纳宣言》(以下简称《宣言》)。《宣言》第 27 段规定:"我们决定为支助犯罪受害者而酌情实施国家、区域和国际行动计划,包括调解和恢复性司法机制,并确定以 2002 年作为目标年份,各国在此年份以前,须重新审查其与之有关的做法,进一步发展受害者支助服务……。"[②]

（2）2002 年 4 月 16 日至 25 日期间,联合国预防犯罪和刑事司法委员会第十一届会议的临时议程之项目四:《刑事司法改革:实现效能和公正》讨论通过了《恢复性司法:秘书长的报告》(以下简称《报告》)。在《报告》中,一些国家对《宣言》关于恢复性司法机制进行了回应。墨西哥、菲律宾、日本等国都建议应当对恢复性司法的定义进行界定。如菲律宾建议将恢复性司法定义为:"恢复性司法是刑事司法体系中的一种替代措施,这种司法体系本质上不是惩罚性的,而是力求以同样的方式向罪犯和受害者提供司法,它不是要使天平严重倾斜,从而有利于一方利益攸关者而对另一方不利。它寻求重建成为恢复性司法终点的社会关系,并寻求在犯错误和承受错误的过程中改正错误,这也是纠正性司法的目标。"公谊会世界协商委员会建议将恢复性司法定义为:"寻求平衡受害者和社区对于有必要使罪犯重新融入社会的关注。它寻求为受害者的恢复提供帮助,并使在司法进程拥有利害关系的所有当事方均能富有成效地参与司法过程。"[③]

（3）在同一次会议上,通过了《关于在刑事事项中采用恢复性司法方案的基本原则》,并提交联合国经社理事会进一步审议。该文件将恢复性司法定义为:"恢复性程序系指通常在调解人帮助下,受害人和罪犯及酌情包括受犯罪影响的任何其他个人或社区成员,共同积极参与解决由犯罪造成的问题的程序。"从而

---

① 　Barnet，R.，"Restitution：A New Paradigm of Criminal Justice"，*Ethics* 87；4，1977，pp. 279—301.

② 　参见刘方权:《恢复性司法:一个概念性框架》,载王平主编:《恢复性司法论坛》(2005 年卷),群众出版社 2005 年版,第 148 页。

③ 　同上。

为恢复性司法界定了一个准官方的正式定义。但是,这一定义的不足之处在于通过对活动方式的描述——"通常在调解人的帮助下",排除了其他非调解类型的恢复性司法模式。虽然说"刑事调(和)解"(Victim-Offender-Mediation/Reconciliation)是恢复性司法实践的主要模式,但除了这种模式之外,还有其他类型的恢复性司法实践,如家庭组群会议(Family Group Conferencing)等模式。[1]

(4) 联合国经社理事会于 2002 年通过《运用恢复性司法方案于犯罪问题的基本原则》宣言草案,指出:恢复性司法是指运用恢复性过程或目的实现恢复性结果的任何方案。从司法模式的角度来说,恢复性司法是指与特定犯罪有利害关系的各方共同参与犯罪处理活动的司法模式。该宣言并没有试图对恢复性司法下一个定义,只是限定了"恢复性程序"和"恢复性结果"等术语的用法,并对"当事人"给出了一个很宽泛的解释。

"'恢复性程序'指的乃是这样一种程序,在此程序中,受害者与加害者以及任何其他可能受到犯罪影响的个人或社区成员,通常在一名主持人的协助下,积极参与到解决由犯罪活动带来的问题的活动中来。"

"'恢复性结果'指的乃是作为恢复性程序的结果所达成的协议。"

"'当事人'指的是受害者、加害者以及任何其他受到犯罪行为影响、可能参与到恢复性程序中来的个人或社会成员。"[2]

(二) 国外学者关于恢复性司法的定义的主要观点

(1) 关于恢复性司法的定义,在国际上接受程度较广的是托尼·F. 马歇尔(Tony F. Marshall)在其《恢复性司法概要》一文中的界定:"恢复性司法是由犯罪人、被害人及他们所在的社区共同参与,并与法定的犯罪问题处理机构之间保持着一种积极关系的,一种处理犯罪相关问题的方式。"[3]该定义强调的是为被害人及其家庭、社区这些与犯罪者之间有着重要关系的个体创造一个参与问题解决的空间。在马歇尔恢复性司法的概念框架下,恢复性司法模式与国家中心主义下的司法模式不同。恢复性司法模式不是一种控、辩、裁的平面三角形结构,而是以加害者(Offender)、被害者(Victim)、社区(Community)构成的三角形为基底,以司法正义(Justice)为顶点的立体结构。在这个立体结构中,正义只有在犯罪者、被害者、社区的共同参与下才能得以实现,而且在这个立体构造中,正义是多面的、立体的。

---

① 参见刘方权:《恢复性司法:一个概念性框架》,载王平主编:《恢复性司法论坛》(2005 年卷),群众出版社 2005 年版,第 148 页。

② 参见〔美〕丹尼尔·W. 凡奈思:《世界恢复性司法概论》,载王平主编:《恢复性司法论坛》(2006 年卷),群众出版社 2006 年版,第 283 页。

③ 参见〔英〕托尼·F. 马歇尔:《恢复性司法概要》,载同上书,第 323 页。

（2）丹尼尔·W.凡奈思认为：所谓"恢复性司法"，是指在 20 世纪 70 年代开始在西方兴起的刑事司法运动。按照普遍接受的看法，恢复性司法是对犯罪行为作出的系统性反应，它着重于治疗犯罪给被害人、犯罪人以及社会所带来或所引发的伤害。相对于传统的刑事司法而言，恢复性司法将重点放在对被害人的经济补偿、被害人与犯罪人关系的修复以及被害人重新回归社会等方面。[①]

（3）澳大利亚犯罪学家布雷思韦特（John Braithwaite）的"重整羞耻"（reintegra-tive shaming）理论。该理论强调在程序上让犯罪人能够真正地感受到自己犯罪行为的羞辱，而且强调恢复性司法对被害人的恢复、同时恢复犯罪人和社区。此程序的目的有：恢复被害人所受到的物质损失、人身伤害以及人格尊严；实现人们对司法的真正控制；旨在赢得社会支持和认同，在正义得以真正实现的心理基础上恢复社会的和谐。[②]

（4）德克兰·罗茨（Roche Declan）从价值的角度认为：修补和弥合损害结果只是恢复性司法的重要价值之一，恢复性司法措施的目的还在于促进民主价值，尤其是参与自由的价值……恢复性司法所珍视的其他价值还有改造、怜悯与宽恕。[③]

（5）霍华德·塞尔（Howard Zehr）从观察犯罪的角度用不同方式描述了恢复性司法模式。他认为犯罪是对人格的背叛和对人与人之间关系的违背，并招致处事公正的责任；（恢复性）司法强调融合被害人、犯罪人和社区，并以寻求能够促进恢复被害人所受到的伤害、达成和解及以恢复信心地解决途径为目标。[④]

（6）戈登·贝兹莫尔（Gordon Bazemore）和洛德·沃尔格雷夫（Lode Walgrave）认为：恢复性司法指的是旨在通过修补有某一犯罪行为所造成的损害结果来实现正义的活动。[⑤]

[①]　参见〔美〕丹尼尔·W.凡奈思：《全球视野下的恢复性司法》，王莉译，载《南京大学学报》2005 年第 4 期。

[②]　John Braithwaite, "Restorative Justice and A Better Future", see in Eugene Mclaughlin, Ross Fergusson, Gordon Hughes and Louise Westmarland I'd, pp. 56～57; John Braithwaite, "A Future Where Punishment is Marginalized: Realistic or Utopian?" See in 46 *UCLA L. Rev* 1999, pp. 1727—1750.

[③]　Roche Declan, "The Evolving Definition of Restorative Justice", in *Contemporary Justice Review* 4 2001(3, 4), pp. 341—353, pp. 347—348.

[④]　H. Zehr, "Changing Lenses: A new Focus for Crime and Justice", 1990, preface.

[⑤]　Gordon Bazemore、Lode Walgrave, "Restorative Juvenile: in Search of Fundamentals and An Outline for Systemic Reform".

链接

摩西案与量刑圆桌会议

　　摩西是一位 26 岁的加拿大原住民男子,他因为用棒球棒威胁一位警官而被起诉至法庭。在此次被量刑之前,他已经被定罪 43 次,合并执行 7 年监禁。然而,现有的体系在防止他再犯罪方面的努力却屡屡遭受无情的失败,部分的原因是他滥用毒品。对此,加拿大育空(Yukon)地区法庭的巴里·斯图尔特(Barry Stuart)法官决定宣布休庭,并创举性地召开了量刑圆桌会议。这是一个由 30 人组成的圆桌会议,参会者包括加害人的家庭成员、土著民族成员和警官。圆桌量刑会议中,法官不再听取刑事律师或辩护人的意见,而是根据会议参与成员的建议决定量刑。对此,斯图尔特法官对他的新做法作出了评论。他说:圆桌会议史无前例地打破了由律师和法官支配法庭的传统;参会的每一个人都必须发表意见。圆桌会议撇开安逸,不再通过模糊、复杂的专业术语来回避困难问题。① 最后,遵照量刑圆桌会议的建议,摩西被法庭判处缓刑,并被要求重回家庭,回归社会,与家人一起进行一次长途旅行。然后,要求摩西参加一项针对原住民酗酒的治疗活动。

　　恢复性司法英文是 Restorative Justice,是近几年来法学研究中的一个舶来术语。关于恢复性司法的定义,之所以还没有一个为大家广为认同的定义,是因为 Justice 有"司法"和"正义"两种含义。翻译不同,语境不同。"司法"是程序意义上的,而"正义"则是从价值论意义上进行翻译。从不同语境出发,可能就会有不同的定义方式。以"司法程序"为主导所构成的定义,强调的是犯罪行为及受其后果影响的当事人(利害关系人)之间进行会面的重要性。而以"正义"为主导的定义强调的则是恢复性司法结果和/或价值。马歇尔在其《恢复性司法概要》的定义以"司法程序"语境为主导。罗茨、塞尔、贝兹莫尔、沃尔格雷夫则多从价值的角度来为恢复性司法下定义。

　　一般,我国大陆地区的研究者将它译为恢复性司法或修复性司法,即以"程序"为主导定义恢复性司法。但在我国香港和台湾地区有学者从"正义"的价值角度定义恢复性司法。例如:香港有学者将它译为复合公义②,台湾地区有学者

---

① 参见〔加〕肯特·罗奇著:《加拿大恢复性司法的制度化》,刘晓兵、上官春光译,国家检察官学院网站,http://www.jcgxy.org,访问日期 2011 年 5 月 15 日。
② 黄成荣:《复合正义在香港的实践与运用》,载《江苏社会科学》2004 年第 2 期。

将它译为复归正义。① 在我国"司法程序"的语境下,我们认为恢复性司法可采马歇尔的定义,即恢复性司法是由犯罪人、被害人及他们所在的社区共同参与,并与法定的犯罪问题处理机构之间保持着一种积极关系的、一种处理犯罪相关问题的方式。

二、恢复性司法的特征

(一) 恢复性司法与传统司法的不同

为了更好地理解恢复性司法的特征,我们首先来看恢复性司法与传统司法的不同。

表 10-1　恢复性司法与传统司法的不同点

传统司法(报应性或矫正性)	恢复性司法
被害人是被程序所边缘化了的	被害人是程序的核心
关注惩罚或诊治犯罪人	关注修复犯罪人与被害人、也可能是犯罪人和一个更广泛的社区之间的伤痕
社区由国家所代表	社区成员或机构发挥更积极的作用
程序的特征是各方呈对抗状态	程序的特征是各方呈对话和谈判状态

(二) 恢复性司法的主要特征

1. 恢复性

恢复性司法的最重要的特征就是恢复性。整个恢复性司法模式都是围绕"恢复"运行和发展的。恢复性司法强调的是对犯罪造成的损害给予更多的关注,而不是去更多地关注犯罪行为对法律的违反。因而,恢复的内容也是多方面的:(1) 从主体方面分析,主要包括被害人、社区、犯罪人三个方面。要恢复被害人的身心状态和财产就要关注被害人的需要;恢复犯罪行为对社区造成的损害;恢复犯罪人的守法生活。(2) 从具体内容方面分析,被犯罪行为破坏、侵害的事物都要恢复。这些事物主要包括物质形态、社会秩序和人际关系三个方面。就物质形态而言,犯罪行为可能会造成建筑的破坏、环境的损害等,在恢复性司法模式下,要让犯罪人恢复他们的犯罪行为所造成的这些物质损害。就社会秩序而言,犯罪行为可能会造成某一地区社会秩序的混乱,引起人们的消极情绪、道德堕落等,这些不良后果也要让犯罪人通过一定的行为加以恢复。就人际关系的损害而言,犯罪行为往往对被害人造成直接的侵害,要让犯罪人通过多种行为取得被害人的理解和谅解,努力恢复被犯罪行为所破坏的人际关系。

---

① 陈祖辉:《谈报应式的转向——复归式正义的复出与实践》,载《人大报刊复印资料·海外法学》2004 年第 2 期。

2. 个人参与性

恢复性司法具有个人参与性。恢复性司法为个人参与司法活动提供了条件,为被害人提供了一个扩大的角色。在恢复性司法活动中,遭受犯罪行为侵害的被害人、犯罪人以及他们的家庭成员、社会成员等,都有机会参与司法活动,发表自己的意见,使自己因犯罪行为而遭受的损害获得补偿或者恢复。

3. 社会性

恢复性司法将司法融入社区。这意味着对犯罪问题的认识要从社会环境的角度着眼,对犯罪行为的处理要有社会各方的参与,而且也要从社会环境的角度出发,预防未来的犯罪行为,鼓励社区发挥在控制和降低犯罪方面的作用。在恢复性司法过程中,人们不是将犯罪人与社会环境隔离开来,而是将犯罪人重新整合进社区生活中。通过建立有效社区(Working Community),预防他们重新犯罪。

4. 平衡性

恢复性司法旨在平衡各方利益,给予犯罪者与被害者同样的关注与尊重。恢复性司法强调在解决犯罪的过程中,给予各方当事人更积极、更直接的参与机会的重要性。他强调加害人应对其所侵害的受害人和社区作出解释、表达歉意并积极承担对被害人物质损害和精神损害进行合理赔偿的责任;强调给受害人、犯罪人、他们的家庭成员以及其他相关人员之间创造各种直接对话和解决问题的机会;强调为犯罪人提供弥补罪过并重新融入社区的机会;强调通过社区建设来加强公共安全。可见,恢复性司法强调的是各方利益的平衡性。他不仅要促进公共安全,更要促进广泛的社会正义的实现。

5. 前瞻性

恢复性司法具有前瞻性特征。在实施恢复性司法的过程中,尽管十分重视补偿犯罪造成的痛苦和恢复犯罪造成的损害。但是,人们不是设法对已经发生的犯罪行为进行报复,不是想办法如何对犯罪人进行更有效的惩罚,而是着眼未来,千方百计地设想如何解决所存在的问题,如何预防未来可能发生的犯罪行为。

6. 灵活性

恢复性司法具有灵活性特征。在恢复性司法的过程中,人们不是墨守成规,死抠法律条文的规定,而是最大限度地发挥创造性,努力降低实现正义的成本,以最符合社会各方利益的方式处理犯罪案件。

三、恢复性司法的基本理念

（一）国外关于恢复性司法理念的观点

1997 年,美国东门诺大学的霍华德·塞尔(Howard Zehr)和中密歇根大学的哈利·米克(Harry Mika)进一步详细论述了恢复性司法的基本理念,他们认为:(1) 犯罪基本上是对他人和人际关系的侵害;(2) 犯罪行为引起了义务和责任;(3) 恢复性司法寻求调停和纠正错误。

（二）恢复性司法的理念

1. 被害人、被告人、社区利益平衡理念

20 世纪中期以来,刑法与刑事诉讼法中诸多原则的确立,如罪刑法定原则、罪刑相适应原则、无罪推定原则、禁止双重危险原则等,无不围绕被告人的权利保护这一话题展开。刑事诉讼中被告人权利的宪法化,更是将被告人权利保护推向极致。但是,与此形成鲜明对照的是犯罪行为的直接受害者——刑事被害人在刑事诉讼中几乎无所作为。虽然自 20 世纪 70 年代,被害人保护运动及被害人学兴起,被害人在刑事诉讼中的权利保护有所加强,但被害人的地位与权利仍是传统司法模式问题最集中的地方之一。并且,在这种二元对抗的诉讼模式中,社区也没有发言权,社区与犯罪人、被害人无法沟通,社区之安全利益没有落实。而恢复性司法模式在认识到被害人、被告人与社区三者利益的一致性以及这种一致性对于预防打击犯罪的积极作用的前提下,其理念基础之一即是被害人、被告人、社区利益的平衡。通过加强被害人与社区的有效参与,为被害人与社区营造一个与被告人交流的空间。在交流中,被害人叙说犯罪行为对其本人与家庭造成的伤害,被告人承认犯罪并表达其对所犯罪行的深刻悔悟,并愿意承担一些社区服务劳动。这样,被破坏的社区关系得以弥补,在相互谅解的基础上,和谐融洽的社区关系得以恢复。

2. 恢复关系的司法理念

赔偿司法作为一个普通法上的概念,大致是指不当得益应该返还,犯罪人应将从犯罪行为中所得到的利益返还受害者,从而将被害人看作司法的中心。其理论依据是,与其将犯罪看作是对国家的侵害,不如说是对被害人的侵害。但它没能解释非物质性损害问题,因而赔偿司法并未揭示犯罪的所有本质。矫正司法意识到犯罪所造成的非物质性损害方面,对于犯罪所造成的物质与非物质损害给予回应。然而这种回应与赔偿司法对物质性损害的赔偿是相同的,即将非物质性损害转化为物质性损害进行补偿。然而,并不是所有的非物质性损害都能通过这种转化得以充分弥补,比如说人际关系的恢复。报应司法是通过对被告人施以刑罚来实现重塑社会平等之目标,然而,这种使犯罪人孤立并游离于社会之外的肉刑或监禁刑,并不能完全实现社会正义。恢复性司法中含有赔偿司法之物质损害补偿,含有矫正司法之非物质性损害之补偿,含有报应司法之对于社会平等之追求,但其更注重社会关系的恢复,认为社会平等即在关系上的平等,当与犯罪有关的每一方当事人都获得平等对待,享有尊严,并被关怀,这种关系上的平等就实现了。因而,恢复性司法尽量找寻与犯罪以及预防惩罚犯罪的所有相关因素,包括被害人、犯罪人、家庭、社区等,通过他们的自愿积极的交流并达成谅解,以寻求一种各方都接受的对犯罪的回应。在这一点上,它与其他司法理论相区别。

3. 创生了一种新的利益争端解决方式

在传统刑事司法理念中,一般认为,"没有比对抗制度更好的制度来考查有罪、无罪"①,倡导控辩双方的对立性和竞争性,所谓"真理愈辩愈明"。并且在传统的将诉讼比作控辩双方之间的战争的对抗机制下,根据博弈论,控辩双方的关系处于"零和博弈"状态,也就是说,如果将控辩双方看成是博弈中的双方,无论采取什么策略,得失总和均为零,即一方所得必意味着他方有所失,不存在双方均得、均失的可能性。而恢复性司法作为一种合意机制,为矛盾对立着的各方营造了对话的氛围与空间,在这种对话与交流中,各方当事人能够化解自身的矛盾和苦闷。首先,被告人的认罪使控方从单向艰难地收集确实充分的证据,请求法官将被告人定罪量刑的紧张状态下解救出来。其次,在优惠处罚条件的召唤下,人的趋利避害之本性,促使被告人自主地脱离单纯逃避打击和惩罚的漩涡,以较小的利益损失为代价,获得较轻的处罚。再次,社区的积极参与修复了其与被害人的紧张关系,避免类似犯罪的再发生,从而获得了安全的预期。并且,与传统司法模式相比,在这种以各方意思自治为制度设计机理的民主的程序中,各方都有一定的参与选择权,避免了把命运处置权交给对方,而都拥有相对的主动性。而且,在恢复性司法模式中,各方当事人处于非对立状态,一方所得未必意味着对方必有所失,反之亦然。在这种"非零和博弈"状态下,各方都有所获,这即是一种多方都认为结局对自己有利的多赢局面。

四、恢复性司法程序

(一)恢复性司法程序概念

根据《关于在刑事事项中采用恢复性司法方案的基本原则》的决议草案,所谓恢复性司法程序,是指在调解人帮助下,受害人和罪犯及酌情包括受犯罪影响的任何其他个人或社会成员,共同积极参与解决由犯罪造成的问题的程序的总称。恢复性司法程序通常包括调解、调和、会商和共同确定责任。

根据联合国经社理事会《运用恢复性司法方案于犯罪问题的基本原则》宣言

---

① 转引自熊秋红:《刑事辩护论》,法律出版社1998年版,第105页。

草案,恢复性结果则是指作为恢复性过程的结果而达成的协议,如赔偿、社区服务和其他任何用来实现被害人和社会的恢复以及被害人和犯罪人关系重新整合的方案或反应。所谓恢复性过程则是指被害人、犯罪人和任何其他受犯罪影响的个人或社区成员积极参与解决犯罪产生的事务的任何过程,这个过程经常是在一个公正、不偏私的第三方的帮助下进行的,如调解等。决议要求在刑事司法过程的任何阶段,原则上都应当允许恢复性司法方案,其前提是各方当事人确实自愿,并且在恢复性司法过程中的任何时间当事人都可以撤销这样的同意。在不存在恢复性司法或恢复性司法的结果无法达成的时候,刑事司法官员应当尽其所能鼓励犯罪人对被害人和受影响的社区承担责任,重新整合被害人与犯罪人在社区的关系。

（二）恢复性司法程序特征

一般认为,恢复性司法程序有以下几个特征:(1)程序的非职业化,即该程序并非由职业法官所决定;(2)程序的非正式性,即该程序并不适用正式程序的严格规则;(3)经协商结案,即当事人在调解人的协助下自愿达成协议;(4)恢复性司法程序的实施不同于传统的司法程序。

传统理论认为,所谓司法程序是指作为国家专门司法机关的法院为纠纷解决主体所进行的诉讼程序,而恢复性司法程序是排除了审判权主体参与的刑事案件解决方式,这显然不同于传统的司法程序的概念,它是一种民间性和准司法性的程序。在这个程序中,政府的作用限于维护正义的公共秩序,社区的作用则是建设和保持公正的和平。

（三）恢复性司法程序的模式

1. 被害人—犯罪人调解模式

被害人—犯罪人的调解代表了一种已经存在了超过30年的调解方式。[1]在对恢复性司法态度上,大多数人支持被害人—犯罪人调解模式。[2]从被视为现代恢复性司法起源的1974年加拿大安大略省的第一件被害人—犯罪人调解项目以来,在欧洲和美国形成了较多的计划。目前,在美国有300多个被害人—犯罪人调解计划,在欧洲有500多个被害人—犯罪人调解计划。[3]

---

[1]　Julian V. Robert and Michael J. Hough,"Understanding Public Attitudes to Criminal Justice",*Crime and Justice*,Series editor:Mike Maguire, Cardiff University, Open University Press, p131.

[2]　在近期北爱尔兰的一个调查中,一个相似的问题被提了出来:"如果一个年轻人偷了你的东西,你是否准备参加一个帮助决定应该怎样惩罚他们的调解会?"整整四分之三的抽样声明他们将准备参加这样一种会议(Amelin *et al*.2000)。参见同上注, pp. 131—132.

[3]　参见赵玉刚:《我国引入恢复性司法的程序设计》,载王平主编:《恢复性司法论坛》(2006年卷),群众出版社2006年版,第136页。

（1）参与人员。

参与调解方案的成员包括被害人、犯罪人以及作为调解人的社区成员。

（2）准备程序。

当案件由正式刑事司法系统转入调解人手中时，调解人应仔细地审查案件，了解参加调解的被害人和犯罪人双方情况，并且尽可能地保证被害人免受任何伤害。在正式的调解程序开始之前，调解人要面对面地与被害人和犯罪人会谈（有时也可电话会谈），并向他们解释该程序的意义。

（3）调解程序。

为了尊重和保护被害人，调解程序赋予被害人第一个讲述的权利。通过调解员的帮助，被害人在一种安全和有控制的环境中，通过讲述犯罪行为对自己造成的身体、情绪和经济后果，直接参与制订犯罪人向其偿还经济债务的赔偿计划等方式，这样能给被害人提供一个心理康复的过程。犯罪人也可在此程序中陈述，讲述究竟是何种原因致使自己实施了犯罪，其动机和目的何在。重要的是使犯罪人通过对被害人的聆听，清楚地认识到自己对他人造成的伤害，能真正接受并承担自己行为所导致的责任。

2. 家庭小组会议

家庭小组会议起源于新西兰，起初其被用来批判传统青少年司法体系的弊端，后来又将毛利人的价值观传统（强调家庭和社区作用）融入进来的一种恢复性司法模式。①

（1）参与人员。

家庭小组会议在主持者的积极活动下，遭受犯罪影响的主要人员均要参加，包括被害人、犯罪人、家庭、朋友和在如何解决犯罪事件过程中发挥重要作用的双方的关键支持者。

（2）准备程序。

准备程序在有的国家受到重视，在有的国家不被重视。例如在新西兰准备程序受到重视，起着促进家庭小组会议运作流畅的作用。一般主持人与被害人一方大多只是电话联系，而与犯罪人及其家人面对面会见却很普遍。在澳大利亚，对准备程序不是特别重视，一般只是电话与双方联系。

（3）审理程序。

首先，通常让犯罪人描述犯罪事件，目的是提高犯罪人在家人和其他人面前讲述全部事实和所想内容的可能性，之后由主持人宣读犯罪人陈述的纪录。

---

① New Zealand Maori Council, "Restorative Justice: A Maori Perspective", see in Helen Bowen and Consedine, *Restorative Justice Contemporary Themes and Practice*, Ploughshares Publications, 1999, pp. 25—28.

其次,由被害人陈述,其同样有机会表达自己的感情,有机会询问与犯罪事件有关的问题。最后,再由其他参与者描述犯罪行为给他们各自的生活产生的影响。

通过该程序,犯罪人一般会了解到自己的行为给被害人、与被害人关系密切的人以及给犯罪人家庭和朋友造成的后果,使犯罪人真正感到羞耻。

3. 量刑小组

量刑小组又称量刑圈,来源于北美印第安人解决纠纷的传统,近年来受到重视则是出于现实的需要。[①]

量刑小组是与刑事司法系统合作运用适当量刑计划的社区组民小组,通常是在长者的主持下将犯罪人、被害人及其家庭成员以及其他社区成员聚在一起,围成一圆桌,针对犯罪行为给被害人和社区带来的影响进行讨论并确定处理方案的程序。

（1）参与成员。

包括被害人、犯罪人及其家属,此外还包括法官、检察官以及犯罪人律师。整个程序对全社区的成员也开放,参加者皆有发言权。

（2）准备程序。

量刑小组的准备程序的功能是将社区的整合功能融入整个程序中,无论是犯罪人支持团,还是案件进入程序的把关,社区司法委员会都发挥重要作用。社区司法委员会的职责是使被害人、犯罪人和社区三者之间达到适当的平衡,决定接受哪种案件,发展对被害人和犯罪人的支持团,帮助量刑小组开展活动。

（3）审理程序。

首先,在量刑小组程序中,被害人或其支持者是在检察官提出控诉之后进行陈述的首发人选,这是为了避免由于对犯罪人关注的不平衡性而可能导致被害人的退出和对犯罪人的强烈反应。[②]　其次,由犯罪人进行陈述,其不仅可以就犯罪的内容进行陈述,还可以就自己对犯罪行为的认识发表意见。最后,由各自的支持团发表意见。

通过量刑小组程序,意在允许犯罪人和被害人双方重新与主要的社区支持系统建立联系。向被害人提供机会,使他们能够直接参与讨论犯罪和参与决定对犯罪人的恰当制裁措施。确定犯罪人的支持系统,目的是对犯罪人改过自新、改善未来行为等方面塑造一种集体责任。

---

① 参见赵玉刚:《我国引入恢复性司法的程序设计》,载王平主编:《恢复性司法论坛》(2006年卷),群众出版社2006年版,第142—143页。

② Leena Kurki, "Restoration and Community Justice in the United States", 27 *Crime & Just*, 2002, pp. 241—243.

第二节　恢复性司法理念下少年案件的处理

引例

少年冲动挥刀致人十级伤残　常熟法院恢复性司法圆其校园梦

2012 年 4 月某天晚上,15 岁的晓航在常熟市东仓街一水果店附近,因与张某发生争执,在扭打中晓航拿水果店的水果刀将张某头面部划伤。经过法医鉴定,张某面部损伤构成人体重伤,达十级伤残。常熟法院受理此案后,张某要求晓航赔偿 11 万余元。审理中,晓航希望能得到从宽处理以继续学业,但在赔偿能力上让张某一方不满意。少年庭法官分析了案件情况后认为,虽然本案中小航的行为造成了被害人受到重伤的后果,但其年纪尚轻,实施故意伤害行为也是一时冲动所致,同时也具备帮教监管条件,如果能够赔偿损失,得到谅解,继续让其在正常的校园生活中学习,将更利于对其改造。承办法官通过多次电话和当面组织附带民事部分的调解,终于促成双方互谅互解,化解矛盾,由晓航及其父母一次性赔偿张某经济损失 6 万元。张某在拿到赔偿款后,向法院出具了谅解书,表示愿意原谅晓航,请求法院对晓航从轻处理。在刑事部分,常熟法院依法对晓航判处有期徒刑 1 年 3 个月,缓刑 1 年 6 个月。在判决生效后,常熟法院又发出犯罪封存决定书,对晓航的犯罪记录进行封存,使晓航放下包袱,继续学业。①

在恢复性司法理念下,对少年犯罪采取的是轻缓化的刑事政策,对少年犯罪案件的处理更倾向于为少年犯罪人“搭起一座后退的黄金桥”理念。目前,在恢复性司法理念下,我国我国对少年案件尤其是轻微刑事案件的处理方式主要有社区矫正、犯罪记录封存制度、刑事和解、诉前教育考察、附条件不起诉、帮教等。这些制度虽然不一定仅仅适用于未成年人,但对未成年人犯罪适用这些制度,可以尽量使未成年人不要过深地踏入刑事司法程序之中,为矫正回归奠定基础,更好地体现恢复性司法的矫正司法的理念。本部分主要论述未成年人犯罪的刑事和解制度以及我国对未成年人轻微刑事案件的刑事和解实践。

---

① 《少年冲动挥刀致人十级伤残　常熟法院恢复性司法圆其校园梦》,http://news2.jschina.com.cn/system/2013/10/15/018917636.shtml,访问日期 2013 年 10 月 15 日。

一、未成年人犯罪的刑事和解

（一）刑事和解的基本概况

刑事和解是一项舶来制度，是恢复性司法理念的实践，最早始于 20 世纪 70 年代的加拿大，又被称为被害人与加害人的对话，是指犯罪发生后，经调停人主持，加害人与被害人面对面进行交谈，共同协商解决刑事纠纷。通过交谈，他们可以选择彼此认同的方案，弥补犯罪所造成的损害。这样一来，被害人在精神和物质上可以获得双重补偿，加害人则可以赢得被害人谅解和改过自新的双重机会。由于这项制度简便、快捷、有人情味，很快在欧洲、美国得以推广，并受到联合国的肯定。在我国，对未成年人轻微刑事案件，从公安机关侦查阶段就开始介入，如果能进行刑事和解就尽量进行刑事和解。在公安机关侦查阶段不能进行和解的，在审查起诉、审判阶段，仍然可以进行刑事和解，保证未成年人的合法权益，尽量减少其介入司法程序，减少标签效应，以使其回归社会。

刑事和解在中国的兴起，与其他中央推行或学者呼吁的改革措施颇有不同，它更多来自各地政法机关自发的探索与实践。早在 2003 年，北京市政法委就曾下发《北京市政法机关办理轻伤害案件工作研讨会纪要》，要求在部分轻伤害案件中适用刑事和解制度，浙江、安徽、上海等地随后也出台过类似措施，适用范围也逐渐从轻伤害案件，扩展到盗窃、抢劫、重伤乃至杀人案件。除此之外，其他一些地方的地市甚至县级政法部门也出台了类似的政策性文件。我国 2012 年修订的《刑事诉讼法》使我国的刑事和解制度上升到了立法层面，在很大程度上弥补了我国刑事和解制度尤其是公诉案件刑事和解的立法不足。我国现行《刑事诉讼法》第 5 编第 2 章的第 277 条至第 279 条对刑事和解的公诉案件诉讼程序进行了专门规定。①

我国的刑事和解实践能够兴起，除了近些年刑罚轻缓化理念的完善与发展外，还有一个实践中非常重要的原因，就是缓解基层司法机关的办案压力，促使当事人息讼服判，减少监禁刑。但随着刑事和解实践的逐步展开，还凸显出对被害人权益的保障功能。刑事和解为被害人提供了一个平台，使被害人通过与加害人的沟通、交流，可以在自愿的基础上，充分表达自己的合理诉求。从这一点讲，注重被害人意愿、维护被害人权益，是刑事和解制度构建的基点，也是它最大的亮点。

---

①　按照我国《刑事诉讼法》规定，因民间纠纷引起，涉嫌侵犯人身权利、民主权利、财产权利的犯罪，可能判处 3 年有徒刑以下刑罚的故意犯罪案件，以及除渎职犯罪以外的可能判处 7 年有期徒刑以下刑罚的过失犯罪案件纳入公诉案件适用和解程序的范围。但是，犯罪嫌疑人、被告人在 5 年以内曾经故意犯罪的，不适用这一程序。对于当事人之间达成和解协议的案件，人民法院、人民检察院和公安机关可以依法从宽处理。

　　刑事和解在我国虽然起步较晚,但是发展很快。从各地试点实践来看,几乎所有试行刑事和解的地区对适用案件都有严格限制,基本限定于"轻微刑事案件"。从罪名来看适用刑事和解的案件主要是以下几类:

表 10-2　刑事和解成功案件案由表

	和解成功数	占和解成功案件的比例
故意伤害(轻伤)	71	29.2%
盗窃	64	26.3%
交通肇事	53	21.8%
诈骗	13	5.3%
故意毁坏财物	8	3.3%
故意伤害(重伤)	7	2.9%
寻衅滋事	7	2.9%
抢劫	6	2.5%
过失致人死亡	3	1.2%
挪用资金	3	1.2%
其他	8	3.3%

　　此表是 2006 年 9 月—2008 年 12 月,根据宋英辉教授等对全国数十个省市地区调研,获得的数据。[①]

链接

上饶法院少年法庭"圆桌审判"显温情

　　2014 年 5 月 27 日上午,被指控犯有抢劫罪的小张(未成年人,化名)被押进江西省上饶县人民法院少年法庭审判庭时,出现在他面前的不是惯常的那种高高在上的审判台,而是"圆桌审判台"。他那颗揪着的心,终于放松了。

　　庭审中,少年犯张某流下了悔恨的泪水。他表示:"我知错了,以后我一定好好做人,要做一个懂法守法的好公民,用实际行动来回报父母对我的养育之恩,一定不辜负父母和社会对我的期望。"

---

① 　参见宋英辉:《刑事和解实证研究》,北京大学出版社 2010 年版,第 9 页。

据介绍,"圆桌审判"是由法官、人民陪审员与公诉人、被告人及其监护人、辩护人在开庭审理时同处一张圆桌,进行案件审理。它能有效减轻和消除未成年被告人的恐惧和抵触心理,有利于教育、感化未成年被告人,帮助他们重新树立对生活的信心。①

（二）我国公安机关侦查阶段对未成年人轻微刑事案件刑事和解的实践——以苏州为例

刑事和解贯穿整个刑事司法程序,但是对于公安机关侦查阶段是否适用刑事和解一直争论不断,但是对于未成年人轻微刑事案件,在侦查阶段就介入刑事和解,有利于解决纠纷。更可以尽量避免未成年人过深地涉入司法程序,有利于未成年人的教育与回归。

侦查阶段刑事和解一般有三个结果,一是撤销案件,二是提请检察院由检察院作出起诉或不起诉决定,三是和解失败,继续进行刑事司法程序。公安机关在侦查阶段刑事和解作出撤案决定,并不是案件就了了,而是要将涉案未成年人纳入帮教程序。因此,公安机关对未成年犯罪人的刑事和解既可以减少未成年人进入刑事司法程序,又可以有效地约束未成年人,是对未成年人犯罪转处的一个值得探讨和发展的方式。下面以苏州市公安机关的实践为例加以说明:

1. 苏州市公安机关对轻微刑事案件刑事和解的适用范围

苏州市公安局 2011 年发布《轻微刑事案件侦查阶段刑事和解暂行规定（试行）》（以下简称《苏州市局刑事和解暂行规定》）,2011 年 6 月开始实施。

该文件第 2 条规定:公安机关侦查阶段办理当事人达成和解的轻微刑事案件,必须做到事实清楚,证据确实、充分,并坚持当事人双方自愿、依法办案与化解矛盾并重、惩罚犯罪与保障人权并重、实现法律效果与社会效果有机统一的原则。

根据《苏州市局刑事和解暂行规定》的规定,轻微刑事案件是指公安机关管辖的可能判处 3 年以下有期徒刑、拘役、管制或者单处罚金,且犯罪嫌疑人系初犯、偶犯、未成年人或者 70 周岁以上老人,真诚悔过,并具有法定从轻、减轻或者酌定从轻处罚情节的刑事案件,包括:（1）因民间纠纷引起的轻伤害案件;（2）交通肇事案件;（3）情节轻微的盗窃、诈骗案件;（4）其他轻微刑事案件。

具体而言,"因民间纠纷引起的轻伤害案件"是指:（1）亲友、邻里、同事、在校学生之间因琐事发生纠纷引起的轻伤害案件;（2）犯罪嫌疑人的侵害行为系

① 参见 http://www.gmw.cn,访问日期 2014 年 5 月 28 日。

由被侵害人事前的过错行为引起的轻伤害案件;(3)其他适用刑事和解更易化解矛盾纠纷的轻伤害案件。轻伤害案件有下列情形之一的,不适用该规定:(1)雇凶伤害他人的;(2)结伙斗殴或者寻衅滋事的;(3)多次因殴打他人受到治安处罚的;(4)其他不宜刑事和解处理的。

"交通肇事案件"是指:(1)死亡一人或者重伤三人以内、负事故全部或者主要责任的;(2)死亡三人以内,负事故同等责任的。以下情形不适用:(1)酒后、吸食毒品后驾驶机动车的;(2)无驾驶资格驾驶机动车的;(3)明知是安全装置不全或者安全机件失灵的机动车而驾驶的;(4)明知是无牌照或者已报废的机动车而驾驶的;(5)严重超载驾驶的;(6)交通肇事后逃匿的;(7)其他不宜刑事和解处理的。

对于以下案件不适用公安机关刑事和解:(1)侵害国家、社会公共利益,危害公共安全(交通肇事除外)或者危害社会公共秩序的案件;(2)侵害不特定多数人合法权益的案件;(3)一人犯数罪、共同犯罪案件;(4)已被监察机关批准逮捕的案件;(5)犯罪嫌疑人曾因故意侵害行为有过刑事和解记录的案件;(6)犯罪嫌疑人主观恶性大、手段残忍或者社会影响较大的案件。也就是说大多数严重刑事案件,以及累犯、惯犯作案的案件,不应当适用刑事和解。

"情节轻微的盗窃案件"是指:(1)数额在4000元以下的盗窃案件;(2)因生活、治病所迫,数额在6000元以下的盗窃案件。以下情形不适用该规定:(1)以破坏性手段盗窃造成公私财产损失的;(2)盗窃残疾人、孤寡老人或者丧失劳动能力人的财物的;(3)教唆未成年人盗窃的;(4)在公共场所扒窃的;(5)携带凶器盗窃的;(6)入户盗窃的;(7)造成严重后果或者具有其他恶劣情节的。

"情节轻微的诈骗案件"是指:(1)数额在8000元以下的诈骗案件;(2)因生活、治病所迫,数额在12000元以下的诈骗案件;(3)诈骗近亲属财物的案件。以下情形不适用规定:(1)诈骗救灾、抢险、防汛、优抚、扶贫、移民、救济、医疗款物的;(2)以赈灾募捐名义实施诈骗的;(3)诈骗残疾人、老年人或者丧失劳动能力人的财物的;(4)造成被害人自杀、精神失常或者其他严重后果的。

"其他轻微刑事案件"应当根据规定的适用范围和条件谨慎确定,适用规定的,应经县级以上公安机关主要负责人批准,并报请上一级公安机关备案。

2.苏州市公安机关刑事和解的程序

轻微刑事案件侦查完毕后,办案部门经审查认为符合刑事和解的范围和条件,应当集体通案并制作《呈请刑事和解报告书》,报经县级以上公安机关负责人批准后,告知双方当事人可依法提出刑事和解,同时将刑事案件编号告知双方当事人。双方当事人同意和解的,办案部门应当告知双方当事人查明的案件基本情况、和解的方式、内容、和解后社会帮教的方式、内容及可能产生的法律后果;当事人不同意的,办案部门应当尊重当事人的意愿,不得强行和解。

进入刑事和解程序,当事人及其法定代理人、近亲属可通过互联网凭案件编号、本人身份证号码查询案件办理进度及刑事和解的相关情况。

当事人双方可以自行达成和解,也可以选择通过公安机关、人民调解委员会、基层自治组织或者个人调解后达成和解。

当事人双方可以就赔偿损失、恢复原状、赔礼道歉、精神抚慰等民事责任事项达成和解,并且可以就被害人及其法定代理人或者近亲属是否要求或者同意公安、司法机关对犯罪嫌疑人依法从宽处理达成一致,但不得对案件事实认定、证据等依法属于公安、司法机关职权范围的事宜进行协商。

当事人达成和解的,应当签订《轻微案件刑事和解协议书》。签订和解协议时,公安机关应派员参加,并进行同步录音录像。

和解协议应当立即履行。不能即时履行的,经被害人同意,可以分期履行,但在公安机关作出撤销案件决定前,应当履行完毕。

轻微刑事案件当事人达成和解的,公安机关应当对犯罪嫌疑人采取或者变更为取保候审的强制措施,并纳入实际居住地实施社会帮教。过失犯罪可以不纳入社会帮教范围。

公安派出所应当将帮教对象输入"苏州市公安局轻微违法犯罪人员跟踪帮教系统",规范采取帮教措施。公安户政部门负责帮教系统的日常管理工作。司法行政安置帮教工作机构应当协助公安派出所针对帮教对象的具体情况制定帮教方案。

公安派出所、安置帮教机构应当组织帮教对象参加学习、教育活动,内容包括政策形势、法律法规、道德规范、劳动技能、行为要求等,可采取个别教育、集体教育、培训、社会公益活动等形式。

帮教对象每周以电话、每月以书面形式向公安派出所或者安置帮教工作机构汇报自己的思想、活动情况。被害人有权了解帮教对象在社区帮教中的具体表现或者进行必要的监督。

公安机关对于未成年帮教对象,应当根据其生理、心理特点,因势利导,采取有利于未成年人成长的帮教措施。

社区帮教期限为3—6个月,公安机关应当根据犯罪嫌疑人具体情况确定实际帮教期限,最少不得低于3个月,最多不得超过6个月。期限届满后,公安机关应当结合安置帮教工作机构意见,制作《社区帮教评鉴意见书》,对接受帮教对象在帮教期间的具体表现作出评鉴。

犯罪嫌疑人遵守相关规定,积极参加社区帮教,真诚悔过的,应当评鉴为合格。经评鉴合格并符合规定其他条件的,公安机关应当解除犯罪嫌疑人取保候审强制措施,撤销案件。

犯罪嫌疑人违反取保候审相关规定或者违反治安管理,受到治安行政拘留以上处罚或者逃避社区帮教,情节严重的,应当评鉴为不合格。经评鉴不合格的,公安机关依法将案件移送监察机关审查起诉,当事人双方达成并履行的和解协议作为犯罪嫌疑人在法定幅度范围内从宽处理的依据一并移送监察机关。

公安机关作出撤销案件决定的,应当及时将《撤销案件决定书》送达当事人,并在3日内将《轻微刑事案件和解意见书》《轻微刑事案件和解协议书》及相关证据材料复印件送同级人民检察院备案。

监察机关发现撤案理由不能成立的,应当通知公安机关重新立案。重新立案后移送审查起诉的,公安机关应当将双方当事人达成的和解协议作为犯罪嫌疑人在法定幅度范围内从宽处理的依据一并移送监察机关。

撤销案件当事人反悔的,对有证据证明当事人确因暴力、胁迫等非自愿接受和解条件的,公安机关应当撤销原决定,依法重启司法程序。

公安机关重启司法程序的,不适用刑事和解。

当事人同意和解的,办案部门应当在刑事和解办案系统中,实时输入相关信息并制作相关文书,决定撤销案件或者重启司法程序的,在苏州公安综合管理服

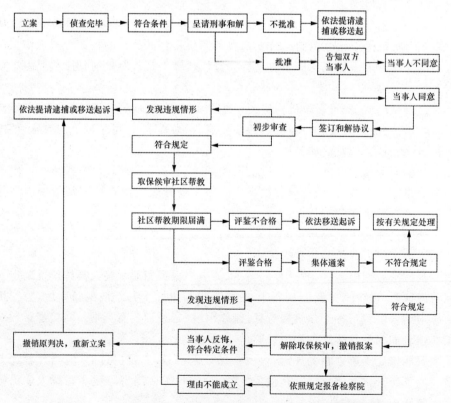

图 10-1　苏州市公安局轻微刑事案件侦查阶段刑事和解办理流程图

务工作平台("大平台")中制作相关法律文书。刑事和解办案过程中形成的相关法律文书应当附卷备查。

（三）充分发挥我国公安机关特有作用，在侦查阶段引入未成年人案件刑事和解

我国《刑事诉讼法》第 277 条规定："下列公诉案件，犯罪嫌疑人、被告人真诚悔罪，通过向被害人赔偿损失、赔礼道歉等方式获得被害人谅解，被害人自愿和解的，双方当事人可以和解：（一）因民间纠纷引起，涉嫌刑法分则第四章、第五章规定的犯罪案件，可能判处三年有期徒刑以下刑罚的；（二）除渎职犯罪以外的可能判处七年有期徒刑以下刑罚的过失犯罪案件。犯罪嫌疑人、被告人在五年以内曾经故意犯罪的，不适用本章规定的程序。"第 278 条规定："双方当事人和解的，公安机关、人民检察院、人民法院应当听取当事人和其他有关人员的意见，对和解的自愿性、合法性进行审查，并主持制作和解协议书。"第 279 条规定："对于达成和解协议的案件，公安机关可以向人民检察院提出从宽处理的建议。人民检察院可以向人民法院提出从宽处罚的建议；对于犯罪情节轻微，不需要判处刑罚的，可以作出不起诉的决定。人民法院可以依法对被告人从宽处罚。"虽然公安机关侦查阶段刑事和解仍存在理论争议，但实践中公安机关的刑事和解实践却取得了成效。刑事和解的实践符合恢复性司法、矫正司法的基本理念。

在我国司法实践中，公安机关在打击、预防犯罪，教育改造犯罪人方面有着不可忽视的作用。一方面，公安机关在侦查阶段与被害人和犯罪嫌疑人的接触较多，往往对案件双方当事人的了解更全面，可以根据双方当事人的情况进行有效的监督和审查，从而保障和解的真实性和公正性；另一方面，公安机关在长期的办理治安案件的过程中积累了大量行政调解的经验，这些经验对于刑事和解作用的有效发挥无疑具有重要的借鉴意义。侦查阶段刑事和解制度的建立，也有利于减少审前羁押，防止超期羁押等侵犯人权现象的发生，同时也给犯罪嫌疑人尤其是未成年人提供一个比较宽松的反省和弥补犯罪所造成的损害的机会，减少犯罪人被交叉感染的几率，尽快恢复社会的常态。

在实务中公安机关参与刑事和解的大量应用和出色的效果也说明刑事和解在侦查阶段有存在的必要。苏州公安机关侦查阶段刑事和解实践就取得了良好的社会效果和法律效果。对轻微犯罪尤其是未成年人犯罪在侦查阶段刑事和解，不仅节约了大量的刑事司法资源，取得效益，更有利于缓解社会矛盾，使犯罪人能及时悔过，得到被害人的谅解，还能使被害人获得及时有效的赔偿，获得精神上的安慰。侦查阶段的刑事和解还能使轻微犯罪的犯罪人尽量避免进入刑事司法程序，减少"贴标签"效应带来的副作用，尤其是对未成年人，使他们能及时悔过，重返校园和社会，减少社会隐患。所以说，在侦查阶段引入刑事和解，具有重要的社会意义。

　　虽然在法律上对公安机关侦查阶段刑事和解存在一些争议,但是从实践的角度,公安机关侦查阶段刑事和解取得了良好的社会效果和法律效果。因此,我们应当承认公安机关侦查阶段刑事和解的合法性,只是要对公安机关侦查阶段刑事和解的范围进行要限制,侦查阶段刑事和解的范围不宜扩大化,应以轻微刑事案件为主,对未成年人轻微刑事案件,要优先考虑刑事和解。此外,对侦查阶段刑事和解的方式、方法要进行明确的规定,并对过程进行监督。

　　此外,经过侦查阶段如果不能达成和解,或者检察院决定起诉的,在审查起诉、法院审判阶段,还可以继续和解。

【案例讨论】

在校生褚某等寻衅滋事案

　　一、案情

　　2005 年 1 月 25 日,褚某(男,17 岁,上海市某技校学生)在康某(男,17 岁,上海某技校学生)家中,见到初中同学芮某(男,17 岁,上海某高三学生)的照片,提及两年前曾与芮发生矛盾,康也表示看芮不顺眼。褚、康二人与蔚某(男,17 岁,无业)、张某(17 岁,上海某高三学生)、周某(19 岁,无业)和郑某(男,16 岁,上海某职业技校学生)商量,决定以此为借口对芮某进行殴打。当天下午 5 时许,6 人设法将芮某约到某中学门口后,由蔚某上前用手夹住芮某的头部,强行将芮某带至附件的弄堂内。随后,褚某、康某、蔚某、张某周某一起对芮拳打脚踢,郑在一旁保管芮的眼镜和褚某、康某的衣服。事后经鉴定,被害人芮某的鼻骨多处骨折,属轻伤。案发后,褚某、康某、蔚某、周某、郑某投案自首。

　　二、处理过程

　　案发后,公安机关对褚某、康某、蔚某、周某以寻衅滋事罪刑事拘留,对郑某取保候审。

　　办案民警发现,报捕的 5 人中,4 人是未成年人,3 人是在校生,1 人要参加高考。5 人均系初犯,系本市常住人口,4 人有自首情节。承办民警分别与被害人、犯罪嫌疑人及其法定代理人进行了沟通,5 名犯罪嫌疑人均认罪悔过,其法定代理人也表示愿意向被害人赔偿损失,希望从轻处罚。被害人及其法定代理人表示若犯罪嫌疑人能赔礼道歉、赔偿损失,且不再对其人身进行威胁和伤害,对司法机关从轻处理没有意见。公安干警与批捕检察院沟通,检方作出相对不捕决定,并开展不捕帮教工作。

　　最后达成和解,嫌疑人当面向被害人赔礼道歉,并共同赔偿 5 万人民币,取得了被害人及其法定代理人的谅解。

　　讨论:对未成年人寻衅滋事案件中审查逮捕阶段能不能采取刑事和解的做

法？如果能,那么采取刑事和解依据的刑事政策是什么？

二、诉前教育考察制度

诉前考察制度指检察机关在审查起诉阶段,对犯罪情节轻微,涉嫌的罪行法定刑在有期徒刑 3 年以下刑罚,但暂时尚无认罪、悔罪表现的未成年犯罪嫌疑人,以及涉嫌的罪行法定刑在有期徒刑 3 年以上,但其宣告刑可能在有期徒刑 3 年以下刑罚,有认罪、悔罪表现的未成年犯罪嫌疑人,在作出是否起诉的决定以前,委托专业社工组织对其进行考察,如确有认罪、悔罪表现,不致再危害社会,则可在考察期满后作出不起诉决定,否则检察机关将对未成年犯罪嫌疑人提起公诉。社工组织的意见在检察机关的最终处置中起到极其重要的作用。[①]　诉前教育考察主要针对未成年人,检察机关认为犯罪嫌疑人的行为虽然已涉嫌犯罪,有不起诉的意向,但根据案情或犯罪嫌疑人目前悔罪表现尚不宜立即作出决定的,可以进行诉前教育考察。

未成年犯罪嫌疑人在考察期间表现较好,检察机关可以依法对其不起诉,并在文书中对其考察期间的表现予以表述和肯定;宣布不起诉决定时,青少署、社工组织应当在场。

犯罪嫌疑人在考察期间因主观原因而表现较差,则检察机关将对其起诉。

犯罪嫌疑人在考察期间被发现有新的违法犯罪行为或以前有其他遗漏违法犯罪行为未主动交代清楚的,则检察机关将对其起诉。

链接

> 2005 年 8 月,上海检察院先后与市青少年保护委员会、市团委签订了《关于对涉罪(非)在校未成年人试行"诉前考察教育"工作的实施细则(试行)》。对情节较轻且有从宽情节,具有一定帮教条件,但尚无法确定判处刑罚必要性的涉案未成年人交由学校、家庭、相关部门和社会组织组成的小组进行 3—6 月的教育考察,通过学校教育、社会劳动、个别谈心、家庭走访等形式,并在期满后出具考察报告,检察院据此决定是否提起公诉。

---

① 参见宗德均:《论未成年犯罪嫌疑人诉前考察制度的构建》,载《法制与社会》2011 年第 6 期。

链接

诉前考察,轻刑偶犯有机会获不起诉

河南新密:今年前八个月已有51人接受诉前考察

秦　刚　张胜利　张耀锋

河南省新密市检察院8月26日对刘彦辉交通肇事案审查后认为,刘彦辉系初犯,犯罪情节较轻,案发后积极赔偿被害人家属全部经济损失,取得了被害人家属的谅解,根据该院与新密市司法局联合出台的《诉前考察办法》,决定设立15天的考验期,如果刘彦辉在考验期内认真学习、遵守纪律,每月向检察机关书面汇报思想且至少参加一次公益活动,他将不被起诉。

今年1月27日,刘彦辉驾驶一辆重型自卸货车将过马路的杨某当场撞死,经交警部门责任认定,刘彦辉负此事故的主要责任。4月11日,当地公安机关将此案移送新密市检察院审查起诉。

嫌犯"变身"交通协管员

"如果不被起诉,个人档案里将没有犯罪记录。"刘彦辉对记者说。审查起诉阶段,新密市检察院安排他配合当地交警维持交通秩序,每天的表现由该市公安局交警大队记录在案。

此后,每天早上7点半,刘彦辉身穿印有"交通文明劝导"字样的T恤,准时到指定十字路口,手持小红旗,认真重复"停步"与"放行"的旗语。看见有人等红灯时越线,或开车没系保险带,他都会上前劝说,直到晚上7点才离去。

与刘彦辉一起做"交通协管员"的,还有涉嫌滥伐林木罪的王亮和涉嫌盗窃犯罪的张二卫。今年4月,王亮将自家责任田地头自己种的梧桐树以2.4万元价格卖给他人,在没有取得林业部门颁发的采伐许可证的情况下,王亮同意他人私自砍伐以上树木。经林业部门鉴定,被伐林木为10.279立方米。

7月26日,此案被公安机关移送新密市检察院审查起诉。8月25日,该院审查后认为,王亮的行为涉嫌滥伐林木罪,但其犯罪情节轻微,危害不大,依法为其设立了15天的考验期。

2010年10月,张二卫到新密市某公路改造施工现场,盗走价值1550

元的 31 块花岗岩平石。案发后,张二卫赔偿了被盗方 1000 元,11 块花岗岩平石也退还被盗方。今年 6 月 2 日,此案被公安机关移送新密市检察院审查起诉。8 月 23 日,该院审查后认为,张二卫的行为已构成盗窃罪,但其系初犯、偶犯,已赔偿被害人损失,取得了被害人谅解,其犯罪情节轻微,依法决定为其设立 15 天的考验期。

"交警还安排我们到学校、社区作交通安全宣传活动,以身说法。"三人均表示,诉前考察制度给了他们重新做人的机会,在自己深受教育的同时,也教育了其他人。

社工组织的意见很重要

诉前考察制度是新密市检察院今年初探索推行的一项新制度,根据该制度,检察机关在审查起诉阶段,对初犯、偶犯、过失犯等主观恶性小、社会危害不大,涉罪法定刑在有期徒刑 3 年以下的涉案人员,在作出是否起诉的决定前,申请委托专业社工组织对其进行考察。如果确有认罪、悔罪表现,不致再危害社会,检察机关在考察期满后作出不起诉决定,否则将对其提起公诉。

适用诉前考察制度案件的条件是:涉案人员主观方面恶性较小,依法可能被判处 3 年以下有期徒刑、拘役、管制或者单处罚金;案件本身事实清楚、证据确实充分,且涉案人员对主要事实没有异议;涉案人员平时表现较好,属偶发性犯罪;涉案人员具有认罪、悔罪表现,不具有重新危害社会或者串供、毁证、妨碍作证等妨害诉讼进行的可能。

同时,对于有被害人的轻微刑事案件,犯罪嫌疑人应当通过书面悔过、向被害人道歉等方式,取得被害人的谅解;被害人有物质损失的,还要予以赔偿,并已实际履行完毕,被害人及其法定代理人或者近亲属明确表示对犯罪嫌疑人予以谅解,要求或同意司法机关对犯罪嫌疑人依法从宽处理。

"在诉前考察制度中,社工组织的意见在检察机关的最终处置中起重要作用。"新密市检察院公诉科科长张耀锋说,"适用诉前考察制度的对象均在取保候审阶段,对自己考察期满的结果都很期待,因此他们都很珍惜这次来之不易的机会,认真遵守考察期的规定"。

可节约司法资源,更好地教育和挽救涉案人员

对诉前考察制度对象,新密市检察院与共青团、志愿者协会、老年协会等配合,根据不同的犯罪类型,安排他们参加不同的社会公益活动,除做交通协管员外,还可到社区、敬老院、慈善机构等做义工。其中,交通肇事的犯罪嫌疑人,主要安排他们做交通协管员。

　　考察期间,检察官会不定期抽查,涉案人员所在的单位、学校、社区等帮教组织,则协助对涉案人员进行考察和帮教,考察期满后,帮教组织对其表现要出具书面材料。如果得到好评,不再起诉,否则就会诉至法院,追究刑事责任。

　　截至目前,这一制度的受益人已有 51 人,没有一人不珍惜这一机会。其中 17 人因在考验期内认真学习、遵守纪律,每月向检察机关书面汇报思想并至少参加一次公益活动,被检察机关依法决定不起诉,另外 34 人正在考验期内接受考验。

　　新密市检察院检察长王青说:"诉前考察制度类似于社区矫正,但它把关口前移了。这样不仅能缓解审判压力,节约有限的司法资源,而且避免了被科以刑罚对涉案人员造成的严重影响,有利于更好地教育和挽救涉案人员。"①

【本章小结】

　　恢复性司法,关注点不在报复与惩罚,而是着眼于治疗创伤和恢复破裂的社会关系。与传统的报复性司法不同,恢复性司法是在寻求安慰、宽容和和解中实现正义的。本章详述了恢复性司法的基本含义、特征、基本理念以及程序等基本内容,并在恢复性司法的理念下结合少年犯罪案件,对少年犯罪案件处理的几项制度,尤其是社区矫正制度、对未成年人案件的犯罪记录封存制度以及对未成年人案件的刑事和解制度进行了分析。

【关键术语】

　　恢复性司法　少年犯罪案件处理　社区矫正　犯罪记录封存　刑事和解

【推荐阅读与学习资源】

　　1. 宋英辉:《刑事和解实证研究》,北京大学出版社 2010 年版。

　　2. 陈光中主编:《刑事诉讼法》(第 6 版),北京大学出版社、高等教育出版社2016 年版。

　　3. 刘凌梅:《西方国家刑事和解理论与实践介评》,载《现代法学》2001 年第1 期。

　　4. 陈光中、葛林:《刑事和解初探》,载《中国法学》2006 年第 5 期。

　　5. 崔汪卫:《我国未成年人附条件不起诉制度之检讨》,载《上海政法管理干

①　参见《检察日报》2011 年 9 月 7 日第 4 版。

部学院学报》2015 年第 5 期。

【思考题】

　　1. 试论恢复性司法理念。

　　2. 谈谈你对恢复性司法理念下对未成年人轻微刑事案件侦查阶段刑事和解的理解。

本书若干重要法律法规全称与简称对照表

国内法律

全称	简称
2010 年中央综治委预防青少年违法犯罪工作领导小组、最高人民法院、最高人民检察院、公安部、司法部、共青团联合颁发的《关于进一步建立和完善办理未成年人刑事案件配套工作体系的若干意见》	《六部委配套工作体系若干意见》
1995 年公安部《公安机关办理未成年人违法犯罪案件的规定》	《公安机关的规定》
2005 年最高人民法院《关于审理未成年人刑事案件具体应用法律若干问题的解释》	《最高法审理未成年人案件的解释》
2010 年最高人民法院《关于进一步加强少年法庭工作的意见》	《加强少年法庭工作的意见》
2013 年最高人民法院《关于适用〈中华人民共和国刑事诉讼法〉的解释》	《最高法关于刑诉法的解释》
2012 年最高人民检察院《关于进一步加强未成年人刑事检察工作的决定》	《加强未检工作的决定》
2013 年最高人民检察院《人民检察院办理未成年人刑事案件的规定》	《最高检办理未成年人案件的规定》
2013 年最高人民检察院《人民检察院刑事诉讼规则(试行)》	《人民检察院刑事诉讼规则(试行)》
2003 年最高人民法院、最高人民检察院、公安部、司法部联合颁发的《关于开展社区矫正试点工作的通知》	《社区矫正试点通知》
2009 年最高人民法院、最高人民检察院、公安部、司法部联合颁发的《关于在全国试行社区矫正工作的意见》	《社区矫正意见》
2014 年司法部、中央综治办、教育部、民政部、财政部和人力资源社会保障部联合出台《关于组织社会力量参与社区矫正工作的意见》	《社会力量参与社区矫正的意见》
2012 年司法部《司法行政机关社区矫正工作暂行办法》	《社区矫正暂行办法》
1993 年《卖淫嫖娼人员收容教育办法》	《收容教育办法》
1987 年《国务院转发国家教委、公安部、共青团中央关于办好工读学校的几点意见的通知》	《办好工读学校的通知》

联合国、国际文件

全称	简称
《少年司法中的儿童权利》	《意见 10》
《联合国少年司法最低限度标准规则》	《北京规则》
《国内法与国际法下的未成年人刑事责任决议》	《刑事责任决议》
《联合国保护被剥夺自由少年规则》	《哈瓦那规则》
《联合国预防少年犯罪准则》	《利雅得准则》
《联合国非拘禁措施最低限度标准规则》	《东京规则》

参 考 文 献

著作

1. 黄风:《贝卡利亚及其刑法思想》,中国政法大学出版社 1987 年版。

2. 王运生、严军兴:《英国刑事司法与替刑制度》,中国法制出版社 1999 年版。

3. 张明楷:《外国刑罚纲要》,清华大学出版社 1999 年版。

4. 邱兴隆:《关于惩罚的哲学——刑罚根据论》,法律出版社 2000 年版。

5. 姚建龙:《长大成人:少年司法制度的建构》,中国人民公安大学出版社 2003 年版。

6. 刘强:《美国犯罪未成年人的矫正制度概要》,中国人民公安大学出版社 2005 年版。

7. 但未丽:《社区矫正:立论基础与制度构建》,法律出版社 2006 年版。

8. 孙云晓、张美英主编:《当代未成年人法律译丛——美国卷》,中国检察出版社 2006 年版。

9. 路琦、席小华主编:《未成年人刑事案件社会调查理论与实务》,中国人民公安大学出版社 2012 年版。

10. 马剑光主编:《和谐视野中的未成年人犯罪问题研究——中法检察官的努力与探索》,法律出版社 2008 年版。

11. 卢琦:《中外少年司法制度研究》,中国检察出版社 2008 年版。

12. 姚建龙:《超越刑事司法——美国少年司法史纲》,法律出版社 2009 年版。

13. 姚建龙主编:《中国少年司法研究综述》,中国检察出版社 2009 年版。

14. 宋英辉:《刑事和解实证研究》,北京大学出版社 2010 年版。

15. 吴宗宪:《社区矫正比较研究(上下)》,中国人民大学出版社 2011 年版。

16. 赵国玲主编:《刑事法律论丛:未成年人司法制度改革研究》,北京大学出版社 2011 年。

17. 刘立霞、高树勇主编:《人身危险性与少年司法制度改革》中国检察出版社 2011 年版。

18. 张鸿巍:《少年司法通论》(第 2 版),人民出版社 2011 年版。

19. 郝银钟:《遏制青少年犯罪新思维》,中国法制出版社 2012 年版。

20. 朱久伟、姚建龙:《上海市青少年社区服刑人员教育矫正的理论与实践》,法律出版社 2012 年版。

21. 陈光中主编:《刑事诉讼法》,北京大学出版社、高等教育出版社 2013 年版。

22. 沈德咏主编:《中国少年司法》(第 19 辑),人民法院出版社 2014 年版。

23. 侯东亮:《少年司法模式研究》,法律出版社 2014 年版。

24. 林山田、林茂东:《犯罪学》,台湾三民书局 1984 年版。

25. 王连生:《亲职教育理论与应用》,台湾五南图书出版公司 1998 年版。

26. 张平五编:《警察百科全书(四):犯罪学与刑事政策学》,台湾正中书局 2000 年版。

27. 林茂荣、杨士隆:《监狱学——犯罪矫正原理与实务》,台湾五南图书出版股份有限公司 2008 年版。

28. 〔美〕克莱门斯·巴特勒斯:《罪犯矫正概述》,龙学群译,群众出版社 1987 年版。

29. 〔日〕森下忠:《犯罪者处遇》,白绿铉等译,中国纺织出版社 1994 年版。

30. 〔美〕罗森海姆:《少年司法的一个世纪》,高维俭译,商务印书馆 2008 年版。

31. 〔美〕富兰克林·E·齐姆林:《美国少年司法》,高维俭译,中国人民共安大学出版社 2010 年版。

32. 〔美〕巴里·C·菲尔德:《少年司法制度》(第 2 版),高维俭、蔡伟文、任延峰译,中国人民公安大学出版社 2011 年版。

33. 〔美〕罗伯特·费尔德曼:《发展心理学:人的毕生发展》(第 6 版),苏彦捷译,世界图书出版公司北京公司 2013 年版。

34. Joan McCord, Cathy Spatz Widom and Nancy A. Crowdll, eds., *Juvenile Crime Justice*, National Academy Press, 2001.

论文

1. 薛瑞麟:《论刑罚效益的概念》,载《中央政法管理干部学院学报》1995 年第 4 期。

2. 刘凌梅:《西方国家刑事和解理论与实践介评》,载《现代法学》2001 年第 1 期。

3. 姚建龙:《中国少年司法制度发展中的问题与少年法院的创设》,载《青年研究》2001 年第 12 期。

4. 陈兴良:《宽严相济刑事政策研究》,载《法学杂志》2006 年第 1 期。

5. 陈光中、葛林:《刑事和解初探》,载《中国法学》2006 年第 5 期。

6. "青少年权益保护与犯罪预防"课题组:《中国工读教育研究报告》,载《中国青年研究》2007 年第 3 期。

7. 白金刚、吴锋:《惩罚与宽容:中国少年刑事司法的境遇与抉择》,载《少年司法》2008 年第 5 期。

8. "共青团参与预防青少年违法犯罪工作对策研究"课题组:《上海共青团参与青少年违法犯罪预防研究——以介入青少年再犯预防为中心》,载《青少年犯罪问题》2008 年第 1 期。

9. 席小华:《论社工介入未成年人犯罪审前社会调查制度的必要性》,载《社会工作》2010 年第 12 期下。

10. 单民、周洪波:《我国少年司法制度的立法完善》,载《犯罪学论丛》(第四卷),中国政法大学出版社 2006 年版。

11. 康树华:《新中国少年司法制度的发展与完善》,载《江西警察学院学报》2012 年第 2 期。

12. 施琦、康树华:《新中国青少年立法与少年司法制度之发展》,载《中国人民公安大学学报(社会科学版)》2013 年第 1 期。

13. 范君:《在帮教中司法》,载《预防未成年人犯罪研究》2013 年第 1 期。

14. 刘学敏:《检察机关附条件不起诉裁量权运用之探讨》,载《中国法学》2014 年第 6 期。

15. 李相森:《论民国时期的少年司法制度建设》,载《青少年犯罪问题》2015 年第 4 期。

16. 魏小伟:《未成年人犯罪附条件不起诉的理论支点》,载《学术交流》2015 年第 9 期。

17. 崔汪卫:《我国未成年人附条件不起诉制度之检讨》,载《上海政法管理干部学院学报》2015 年第 5 期。

18. 姚莉:《未成年人司法模式转型下的制度变革与措施优化》,载《法学评论》2016 年第 1 期。

21 世纪法学系列教材书目

　　"21 世纪法学系列教材"是北京大学出版社继"面向 21 世纪课程教材"(即"大红皮"系列)之后,出版的又一精品法学系列教科书。本系列丛书以白色为封面底色,并冠以"未名·法律"的图标,因此也被称为"大白皮"系列教材。"大白皮"系列是法学全系列教材,目前有 15 个子系列。本系列教材延续"大红皮"图书的精良品质,皆由国内各大法学院优秀学者撰写,既有理论深度又贴合教学实践,是国内法学专业开展全系列课程教学的最佳选择。

- ## 法学基础理论系列

英美法概论	彭　勃
法律方法论	陈金钊
法社会学	何珊君

- ## 法律史系列

中国法制史		赵昆坡
中国法制史		朱苏人
中国法制史讲义		聂　鑫
中国法律思想史(第二版)	李贵连	李启成
外国法制史(第三版)		由　嵘
西方法律思想史(第三版)	徐爱国	李桂林
外国法制史		李秀清

- ## 民商法系列

民法学	申卫星
民法总论(第三版)	刘凯湘
债法总论	刘凯湘
物权法论	郑云瑞
侵权责任法	李显冬
英美侵权行为法学	徐爱国
商法学——原理·图解·实例(第四版)	朱羿坤
商法学	郭　瑜
保险法(第三版)	陈　欣
保险法	樊启荣
海商法教程(第二版)	郭　瑜
票据法教程(第二版)	王小能
商标法(第三版)	杜　颖

2016 年 12 月更新

教师反馈及教材、课件申请表

尊敬的老师：

　　您好！感谢您一直以来对北大出版社图书的关爱。北京大学出版社以"教材优先、学术为本"为宗旨，主要为广大高等院校师生服务。为了更有针对性地为广大教师服务，满足教师的教学需要、提升教学质量，在您确认将本书作为教学用书后，请您填好以下表格并经系主任签字盖章后寄回，我们将免费向您提供相关的教材、思考练习题答案及教学课件。在您教学过程中，若有任何建议也都可以和我们联系。

书号/书名	
所需要的教材及教学课件	
您的姓名	
系	
院校	
您所主授课程的名称	
每学期学生人数	学时
您目前采用的教材	书名＿＿＿＿＿＿ 作者＿＿＿＿ 出版社＿＿＿＿＿＿
您的联系地址	
联系电话	
E-mail	
您对北大出版社及本书的建议：	系主任签字 盖章

我们的联系方式：

北京大学出版社法律事业部

地　　址：北京市海淀区成府路 205 号　　　联系人：孙嘉阳

电　　话：010-62757961　　　　　　　　传　真：010-62556201

电子邮件：bjdxcbs1979@163.com

网　　址：http://www.pup.cn

北大出版社市场营销中心网站：www.pupbook.com